Tom Hawks

mit freundlichen Grüßen

W. [illegible]

H.W. Schüßler

Digitale Systeme zur Signalverarbeitung

Mit Beiträgen von
D. Achilles, O. Herrmann, W. Winkelnkemper

Springer-Verlag
Berlin · Heidelberg · New York 1973

o. Professor Dr.-Ing. HANS-WILHELM SCHÜßLER
Univ.-Doz. Dr.-Ing. DIETMAR ACHILLES
Priv.-Doz. Dr.-Ing. OTTO HERRMANN
Dr.-Ing. WOLFGANG WINKELNKEMPER
Institut für Nachrichtentechnik
der Universität Erlangen-Nürnberg

Mit 153 Abbildungen

ISBN 3-540-06087-1 Springer-Verlag Berlin · Heidelberg · New York
ISBN 0-387-06087-1 Springer-Verlag New York · Heidelberg · Berlin

Library of Congress Catalog Card Number 72-97199

Druckerei: fotokop wilhelm weihert kg, Darmstadt · Einband: Konrad Triltsch, Würzburg

Vorwort

Die Theorie kontinuierlicher Systeme, die sowohl in der Analyse als auch in der Synthese von Netzwerken mit vorgeschriebenen Eigenschaften so außerordentlich wertvolle Ergebnisse brachte, hat eine gewisse Konsolidierung erreicht. Neben ihr hat sich in den letzten Jahren eine Theorie von diskreten Systemen entwickelt, die wegen der digitalen Realisierungsmöglichkeiten schnell Interesse fand. Ihre Ausarbeitung wurde sehr dadurch begünstigt, daß Fragestellungen und zum Teil auch Verfahren bei zweckmäßiger Abwandlung aus der Theorie kontinuierlicher Systeme übernommen werden konnten. Das gilt vor allem für den Bereich, in dem ein lineares Modellsystem den Betrachtungen zugrunde gelegt wird. Es gilt im allgemeinen nicht mehr, wenn die mit der digitalen Realisierung zusammenhängenden Probleme behandelt werden müssen.

Die für diskrete Systeme gewonnenen Ergebnisse finden sich in einer sehr schnell wachsenden Zahl von verstreuten Publikationen. Mit dem vorliegenden Buch wird eine zusammenfassende Darstellung für die sogenannten eindimensionalen Systeme angestrebt. Dabei wird das Ziel verfolgt, neben der schon weit entwickelten Analyse auch den Entwurf solcher Systeme mit vorgeschriebenen Eigenschaften bis zum praktischen Aufbau zu behandeln.

Es wird zunächst ein durch lineare Differenzengleichungen beschriebenes Modellsystem eingeführt, das dem realen System nur approximativ entspricht. Nach einer Beschreibung der allgemeinen Eigenschaften wird das System im Zustandsraum behandelt. Mit Hilfe der Z-Transformation wird die Übertragungsfunktion zu seiner Kennzeichnung eingeführt und damit eine Darstellung im Frequenzbereich gegeben. Von den behandelten speziellen Systemen seien die mit streng linearer Phase besonders erwähnt. Abschnitte über Frequenztransformationen und über mögliche Strukturen schließen sich an.

Ein weiterer Abschnitt ist dem Entwurf von Systemen gewidmet, die Vorschriften im Frequenzbereich genügen. Dabei bestehen bei rekursiven Systemen enge Beziehungen zur Synthese kontinuierlicher Filter. Neue Verfahren waren für nichtrekursive Systeme zu entwickeln. Unter Berücksichtigung neuer Arbeiten werden der derzeitige Stand der Theorie dargestellt und Hilfsmittel für den praktischen Entwurf angegeben.

Die diskrete Fouriertransformation hat seit der Einführung schneller Algorithmen zu ihrer numerischen Durchführung ein außerordentlich rasch wachsendes Interesse gefunden. Der diesem Verfahren gewidmete Abschnitt behandelt zunächst die Eigenschaften der Transformation, leitet die Methode zu ihrer schnellen Durchführung her und beschreibt die Anwendung sowohl für die Spektralanalyse als auch für die Realisierung nichtrekursiver und rekursiver Systeme durch schnelle Faltung.

Während bis hierher der Darstellung stets ein lineares Modellsystem zugrunde lag, werden im 5. und 6. Abschnitt die sich aus der digitalen Realisierung ergebenden Probleme behandelt. Die notwendig begrenzte Wortlänge der Parameter und der Zustandsvariablen führt unter Umständen zu erheblichen Abweichungen vom Verhalten des Modells. Diese Fehler können zwar durch Vergrößerung der Wortlänge beliebig klein gemacht werden, jedoch interessieren Verfahren, mit denen im Einzelfall eine Lösung minimalen Aufwandes gefunden werden kann. Dabei sind dann allerdings weitere Gesichtspunkte zu berücksichtigen, die sehr stark durch den praktischen Aufbau bestimmt sind. Es erschien daher wesentlich, in einem abschließenden Abschnitt auf diese Probleme einzugehen. Dabei werden insbesondere Fragen der Codierung, der Rechenwerke und Speicher sowie die Multiplextechnik behandelt. Die Darstellung beruht auf praktischen Erfahrungen, die beim Bau von variablen digitalen Filtern gesammelt werden konnten.

Wir danken den Mitarbeitern des Instituts für Nachrichtentechnik der Universität Erlangen-Nürnberg, die in vielen Diskussionen, bei der Durchrechnung von Beispielen, bei praktischen Versuchen und durch ihre Hilfe beim Lesen der Korrektur am Entstehen des Buches Anteil genommen haben. Die Deutsche Forschungsgemeinschaft hat die Arbeiten an digitalen Systemen in dankenswerter Weise unterstützt. Unser besonderer Dank gilt Frau R. Frizlen, Frau U. Gorille und Frau E. Felske für die sorgfältige Reinschrift des Manuskriptes und die Anfertigung der zahlreichen Zeichnungen. Weiterhin danken wir dem Springer-Verlag für die gute Zusammenarbeit.

Februar 1973 Die Verfasser

Inhaltsverzeichnis

1. Einleitung

In den letzten Jahren hat die digitale Verarbeitung von Signalen ein schnell zunehmendes Interesse gefunden. Die Aufgabenstellung ergab sich zunächst folgerichtig bei Signalen, die von vornherein in Form von Abtastwerten vorliegen, wie das z.B. beim Impulsradar der Fall ist. Wesentliche Beiträge kamen aber auch von der Simulation kontinuierlicher Systeme auf dem Digitalrechner, die wegen der großen Flexibilität des Rechners und der erreichbaren Genauigkeit schnell Verbreitung fand. Die außerordentlich rasche Entwicklung der digitalen Schaltkreistechnik führte dann zum Einsatz von digitalen Systemen bei Aufgaben, die bisher ausschließlich kontinuierlichen vorbehalten waren. Das bedeutet praktisch die Entwicklung von digitalen Spezialrechnern, die im Echtzeitbetrieb eine Signalverarbeitung vornehmen.

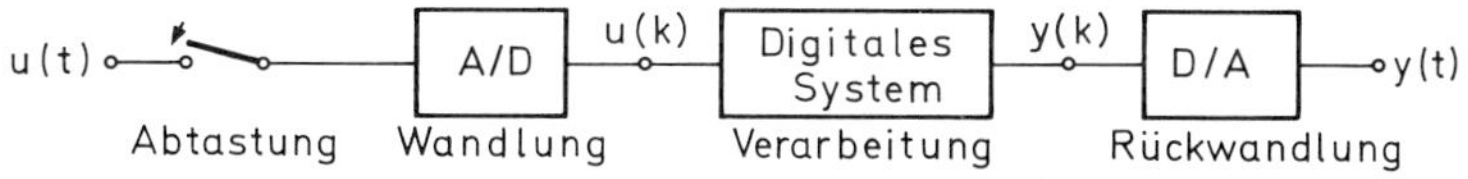

Bild 1.1. Schema einer digitalen Signalverarbeitung

Erforderlich ist dafür die Abtastung des ursprünglich analogen Signals $u(t)$ und die Wandlung der Abtastwerte in eine für die digitale Verarbeitung geeignete Form $u(k)$ sowie gegebenenfalls die Rückwandlung der Ausgangswerte $y(k)$ in ein analoges Signal (Bild 1.1). Das digitale System läßt sich dann in allgemeiner Form durch die Angabe des Algorithmus beschreiben, mit dem aus der Wertefolge $\{u(k)\}$ die Folge $\{y(k)\}$ errechnet wird.

Aufgabenstellungen dieser Art sind in der numerischen Mathematik seit sehr langer Zeit bekannt. Verfahren zur numerischen Differentiation oder Integration ebenso wie zur Interpolation und Extrapolation lassen sich hier einordnen. Aber auch die für viele Anwendungen wichtigen Aufgaben der Filterung von Signalen, die primär durch Angaben im Frequenzbereich beschrieben werden, lassen sich durch geeignete Wahl der Beziehung zwischen $\{u(k)\}$ und $\{y(k)\}$ behandeln.

Bei den als Beispiele genannten Problemen werden Eingangs- und Ausgangsfolge durch eine lineare Differenzengleichung mit konstanten Koeffizienten miteinander verknüpft (Abschn. 2). Wir werden uns ausschließlich auf Systeme dieser Art beschränken. Damit verwenden wir zur Beschreibung des realen meist nichtlinearen digitalen Systems ein mathematisches Modell, mit dem nur eine angenäherte Beschreibung möglich ist.

In einem realen Rechenwerk können wegen des notwendig begrenzten Aufwandes immer nur endlich viele verschiedene Zahlen dargestellt und verarbeitet werden. Das hat z.B. zur Folge, daß das Ergebnis einer Multiplikation in der Regel durch ein geeignetes Verfahren in eine innerhalb des Systems darstellbare Zahl überführt werden muß. Obwohl die in dem System durchgeführten Operationen determiniert und nach bekannten Regeln ablaufen, ist es zweckmäßig, als Näherung mit einem linearen Modellsystem zu arbeiten, weil dadurch die mathematische Behandlung wesentlich erleichtert wird. In der Regel wird der approximative Charakter des Verfahrens erst in anschließenden Untersuchungen oder Korrekturen berücksichtigt.

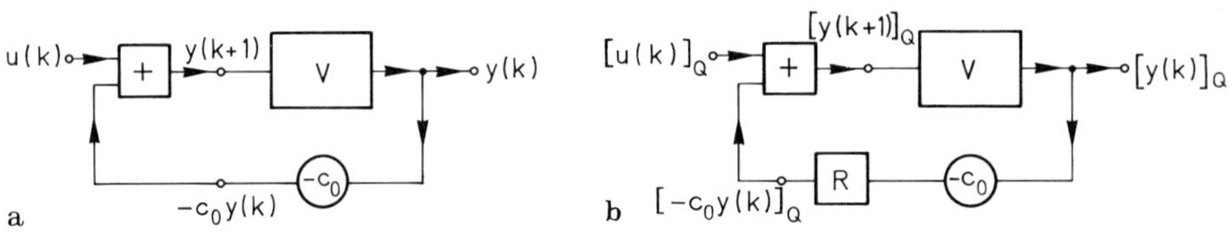

Bild 1.2. Digitales System ersten Grades; a) ohne, b) mit Beschränkung des Zahlenbereiches

Wir erläutern die zu betrachtende Signalverarbeitung sowohl wie den Näherungscharakter ihrer mathematischen Beschreibung durch ein einfaches Beispiel. Das System sei durch die Differenzengleichung

$$y(k+1) = -c_0 y(k) + u(k) \tag{1-1}$$

beschrieben, die besagt, daß ein Wert der Ausgangsfolge $\{y(k)\}$ sich aus einer Linearkombination des unmittelbar vorher errechneten Ausgangswertes und eines Wertes der Eingangsfolge $\{u(k)\}$ errechnet. Bild 1.2a zeigt ein Blockschaltbild zur Darstellung dieser Beziehung, bei dem ein Block die Verzögerung oder die Speicherung eines Zahlenwertes, ein zweiter die Multiplikation mit einer Konstanten und schließlich ein dritter die Addition zweier Zahlenwerte veranschaulicht (Abschn. 2.2). Wir wollen speziell annehmen, daß $u(k) = 0 \forall k < 0$, $u(k) = u_0 \forall k \geqslant 0$ und $y(0) = 0$ ist. Mit Hilfe eines in Abschnitt

2.5 behandelten Verfahrens kann man dann die Lösung y(k) der das System beschreibenden Differenzengleichung (1-1) in geschlossener Form angeben. Es ist

$$y(k) = \frac{u_0}{1 + c_0}\,[1 - (-1)^k c_0{}^k], \quad k = 0(1)\infty. \tag{1-2}$$

In Bild 1.3 ist der Verlauf von y(k) für die Zahlenwerte $u_0 = 2^{-6}$ und $c_0 = -(1 - 2^{-6})$ angegeben, wobei zur Vereinfachung der Darstellung eine stetige Kurve gezeichnet wurde, die für ganzzahlige Werte des Argumentes die Werte y(k) annimmt.

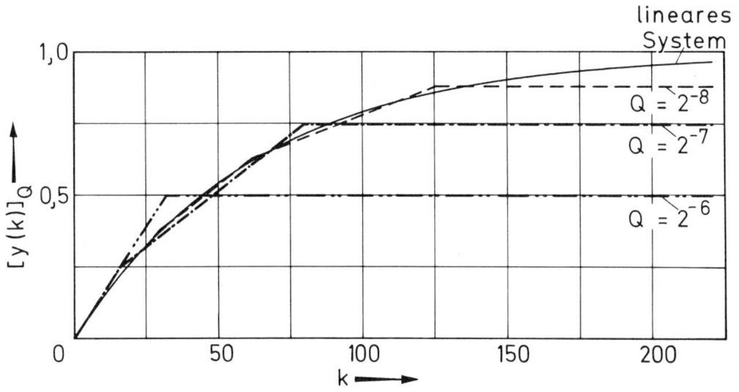

Bild 1.3. Sprungantwort eines Systems ersten Grades bei verschiedenen Quantisierungsstufen

Wie schon ausgeführt, sind in einem realen digitalen System nur endlich viele verschiedene Zahlen möglich, die sich um Vielfache der Quantisierungsstufe Q unterscheiden. Man wird daher, wie in Bild 1.2b angedeutet, z.B. durch Rundung des Multiplikationsergebnisses eine in dem System zulässige Zahl erzeugen und dann weiter verarbeiten. Die sich ergebenden Ausgangsfolgen für $Q = 2^{-6}$, 2^{-7} und 2^{-8} zeigt Bild 1.3 wieder durch Angabe entsprechender stetiger Funktionen. Es ergibt sich eine starke Abweichung von der Ausgangsfunktion des Modellsystems, die aber offenbar durch Verkleinerung von Q und damit Erhöhung des Aufwandes verringert werden kann. Es leuchtet ein, daß der hier demonstrierte Fehler, der prinzipiell in diesen Systemen stets vorhanden ist, durch geeignete Wahl von Q beliebig klein gemacht werden kann.

Die im Rahmen dieses Buches betrachteten Systeme werden die auch in dem obigen Beispiel verwendeten Bausteine Speicher, Multiplizierer und Addierer in Anordnungen enthalten, die sich näherungsweise durch lineare Differenzengleichungen mit konstanten Koeffizienten beschreiben lassen. Damit läßt sich ein Modellsystem einführen, für dessen allgemeine Behandlung eine abgeschlossene Theorie zur Verfügung steht. Wichtig ist auch, daß sich dabei vielfältige Verbindungen zu der geläufigen Theorie entsprechender kontinuierlicher Systeme ergeben, so daß von dort bekannte Begriffe und Verfahren in geeigneter Abwandlung übernommen werden können. Weiterhin ist auch der Entwurf von Modellsystemen mit vorgeschriebenen Eigenschaften möglich (Abschn.3), so daß im Rahmen dieser Beschreibung sowohl die Analyse wie die Synthese behandelt werden können. Der leichtere und allgemeine Zugang ist der Grund dafür, daß in der Regel vor allem das Modellsystem behandelt wird.

Die genaue Beschreibung realer Systeme ist sehr viel schwieriger, Lösungen lassen sich hier in ähnlich allgemeiner Form nicht angeben. Im Einzelfall ist zu prüfen, inwieweit bei der Analyse eines Modellsystems gefundene Lösungen auch ein reales System beschreiben, bzw. wie die Quantisierungsstufe Q gewählt werden muß, damit die Eigenschaften eines realen Systems denen eines entworfenen idealen Systems mit gewünschter Genauigkeit entsprechen.

Wie schon im Zusammenhang mit Bild 1.1 ausgeführt, ist bei der digitalen Verarbeitung kontinuierlicher Signale am Eingang zunächst eine Abtastung und Wandlung des ursprünglich analogen Signals in eine für die digitale Verarbeitung geeignete Form nötig. Das bedeutet nicht nur einen zusätzlichen Aufwand, sondern auch, daß bei der Abtastung die spektrale Begrenzung des Eingangssignals vorausgesetzt werden muß (Abschn.3.1) und daß bei der Wandlung ein unvermeidbarer Quantisierungsfehler entsteht (Abschn.5.4).

Wenn trotz dieser zusätzlichen Schwierigkeiten die digitale Verarbeitung auch analoger Signale aussichtsreich erscheint, so hat das im wesentlichen zwei Gründe: Einmal kann man mit digitalen Systemen ein Verhalten erreichen, das kontinuierliche grundsätzlich nicht haben. Z.B. ist es möglich, Systeme mit streng linearer Phase zu erzeugen. Zum anderen hat ein digitales System seiner Schaltungstechnik entsprechend bezüglich erreichbarer Genauigkeit und Unempfindlichkeit gegenüber Temperaturschwankungen und Fertigungstoleranzen eine Reihe von prinzipiellen Vorteilen gegenüber kontinuierlichen Systemen.

Im folgenden werden die durch die verschiedene Realisierung bedingten Unterschiede kontinuierlicher und digitaler Systeme kurz dargestellt.

Genauigkeit

Bei kontinuierlichen Systemen ist die Genauigkeit der Komponenten sowohl wegen der Meßmöglichkeiten als auch wegen des erreichbaren Abgleichs stets begrenzt. Der erforderliche Aufwand steigt mit der Annäherung an diese Grenze sehr stark an. Dagegen ist bei digitalen Systemen die erreichbare Genauigkeit der Koeffizienten prinzipiell nicht begrenzt, sondern durch Verkleinern der Quantisierungsstufe beliebig zu erhöhen, wobei der Aufwand innerhalb gewisser Grenzen, die durch die Geschwindigkeit bestimmt werden, im wesentlichen nur linear ansteigt.

Toleranzfragen

Bei der Serienproduktion kontinuierlicher Systeme spielt die Frage der Bauelementetoleranzen eine große Rolle. Der Bau identischer Systeme ist nur sehr bedingt und nur innerhalb der begrenzten Abgleichgenauigkeit möglich.

Im digitalen Fall ist der Aufbau identischer Systeme durch Einschreiben gleicher Zahlen in die Festwert-Koeffizientenspeicher sichergestellt. Toleranzprobleme treten dabei nicht auf.

Temperaturgang, zeitliche Konstanz

Während bei kontinuierlichen Systemen die Temperaturabhängigkeit und die durch Alterung bedingte zeitliche Inkonstanz zu Schwierigkeiten führen können, treten diese Probleme bei digitalen Systemen nicht in vergleichbarem Maße auf.

Multiplextechnik

Die Mehrfachausnutzung eines kontinuierlichen Systems in einem Zeitmultiplex ist nicht möglich. Falls die Schaltkreistechnik eine im Vergleich zur Taktzeit hinreichend kurze Operationszeit zuläßt, kann man dagegen ein digitales System im Zeitmultiplex, z.B. als Eingangsfilter eines PCM-Systems, für eine Vielzahl von Kanälen verwenden.

Aussteuerungsgrenze

Bezüglich der Aussteuerung ist bei kontinuierlichen Systemen zwischen aktiver und passiver Realisierung zu unterscheiden. Während im ersten Fall die Aussteuerungsgrenze der aktiven Elemente den Dynamikbereich nach oben begrenzt, ist bei passiven Systemen diese Frage wesentlich weniger kritisch. Bei digitalen Systemen ist der Aussteuerungsbereich prinzipiell immer begrenzt. Seine Größe richtet sich nach der Zahlendarstellung - Gleitkomma oder Festkomma - und im übrigen nach der Quantisierungsstufe. Im Innern ist dabei der Aussteuerungsbereich durch Wahl einer entsprechenden Quantisierungsstufe bei steigendem Aufwand beliebig erweiterbar. Das erhöht dann allerdings nicht die Gesamtdynamik, da diese durch die am Eingang und Ausgang vorzusehenden Wandler und damit durch analoge Schaltungsmittel wesentlich mitbestimmt wird (Abschn. 5.4). Zu beachten ist weiterhin, daß die Begrenzung des Aussteuerungsbereiches zu Stabilitätsschwierigkeiten führen kann (Abschn. 5.3).

Eigenrauschen, Genauigkeit der arithmetischen Operationen

Bei kontinuierlichen Systemen ist die untere Grenze des Dynamikbereiches durch das Eigenrauschen der passiven und aktiven Bauelemente bestimmt. Dieses Problem tritt bei digitalen Systemen nicht auf. Wie schon am Beispiel gezeigt, treten aber insbesondere bei der Multiplikation wegen der erforderlichen Rundung stets Fehler auf. Sie sind ihrem Charakter nach zwar determiniert, wirken aber unter bestimmten Umständen wie Rauschen. Diese systembedingte Fehlerquelle kann außerdem zu Stabilitätsproblemen führen. Durch geeignete Wahl der Quantisierungsstufe kann dieser Fehler in der Regel beliebig klein gemacht werden (Abschn. 5.3 und 5.4).

Grenzfrequenzen

Filter mit extrem niedrigen Grenzfrequenzen sind bei kontinuierlichen Systemen praktisch nur mit aktiver Schaltungstechnik und da nur begrenzt realisierbar. Sie bilden dagegen im digitalen Fall kein Problem. Unter Berücksichtigung von Systemen, die räumlich verteilte Elemente enthalten, lassen sich kontinuierliche Systeme mit weitgehend beliebig hoher Grenzfrequenz darstellen. Für digitale Systeme liegt die erreichbare obere Grenze wesentlich tiefer. Sie wird auch bei beliebig hohem Aufwand zur Zeit kaum höher als etwa 5 MHz sein können.

Realisierung in integrierter Form

Kontinuierliche Systeme lassen sich bei aktiver Realisierung nur teilweise mit integrierten Bauelementen darstellen. Dagegen ist die Vollintegration eines digitalen Filters möglich.

Im Abschnitt 2 wird das oben erwähnte Modellsystem eingeführt. Es werden Methoden zu seiner Untersuchung behandelt und seine Eigenschaften und mögliche Strukturen beschrieben.

2. Diskrete lineare Systeme

2.1. Systemeigenschaften

Wir betrachten Systeme, in denen Folgen von im allgemeinen komplexen Zahlenwerten durch arithmetische Operationen miteinander verknüpft werden können. Speziell interessieren wir uns für Systeme mit einem Eingang, auf den eine unendliche Folge der Form

$$\{u(k)\} = \{\ldots, u(k_0 - 1), u(k_0), u(k_0 + 1), \ldots\}, \; \forall k, \; k_0 \text{ ganzzahlig,}$$

gegeben wird und an deren einem Ausgang eine Folge

$$\{y(k)\} = \{\ldots, y(k_0 - 1), y(k_0), y(k_0 + 1), \ldots\}, \; \forall k, \; k_0 \text{ ganzzahlig,}$$

erscheint. In Bild 2.1 sind ein solches System sowie Beispiele für Folgen $\{u(k)\}$ angegeben. Für die Untersuchung von Systemen haben einige Folgen besondere Bedeutung. Es sind

Impuls:

$$\{u(k)\} = \gamma_0(k) = \begin{cases} 1, & k = 0 \\ 0, & \forall k \neq 0 \end{cases} \tag{2.1-1}$$

Sprungfolge:

$$\{u(k)\} = \gamma_{-1}(k) = \sum_{\varkappa=-\infty}^{k} \gamma_0(\varkappa) = \begin{cases} 0, & k < 0 \\ 1, & k = 0(1)\infty \end{cases} \tag{2.1-2}$$

Exponentialfolge:

$$\{u(k)\} = z_1^k, \; z_1 \text{ beliebig komplex, } k \text{ ganzzahlig.} \tag{2.1-3}$$

In der Regel werden wir annehmen, daß die Elemente $u(k)$ der Eingangsfolge aus einer für alle t eindeutig definierten Zeitfunktion $u(t)$ durch Abtastung in äquidistanten Punkten kT mit $0 < T < \infty$ entstanden sind. Auch wird man bei den Anwendungen meist der Ausgangsfolge $\{y(k)\}$ eine für alle Werte von t definierte Zeitfunktion y(t) zuordnen, die in den Punkten kT die Werte y(k) annimmt.

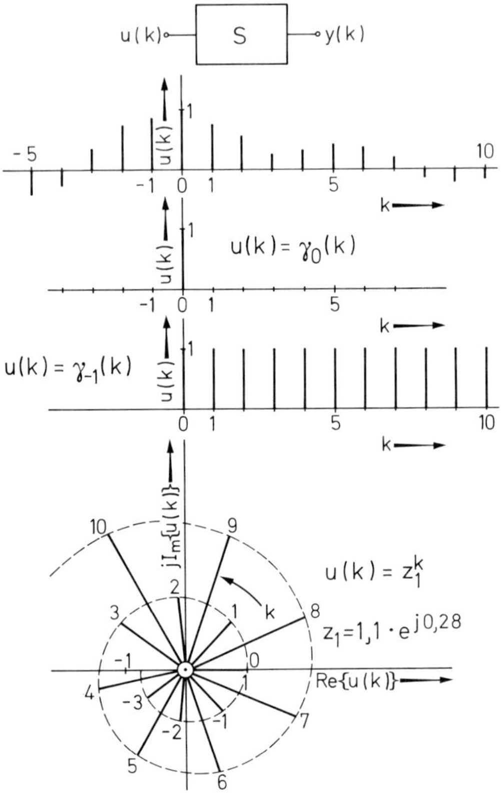

Bild 2.1. Diskretes System, Beispiele für Folgen $\{u(k)\}$

Die durch das System vermittelte Abbildung der Eingangsfolge $\{u(k)\}$ auf die Ausgangsfolge $\{y(k)\}$ geben wir in allgemeiner Form durch

$$y(k) = S\{u(k)\} \tag{2.1-4}$$

an, wobei der Operator S durch die im folgenden einzuführenden Systemeigenschaften bestimmten Einschränkungen unterworfen ist. Wir nehmen an, daß sich aus $\{u(k)\} \equiv 0$ $\{y(k)\} \equiv 0$ ergibt. Das bedeutet, daß etwa im System vorhandene Speicher so lange leer sind, bis die Folge $\{u(k)\}$ erstmalig von Null verschiedene Werte aufweist. Das System sei dann als "in Ruhe befindlich" bezeichnet. Sind dagegen für einen Punkt k_0 im Innern Werte gespeichert, so wird man $\{y(k)\}$ nur angeben können, wenn neben u(k) für $k \geq k_0$ auch der Anfangszustand im Punkt k_0 in geeigneter Weise beschrieben worden ist (Abschn. 2.3). Zunächst wird aber angenommen, daß das System in Ruhe ist.

Für die weiteren Überlegungen sind insbesondere reellwertige, zeitlich invariante kausale Systeme von Interesse, die linear und stabil sind. Diese Eigenschaften werden im folgenden durch die Angabe von Einschränkungen für die möglichen Beziehungen (2.1-4) definiert.

Wir nennen ein System *reellwertig*, wenn es auf eine Folge reeller Eingangswerte mit einer Folge reeller Ausgangswerte reagiert: Aus

$$u(k) \text{ reell}, \quad \forall\, k \text{ ganzzahlig}, \tag{2.1-5a}$$

folgt dann also

$$y(k) \text{ reell}, \quad \forall\, k \text{ ganzzahlig}. \tag{2.1-5b}$$

Die von uns zusätzlich vorausgesetzte *zeitliche Invarianz* bedeutet, daß die Reaktion des Systems auf eine Eingangswertefolge $\{u(k)\}$ unabhängig davon ist, wann wir die Untersuchung vornehmen. Bei einem durch (2.1-4) beschriebenen System muß also gelten:

$$S\{u(k+\varkappa)\} = y(k+\varkappa), \quad \forall\, k, \varkappa \text{ ganzzahlig}. \tag{2.1-6}$$

Für *kausale* Systeme gilt, daß der Ausgangswert in einem bestimmten, aber beliebigen Punkt k_0 ausschließlich von $u(k)$ mit $k \leqslant k_0$ abhängt, nicht dagegen von $u(k)$ mit $k > k_0$. Insbesondere folgt aus

$$\begin{aligned} u(k) &\equiv 0 \quad \text{für} \quad k \leqslant k_0, \\ y(k) &\equiv 0 \quad \text{für} \quad k \leqslant k_0. \end{aligned} \tag{2.1-7}$$

Lineare Systeme sind durch die Gültigkeit des Superpositionsgesetzes gekennzeichnet (Bild 2.2). Die Reaktionen des durch (2.1-4) beschriebenen Systems auf zwei Eingangswertefolgen $\{u_1(k)\}$ und $\{u_2(k)\}$ seien

$$\begin{aligned} y_1(k) &= S\{u_1(k)\}, \\ y_2(k) &= S\{u_2(k)\}. \end{aligned} \tag{2.1-8a}$$

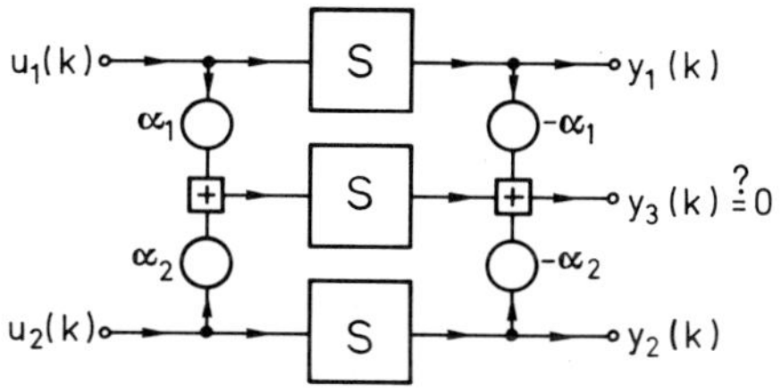

Bild 2.2. Prüfung der Linearität

Das System ist genau dann linear, wenn seine Reaktion auf jede Linearkombination der Eingangsfolgen gleich derselben Linearkombination der Einzelreaktionen ist. Mit beliebigen komplexen Konstanten α_1 und α_2 muß also gelten

$$S\{\alpha_1 u_1(k) + \alpha_2 u_2(k)\} = \alpha_1 y_1(k) + \alpha_2 y_2(k). \tag{2.1-8b}$$

Die Eigenschaft (2.1-8) läßt sich auf die Überlagerung unendlich vieler Eingangsfolgen erweitern. Es ist also

$$S\left\{\sum_{\nu=0}^{\infty} \alpha_\nu u_\nu(k)\right\} = \sum_{\nu=0}^{\infty} \alpha_\nu S\{u_\nu(k)\}. \tag{2.1-9}$$

Wir werden die Eigenschaft (2.1-8) bzw. (2.1-9) zunächst voraussetzen, obwohl reale Systeme in der Regel nichtlinear sind. Die bei dieser nur näherungsweise gültige Beschreibung gemachten Fehler werden im Abschnitt 5 näher untersucht.

Schließlich ist ein stabiles System dadurch gekennzeichnet, daß es auf jede beschränkte Eingangswertefolge mit einer ebenfalls beschränkten Ausgangswertefolge reagiert. Gilt also

$$|u(k)| < M_1 < \infty, \quad \forall\, k \text{ ganzzahlig}, \tag{2.1-10a}$$

so muß bei einem stabilen System gelten

$$|y(k)| < M_2 < \infty, \quad \forall\, k \text{ ganzzahlig}. \tag{2.1-10b}$$

Für ein lineares, zeitlich invariantes kausales System, das nicht notwendig reell und stabil sein muß, erhält man mit Hilfe von (2.1-6) bis (2.1-9) eine Matrixdarstellung des Operators S [2.1]. Dazu stellen wir zunächst eine Folge $\{u(k)\}$ mit $u(k) = 0$, $\forall\, k < k_0$, in der Form

$$\{u(k)\} = \sum_{\varkappa=k_0}^{\infty} u(\varkappa)\gamma_0(k-\varkappa), \quad k = k_0(1)\infty, \quad k_0 \text{ ganzzahlig}, \tag{2.1-11}$$

als Überlagerung von gegeneinander verschobenen Impulsen der Form (2.1-1) dar. Wird außerdem mit

$$h_0(k) = S\{\gamma_0(k)\}, \quad k = 0(1)\infty, \tag{2.1-12}$$

die Impulsantwort des Systems bezeichnet, so folgt aus (2.1-9) sofort

$$y(k) = \sum_{\varkappa=k_0}^{k} u(\varkappa)h_0(k-\varkappa) = u(k) * h_0(k), \quad k = k_0(1)\infty. \qquad (2.1\text{-}13)$$

Schreibt man die Folgen $\{u(k)\}$ und $\{y(k)\}$ als Vektoren mit

$$\mathbf{u}(k) = \{u(k_0),\ u(k_0+1),\ u(k_0+2),\ldots\}^T,$$

$$\mathbf{y}(k) = \{y(k_0),\ y(k_0+1),\ u(k_0+2),\ldots\}^T,$$

so ergibt sich

$$\mathbf{y}(k) = \mathbf{S}\,\mathbf{u}(k) \qquad (2.1\text{-}14a)$$

mit

$$\mathbf{S} = \begin{bmatrix} h_0(0) & 0 & 0 & 0 & \cdots \\ h_0(1) & h_0(0) & 0 & 0 & \cdots \\ h_0(2) & h_0(1) & h_0(0) & 0 & \cdots \\ \vdots & \vdots & \vdots & \vdots & \end{bmatrix}. \qquad (2.1\text{-}14b)$$

Unter den gemachten Voraussetzungen der Linearität, Kausalität und zeitlichen Invarianz ergibt sich für ein zu Beginn in Ruhe befindliches System die Ausgangsfolge $\{y(k)\}$ also als Faltung von Eingangsfolge und Impulsantwort, während sich der das System beschreibende Operator als unendliche Faltungsmatrix darstellen läßt. Ausgehend von dieser Matrix werden wir im Abschnitt 2.5.2 zeigen, daß sich unter bestimmten Bedingungen ein System mit diesen Eigenschaften durch eine lineare Differenzengleichung mit konstanten Koeffizienten darstellen läßt.

Aus (2.1-13) können wir noch die notwendigen und hinreichenden Bedingungen für ein stabiles erregtes System der beschriebenen Art herleiten. Aus der Stabilitätsbedingung (2.1-10) folgt

$$|y(k)| < M_1 \sum_{\varkappa=0}^{k} |h_0(\varkappa)|, \quad k = 0(1)\infty.$$

Offenbar ist für die Stabilität hinreichend, daß

$$\sum_{k=0}^{\infty} |h_0(k)| < M < \infty \tag{2.1-15}$$

gilt. Diese Bedingung ist auch notwendig. Ist nämlich die Summe der Beträge der Folge $h_0(k)$ nicht beschränkt, so liefert bereits die beschränkte Folge $u(k) = \operatorname{sgn}(h_0(k))$ eine für wachsendes k nicht begrenzte Ausgangsfunktion.

2.2. Struktur und Systemgleichung

Zunächst sei als Beispiel ein System untersucht, das durch eine Differenzengleichung zweiter Ordnung beschrieben wird:

$$y(k+2) + c_1 y(k+1) + c_0 y(k) = b_2 u(k+2) + b_1 u(k+1) + b_0 u(k). \tag{2.2-1}$$

Das System erfüllt die Kausalitätsbedingung (2.1-7). Es ist darüber hinaus reellwertig und zeitlich invariant, wenn wir voraussetzen, daß die Koeffizienten b_μ, c_ν reell und konstant sind.

Später wird sich zeigen, daß die Linearitätsbedingung (2.1-8) von diesem System erst dann erfüllt wird, wenn wir zusätzlich voraussetzen, daß bei Beginn der Betrachtung das System in Ruhe ist. Aussagen darüber, wann die Stabilitätsbedingung erfüllt ist, werden erst im Abschnitt 2.3 bzw. 2.6 möglich sein.

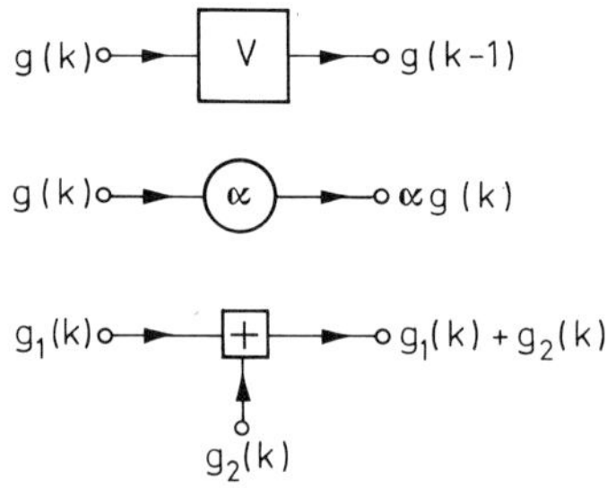

Bild 2.3. Systembausteine

(2.2-1) gibt an, daß man den Ausgangswert $y(k+2)$ aus den beiden vorhergehenden Werten $y(k+1)$ und $y(k)$ sowie den Werten der Eingangsfolge errechnen kann. Es müssen also sowohl von der Eingangs- wie der Ausgangsfolge je zwei Werte gespeichert zur Verfügung stehen. Das durch (2.2-1) beschriebene System muß daher neben den Operationen Multiplikation und Addition die Speicherung bzw. Verschiebung von Werten gestatten.

Für die Herleitung eines Strukturdiagrammes führen wir Blöcke ein, die die erforderlichen Grundoperationen symbolisieren. Sie sind mit ihren Eigenschaften in Bild 2.3 zusammengestellt. Wichtig ist dabei insbesondere das Verzögerungsglied, das durch die Beziehung

$$V\{g(k)\} = g(k-1)$$

gekennzeichnet ist. Eine mögliche Struktur erhält man jetzt, wenn man (2.2-1) nach $y(k+2)$ auflöst und auf die ganze Gleichung zweimal die Verzögerungsoperation anwendet. Es ergibt sich nach Umordnung

$$y(k) = b_2u(k) + V\{V\{b_0u(k) - c_0y(k)\} + b_1u(k) - c_1y(k)\}.$$

Das durch diese Gleichung beschriebene Strukturdiagramm zeigt Bild 2.4. Es gibt zugleich eine mögliche Anordnung der Grundbausteine zum Verzögern, Multiplizieren und Addieren von Werten in einem realen System an, das durch die Differenzengleichung (2.2-1) beschrieben wird. Andere Strukturen werden in Abschnitt 2.7 behandelt.

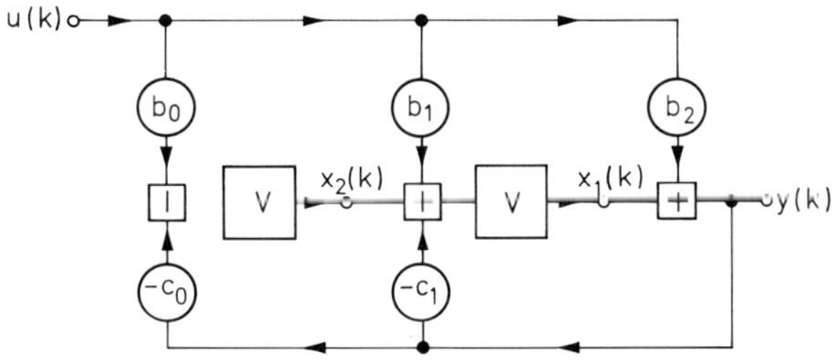

Bild 2.4. Struktur eines Systems zweiter Ordnung

Der Zustand des Systems wird durch Angaben über den Inhalt der Speicher beschrieben. Für eine allgemeine Darstellung eines durch lineare Differenzengleichungen mit konstanten Koeffizienten beschriebenen Systems führen wir daher die am Ausgang der Verzögerer erscheinenden Größen als Zustandsvariable ein. Wir zeigen das Verfahren zunächst an dem eben untersuchten Beispiel. Mit

$$x_1(k) = V\{x_2(k) + b_1u(k) - c_1y(k)\},$$

$$x_2(k) = V\{b_0u(k) - c_0y(k)\}$$

sowie

$$y(k) = x_1(k) + b_2 u(k)$$

erhält man

$$x_1(k+1) = -c_1 x_1(k) + x_2(k) + (b_1 - b_2 c_1) u(k),$$

$$x_2(k+1) = -c_0 x_1(k) + (b_0 - b_2 c_0) u(k).$$

Das System läßt sich jetzt durch zwei Matrizengleichungen beschreiben (z.B. [2.2]):

$$\mathbf{x}(k+1) = \mathbf{A}\,\mathbf{x}(k) + \mathbf{B}\,u(k), \quad (2.2\text{-}2a)$$

$$y(k) = \mathbf{C}\,\mathbf{x}(k) + \mathbf{D}\,u(k). \quad (2.2\text{-}2b)$$

Man nennt (2.2-2a) die Zustandsgleichung des Systems und (2.2-2b) die Ausgangsgleichung. Im vorliegenden einfachen Beispiel ist

$$\mathbf{x}(k) = [x_1(k), x_2(k)]^T,$$

$$\mathbf{A} = \begin{bmatrix} -c_1 & 1 \\ -c_0 & 0 \end{bmatrix}, \quad \mathbf{B} = \begin{bmatrix} b_1 - b_2 c_1 \\ b_0 - b_2 c_0 \end{bmatrix}, \quad \mathbf{C} = [1, 0], \quad \mathbf{D} = [b_2].$$

Die für eine Differenzengleichung zweiter Ordnung gefundene Struktur sowie die Matrizen von Gleichung (2.2-2) lassen sich ohne Schwierigkeiten entsprechend für eine Differenzgleichung n-ter Ordnung angeben. Es sei

$$\sum_{\nu=0}^{n} c_\nu y(k+\nu) = \sum_{\mu=0}^{m} b_\mu u(k+\mu). \quad (2.2\text{-}3)$$

Ohne Einschränkung an Allgemeingültigkeit können wir $c_n = 1$ setzen. Weiterhin folgt aus der Kausalitätsbedingung (2.1-7) unmittelbar, daß $m \leq n$ sein muß, während wegen (2.1-5) und (2.1-6) wieder die b_μ und c_ν reell und konstant sein müssen. Mit

$$x_\nu(k) = V\{-c_{n-\nu} x_1(k) + x_{\nu+1}(k) + (b_{n-\nu} - b_n c_{n-\nu}) u(k)\},$$

$$y(k) = x_1(k) + b_n u(k)$$

folgt (2.2-2). Dabei ist hier

$$\mathbf{A} = \begin{bmatrix} -c_{n-1} & 1 & 0 & \dots & 0 \\ -c_{n-2} & 0 & 1 & 0 & 0 \\ \vdots & & \ddots & \ddots & 0 \\ \vdots & & & \ddots & 1 \\ -c_0 & 0 & \dots & \dots & 0 \end{bmatrix}, \quad \mathbf{B} = \begin{bmatrix} b_{n-1} - b_n c_{n-1} \\ b_{n-2} - b_n c_{n-2} \\ \vdots \\ \vdots \\ b_0 - b_n c_0 \end{bmatrix}, \qquad (2.2\text{-}4)$$

$$\mathbf{C} = [1 \quad 0 \dots\dots 0], \qquad \mathbf{D} = [b_n].$$

Die zugehörige Struktur zeigt Bild 2.5.

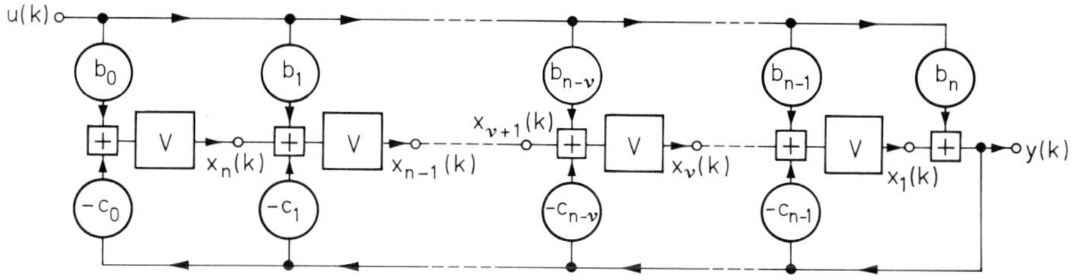

Bild 2.5. Struktur eines Systems n-ter Ordnung

Ohne wesentliche Einschränkung der Allgemeingültigkeit (Abschn. 2.5) befassen sich die folgenden Betrachtungen ausschließlich mit Systemen, die durch Matrizengleichungen von der Form (2.2-2) beschrieben werden. Damit ist die Kausalität unmittelbar garantiert. Aus der weiter vorausgesetzten Reellwertigkeit und zeitlichen Invarianz folgt, daß die Elemente der Matrizen **A**, **B**, **C** und **D** reell und konstant sein müssen. Offenbar muß allgemein **A** eine quadratische Matrix sein, während **B** eine Spalten- und **C** eine Zeilenmatrix ist. **D** reduziert sich auf ein Element d. Im übrigen werden die Matrizen sowohl durch die Beziehung zwischen u(k) und y(k) als auch durch die Struktur des Systems bestimmt.

Der Anwendungsbereich von (2.2-2) läßt sich leicht auf Systeme mit l Eingängen und r Ausgängen erweitern. Dazu sind eine vektorielle Eingangsfolge $\mathbf{u}(k)$ mit l Komponenten $u_\lambda(k)$ und eine vektorielle Ausgangsfolge $\mathbf{y}(k)$ mit r Komponenten $y_\rho(k)$ sowie Systemmatrizen entsprechender Dimension zu verwenden. Wie werden im folgenden aber weiterhin nur Systeme mit einem Eingang und Ausgang betrachten.

2.3. Die Lösung der Systemgleichung

Zur Lösung der Zustandsgleichung (2.2-2a), d.h. zur Bestimmung von $\mathbf{x}(k)$, betrachten wir das System zunächst in einem Anfangspunkt, den wir ohne Verlust an Allgemeingültigkeit mit $k = 0$ bezeichnen können. Der Zustand des Systems, der sich z.B. als resultierende Wirkung einer etwaigen bis zu diesem Punkt erfolgten Erregung ergeben hat, wird durch die Angabe des Vektors $\mathbf{x}(0)$ vollständig beschrieben. Die Zustandswerte $\mathbf{x}(k)$ für $k > 0$, sowie die Werte $y(k)$ für $k \geqslant 0$ werden durch $\mathbf{x}(0)$ und $u(k)$ für $k \geqslant 0$ bestimmt. Man erhält zunächst aus (2.2-2a) durch Rekursion

$$\mathbf{x}(1) = \mathbf{A}\mathbf{x}(0) + \mathbf{B}u(0),$$

$$\mathbf{x}(2) = \mathbf{A}\mathbf{x}(1) + \mathbf{B}u(1),$$

$$= \mathbf{A}^2\mathbf{x}(0) + \mathbf{A}\mathbf{B}u(0) + \mathbf{B}u(1),$$

$$\vdots$$

$$\mathbf{x}(k) = \mathbf{A}^k\mathbf{x}(0) + \sum_{\varkappa=0}^{k-1} \mathbf{A}^{\varkappa}\mathbf{B}u(k-\varkappa-1). \tag{2.3-1a}$$

Daraus ergibt sich für die Ausgangsfolge

$$y(k) = \mathbf{C}\mathbf{A}^k\mathbf{x}(0) + \mathbf{C}\sum_{\varkappa=0}^{k-1} \mathbf{A}^{\varkappa}\mathbf{B}u(k-\varkappa-1) + d\,u(k). \tag{2.3-1b}$$

Hier wird der Anteil $\mathbf{C}\mathbf{A}^k\mathbf{x}(0)$ offenbar vom Anfangszustand des Systems, d.h. durch die zu Beginn der Betrachtung gespeicherten Werte bestimmt. Er wurde bei der Systembeschreibung durch (2.1-4) ausgeschlossen. Setzen wir voraus, daß der Zustand $\mathbf{x}(0) \neq \mathbf{0}$ nur als resultierende Wirkung einer bis zu diesem Zeitpunkt erfolgten Erregung entstanden sein kann, so bedeutet das lediglich, daß bei der Systembeschreibung durch (2.1-4) der Anfangszeitpunkt der Betrachtung spätestens dort liegen darf, wo $u(k)$ erstmalig von Null verschiedene Werte annimmt. Mit der erhaltenen Ausgangsgleichung (2.3-1b) prüft man leicht nach, daß ein durch die Beziehungen (2.2-2) beschriebenes System auch der Linearitätsbedingung (2.1-8) gerade dann genügt, wenn $\mathbf{x}(0) = \mathbf{0}$ ist.

Wir bestimmen noch die Impulsantwort des Systems. Dazu setzen wir $\mathbf{x}(0) = \mathbf{0}$ und $u(k) = \gamma_0(k)$. Aus (2.3-1a) folgt dann zunächst

$$\mathbf{x}(k) = \mathbf{A}^{k-1}\mathbf{B}, \qquad k = 1(1)\infty \tag{2.3-2}$$

und aus (2.3-1b) die Impulsantwort $h_0(k) = y(k)$,

$$h_0(0) = d,$$
$$h_0(k) = \mathbf{C}\mathbf{A}^{k-1}\mathbf{B}, \qquad k = 1(1)\infty. \tag{2.3-3}$$

Setzt man (2.3-3) in (2.3-1b) ein, so erhält man für ein zu Beginn in Ruhe befindliches System der beschriebenen Art wieder die in Abschnitt 2.1 allgemein hergeleitete Faltungsbeziehung

$$y(k) = \sum_{\varkappa=0}^{k} h_0(\varkappa)u(k-\varkappa) = h_0(k) * u(k), \quad k = 0(1)\infty. \tag{2.3-4}$$

Zur Veranschaulichung wenden wir die bisherigen Ergebnisse auf das Beispiel der Differenzengleichung zweiter Ordnung (2.2-1) an. Für die Koeffizienten seien die Zahlenwerte $b_0 = b_1 = 1$, $b_2 = 0$, $c_0 = 1$, $c_1 = -2,5$ gewählt. Unter Verwendung der das System kennzeichnenden Matrizen erhält man aus (2.3-3)

$$h_0(0) = 0,$$
$$h_0(k) = \mathbf{C}\mathbf{A}^{k-1}\mathbf{B} = [1 \quad 0]\begin{bmatrix} 2,5 & 1 \\ -1 & 0 \end{bmatrix}^{k-1}\begin{bmatrix} 1 \\ 1 \end{bmatrix}, \quad k > 0.$$

Die (k - 1)te Potenz der Matrix $\mathbf{A}$ läßt sich mit Hilfe der Matrix der Eigenwerte $\mathbf{\Lambda}$ und der Matrix der Eigenvektoren $\mathbf{M}$ und ihrer Inversen angeben (z.B. [2.3]). Es ist

$$\mathbf{A}^{k-1} = \mathbf{M}\mathbf{\Lambda}^{k-1}\mathbf{M}^{-1}.$$

Mit den Eigenwerten $\lambda_1 = 2$, $\lambda_2 = 0,5$ ergibt sich

$$\mathbf{A}^{k-1} = -\frac{1}{3}\begin{bmatrix} 2 & 1 \\ -1 & -2 \end{bmatrix}\begin{bmatrix} \lambda_1 & 0 \\ 0 & \lambda_2 \end{bmatrix}^{(k-1)}\begin{bmatrix} -2 & -1 \\ 1 & 2 \end{bmatrix}$$

$$= -\frac{1}{3}\begin{bmatrix} -4\lambda_1^{(k-1)} + \lambda_2^{(k-1)}; & -2\lambda_1^{(k-1)} + 2\lambda_2^{(k-1)} \\ 2\lambda_1^{(k-1)} - 2\lambda_2^{(k-1)}; & \lambda_1^{(k-1)} - 4\lambda_2^{(k-1)} \end{bmatrix}.$$

Schließlich folgt für die Impulsantwort $h_0(k)$

$$h_0(0) = 0,$$
$$h_0(k) = \left[2\lambda_1^{(k-1)} - \lambda_2^{(k-1)}\right] = \left[2 \cdot 2^{(k-1)} - \left(\tfrac{1}{2}\right)^{(k-1)}\right], \qquad k = 1(1)\infty.$$

Die Folge der Ausgangswerte ergibt sich hier also als eine Linearkombination der Potenzen der Eigenwerte. Wie wir später sehen werden, läßt sich dieses Ergebnis für den Fall verallgemeinern, daß die Eigenwerte der Matrix **A** verschieden sind und alle Eigenschwingungen vom Eingang und am Ausgang beobachtet werden können (Abschn. 2.5).

Hier sei nur noch festgestellt, daß die Stabilitätsbedingung (2.1-15) von dem im Beispiel betrachteten System nicht erfüllt wird. Sie wäre offenbar nur zu erfüllen, wenn beide Eigenwerte dem Betrage nach kleiner als 1 wären. Tatsächlich wird sich in Abschnitt 2.6.2 die Bedingung $|\lambda_\nu| < 1 \;\forall \nu$ als notwendig und hinreichend für ein erregtes stabiles System erweisen.

Abschließend sei noch die Lösung der Differenzengleichung (2.2-1) für den Fall betrachtet, daß entsprechend (2.1-3)

$$u(k) = U e^{skT} = U z^k, \qquad \forall k \text{ ganzzahlig}, \tag{2.3-5}$$

ist. Hierbei sind U und s beliebige komplexe Zahlen und $z = e^{sT}$. Für $s = j\omega$ ist u(k) die Folge der Abtastwerte der komplexen Schwingung $U e^{j\omega t}$ und z ist ein Punkt des Einheitskreises. Bei einer für alle Zeiten andauernden Erregung der beschriebenen Art ist y(k) von der Form $y(k) = Y(z) z^k$ mit noch unbekanntem Y(z), ist also von derselben Form wie die erregende Funktion. Durch Einsetzen erhält man aus (2.2-1)

$$Y(z)[z^{k+2} + c_1 z^{k+1} + c_0 z^k] = U[b_2 z^{k+2} + b_1 z^{k+1} + b_0 z^k]$$

und für das Verhältnis der Amplituden

$$H(z) = \frac{Y}{U} = \frac{b_2 z^2 + b_1 z + b_0}{z^2 + c_1 z + c_0} .$$

Ganz entsprechend zum Vorgehen bei kontinuierlichen Systemen nennen wir H(z) die Übertragungsfunktion. Für $z = e^{j\omega T}$ ergibt sich

$$H(e^{j\omega T}) = \frac{b_2 e^{j2\omega T} + b_1 e^{j\omega T} + b_0}{e^{j2\omega T} + c_1 e^{j\omega T} + c_0} ,$$

ein offenbar periodischer Frequenzgang.

Auf demselben Weg erhält man aus der Differenzengleichung n-ter Ordnung (2.2-3) bei Erregung mit den Abtastwerten einer Exponentialfunktion entsprechend (2.3-5) die allgemeine Übertragungsfunktion eines Systems mit einem Eingang und einem Ausgang:

$$H(z) = \sum_{\mu=0}^{m} b_\mu z^\mu \Big/ \sum_{\nu=0}^{n} c_\nu z^\nu \quad \text{mit } m \leqslant n, \quad c_n = 1. \tag{2.3-6}$$

2.4. Die Z-Transformation

2.4.1. Definition und Eigenschaften

Ein für die Behandlung von Folgen und Differenzengleichungen geeignetes Hilfsmittel ist die Z-Transformation. Mit ihr wird einer Folge von im allgemeinen komplexen Zahlenwerten eine Funktion der Variablen z zugeordnet. Definition und Eigenschaften der Transformation werden im folgenden kurz angegeben. Dabei beschränken wir uns zunächst auf Wertefolgen, die für $k < 0$ identisch verschwinden (z.B. [2.4] bis [2.7]).

Definition:

$$G(z) = Z\{g(k)\} = \sum_{k=0}^{\infty} g(k) z^{-k}. \tag{2.4-1}$$

Man kann leicht zeigen, daß diese Reihe dann für $|z| > R$ absolut konvergiert, wenn für die Beträge von $g(k)$ gilt

$$|g(k)| \leqslant KR^k.$$

Hier ist K eine geeignet zu wählende positive Konstante.

Als Beispiel berechnen wir

$$Z\left\{e^{s_1 kT}\right\} = \sum_{k=0}^{\infty} \left[e^{s_1 T}/z\right]^k.$$

Die Reihe konvergiert offenbar für $|z| > |e^{s_1 T}|$. Es ist dann

$$Z\left\{e^{s_1 kT}\right\} = \frac{1}{1 - e^{s_1 T}/z} = \frac{z}{z - e^{s_1 T}}.$$

In Tab.2.1 sind die Z-Transformierten für einige wichtige Wertefolgen angegeben. Weitere Korrespondenzen finden sich z.B. in [2.5] bis [2.7]. Tab.2.2

Tabelle 2.1. Z-Transformierte einiger Folgen $\{g(k)\}$ mit $g(k) = 0$ für $k < 0$

Gleichung	$\{g(k)\}$	$Z\{g(k)\}$	Konvergenzbereich
(2.4-2)	γ_0 $\gamma_0(0)=1, \gamma_0(k)=0, k=1(1)\infty$	1	ganze z-Ebene
(2.4-3)	$e^{s_1 kT} = z_1^k$	$\frac{z}{z-e^{s_1 T}} = \frac{z}{z-z_1}$	$\|z\| > \|z_1\|$
(2.4-4)	γ_{-1} $\gamma_{-1}(k) = 1,\ k = 0(1)\infty$	$\frac{z}{z-1}$	$\|z\| > 1$
(2.4-5)	$\sin \omega_1 kT$	$\frac{z \sin \omega_1 T}{z^2 - 2z \cos \omega_1 T + 1}$	$\|z\| > 1$
(2.4-6)	$\cos \omega_1 kT$	$\frac{z(z - \cos \omega_1 T)}{z^2 - 2z \cos \omega_1 T + 1}$	$\|z\| > 1$
(2.4-7)	$k \cdot z_1^k$	$\frac{z\, z_1}{(z - z_1)^2}$	$\|z\| > \|z_1\|$
(2.4-8)	$k^2 z_1^k$	$\frac{z\, z_1 (z + z_1)}{(z - z_1)^3}$	$\|z\| > \|z_1\|$
(2.4-9)	$g(0) = 0$ $g(k) = z_1^{k-1},\ k = 1(1)\infty$	$\frac{1}{z - z_1}$	$\|z\| > \|z_1\|$
(2.4-10)	$g(k) = 0,\ k = 0(1)(\varkappa-1)$ $g(k) = \binom{k-1}{\varkappa-1} z_1^{k-\varkappa},\ k = \varkappa(1)\infty$	$\frac{1}{(z - z_1)^{\varkappa}}$	$\|z\| > \|z_1\|$

Tabelle 2.2. Eigenschaften der Z-Transformierten

Gleichung	Bedeutung	Eigenschaft
(2.4-11)	Linearität	$Z\{\alpha_1 g_1(k) + \alpha_2 g_2(k)\} = \alpha_1 G_1(z) + \alpha_2 G_2(z)$
(2.4-12)	Verschiebung	$Z\{g(k+\nu)\} = z^{\nu}G(z) - z^{\nu}g(0) - z^{\nu-1}g(1) - \ldots - z\,g(\nu-1)$ $\quad \nu \geqslant 0$ ganzzahlig speziell $Z\{g(k+1)\} = z\,G(z) - z\,g(0)$
(2.4-13)		$Z\{g(k-\nu)\} = z^{-\nu}G(z)$, wenn $g(k-\nu) = 0 \; \forall k - \nu < 0$
(2.4-14)	Faltung	$Z\left\{\sum_{\varkappa=0}^{k} g_1(\varkappa)g_2(k-\varkappa)\right\} = G_1(z)G_2(z)$
(2.4-15)	Modulation	$Z\left\{e^{s_0 kT} g(k)\right\} = G\left(e^{-s_0 T} z\right)$
(2.4-16)	Multiplikation mit speziellen Folgen	$Z\{k g(k)\} = -z\frac{d}{dz}[G(z)]$
(2.4-17)		$Z\{k^2 g(k)\} = z^2 \frac{d^2}{dz^2}[G(z)] + z\frac{d}{dz}[G(z)]$
(2.4-18)	Multiplikation allgemein	$Z\{g_1(k)g_2(k)\} = \frac{1}{2\pi j}\oint \frac{G_1(w)G_2(z/w)}{w}\,dw$ Wenn $Z\{g_1(k)\}$ für $\lvert z\rvert > R_1$ und $Z\{g_2(k)\}$ für $\lvert z\rvert > R_2$ konvergieren, dann $Z\{g_1(k)g_2(k)\}$ für $\lvert z\rvert > R_1R_2$. Integration erfolgt auf Kreis mit Radius r, wobei $R_1 < r < \lvert z\rvert/R_2$
(2.4-19)	Anfangswertsatz	$\lim_{k \to 0} g(k) = \lim_{z \to \infty} G(z)$, wenn $G(z)$ existiert
(2.4-20)	Endwertsatz	Wenn $\lim_{k \to \infty} g(k)$ existiert, so existiert $G(z)$ für $\lvert z\rvert > 1$, und es ist $\lim_{k \to \infty} g(k) = \lim_{z \to 1+0} (z-1)G(z)$

enthält eine Zusammenstellung der wichtigsten Eigenschaften der Z-Transformation. Vorausgesetzt ist dabei stets, daß die Z-Transformierten der auftretenden Folgen $g_i(k)$ existieren und gleich $G_i(z)$ sind. Die in Tab.2.1 aufgeführten Transformierten folgen aus dem oben für die Exponentialfolge hergeleiteten Ergebnis mit Hilfe dieser Regeln bzw. nach Spezialisierung der Parameter.

Von den in Tabelle 2.2 angegebenen Eigenschaften der Z-Transformation seien nur einige bewiesen bzw. erläutert.

Den Verschiebungssatz (2.4-12) erhält man in folgender Weise. Zunächst ist

$$Z\{g(k+\nu)\} = \sum_{k=0}^{\infty} \frac{g(k+\nu)}{z^k} .$$

Mit $\varkappa = k + \nu$ bzw. $k = \varkappa - \nu$ folgt

$$Z\{g(\varkappa)\} = \sum_{\varkappa=\nu}^{\infty} \frac{g(\varkappa)}{z^{\varkappa-\nu}}$$

$$= z^\nu \sum_{\varkappa=0}^{\infty} \frac{g(\varkappa)}{z^\varkappa} - z^\nu g(0) - z^{\nu-1} g(1) - \ldots - zg(\nu-1)$$

$$= z^\nu G(z) - z^\nu g(0) - z^{\nu-1} g(1) - \ldots - zg(\nu-1).$$

Die in (2.4-14) angegebene Faltung entspricht der Multiplikation zweier Potenzreihen. Ein Spezialfall ist der Ausdruck

$$Z\left\{\sum_{\varkappa=0}^{k} g(\varkappa)\right\} = \frac{z}{z-1} G(z) .$$

Hier wird mit der Folge $g_1(k) = \gamma_{-1} = 1$ für $k \geqslant 0$ gefaltet, deren Z-Transformierte nach (2.4-4) gleich $z/(z-1)$ ist.

Bei den Beziehungen (2.4-15) bis (2.4-17) wird die Z-Transformierte einer Folge angegeben, die sich als Produkt von $g(k)$ mit einer speziellen Folge ergibt. Dabei gibt (2.4-15) den Einfluß einer Maßstabsänderung in der z-Ebene wieder. Die Herleitung von (2.4-16) sei kurz gezeigt. Es ist

$$\frac{d}{dz}[G(z)] = -\sum_{k=0}^{\infty} \frac{k\,g(k)}{z^{k+1}} = -\frac{1}{z} \sum_{k=0}^{\infty} \frac{k\,g(k)}{z^k} .$$

Damit ist

$$\sum_{k=0}^{\infty} \frac{k\,g(k)}{z^k} = -z\frac{d}{dz}[G(z)] = Z\{kg(k)\} .$$

Aus dieser Beziehung folgt für $g(k) = z_1^k$ die Formel (2.4-7) und ebenso aus (2.4-17) die Beziehung (2.4-8).

Für die Bestimmung der Z-Transformierten des Produktes allgemeiner Folgen ist die Faltung der Z-Transformierten der Einzelfolgen entsprechend (2.4-18) vorzunehmen. Als Anwendungsbeispiel für diese Beziehung berechnen wir die Kreuzkorrelierte $\varphi_{12}(k)$ zweier Folgen $\{g_1(k)\}$ und $\{g_2(k)\}$. Wir setzen voraus, daß ihre Z-Transformierten $G_1(z)$ bzw. $G_2(z)$ für $|z| \geqslant 1$ existieren, was auch für die Existenz der hier verwendeten Folge $\{\varphi_{12}(k)\}$ hinreichend ist. Es ist

$$\varphi_{12}(k) = \sum_{\varkappa=0}^{\infty} g_1(\varkappa) g_2(\varkappa - k) \tag{2.4-21}$$

auch für negative Werte von k definiert. Um mit der Z-Transformation arbeiten zu können, wird nur der Bereich $k \geqslant 0$ betrachtet. Das bedeutet keine Einschränkung, da

$$\varphi_{12}(-k) = \sum_{\varkappa=0}^{\infty} g_1(\varkappa - k) g_2(\varkappa) = \varphi_{21}(k), \quad k \geqslant 0 \tag{2.4-22}$$

ist. Durch Anwendung des zu schildernden Verfahrens auf $\varphi_{21}(k)$ für $k > 0$ läßt sich also φ_{12} für negative Werte von k bestimmen. Das entsprechende gilt umgekehrt.

Offenbar ist

$$\varphi_{12}(k) = Z\{g_1(\varkappa) g_2(\varkappa - k)\}\Big|_{z=1} = \sum_{\varkappa=0}^{\infty} g_1(\varkappa) g_2(\varkappa - k) z^{-\varkappa}\Big|_{z=1} .$$

Dann wird mit $Z\{g_2(\varkappa - k)\} = G_2(z) z^{-k}$ und (2.4-18)

$$\varphi_{12}(k) = \frac{1}{2\pi j} \oint_{\Gamma} G_1(z) G_2(z^{-1}) z^{k-1} dz, \quad k \geqslant 0. \tag{2.4-23a}$$

Die Integration erfolgt über den Einheitskreis Γ. Mit Hilfe des Residuensatzes ergibt sich

$$\varphi_{12}(k) = \sum_{\substack{\text{alle Pole im} \\ \text{Innern von } \Gamma}} \text{Res}\{G_1(z) G_2(z^{-1}) z^{k-1}\}. \tag{2.4-23b}$$

Entsprechend ist

$$\varphi_{12}(-k) = \varphi_{21}(k) = \frac{1}{2\pi j} \oint_{\Gamma} G_1(z^{-1}) G_2(z) z^{k-1} dz, \quad k \geqslant 0, \tag{2.4-24}$$

wobei die Auswertung ebenso erfolgt. Speziell für $g_1(k) = g_2(k) = g(k)$ erhalten wir die Autokorrelierte $\varphi_{11}(k)$ und dabei für $k = 0$ die Gesamtenergie

$$\varphi_{11}(0) = \sum_{\varkappa=0}^{\infty} g^2(\varkappa) = \frac{1}{2\pi j} \oint G(z)G(z^{-1})z^{-1}dz. \tag{2.4-25}$$

Um die Beziehungen der Z-Transformation zur Laplace-Transformation (z.B. [2.5]) zu erkennen, ordnen wir die Werte $g(k)$ den Zeitpunkten kT zu. Dann kann man zu einer Wertefolge $\{g(k)\}$ eine verallgemeinerte Funktion in der Form

$$g_*(t) = \sum_{k=0}^{\infty} g(k)\,\delta_0(t - kT) \tag{2.4-26}$$

angeben. Wendet man auf diese Distribution die Laplace-Transformation an, so ergibt sich

$$\mathcal{L}\{g_*(t)\} = \sum_{k=0}^{\infty} g(k)e^{-skT} \tag{2.4-27}$$

oder mit Hilfe des komplexen Faltungssatzes der Laplace-Transformation

$$\mathcal{L}\{g_*(t)\} = \frac{1}{T} \sum_{k=-\infty}^{\infty} G_0\left(s + j2\pi\frac{k}{T}\right) + \frac{1}{2}g(+0). \tag{2.4-28}$$

Hier ist $G_0(s)$ die Laplace-Transformierte der Funktion $g(t)$, durch deren Abtastung die Werte $g(k)$ entstanden sind. Der Vergleich mit (2.4-1) zeigt, daß

$$\mathcal{L}\{g_*(t)\} = G(z)$$

ist, wenn man $z = e^{sT}$ setzt.

2.4.2. Rücktransformation

Für die inverse Z-Transformation, d.h. für die Bestimmung der zu einer Z-Transformierten $G(z)$ gehörenden Folge $\{g(k)\}$, kann man unmittelbar von (2.4-1) ausgehen. Diese Beziehung stellt offenbar die Laurent-Entwicklung von $G(z)$ dar. Daher muß sich die Integralbeziehung für die Koeffizienten einer Laurent-Entwicklung sofort verwenden lassen. Es ist

$$g(k) = \frac{1}{2\pi j} \oint_C G(z)z^{k-1}dz. \tag{2.4-29}$$

Als Integrationsweg C ist dabei eine einfach geschlossene Kurve zu wählen, die alle Singularitäten von $G(z)z^{k-1}$ umfaßt. Mit Hilfe des Residuensatzes erhält man

$$g(k) = \sum_{\substack{\text{alle Pole im} \\ \text{Innern von C}}} \operatorname{Res}\{G(z)z^{k-1}\}. \tag{2.4-30}$$

Bei rationalen Z-Transformierten wird man in der Regel so vorgehen, daß man eine Partialbruchentwicklung von $G(z)$ vornimmt und dann mit Hilfe einer Korrespondenztabelle, z.B. der Tabelle 2.1, die gesuchte Folge $g(k)$ bestimmt. Aus der vorauszusetzenden Konvergenz der in (2.4-1) angegebenen Reihe für $|z| > R$ folgt zunächst, daß der Grad des Zählers von $G(z)$ höchstens gleich dem Grad des Nenners sein kann. Es ist

$$G(z) = \frac{P(z)}{N(z)} = \frac{P(z)}{\prod_{\nu=1}^{n'} (z - z_{\infty\nu})^{n_\nu}}. \tag{2.4-31}$$

Hier sind die $z_{\infty\nu}$ die Nullstellen des Nennerpolynoms $N(z)$, die mit der Vielfachheit n_ν auftreten. Es gibt n' verschiedene Nullstellen $z_{\infty\nu}$. Dabei ist $\sum_{\nu=1}^{n'} n_\nu = n$ der Grad des Polynoms $N(z)$.

Es gilt nun

$$G(z) = R_\infty + \sum_{\nu=1}^{n'} \sum_{\varkappa=1}^{n_\nu} R_{\nu\varkappa} \frac{1}{(z - z_{\infty\nu})^\varkappa}. \tag{2.4-32}$$

Hier ist

$$\begin{aligned} R_\infty &= \lim_{z \to \infty} G(z), \\ R_{\nu\varkappa} &= \lim_{z \to z_{\infty\nu}} \frac{1}{(n_\nu - \varkappa)!} \frac{d^{n_\nu - \varkappa}}{dz^{n_\nu - \varkappa}} \left[(z - z_{\infty\nu})^{n_\nu} G(z) \right]. \end{aligned} \tag{2.4-33}$$

Mit Hilfe der Korrespondenzen (2.4-2) und (2.4-10) aus Tabelle 2.1 ergibt sich dann für die zu $G(z)$ gehörende Folge

$$\begin{aligned} g(0) &= R_\infty, \\ g(k) &= \sum_{\nu=1}^{n'} \sum_{\varkappa=1}^{n_\nu} R_{\nu\varkappa} \binom{k-1}{\varkappa-1} z_{\infty\nu}^{k-\varkappa}, \qquad k = 1(1)\infty. \end{aligned} \tag{2.4-34}$$

Die einzelnen Terme der Doppelsumme liefern erst von dem Wert $k = \varkappa$ ab einen Beitrag zum Wert g(k).

In dem praktisch wichtigen Fall, daß alle Nullstellen von N(z) einfach sind, daß also $n_\nu = 1 \; \forall \nu$, reduzieren sich die Gleichungen (2.4-32) bis (2.4-34) auf

$$G(z) = R_\infty + \sum_{\nu=1}^{n} \frac{R_\nu}{z - z_{\infty\nu}} , \tag{2.4-35}$$

$$\begin{aligned} R_\infty &= \lim_{z \to \infty} G(z), \\ R_\nu &= \lim_{z \to z_{\infty\nu}} (z - z_{\infty\nu}) G(z) = \frac{P(z_{\infty\nu})}{N'(z_{\infty\nu})} , \end{aligned} \tag{2.4-36}$$

$$\begin{aligned} g(0) &= R_\infty , \\ g(k) &= \sum_{\nu=1}^{n} R_\nu z_{\infty\nu}^{k-1} , \quad k = 1(1)\infty . \end{aligned} \tag{2.4-37}$$

Schließlich kann man, ebenfalls bei rationalen Funktionen G(z), die erforderliche Entwicklung in eine Potenzreihe von z^{-1} bekommen, wenn man eine Durchdivison von Zähler- und Nennerpolynom von G(z) vornimmt.

Die Verfahren seien an einem Beispiel erläutert. Es sei

$$G(z) = \frac{z + 1}{z^2 - 2{,}5z + 1} = \frac{z + 1}{(z - 0{,}5)(z - 2)} .$$

Umkehrintegral: Aus (2.4-29) ergibt sich

$$g(k) = \frac{1}{2\pi j} \oint_C \frac{z + 1}{(z - 0{,}5)(z - 2)} z^{k-1} dz .$$

Für $k = 0$ hat der Integrand Polstellen bei $z = 0$, $z = 0{,}5$ und $z = 2$. Die Summe der Residuen an diesen Punkten ergibt

$$g(0) = \frac{1}{(-0{,}5)(-2)} + \frac{1{,}5}{(-1{,}5)0{,}5} + \frac{3}{1{,}5 \cdot 2} = 0 .$$

Dieser Wert läßt sich mit dem Anfangswertsatz (2.4-19) bestätigen. Für $k > 0$ stimmen die Polstellen des Integranden mit denen von G(z) überein.

Man erhält

$$g(k) = \frac{1{,}5}{-1{,}5}(0{,}5)^{k-1} + \frac{3}{1{,}5} 2^{k-1} = 2 \cdot 2^{k-1} - (0{,}5)^{k-1} , \qquad k = 1(1)\infty .$$

Partialbruchentwicklung:

$$G(z) = \frac{z + 1}{(z - 0,5)(z - 2)} = \frac{-1}{z - 0,5} + \frac{2}{z - 2} \, .$$

Mit Hilfe von (2.4-9) ergibt sich wieder

$$g(0) = 0,$$

$$g(k) = 2 \cdot 2^{k-1} - (0,5)^{k-1}, \qquad k = 1(1)\infty .$$

Durchdivision:

$$G(z) = \frac{z + 1}{z^2 - 2,5\,z + 1} \, .$$

$$G(z) = (z + 1) : (z^2 - 2,5\,z + 1) = z^{-1} + 3,5\,z^{-2} + 7,75\,z^{-3} + \ldots$$

Damit erhält man unmittelbar die Werte g(k), die man noch durch Vergleich mit dem vorher gewonnenen Ergebnis bestätigen kann.

$$g(0) = 0,$$

$$g(1) = 1 \quad = 2 - 1,$$

$$g(2) = 3,5 \quad = 2 \cdot 2 - 0,5,$$

$$g(3) = 7,75 = 2 \cdot 2^2 - (0,5)^2,$$

$$\vdots$$

2.4.3. Zweiseitige Z-Transformation

Bisher wurde die Z-Transformation für eine Folge $\{g(k)\}$ definiert, die für $k < 0$ identisch verschwindet. Insbesondere für die Untersuchung statistischer Signale ist eine Erweiterung von Interesse, mit der auch Folgen behandelt werden können, die dieser Einschränkung nicht entsprechen. Es wird eine zweiseitige Z-Transformation definiert durch

$$G(z) = Z_2\{g(k)\} = \sum_{k=-\infty}^{+\infty} g(k) z^{-k} \tag{2.4-38}$$

(z.B. [2.6]). G(z) konvergiert für $R < |z| < 1/R$, d.h. in einem offenen Kreisring um den Nullpunkt der z-Ebene, wenn $|g(k)| \leqslant K R^{|k|}$ bei $R < 1$. Für die Umkehrung gilt

$$g(k) = Z_2^{-1}\{G(z)\} = \frac{1}{2\pi j} \oint_C G(z) z^{k-1} dz, \tag{2.4-39}$$

wobei die Integration auf einer einfach geschlossenen Kurve C in dem eben genannten Ring erfolgt. Dabei ergibt sich mit Hilfe des Residuensatzes

$$g(k) = \sum_{\substack{\text{alle Pole im} \\ \text{Innern von C}}} \operatorname{Res}\{G(z)z^{k-1}\}. \tag{2.4-40}$$

Als einfaches Beispiel bestimmen wir

$$Z_2\left\{e^{s_1T|k|}\right\} = \sum_{k=-\infty}^{+\infty} e^{s_1T|k|} z^{-k}$$

$$= \sum_{k=0}^{\infty}\left[e^{s_1T}z\right]^k + \sum_{k=0}^{\infty}\left[\frac{e^{s_1T}}{z}\right]^k - 1.$$

Der erste Term konvergiert für $|z| < |e^{-s_1T}|$, der zweite für $|z| > |e^{s_1T}|$. Die zweiseitige Z-Transformierte existiert daher für $|e^{s_1T}| < 1$ im Bereich $|e^{s_1T}| < |z| < |e^{-s_1T}|$ und es gilt

$$Z_2\left\{e^{s_1T|k|}\right\} = \frac{1}{1-e^{s_1T}z} + \frac{z}{z-e^{s_1T}} - 1.$$

Hier interessiert besonders die Anwendung auf die Bestimmung des Leistungsdichtespektrums eines statistischen Signals. Dazu gehen wir von der Autokorrelationsfunktion der Folge $\{g(k)\}$ aus

$$\varphi_{11}(k) = \lim_{k_0\to\infty} \frac{1}{2k_0+1} \sum_{\varkappa=-k_0}^{k_0} g(\varkappa)g(\varkappa-k). \tag{2.4-41}$$

Offenbar ist $\varphi_{11}(-k) = \varphi_{11}(k)$ und die mittlere Leistung oder der quadratische Mittelwert

$$\varphi_{11}(0) = \lim_{k_0\to\infty} \frac{1}{2k_0+1} \sum_{k=-k_0}^{k_0} g^2(k). \tag{2.4-42}$$

Das Leistungsdichtespektrum ist dann definiert durch

$$\Phi(z) = Z_2\{\varphi_{11}(k)\} = \sum_{k=-\infty}^{+\infty} \varphi_{11}(k)z^{-k}. \tag{2.4-43}$$

Da $\varphi_{11}(k)$ eine gerade Funktion ist, muß gelten

$$\Phi(z^{-1}) = \Phi(z). \tag{2.4-44}$$

Für spätere Anwendungen interessiert besonders der Fall, daß $\Phi(z)$ rational ist. Wegen (2.4-44) ist dann mit $Q(z) = Q(z^{-1})$

$$\Phi(z) = \frac{Q(z)}{\prod_\nu (z - z_{\infty\nu})(z^{-1} - z_{\infty\nu})},$$

wobei $|z_{\infty\nu}| \leq R < 1$ ist. Man kann nun eine rationale Funktion $\Phi_1(z)$ der Form

$$\Phi_1(z) = \frac{Q_1(z)}{\prod_\nu (z - z_{\infty\nu})}$$

so einführen, daß $\Phi(z) = \Phi_1(z)\Phi_1(z^{-1})$ ist. Aus der Umkehrung von (2.4-43) entsprechend (2.4-39) folgt noch speziell für $k = 0$

$$\varphi_{11}(0) = \frac{1}{2\pi j} \oint_C \Phi_1(z)\Phi_1(z^{-1})z^{-1}dz. \tag{2.4-45}$$

Die Auswertung mit der Residuenrechnung liefert

$$\varphi_{11}(0) = \sum_{\substack{\text{alle Pole im} \\ \text{Innern von C}}} \mathrm{Res}\{\Phi_1(z)\Phi_1(z^{-1})z^{-1}\}. \tag{2.4-46}$$

Entsprechende Überlegungen gelten dann, wenn die Energie der Folge $\{g(k)\}$ endlich ist, d.h. wenn $\sum_{k=-\infty}^{+\infty} g^2(k)$ existiert. Sie führten in dem Fall einer für $k < 0$ verschwindenden Folge bereits zu dem gleichartigen Ergebnis (2.4-25).

2.5. Behandlung von Differenzengleichungen

2.5.1. Differenzengleichung zweiter Ordnung

Wir wenden die Z-Transformation zur Lösung der in Abschnitt 2.2 angegebenen Differenzengleichungen an. Zur Einführung behandeln wir zunächst die Differenzengleichung zweiter Ordnung

$$y(k+2) + c_1 y(k+1) + c_0 y(k) = b_2 u(k+2) + b_1 u(k+1) + b_0 u(k). \tag{2.2-1}$$

Es sei $u(k) = 0 \; \forall k < 0$, und es interessiert $y(k) \; \forall k \geqslant 0$.

Mit $Z\{y(k)\} = Y(z)$ und $Z\{u(k)\} = U(z)$ ergibt sich unter Verwendung von (2.4-12) sofort

$$Y(z)(z^2 + c_1 z + c_0) - (y(0)z^2 + y(1)z + c_1 y(0)z)$$

$$= U(z)(b_2 z^2 + b_1 z + b_0) - (b_2 u(0)z^2 + b_2 u(1)z + b_1 u(0)z).$$

Daraus folgt für die Z-Transformierte der gesuchten Wertefolge

$$Y(z) = U(z) \frac{b_2 z^2 + b_1 z + b_0}{z_2 + c_1 z + c_0} +$$

$$+ \frac{z^2[y(0) - b_2 u(0)] + z[y(1) + c_1 y(0) - b_2 u(1) - b_1 u(0)]}{z^2 + c_1 z + c_0}. \tag{2.5-1}$$

Bei Kenntnis der Folge $\{u(k)\}$ und damit $U(z)$, aber auch der ersten Werte der Ausgangsfolge $y(0)$ und $y(1)$, läßt sich jetzt $y(k)$ mit den in Abschnitt 2.4.2 behandelten Methoden bestimmen.

Die benötigten ersten Werte der Ausgangsfolge werden durch den Anfangszustand und die Eingangsfolge bestimmt. Hier sei zunächst der Sonderfall behandelt, daß im System für $k < 0$ keine Werte gespeichert sind. Es gilt dann $y(k) = u(k) = 0$ für $k < 0$.

$y(0)$ und $y(1)$ lassen sich dann aus den $u(k)$ mit Hilfe von (2.2-1) bestimmen. Dazu schreiben wir diese Gleichung für die Argumente $k = -2$ und $k = -1$ an:

$$k = -2: \quad y(0) = b_2 u(0),$$

$$k = -1: \quad y(1) = -c_1 y(0) + b_2 u(1) + b_1 u(0).$$

Offenbar reduziert sich unter diesen Umständen (2.5-1) auf

$$Y(z) = U(z) \frac{b_2 z^2 + b_1 z + b_0}{z^2 + c_1 z + c_0}.$$

Die Wirkung des Systems wird dann beschrieben durch

$$H(z) = \frac{Y(z)}{U(z)} = \frac{b_2 z^2 + b_1 z + b_0}{z^2 + c_1 z + c_0}. \tag{2.5-2}$$

In diesem Beispiel erhalten wir also bei zu Beginn leeren Speichern die Übertragungsfunktion $H(z)$ als Quotient der Z-Transformierten von Ausgangsfolge und Eingangsfolge. Dieses Ergebnis werden wir unten verallgemeinern. In Abschnitt 2.3 hatten wir für $H(z)$ denselben Ausdruck als Verhältnis der Amplituden der Partikulärlösung der Differenzengleichung bekommen, wenn mit $u(k) = U e^{skT} = U z^k \,\forall k$ erregt wird. Hier war $e^{sT} = z$ eine beliebige komplexe Zahl. Diese verschiedenen Herleitungen der Übertragungsfunktion entsprechen denen, die für kontinuierliche Systeme bekannt sind.

Das Ergebnis (2.5-2) sei noch auf den Fall spezialisiert, daß mit γ_0 erregt wird. In diesem Fall ist nach (2.4-2) $U(z) = 1$. Für die Impulsantwort gilt also $h_0(k) = Z^{-1}\{H(z)\}$.

Mit den schon früher verwendeten Zahlenwerten $b_0 = b_1 = 1$, $b_2 = 0$, $c_0 = 1$, $c_1 = -2{,}5$ folgt

$$h_0(k) = Z^{-1}\left\{\frac{z+1}{z^2 - 2{,}5\,z + 1}\right\},$$

ein Ausdruck, der schon in Abschnitt 2.42 berechnet wurde. Der Vergleich mit Abschnitt 2.3 zeigt die Übereinstimmung der auf verschiedenen Wegen gewonnenen Ergebnisse.

2.5.2. Behandlung des allgemeinen Falles

Für die Behandlung des allgemeinen Falles wenden wir die Z-Transformation auf (2.2-2) an. Dabei gehen die Vektoren der Wertefolgen in Vektoren von Z-Transformierten über. Aus der Zustandsgleichung (2.2-2a)

$$\mathbf{x}(k+1) = \mathbf{A}\mathbf{x}(k) + \mathbf{B}u(k)$$

folgt

$$z\mathbf{X}(z) - z\mathbf{x}(0) = \mathbf{A}\mathbf{X}(z) + \mathbf{B}U(z)$$

und daraus

$$\mathbf{X}(z) = (z\mathbf{E} - \mathbf{A})^{-1} z\mathbf{x}(0) + (z\mathbf{E} - \mathbf{A})^{-1}\mathbf{B}U(z). \qquad (2.5\text{-}3a)$$

Die Ausgangsgleichung

$$y(k) = \mathbf{C}\mathbf{x}(k) + d\,u(k)$$

liefert dann

$$Y(z) = \mathbf{C}(z\mathbf{E} - \mathbf{A})^{-1} z\mathbf{x}(0) + \mathbf{C}(z\mathbf{E} - \mathbf{A})^{-1}\mathbf{B}U(z) + d\,U(z). \qquad (2.5\text{-}3b)$$

Hieraus folgt zunächst für den Fall eines zu Beginn in Ruhe befindlichen Systems mit $\mathbf{x}(0) = \mathbf{0}$ die Übertragungsfunktion

$$H(z) = \frac{Y(z)}{U(z)} = \mathbf{C}(z\mathbf{E} - \mathbf{A})^{-1}\mathbf{B} + d. \tag{2.5-4}$$

Setzt man hier die für die Differenzengleichung n-ter Ordnung (2.2-3) geltenden Matrizen **A**, **B**, **C** und $\mathbf{D} = d = b_n$ nach (2.2-4) ein, so erhält man wie schon früher

$$H(z) = \frac{\sum_{\mu=0}^{m} b_\mu z^\mu}{\sum_{\nu=0}^{n} c_\nu z^\nu} \quad \text{mit } c_n = 1. \tag{2.3-6}$$

In Abschnitt 2.3 hatte sich diese Form für H(z) als Verhältnis der komplexen Amplituden am Ausgang und Eingang ergeben, wenn für alle Zeiten mit der Folge $U e^{skT}$ erregt wird. Offenbar kann man aus einer mit (2.3-6) gegebenen Übertragungsfunktion immer die zugehörige Differenzengleichung n-ter Ordnung der Form (2.2-3) sofort gewinnen.

Aus (2.5-4) bestimmen wir noch die Impulsantwort

$$h_0(k) = Z^{-1}\{\mathbf{C}(z\mathbf{E} - \mathbf{A})^{-1}\mathbf{B} + d\}. \tag{2.5-5}$$

Der Vergleich von (2.5-3b) mit (2.3-1b) bzw. von (2.5-5) mit (2.3-3) zeigt, daß

$$\mathbf{A}^{k-1} = Z^{-1}\{(z\mathbf{E} - \mathbf{A})^{-1}\} \tag{2.5-6}$$

sein muß.

Im Abschnitt 2.1 war gezeigt worden, daß ein lineares, kausales und zeitlich invariantes System, das zu Beginn in Ruhe ist, durch die Impulsantwort $h_0(k)$ bzw. die daraus aufgebaute Faltungsmatrix **S** beschrieben werden kann. Es war

$$\mathbf{S} = \begin{bmatrix} h_0(0) & 0 & 0 & 0 & \cdots \\ h_0(1) & h_0(0) & 0 & 0 & \cdots \\ h_0(2) & h_0(1) & h_0(0) & 0 & \cdots \\ \vdots & \vdots & \vdots & \vdots & \end{bmatrix}. \tag{2.1-14b}$$

Es interessiert nun, welche zusätzlichen Voraussetzungen erfüllt sein müssen, damit ein System durch eine rationale Übertragungsfunktion H(z) entsprechend (2.3-6) beschrieben werden kann. Nach [2.1] läßt sich diese Frage in folgender Weise beantworten. Man ordnet der Matrix **S** eine Hankelsche Matrix $\tilde{\mathbf{S}}$ zu, die durch

$$\tilde{\mathbf{S}} = \begin{bmatrix} h_0(0) & h_0(1) & h_0(2) & \cdots \\ h_0(1) & h_0(2) & h_0(3) & \cdots \\ h_0(2) & h_0(3) & h_0(4) & \cdots \\ h_0(3) & h_0(4) & h_0(5) & \cdots \\ \vdots & \vdots & \vdots & \end{bmatrix} \tag{2.5-7}$$

definiert wird. Dann ist die Übertragungsfunktion

$$H(z) = Z\{h_0(k)\} = \sum_{k=0}^{\infty} h_0(k) z^{-k},$$

genau dann rational, wenn die Matrix $\tilde{\mathbf{S}}$ endlichen Rang besitzt. Ist das der Fall und ist $r > 0$ der Rang von $\tilde{\mathbf{S}}$, so gilt für den Grad des Nenners von H(z) $n = r - 1$. Vorausgesetzt ist dabei nur, daß $Z\{h_0(k)\}$ existiert.

Damit ist gezeigt, unter welchen Einschränkungen ein allgemein durch die Impulsantwort $h_0(k)$ vollständig beschriebenes lineares, zeitlich invariantes und kausales System, das zu Beginn in Ruhe ist, durch eine Differenzengleichung beschrieben werden kann. Im folgenden werden ausschließlich Systeme dieser Art behandelt.

2.6. Eigenschaften der Übertragungsfunktion

2.6.1. Allgemeines

In diesem Abschnitt soll die Übertragungsfunktion H(z) näher untersucht werden, die für ein allgemein durch

$$\begin{aligned} \mathbf{x}(k+1) &= \mathbf{A}\mathbf{x}(k) + \mathbf{B}u(k), \\ y(k) &= \mathbf{C}\mathbf{x}(k) + d\,u(k) \end{aligned} \tag{2.2-2}$$

beschriebenes System unter der Voraussetzung hergeleitet wurde, daß sich dieses zu Beginn in Ruhe befindet. Wir setzen die Steuerbarkeit und Beobachtbarkeit des Systems voraus, nehmen also an, daß alle Eigenschwingungen vom Eingang her angeregt und am Ausgang beobachtet werden können. Diese Eigenschaften lassen sich wie bei kontinuierlichen Systemen durch eine Untersuchung der Matrizen **A**, **B** und **C** kontrollieren (z.B. [2.2]).

Es gilt, daß ein System mit einem Eingang und einem Ausgang dann steuerbar ist, wenn die Matrix

$$[\mathbf{B}, \mathbf{AB}, \mathbf{A}^2\mathbf{B}, \ldots \mathbf{A}^{n-1}\mathbf{B}]$$

nicht singulär ist [2.2]. Hier ist n der Grad des aus **A** gebildeten charakteristischen Polynoms $|\lambda\mathbf{E} - \mathbf{A}|$.

Die Beobachtbarkeit aller Eigenschwingungen erfordert, daß die Matrix

$$[\mathbf{c}^T, \mathbf{A}^T\mathbf{c}^T, (\mathbf{A}^T)^2\mathbf{c}^T, \ldots (\mathbf{A}^T)^{n-1}\mathbf{c}^T]$$

nicht singulär ist. Hier ist $\mathbf{c}^T$ die transponierte Zeilenmatrix **c**, $\mathbf{A}^T$ die transponierte Matrix **A**.

Die zu dem durch (2.2-2) beschriebenen System gehörende rationale Übertragungsfunktion läßt sich als

$$H(z) = \frac{P(z)}{N(z)} = \frac{\sum_{\mu=0}^{m} b_\mu z^\mu}{\sum_{\nu=0}^{n} c_\nu z^\nu} = b_m \frac{\prod_{\mu=1}^{m}(z - z_{0\mu})}{\prod_{\nu=1}^{n}(z - z_{\infty\nu})} = b_m \frac{\prod_{\mu=1}^{m}(z - z_{0\mu})}{\prod_{\nu=1}^{n'}(z - z_{\infty\nu})^{n_\nu}} \tag{2.6-1}$$

schreiben. Dabei wurde wieder $c_n = 1$ gesetzt. Wie im Abschnitt 2.5.2 angegeben, sind die b_μ und c_ν zugleich die Koeffizienten der Differenzengleichung n-ter Ordnung (2.2-3), mit der das System ebenfalls beschrieben werden kann. Die n' verschiedenen Polstellen $z_{\infty\nu}$ der Übertragungsfunktion sind die Eigenwerte der Matrix **A**. Sie können mit der Vielfachheit n_ν auftreten, wobei $\sum_{\nu=1}^{n'} n_\nu = n$ der Grad des Nenners ist. Zusammen mit den Nullstellen $z_{0\mu}$ kennzeichnen sie die Übertragungsfunktion bis auf eine multiplikative Konstante.
In dem hier interessierenden Fall eines reellen Systems sind nach früherem die Matrizen **A**, **B**, **C** und **D** = d und damit auch die Koeffizienten b_μ und c_ν reell.

Dann müssen die Nullstellen $z_{0\mu}$ und die Polstellen $z_{\infty\nu}$ entweder reell oder paarweise zueinander konjugiert komplex sein. Es gilt also

$$\begin{aligned} z_{\infty\nu} &= \rho_{\infty\nu} \text{ reell oder } z_{\infty\nu} = \rho_{\infty\nu} e^{j\psi_{\infty\nu}} \\ &\quad \text{mit } z_{\infty\varkappa} = z_{\infty\nu}{}^* = \rho_{\infty\nu} e^{-j\psi_{\infty\nu}}, \\ z_{0\mu} &= \rho_{0\mu} \text{ reell oder } z_{0\mu} = \rho_{0\mu} e^{j\psi_{0\mu}} \\ &\quad \text{mit } z_{0\lambda} = z_{0\mu}{}^* = \rho_{0\mu} e^{-j\psi_{0\mu}}. \end{aligned} \tag{2.6-2}$$

2.6.2. Kausalität und Stabilität

Wir untersuchen zunächst, wie sich die vorausgesetzte Kausalität und die Stabilität des Systems in $H(z)$ zeigen und betrachten dazu die Impulsantwort. Für sie hatten wir in (2.3-3) bekommen

$$h_0(0) = d,$$

$$h_0(k) = \mathbf{C}\mathbf{A}^{k-1}\mathbf{B}, \quad k = 1(1)\infty.$$

Andererseits ist

$$h_0(k) = Z^{-1}\{H(z)\} = Z^{-1}\left\{\frac{\sum\limits_{\mu=0}^{m} b_\mu z^\mu}{\sum\limits_{\nu=0}^{n} c_\nu z^\nu}\right\}.$$

Da aus Kausalitätsgründen $h_0(k) = 0$ für $k < 0$ sein muß, folgt zunächst, wie schon bei der Betrachtung der Differenzengleichung (2.2-3), daß $m \leqslant n$ gelten muß. Weiterhin läßt sich $h_0(k)$ aus der Partialbruchentwicklung von $H(z)$ entsprechend (2.4-32) und (2.4-33) sofort angeben. Es ist wie in (2.4-34)

$$\begin{aligned} h_0(0) &= R_\infty, \\ h_0(k) &= \sum_{\nu=1}^{n'} \sum_{\varkappa=1}^{n_\nu} R_{\nu\varkappa} \binom{k-1}{\varkappa-1} z_{\infty\nu}^{k-\varkappa}, \quad k = 1(1)\infty. \end{aligned} \tag{2.6-3}$$

Hier ist $R_\infty = b_n = d \neq 0$, wenn $m = n$ ist.

Die übrigen Koeffizienten $R_{\nu\varkappa}$ ergeben sich wie in (2.4-33). $h_0(k)$ enthält Terme der Form

$$\frac{R_{\nu\varkappa}}{(\varkappa - 1)!} (k - 1)(k - 2) \ldots (k - \varkappa + 1) z_{\infty\nu}^{k-\varkappa},$$

die jeweils für $k \geqslant \varkappa$ Beiträge liefern. Die Impulsantwort in einem Punkt k ergibt sich offenbar als Linearkombination der mit $k^{\varkappa-1}$ multiplizierten Potenzen der Eigenwerte der Matrix **A**. Das ist eine Erweiterung des für einfache Eigenwerte, d.h. für $n_\nu = 1$ in Abschnitt 2.3 an einem Beispiel beobachteten Ergebnisses.

Nach (2.1-15) ist notwendig und hinreichend für die Stabilität eines Systems, daß

$$\sum_{k=0}^{\infty} |h_0(k)| < M < \infty.$$

Aus (2.6-3) folgt dann unmittelbar, daß für ein stabiles System gelten muß

$$|z_{\infty\nu}| < 1, \quad \forall \nu. \tag{2.6-4}$$

Die Polstellen der Übertragungsfunktion, d.h. die Eigenwerte der Systemmatrix **A**, müssen also im Innern des Einheitskreises liegen. In Bild 2.6 sind mögliche Pol-Nullstellenlagen eines reellen, kausalen und stabilen Systems für den Fall n = 10, m = 8 skizziert.

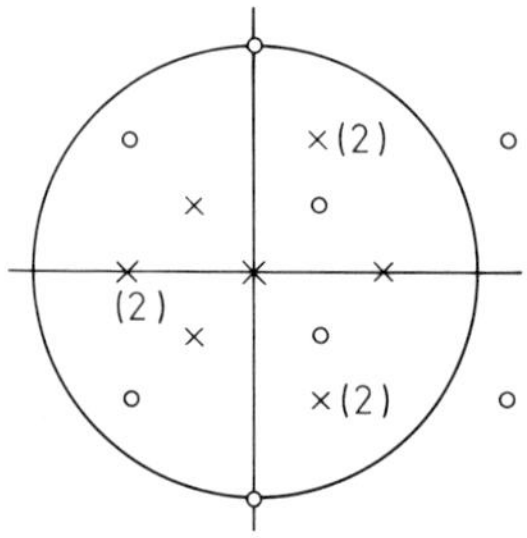

Bild 2.6. Mögliche Pol-Nullstellenlagen für ein reelles, kausales und stabiles System mit n = 10, m = 8

Wir bemerken noch, daß eine oder mehrere Polstellen auf dem Einheitskreis, falls sie einfach sind und die restlichen Polstellen im Innern des Einheitskreises liegen, zu einer zwar nicht abklingenden, aber beschränkten Impulsantwort führen. An Hand von (2.1-13) kann man sich leicht überlegen, daß in diesem Fall eines sogenannten bedingt stabilen Systems $|y(k)|$ beschränkt bleibt, wenn $|u(k)|$ beschränkt ist und außerdem nur für endlich viele Werte von k $u(k) \neq 0$ sein kann. Hier wird also zusätzlich verlangt, daß das System nur mit einer endlich langen Folge von Werten angeregt wird.

Für ein System zweiten Grades sei untersucht, welchen Bedingungen die Koeffizienten des Nennerpolynoms N(z) der Übertragungsfunktion genügen müssen, damit es stabil ist. Es sei

$$N(z) = z^2 + c_1 z + c_0 = (z - z_1)(z - z_2)$$

mit

$$|z_{1,2}| < 1, \quad c_1 = -(z_1 + z_2), \quad c_0 = z_1 z_2 .$$

a) Es sei $z_1 = \rho e^{j\psi}$, $z_2 = \rho e^{-j\psi}$ mit $0 \leqslant \rho < 1$, $0 \leqslant 4 \leqslant \pi$. Dann folgt

$$c_0 = \rho^2, \quad c_1 = -2\rho \cos \psi .$$

Damit wird

$$0 \leqslant c_0 < 1,$$

$$-2\sqrt{c_0} \leqslant c_1 \leqslant +2\sqrt{c_0} .$$

b) Es sei $z_1 \neq z_2$ reell. Aus

$$z_{1,2} = -\frac{c_1}{2} \pm \sqrt{\frac{c_1^2}{4} - c_0}$$

folgt mit $c_1^2/4 > c_0$ und $|z_{1,2}| < 1$

$$|c_1| < 1 + c_0 .$$

Wegen $c_0 = z_1 z_2$ ist weiterhin

$$|c_0| < 1.$$

Die Bedingungen

$$|c_0| < 1, \quad |c_1| < 1 + c_0 \qquad (2.6\text{-}5a)$$

bzw. speziell

$$\begin{aligned} 0 < c_0 < 1 : \quad & |c_1| < 2\sqrt{c_0} && \text{Nullstellen komplex} \\ & 1 + c_0 > |c_1| \geqslant 2\sqrt{c_0} && \text{Nullstellen reell} \qquad (2.6\text{-}5b) \\ -1 < c_0 \leqslant 0 : \quad & |c_1| < 1 + c_0 && \text{Nullstellen reell} \end{aligned}$$

werden in Bild 2.7. veranschaulicht. Dort wurden für einzelne Wertepaare $\{c_0, c_1\}$ die zugehörigen Nullstellen z_1 und z_2 in der komplexen z-Ebene angedeutet.

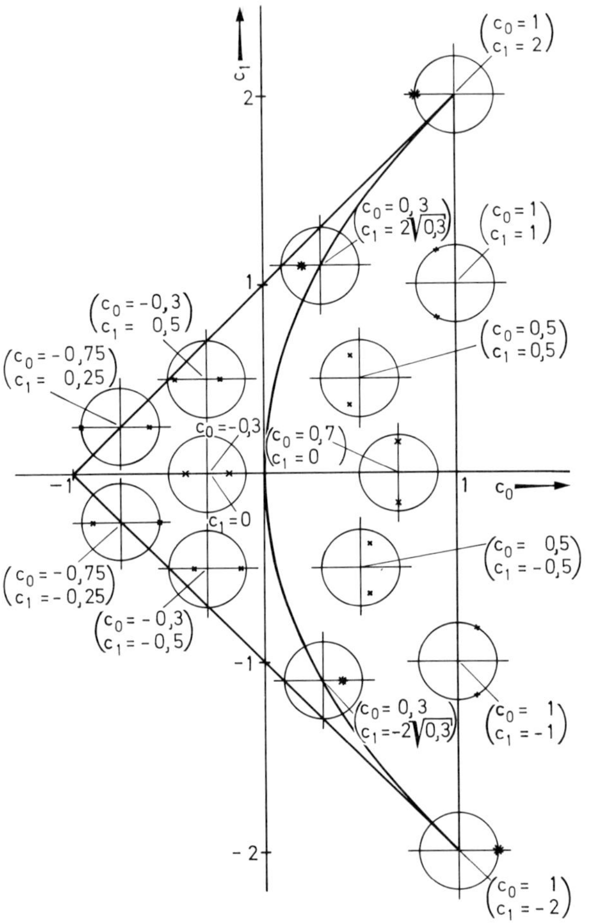

Bild 2.7. Koeffizientenbedingungen für ein stabiles System zweiter Ordnung

Bei kontinuierlichen Systemen gibt es bekanntlich eine Reihe von algebraischen Methoden zur Stabilitätsuntersuchung, mit denen festgestellt werden kann, ob die Nullstellen eines Polynoms in der offenen linken s-Halbebene liegen, ohne daß diese Nullstellen selbst errechnet werden müssen. Mit diesen Methoden läßt sich auch untersuchen, ob die Nullstellen des hier gegebenen Nennerpolynoms $N(z)$ im Innern des Einheitskreises liegen, wenn man $N(z)$ mit $z = -(s + 1)/(s - 1)$ transformiert. Hierbei wird das Innere des Einheitskreises der z-Ebene auf die offene linke s-Halbebene abgebildet. Aus $N(z)$ entsteht eine rationale Funktion mit einem n-fachen Pol bei $s = 1$ und einem Zählerpolynom, auf das einer der Stabilitätstests, z.B. der Hurwitz- oder der Routh-Test angewandt werden kann. Wegen der umkehrbar eindeutigen Abbildung ist die dabei gewonnene Aussage zugleich die Antwort auf die Frage, ob das vorgelegte Polynom N(z) stabil ist.

Darüber hinaus gibt es algebraische Methoden, mit denen die Stabilitätsuntersuchung unmittelbar im z-Bereich durchgeführt werden kann. Eine ausführliche Behandlung findet sich in [2.6]. Auf ihre Darstellung wird hier verzichtet.

2.6.3. Frequenzgang

Ein durch seine Übertragungsfunktion H(z) beschriebenes System, das zu Beginn in Ruhe ist, werde durch $u(k) = z_1^k = e^{s_1 kT}$, $k = 0(1)\infty$, erregt. Für die Z-Transformierte der Ausgangsfunktion folgt dann unmittelbar mit (2.5-4), (2.6-1) und (2.4-3)

$$Y(z) = U(z)H(z) = \frac{z}{z - z_1} \frac{P(z)}{\prod_{\nu=1}^{n}(z - z_{\infty\nu})} .$$

Im folgenden sei vorausgesetzt, daß $z_1 \neq z_{\infty\nu}$ $\forall \nu$ und alle Polstellen $z_{\infty\nu}$ einfach sind. Dann läßt sich zunächst Y(z)/z wie folgt in Partialbrüche entwickeln:

$$\frac{Y(z)}{z} = \frac{1}{z - z_1} H(z) = \frac{H(z_1)}{z - z_1} + \sum_{\nu=1}^{n} \frac{R_\nu}{z_{\infty\nu} - z_1} \frac{1}{z - z_{\infty\nu}} .$$

Entsprechend (2.4-36) ist hier $R_\nu = \lim_{z \to z_{\infty\nu}} (z - z_{\infty\nu})H(z)$.

Nach Multiplikation mit z und Rücktransformation erhält man für die Ausgangsfolge

$$y(k) = H(z_1)z_1^k + \sum_{\nu=1}^{n} \frac{R_\nu}{z_{\infty\nu} - z_1} z_{\infty\nu}^k . \tag{2.6-6}$$

Sie enthält also einen Anteil, der dieselbe Form wie die erregende Folge am Eingang hat. Dieser sogenannte Erregeranteil wird in seiner Größe durch die Fähigkeit des Systems bestimmt, eine durch $z_1 = e^{s_1 T}$ gekennzeichnete exponentielle Folge zu übertragen. Diese Fähigkeit wird durch den Wert von H(z) an der Stelle $z = z_1$ beschrieben.

Neben dem Erregeranteil erscheint ein Einschwinganteil, der die Eigenschwingungen des Systems mit Amplituden enthält, die einerseits von den durch das System selbst bestimmten Größen R_ν, andererseits durch $U(z_{\infty\nu})/z_{\infty\nu}$ bestimmt sind, also von dem Wert der Z-Transformierten der Eingangsfolge an der Stelle $z_{\infty\nu}$ abhängen. Wenn wir hier weiterhin voraussetzen, daß das betrachtete System stabil ist, klingt der Einschwinganteil wegen (2.6-4) sicher ab.

Eine (2.6-6) entsprechende Aufteilung in Erreger- und Einschwinganteil läßt sich auch vornehmen, wenn die Polstellen $z_{\infty\nu}$ nicht einfach sind.

Wählt man speziell mit $z_1 = e^{j\omega_1 T}$ für $u(k)$ die Abtastwerte einer komplex geschriebenen sinusförmigen Funktion, so geht bei stabilen Systemen $y(k)$ mit wachsendem k in eine gleichartige Folge über. $H(z_1 = e^{j\omega_1 T})$ beschreibt dann bei Variation von ω_1 den Frequenzgang des Systems als Verhältnis der komplexen Amplituden der im eingeschwungenen Zustand am Eingang und Ausgang auftretenden Folgen $e^{j\omega_1 kT}$

Dieser Frequenzgang, d.h. das Verhalten von $H(z)$ für $|z| = 1$, wird im folgenden diskutiert.

Es ist

$$H(e^{j\omega T}) = \frac{\sum\limits_{\mu=0}^{m} b_\mu e^{j\mu\omega T}}{\sum\limits_{\nu=0}^{n} c_\nu e^{j\nu\omega T}} = b_m \frac{\prod\limits_{\mu=1}^{m}\left(e^{j\omega T} - z_{0\mu}\right)}{\prod\limits_{\nu=1}^{n}\left(e^{j\omega T} - z_{\infty\nu}\right)} . \qquad (2.6\text{-}7)$$

Offenbar ist $H(e^{j\omega T})$ als Quotient zweier trigonometrischer Polynome gleicher Periode selbst periodisch.

Im folgenden wird eine normierte Frequenz entsprechend

$$\omega T = \Omega \qquad (2.6\text{-}8)$$

benutzt. Weiterhin wird, soweit Irrtümer ausgeschlossen erscheinen, zur Vereinfachung der Schreibweise $H(\Omega)$ statt $H(e^{j\Omega})$ verwendet. Es lassen sich damit Betrag und Phase von $H(\Omega)$ mit Hilfe der Null- und Polstellen wie folgt angeben (Bild 2.8):

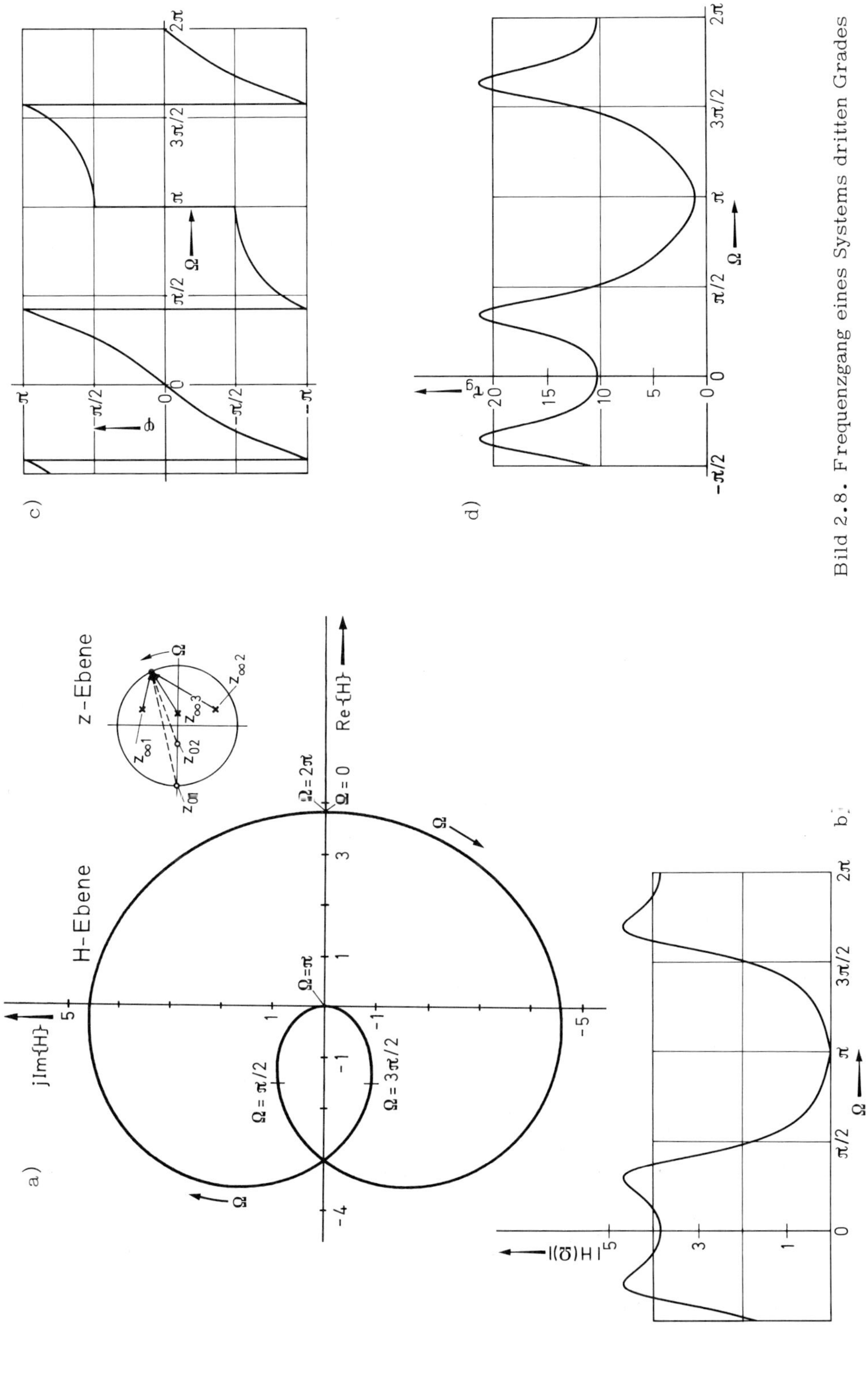

Bild 2.8. Frequenzgang eines Systems dritten Grades

$$|H(\Omega)| = |b_m| \frac{\prod_{\mu=1}^{m} \left| e^{j\Omega} - z_{0\mu} \right|}{\prod_{\nu=1}^{n} \left| e^{j\Omega} - z_{\infty\nu} \right|}$$

$$= |b_m| \frac{\prod_{\mu=1}^{m} \sqrt{1 - 2\rho_{0\mu}\cos(\Omega - \psi_{0\mu}) + \rho_{0\mu}^2}}{\prod_{\nu=1}^{n} \sqrt{1 - 2\rho_{\infty\nu}\cos(\Omega - \psi_{\infty\nu}) + \rho_{\infty\nu}^2}} , \qquad (2.6\text{-}9a)$$

$$\varphi(\Omega) = -\sphericalangle H(\Omega) = \sum_{\nu=1}^{n} \arctan \frac{\sin\Omega - \rho_{\infty\nu}\sin\psi_{\infty\nu}}{\cos\Omega - \rho_{\infty\nu}\cos\psi_{\infty\nu}}$$

$$- \sum_{\mu=1}^{m} \arctan \frac{\sin\Omega - \rho_{0\mu}\sin\psi_{0\mu}}{\cos\Omega - \rho_{0\mu}\cos\psi_{0\mu}} , \text{ wenn } b_m > 0 . \qquad (2.6\text{-}9b)$$

Wie bei kontinuierlichen Systemen läßt sich auch die Gruppenlaufzeit einführen mit

$$\tau_g(\Omega) = \frac{d\varphi}{d\Omega} = \sum_{\nu=1}^{n} \frac{1 - \rho_{\infty\nu}\cos(\Omega - \psi_{\infty\nu})}{1 - 2\rho_{\infty\nu}\cos(\Omega - \psi_{\infty\nu}) + \rho_{\infty\nu}^2}$$

$$- \sum_{\mu=1}^{m} \frac{1 - \rho_{0\mu}\cos(\Omega - \psi_{0\mu})}{1 - 2\rho_{0\mu}\cos(\Omega - \psi_{0\mu}) + \rho_{0\mu}^2} . \qquad (2.6\text{-}9c)$$

Für ein System mit $n = 3$ und $m = 2$ sind in Bild 2.8 $H(\Omega)$, $|H(\Omega)|$, $\varphi(\Omega)$ und $\tau_g(\Omega)$ aufgezeichnet.

In (2.6-9) ist, wie angegeben, die Summierung über die $\nu = 1(1)n$ bzw. $\mu = 1(1)m$ zu führen. Ist ein Pol $z_{\infty\nu}$ komplex, d.h. der zugehörige Winkel $\psi_{\infty\nu} \neq 0$, so tritt wegen der durch (2.6-2) beschriebenen Reellwertigkeit des Systems ein zweiter Pol mit dem Winkel $-\psi_{\infty\nu}$ auf. Entsprechendes gilt für die Nullstellen $z_{0\mu}$.

Man erkennt weiterhin an (2.6-9), daß wegen (2.6-2) gilt

$$\begin{aligned} |H(-\Omega)| &= |H(\Omega)| , \\ \varphi(-\Omega) &= -\varphi(\Omega) , \\ \tau_g(-\Omega) &= \tau_g(\Omega) . \end{aligned} \qquad (2.6\text{-}10)$$

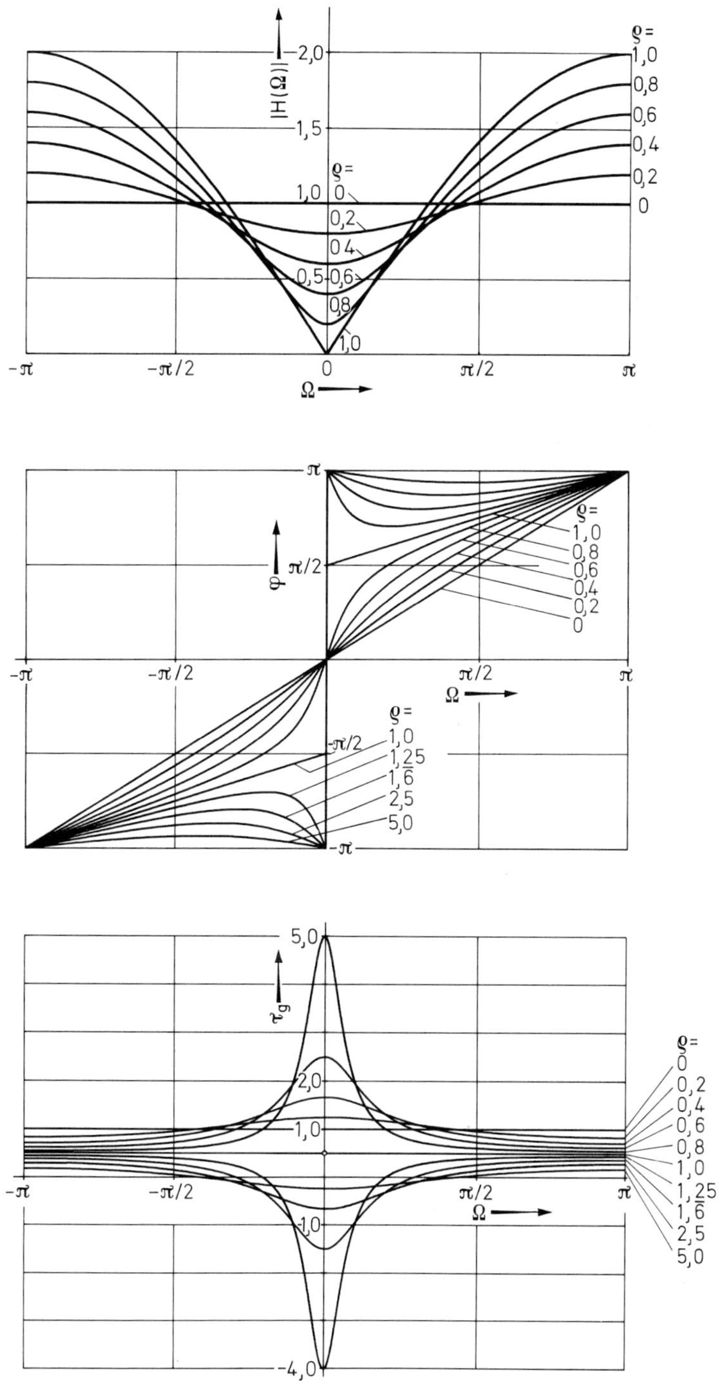

Bild 2.9. Beiträge einer Pol- oder Nullstelle zum Frequenzgang

Bild 2.9a zeigt einen der Faktoren von Zähler bzw. Nenner aus (2.6-9a) für den Fall einer reellen Pol- bzw. Nullstelle, d.h. für $\psi = 0$, in Abhängigkeit von Ω. Der Betrag ρ der Pol- bzw. Nullstelle ist dabei Parameter, wobei der Wert $\rho = 1$ natürlich nur für die Nullstelle in Frage kommt. Die ebenfalls für Nullstellen möglichen Parameterwerte $\rho > 1$ führen, abgesehen von einem konstanten Faktor ρ, zu gleichen Kurven, wenn man den Parameter ρ durch den Wert $1/\rho$ ersetzt. Für komplexe Pol- bzw. Nullstellenlagen, d.h. $\psi \neq 0$, gewinnt man entsprechend (2.6-9a) die zugehörigen Frequenzgänge durch eine Verschiebung in Abzissenrichtung um ψ.

In Bild 2.9b ist einer der Summanden von (2.6-9b) wieder für den Fall $\psi = 0$ dargestellt. Hier wurden auch Werte ρ $(= \rho_{0\mu}) > 1$ der Berechnung zugrundegelegt, da sie zu prinzipiell andern Kurvenläufen führen. Die Frequenzgänge der Phasenanteile für eine komplexe Pol- oder Nullstelle gewinnt man aus

$$\varphi_1(\Omega) = \varphi_0(\Omega - \psi) + \psi ,$$

wenn φ_0 der gezeichnete Phasenanteil einer reellen Null- oder (für $\rho < 1$) auch Polstelle und φ_1 der gesuchte Phasenanteil einer komplexen Null- oder Polstelle mit Winkel $\psi \neq 0$ und gleichem Radius ρ ist.

Schließlich zeigt Bild 2.9c den Verlauf des Gruppenlaufzeitanteils einer reellen Pol- bzw. Nullstelle. Den entsprechenden Frequenzgang für eine komplexe Pol- oder Nullstelle gewinnt man wieder durch Verschiebung der gezeichneten Kurven um ψ in Abzissenrichtung. Aus den Kurven in Bild 2.9c sowie aus (2.6-9c) erkennt man noch, daß wegen $\rho_{\infty\nu} < 1$ die von den Polstellen herrührenden Gruppenlaufzeitanteile stets positiv sind, während für $\rho_{0\mu} < 1$ die von den Nullstellen herrührenden Beiträge stets negativ sind. Für $\rho_{0\mu} > 1$ ist ihr Beitrag zur Gesamtlaufzeit in der Umgebung von $\Omega = \psi$ dagegen positiv. Weiterhin ergibt sich aus (2.6-9c), daß man für $\rho_{0\mu} = 1$ die konstante Laufzeit -0,5 erhält. Schließlich läßt die Betrachtung der Kurven bzw. der Beziehungen in (2.6-9c) erkennen, daß sich zwei von Nullstellen herrührende Gruppenlaufzeitanteile gerade zu 1 ergänzen, wenn für ihre Nullstellen gilt

$$z_{0\mu} = \rho_{0\mu} = \frac{1}{z_{0\lambda}} = \frac{1}{\rho_{0\lambda}} .$$

Da die Gruppenlaufzeit für komplexe Nullstellen sich aus den gezeichneten Verläufen durch Verschiebung ergibt, gilt dieses Ergebnis auch, wenn $z_{0\mu} = 1/z_{0\lambda}^*$. Wir werden im Abschnitt 2.6.5.4 hiervon Gebrauch machen.

2.6.4. Beziehungen zwischen den Komponenten des Frequenzganges

Die Übertragungsfunktion des von uns betrachteten Systems ist analytisch für $|z| \geqslant 1$, wenn wir zusätzlich Stabilität voraussetzen. Es bestehen daher enge Bindungen zwischen den Komponenten des Frequenzganges bzw. der Übertragungsfunktion, so daß z.B. aus einer zulässig vorgeschriebenen Funktion $\mathrm{Re}\{H(\Omega)\}$ die zugehörige Übertragungsfunktion $H(z)$ eindeutig bestimmt werden kann. Das gleiche gilt mit gewissen Einschränkungen, wenn man von $\mathrm{Im}\{H(\Omega)\}$ oder $|H(\Omega)|$ ausgeht. Diese Beziehungen werden hier zunächst für den vor allem interessierenden Fall einer rationalen Übertragungsfunktion kurz behandelt.

Wir gehen aus von

$$H(z) = \frac{P(z)}{N(z)} = \frac{P(z)}{z^{n_0} N_1(z)} . \qquad (2.6\text{-}11)$$

Das Polynom $N_1(z)$ vom Grade $n - n_0$ enthalte alle nicht im Nullpunkt liegenden Nullstellen $z_{\infty\nu}$ von $N(z)$. Wegen der außerdem vorausgesetzten Stabilität ist also $0 < |z_{\infty\nu}| < 1$, $\nu = 1(1)(n - n_0)$. Zur Vereinfachung der Darstellung sei außerdem angenommen, daß das Polynom $P(z)$ wie $N(z)$ vom Grade n sei und keine Nullstellen bei $z = 0$ habe. Es werden nun folgende Funktionen eingeführt

$$H_B(z) = H(z)H(z^{-1}) = \frac{P_B(z)}{N_2(z)} , \qquad (2.6\text{-}12a)$$

$$H_R(z) = \frac{1}{2}[H(z) + H(z^{-1})] = \frac{P_R(z)}{N_2(z)} , \qquad (2.6\text{-}13a)$$

$$H_I(z) = \frac{1}{2}[H(z) - H(z^{-1})] = \frac{P_I(z)}{N_2(z)} . \qquad (2.6\text{-}14a)$$

Offenbar ist

$$H(z) = H_R(z) + H_I(z). \qquad (2.6\text{-}15)$$

Speziell für $z = e^{j\Omega}$ ist

$$H_B(e^{j\Omega}) = |H(\Omega)|^2, \qquad (2.6\text{-}12b)$$

$$H_R(e^{j\Omega}) = \mathrm{Re}\{H(\Omega)\}, \qquad (2.6\text{-}13b)$$

$$H_I(e^{j\Omega}) = j\,\mathrm{Im}\{H(\Omega)\}. \qquad (2.6\text{-}14b)$$

Aus (2.6-12a) bis (2.6-14a) folgt

$$H_B(z^{-1}) = H_B(z), \tag{2.6-12c}$$

$$H_R(z^{-1}) = H_R(z), \tag{2.6-13c}$$

$$H_I(z^{-1}) = - H_I(z). \tag{2.6-14c}$$

Daraus ergeben sich bei Berücksichtigung der bekannten Eigenschaften von $H(z)$ die folgenden Aussagen über die Polynome $N_2(z)$, $P_B(z)$, $P_R(z)$ und $P_I(z)$

a) $$N_2(z) = N(z)N(z^{-1})z^n = z^{n_0}N_S(z) \tag{2.6-16}$$

ist ein Polynom vom Grade $2n - n_0$, das eine n_0-fache Nullstelle bei $z = 0$ hat. Das Polynom $N_S(z)$ ist dabei ein sogenanntes Spiegelpolynom vom Grade $2(n - n_0)$, das durch

$$z^{2(n-n_0)} N_S(z^{-1}) = N_S(z) \tag{2.6-17}$$

gekennzeichnet ist. In Abschnitt 2.6.5.4 werden solche Polynome im anderen Zusammenhang betrachtet. Hier gilt speziell, daß $N_S(z)$ $n - n_0$ Nullstellen bei $z = z_{\infty\nu}$ im Innern und die restlichen $n - n_0$ Nullstellen spiegelbildlich zu den ersten in Bezug auf $|z| = 1$ außerhalb des Einheitskreises hat.

b) $$P_B(z) = P(z)P(z^{-1})z^n \tag{2.6-18}$$

ist ein Spiegelpolynom vom Grade 2n, das durch eine (2.6-17) entsprechende Beziehung zu kennzeichnen ist. Aus der Betrachtung einer Darstellung von $P_B(z)$ als Produkt von Linearfaktoren ergibt sich, daß die Nullstellen spiegelbildlich zum Einheitskreis oder auf dem Einheitskreis liegen, wobei letztere von geradzahliger Vielfachheit sind.

c) $$P_R(z) = \frac{1}{2}[P(z)N(z^{-1}) + P(z^{-1})N(z)]z^n \tag{2.6-19}$$

ist ebenfalls ein Spiegelpolynom vom Grade 2n. Hier ergibt sich wie oben, daß die Nullstellen wieder spiegelbildlich zum Einheitskreis oder auf dem Einheitskreis liegen, wobei jetzt nur die gegebenenfalls bei $z = \pm 1$ liegenden Nullstellen von geradzahliger Vielfachheit sein müssen [2.8].

d) $$P_I(z) = \frac{1}{2}[P(z)N(z^{-1}) - P(z^{-1})N(z)]z^n \tag{2.6-20}$$

ist ein Anti-Spiegelpolynom vom Grade 2n, das durch

$$z^{2n}P_I(z^{-1}) = -P_I(z) \qquad (2.6\text{-}21)$$

gekennzeichnet ist. Wie oben ergibt sich, daß die Nullstellen von $P_I(z)$ spiegelbildlich zum Einheitskreis oder auf diesem liegen, wobei jetzt in den Punkten $z = +1$ und $z = -1$ Nullstellen von ungeradzahliger Vielfachheit liegen müssen.

Es ergibt sich die folgende Feststellung: Damit eine Funktion $|H'(\Omega)|^2$ Betragsquadrat bzw. $H_R'(\Omega)$ Realteil bzw. $H_I'(\Omega)$ (abgesehen von Faktor j) Imaginärteil des Frequenzganges eines digitalen Systems der hier betrachteten Art sein kann, muß sie mit der Substitution $\Omega = (1/j)\ln z$ in eine rationale Funktion $H_B(z)$ bzw. $H_R(z)$ bzw. $H_I(z)$ übergehen, deren Zähler- und Nennerpolynome die oben genannten Eigenschaften haben.

Diese Bedingungen sind auch hinreichend in dem Sinne, daß aus $H_B(z)$ bzw. $H_R(z)$ bzw. $H_I(z)$ Funktionen $H(z)$ bestimmt werden können, deren Betrag bzw. Realteil bzw. Imaginärteil für $z = e^{j\Omega}$ den vorgegebenen Verlauf hat. Das sei noch kurz skizziert.

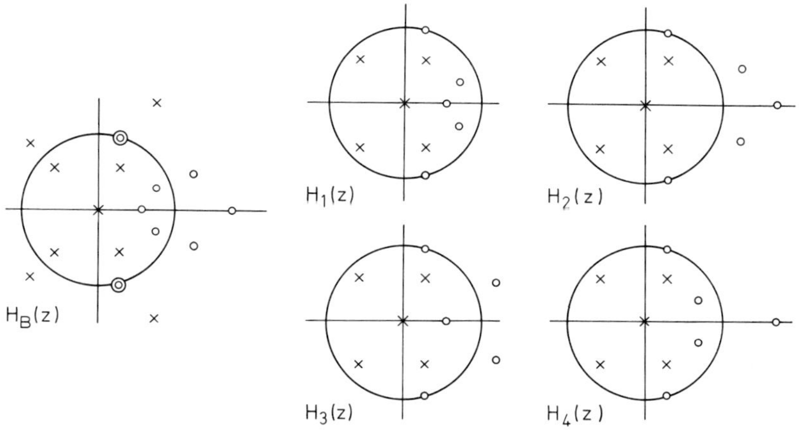

Bild 2.10. Zur Bestimmung der Übertragungsfunktion $H(z)$ aus dem Betrag des Frequenzganges

Wir gehen zunächst von $H_B(z)$ aus. Bild 2.10 zeigt eine mögliche Pol-Nullstellenverteilung für $n = 5$ und $n_0 = 1$. Als Pole einer zugehörigen Funktion $H(z)$ liegen die im Innern des Einheitskreises gelegenen Pole von $H_B(z)$ sofort fest. Bezüglich der Nullstellen gibt es im allgemeinen Fall mehrere Möglichkeiten, die für das betrachtete Beispiel in Bild 2.10 mit angegeben sind. Mit Hilfe von (2.6-9) stellt man leicht fest, daß diese verschiedenen Pol-Nullstellenkombinationen zu Übertragungsfunktionen führen, die für $z = e^{j\Omega}$ bis auf einen konstanten Faktor denselben Betragsverlauf haben. Sie unterscheiden sich dagegen in $\varphi(\Omega)$ um den Phasengang eines Allpasses (Abschn.2.6.5.1). Von besonderem Interesse ist der Fall, bei dem alle gewählten Nullstellen im abgeschlossenen Einheitskreis $|z| \leq 1$ liegen ($H_1(z)$ in Bild 2.10). Ein solches System wird minimalphasig genannt (Abschn.2.6.5.2).

Aus $H_R(z)$ läßt sich die zugehörige Funktion $H(z)$ eindeutig bestimmen [2.8]. Eine Möglichkeit dazu bietet die Partialbruchentwicklung von $H_R(z)$. Um das zu zeigen, gehen wir zunächst von der Partialbruchentwicklung von $H(z)$ aus, die für den Fall einfacher Pole, $m = n$ und $n_0 = 1$ nach (2.4-35) die Form

$$H(z) = R_{\infty} + \frac{R_0}{z} + \sum_{\nu=1}^{n-1} \frac{R_\nu}{z - z_{\infty\nu}} \tag{2.6-22}$$

hat. Dann folgt aus (2.6-13a)

$$H_R(z) = \frac{1}{2}\left[R_{\infty} + \frac{R_0}{z} + \sum_{\nu=1}^{n-1} \frac{R_\nu}{z - z_{\infty\nu}} + R_{\infty} + R_0 z + \sum_{\nu=1}^{n-1} \frac{R_\nu z}{1 - z z_{\infty\nu}}\right].$$

Ausgehend von $H_R(z)$ erhält man die R_ν wie folgt:

$$R_0 = \lim_{z \to 0} z 2H_R(z), \tag{2.6-23a}$$

$$R_\nu = \lim_{z \to z_{\infty\nu}} (z - z_{\infty\nu}) 2H_R(z), \qquad \nu = 1(1)(n-1), \tag{2.6-23b}$$

$$R_{\infty} = \frac{1}{2}\left[\lim_{z \to \infty} [2H_R(z) - R_0 z] + \sum_{\nu=1}^{n-1} \frac{R_\nu}{z_{\infty\nu}}\right]. \tag{2.6-23c}$$

Damit sind alle für die Angabe von $H(z)$ nötigen Koeffizienten bestimmt. Das Verfahren läßt sich auf den Fall mehrfacher Pole erweitern. In [2.8] sind noch weitere Methoden zur Bestimmung von $H(z)$ aus $H_R(z)$ angegeben.

Die Partialbruchentwicklung liefert auch eine Möglichkeit zur Bestimmung von $H(z)$ aus $H_I(z)$. Ausgehend von (2.6-22) zeigt aber die Betrachtung von (2.6-14a), daß in diesem Fall R_{∞} heraus fällt. R_0 und R_ν lassen sich dagegen mit (2.6-23a,b) ermitteln, wenn dort $H_R(z)$ durch $H_I(z)$ ersetzt wird. Es folgt also, daß aus $H_I(z)$ die Übertragungsfunktion $H(z)$ nur bis auf eine additive Konstante bestimmt werden kann.

Im allgemeinen Fall, d.h. ohne die Beschränkung auf rationale Übertragungsfunktionen, kann bei kausalen Systemen aus dem Realteil $H_R(e^{j\Omega})$ der Imaginärteil $\frac{1}{j} H_I(e^{j\Omega})$ und umgekehrt bzw. im Fall des minimalphasigen kausalen Systems $\varphi(\Omega)$ aus $|H(\Omega)|$ und umgekehrt errechnet werden. Es gilt

$$H_I(e^{j\Omega}) = j \frac{1}{2\pi} \int_{-\pi}^{+\pi} H_R(e^{j\theta}) \cot \frac{\theta - \Omega}{2} \, d\theta, \tag{2.6-24a}$$

$$H_R(e^{j\Omega}) = \lim_{z \to \infty} H(z) - \frac{1}{2\pi j} \int_{-\pi}^{+\pi} H_I(e^{j\theta}) \cot \frac{\theta - \Omega}{2} \, d\theta, \tag{2.6-24b}$$

$$\varphi(\Omega) = \frac{-1}{2\pi} \int_{-\pi}^{+\pi} \ln|H(\theta)| \cot \frac{\theta - \Omega}{2} \, d\theta, \tag{2.6-25a}$$

$$\ln|H(\Omega)| = \lim_{z \to \infty} \ln\{H(z)\} + \frac{1}{2\pi} \int_{-\pi}^{+\pi} \varphi(\theta) \cot \frac{\theta - \Omega}{2} \, d\theta. \tag{2.6-25b}$$

Hier sind die Integrale im Sinne des Cauchyschen Hauptwertes zu nehmen.

Das Gleichungspaar (2.6-24) folgt daraus, daß $H_R(e^{j\Omega})$ und $\frac{1}{j} H_I(e^{j\Omega})$ als Real- und Imaginärteil einer für $|z| \geq 1$ analytischen Funktion $H(z)$ Hilbert-Transformierte voneinander sind. Entsprechendes gilt bei einem minimalphasigen System für $\ln|H(\Omega)|$ und $\varphi(\Omega)$. Auf die Herleitung sei hier verzichtet ([2.9], [2.10]).

2.6.5. Spezielle Systeme

2.6.5.1. Allpässe

Wir gehen von einem System aus, dessen Übertragungsfunktion ausschließlich Polstellen hat:

$$H_N(z) = \frac{1}{\prod_{\nu=1}^{n} (z - z_{\infty\nu})}, \qquad z_{\infty\nu} = \rho_{\infty\nu} e^{j\psi_{\infty\nu}}.$$

Es soll untersucht werden, mit welchem Zählerpolynom $P(z)$ die Übertragungsfunktion zu ergänzen ist, damit bei

$$H_A(z) = P(z) H_N(z)$$

$$|H_A(e^{j\Omega})| = \text{konst}, \quad \forall \Omega \tag{2.6-26}$$

ist. Den trivialen Fall $z_{\infty\nu} = 0 \;\; \forall \nu$ schließen wir dabei aus. Nach (2.6-9a) zeigt sich der Einfluß einer Polstelle auf den Betrag in dem Faktor

$$\sqrt{1 - 2\rho_{\infty\nu}\cos(\Omega - \psi_{\infty\nu}) + \rho_{\infty\nu}^2}\,.$$

Dieser Einfluß ist nur durch einen von einer Nullstelle herrührenden Faktor im Zähler der Übertragungsfunktion gleicher Frequenzabhängigkeit auszugleichen.

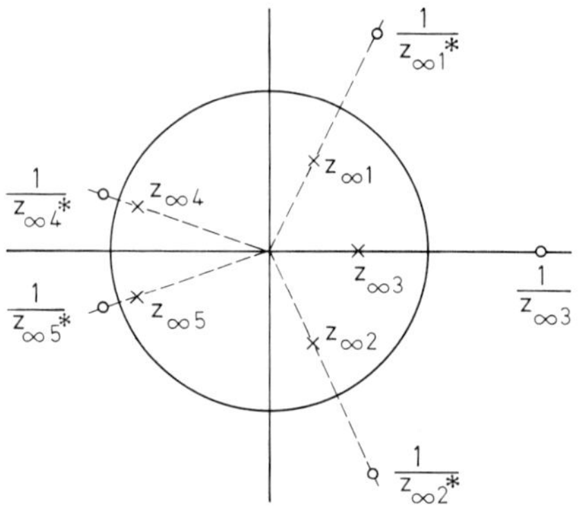

Bild 2.11. Mögliche Pol-Nullstellenlagen eines Allpasses

Abgesehen von dem trivialen Fall $z_{0\mu} = z_{\infty\nu}$ erfordert das

$$z_{0\mu} = \rho_{0\mu} e^{j\psi_{0\mu}} = \frac{1}{\rho_{\infty\nu}} e^{j\psi_{\infty\nu}} = \frac{1}{z_{\infty\nu}^*}\,. \tag{2.6-27}$$

Damit wird

$$\left|\frac{e^{j\Omega} - z_{0\mu}}{e^{j\Omega} - z_{\infty\nu}}\right| = \sqrt{\frac{1 - \frac{2}{\rho_{\infty\nu}}\cos(\Omega - \psi_{\infty\nu}) + \frac{1}{\rho_{\infty\nu}^2}}{1 - 2\rho_{\infty\nu}\cos(\Omega - \psi_{\infty\nu}) + \rho_{\infty\nu}^2}} = \frac{1}{\rho_{\infty\nu}}\,.$$

Da jede Polstelle durch die entsprechende spiegelbildlich zum Einheitskreis gewählte Nullstelle zu ergänzen ist, gilt für die Übertragungsfunktion mit (2.6-1)

$$H_A(z) = b_n \frac{\prod_{\nu=1}^{n}\left(z - \frac{1}{z_{\infty\nu}}\right)}{\prod_{\nu=1}^{n}(z - z_{\infty\nu})} = \frac{b_n}{\prod_{\nu=1}^{n} z_{\infty\nu}} \; \frac{\prod_{\nu=1}^{n}(z_{\infty\nu} z - 1)}{\prod_{\nu=1}^{n}(z - z_{\infty\nu})}$$

$$= \frac{b_n \sum_{\nu=0}^{n} c_{n-\nu} z^{\nu}}{c_0 \sum_{\nu=0}^{n} c_{\nu} z^{\nu}} = \frac{b_n}{c_0} z^n \frac{\sum_{\nu=0}^{n} c_{\nu} z^{-\nu}}{\sum_{\nu=0}^{n} c_{\nu} z^{\nu}}\,. \tag{2.6-28}$$

(2.6-28) beschreibt einen Allpaß, der durch die Eigenschaft (2.6-26) gekennzeichnet ist. Bild 2.11 veranschaulicht die Lage der Pole und Nullstellen, die entsprechend (2.6-27) spiegelbildlich zueinander in bezug auf den Einheitskreis liegen. Der hier gefundene Allpaß entspricht völlig dem bei kontinuierlichen Systemen [2.11].

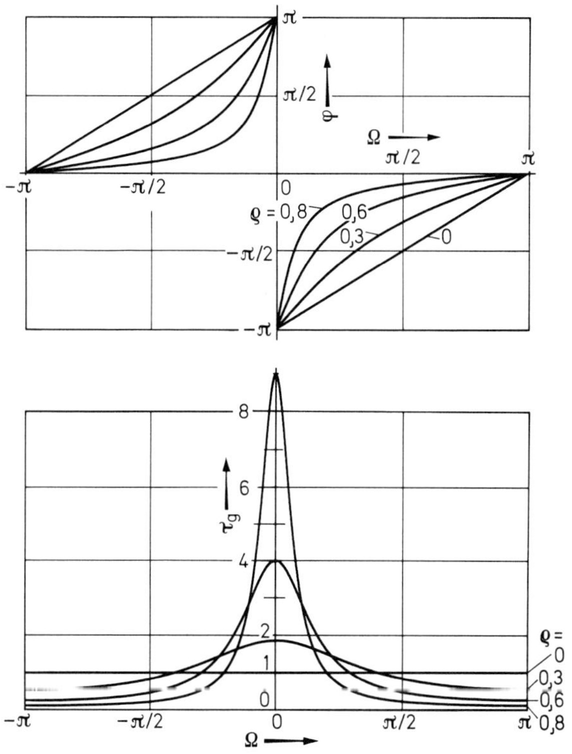

Bild 2.12. Beiträge eines Pol-Nullstellenpaares zum Frequenzgang eines Allpasses

Aus (2.6-9b) erhält man mit $\rho_{\infty\nu} = \rho_\nu = 1/\rho_{0\nu}$, $\psi_{\infty\nu} = \psi_{0\mu} = \psi_\nu$ den Phasengang eines Allpasses

$$\varphi_A = \sum_{\nu=1}^{n} \arctan \frac{(1 - \rho_\nu^2)\sin(\Omega - \psi_\nu)}{(1 + \rho_\nu^2)\cos(\Omega - \psi_\nu) - 2\rho_\nu}, \quad \rho_\nu < 1. \tag{2.6-29a}$$

Entsprechend ergibt sich aus (2.6-9c) die Gruppenlaufzeit

$$\tau_{gA} = \sum_{\nu=1}^{n} \frac{1 - \rho_\nu^2}{1 - 2\rho_\nu\cos(\Omega - \psi_\nu) + \rho_\nu^2}, \quad \rho_\nu < 1. \tag{2.6-29b}$$

In den Bildern 2.12a und b ist einer der Summanden von (2.6-29a) bzw. (2.6-29b) für $\psi = 0$ und verschiedene Werte ρ_ν dargestellt. Die Anteile für $\psi \neq 0$ erhält man in beiden Fällen durch Verschiebung um ψ. Man erkennt, daß die Gruppenlaufzeit eines Allpasses stets positiv ist. Abgesehen von einer additiven Treppenfunktion, die bei ψ_ν Sprünge um 2π aufweist, ist auch die Phase für $\Omega > 0$ positiv.

2.6.5.2. Minimalphasige Systeme

Ein beliebiges stabiles System sei durch die Übertragungsfunktion nach (2.6-1) beschrieben. Für m_1 Nullstellen möge $|z_{0\mu}| \leq 1$ gelten, die restlichen $m - m_1$ mögen außerhalb des Einheitskreises liegen. Es ist

$$H(z) = b_m \frac{\prod_{\mu=1}^{m_1} (z - z_{0\mu}) \prod_{\mu=m_1+1}^{m} (z - z_{0\mu})}{\prod_{\nu=1}^{n} (z - z_{\infty\nu})}$$

Wir erweitern $H(z)$ mit $\prod_{\mu=m_1+1}^{m} (z_{0\mu} z - 1)$ und erhalten nach Umordnung

$$H(z) = b_m \frac{\prod_{\mu=1}^{m_1} (z - z_{0\mu}) \prod_{\mu=m_1+1}^{m} (z_{0\mu} z - 1)}{\prod_{\nu=1}^{n} (z - z_{\infty\nu})} \cdot \frac{\prod_{\mu=m_1+1}^{m} (z - z_{0\mu})}{\prod_{\mu=m_1+1}^{m} (z_{0\mu} z - 1)} \tag{2.6-30}$$

$$= H_M(z) H_A(z).$$

$H(z)$ ist damit als Produkt einer Übertragungsfunktion $H_M(z)$ und einer Allpaßübertragungsfunktion $H_A(z)$ dargestellt. Die Zerlegung wird durch Bild 2.13 veranschaulicht. Da $|H_A(e^{j\Omega})| = \text{konst}$ ist, wird $|H(e^{j\Omega})|$, abgesehen von einem konstanten Faktor, nur durch $|H_M(e^{j\Omega})|$ bestimmt. Man nennt das durch $H_M(z)$ beschriebene System minimalphasig, da es die zu einem vorgegebenen Frequenzgang des Betrages mindestens erforderliche Phase besitzt (Abschn. 2.6.4).

Aus (2.6-30) erhält man unmittelbar die Bedingung für ein minimalphasiges System. Für seine Nullstellen muß gelten

$$|z_{0\mu}| \leq 1. \tag{2.6-31}$$

Auch die Bedingungen für das minimalphasige digitale System entsprechen völlig denen, die für kontinuierliche Systeme bekannt sind.

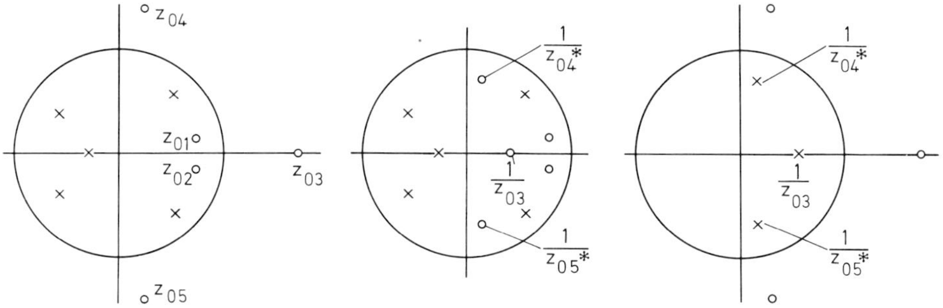

Bild 2.13. Zur Zerlegung eines Systems in ein Minimalphasensystem und einen Allpass

2.6.5.3. Nichtrekursive Systeme

Eine andere Spezialisierung führt auf Systeme, für die es kein Gegenstück bei kontinuierlichen Systemen gibt. Wir betrachten Übertragungsfunktionen, deren Polstellen sämtlich im Nullpunkt liegen. Es gilt also

$$z_{\infty\nu} = 0, \quad \forall \nu$$

bzw.

$$N(z) = z^n,$$

wenn wir wie bisher den Koeffizienten $c_n = 1$ wählen.

Aus (2.6-1) folgt dann mit $m = n$

$$H(z) = \frac{b_n}{z^n} \prod_{\mu=1}^{n} (z - z_{0\mu}) = \frac{1}{z^n} \sum_{\mu=0}^{n} b_\mu z^\mu = \frac{P(z)}{z^n} \tag{2.6-32a}$$

$$= \sum_{\mu=0}^{n} b_\mu z^{\mu-n} = \sum_{\mu=0}^{n} h_0(\mu) z^{-\mu}. \tag{2.6-32b}$$

Offenbar sind die Koeffizienten b_μ hier unmittelbar gleich den Werten der Impulsantwort. Es gilt

$$h_0(\mu) = b_{n-\mu}, \qquad \mu = 0(1)n.$$

In diesem speziellen Fall hat die Impulsantwort nur endlich viele Werte. Das durch (2.6-32) gekennzeichnete System wird nichtrekursiv bzw. System mit endlich langer Impulsantwort genannt. Wir geben noch an, wie es sich in den anderen Beschreibungsformen digitaler Systeme darstellen läßt. Mögliche Formen der Matrizen **A**, **B**, **C** und **D** = d in der Zustandsbeschreibung (2.2-2) sind

$$\mathbf{A} = \begin{bmatrix} 0 & 1 & 0 \cdots 0 \\ 0 & 0 & 1 \quad 0 \\ \vdots & \vdots & \vdots \quad \vdots \\ 0 & 0 & 0 \cdots 1 \\ 0 & 0 & 0 \cdots 0 \end{bmatrix}, \quad \mathbf{B} = \begin{bmatrix} b_{n-1} \\ b_{n-2} \\ \vdots \\ b_1 \\ b_0 \end{bmatrix} = \begin{bmatrix} h_0(1) \\ h_0(2) \\ \vdots \\ h_0(n-1) \\ h_0(n) \end{bmatrix},$$

$$\mathbf{C} = [1 \quad 0 \ldots 0], \qquad d = b_n = h_0(0).$$

Man bestätigt leicht, daß die Eigenwerte von **A** sämtlich gleich Null sind. Die bei der Auswertung der Lösung (2.3-1) von der Zustandsgleichung und Ausgangsgleichung benötigten Potenzen von **A** sind von der Form

$$\mathbf{A}^{\varkappa} = \left[\begin{array}{ccc|ccc} 0 & \cdots & 0 & 1 & 0 \cdots & 0 \\ \vdots & & \vdots & 0 & 1 \ddots & \vdots \\ \vdots & n \times \varkappa & \vdots & 0 & \cdots & 1 \\ \vdots & & \vdots & 0 & \cdots & 0 \\ \vdots & & \vdots & \vdots & \varkappa \times (n-\varkappa) & \vdots \\ 0 & \cdots & 0 & 0 & \cdots & 0 \end{array}\right].$$

Offenbar wird $\mathbf{A}^{\varkappa} = \mathbf{0}$ für $\varkappa \geqslant n$. In den Ausdrücken (2.3-1) treten also stets höchstens n Terme auf. Speziell wird sich der vom Anfangszustand $\mathbf{x}(0)$ bestimmte Term $\mathbf{C}\mathbf{A}^k\mathbf{x}(0)$ nur auf die ersten n Werte der Ausgangsfolge $\{y(k)\}$ auswirken können. Weiterhin reduziert sich der in (2.3-1b) von der Eingangsfolge $\{u(k)\}$ bestimmte Term auf

$$\mathbf{C}\sum_{\varkappa=0}^{k-1} \mathbf{A}^{\varkappa}\mathbf{B}\,u(k-\varkappa-1) + d\,u(k) = \sum_{\mu=0}^{n} b_{n-\mu}\,u(k-\mu).$$

Das ist zugleich die Ausgangsfunktion eines nichtrekursiven Systems mit zu Beginn leeren Speichern. Man gewinnt sie auch durch Spezialisierung von (2.2-3). Es zeigt sich, daß zur Berechnung von y(k) nicht die vorher errechneten Werte $y(\varkappa)$ mit $\varkappa < k$ benötigt werden. (Die Bezeichnung nichtrekursives System leitet sich von dieser Eigenschaft der Differenzengleichung her.) Mit Hilfe der Impulsantwort $h_0(k)$ gewinnt man schließlich

$$y(k) = \sum_{\mu=0}^{n} h_0(\mu)u(k-\mu), \qquad k = 0(1)\infty, \tag{2.6-33}$$

den der Beziehung (2.1-13) entsprechenden Faltungsausdruck.

Von besonderem Interesse ist noch der Frequenzgang nichtrekursiver Systeme. Aus (2.6-32) ergibt sich unmittelbar

$$H(\Omega) = \sum_{\mu=0}^{n} b_{n-\mu} e^{-j\mu\Omega} = \sum_{\mu=0}^{n} h_0(\mu) e^{-j\mu\Omega}. \tag{2.6-34}$$

Im Fall des nichtrekursiven Systems wird also der Frequenzgang durch ein trigonometrisches Polynom n-ten Grades beschrieben, dessen Koeffizienten die Werte der Impulsantwort des Systems sind.

2.6.5.4. Systeme linearer Phase

Wir untersuchen, ob die Null- und Polstellen eines Systems so bestimmt werden können, daß die Phase linear bzw. die Gruppenlaufzeit konstant wird. Offenbar müssen dazu die im Ausdruck (2.6-9c) für die Gruppenlaufzeit angegebenen Ausdrücke entweder selbst konstant werden oder sie müssen sich zu Konstanten ergänzen.

Der von einem Pol herrührende Anteil

$$\tau_{g\nu}(\Omega) = \frac{1 - \rho_{\infty\nu}\cos(\Omega - \psi_{\infty\nu})}{1 - 2\rho_{\infty\nu}\cos(\Omega - \psi_{\infty\nu}) + \rho_{\infty\nu}^2}$$

kann nur für $\rho_{\infty\nu} = 1$ oder $\rho_{\infty\nu} = 0$ zu einer Konstanten werden. Der erste Fall führt auf ein bedingt stabiles System und wird hier nicht weiter betrachtet. Da auch eine Kompensation durch einen von einer Nullstelle herrührenden Anteil, abgesehen von dem trivialen Fall $z_{0\mu} = z_{\infty\nu}$, nicht möglich ist, müssen sicher alle Pole eines stabilen Systems linearer Phase bei $z = 0$ liegen. Das System muß also sicher nichtrekursiv sein.

Bezüglich der von den Nullstellen herrührenden Anteile wurde schon in Abschnitt 2.6.3 festgestellt, daß sich bei $\rho_{0\mu} = 1$ die konstante Laufzeit -0,5 ergibt. Für $\rho_{0\mu} \neq 1$ ist eine Ergänzung zweier Anteile zu einer Konstanten nur dann möglich, wenn die entsprechenden Nullstellen spiegelbildlich zum Einheitskreis liegen. Mit

$$z_{0\lambda} = \frac{1}{\rho_{0\mu}} e^{j\psi_{0\mu}} = \frac{1}{z_{0\mu}^*}$$

ergibt sich

$$\tau_{g\mu}(\Omega) = -\frac{1-\rho_{0\mu}\cos(\Omega-\psi_{0\mu})}{1-2\rho_{0\mu}\cos(\Omega-\psi_{0\mu})+\rho_{0\mu}^2} - \frac{1-\frac{1}{\rho_{0\mu}}\cos(\Omega-\psi_{0\mu})}{1-\frac{2}{\rho_{0\mu}}\cos(\Omega-\psi_{0\mu})+\frac{1}{\rho_{0\mu}^2}} = -1.$$

Es lassen sich also nichtrekursive digitale Systeme angeben, die eine exakt lineare Phase bzw. eine konstante Gruppenlaufzeit haben. Sie sind allgemein durch die Übertragungsfunktion

$$H(z) = \frac{b_m}{z^n}(z-1)^{m_1}(z+1)^{m_2}\prod_{\mu=1}^{m_3}(z-z_{0\mu})\left(z-\frac{1}{z_{0\mu}}\right) \qquad (2.6\text{-}35)$$

gekennzeichnet, wobei $|z_{0\mu}| \leq 1$, aber $z_{0\mu} \neq \pm 1$ ist [2.12]. Die bei $z = \pm 1$ möglichen Nullstellen wurden getrennt angegeben, da sie sich durch den Produktausdruck nur erfassen lassen würden, wenn sie von geradzahliger Vielfachheit wären. Der Grad des Zählerpolynoms in (2.6-35) ist

$$m_1 + m_2 + 2m_3 = m \leq n.$$

Wie schon im Abschnitt 2.6.5.3 werden wir im folgenden stets $m = n$ voraussetzen. Dann ergibt sich aus den obigen Überlegungen unmittelbar, daß ein nichtrekursives System linearer Phase die Gesamtlaufzeit $n/2$ hat. Bild 2.14 zeigt noch eine mögliche Pol-Nullstellenverteilung eines solchen Systems.

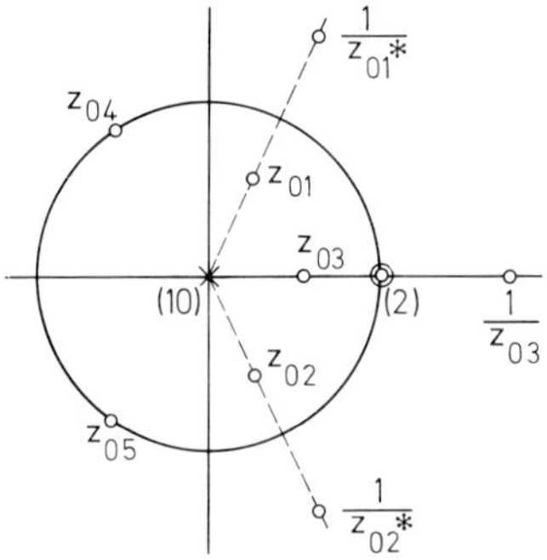

Bild 2.14. Mögliche Pol-Nullstellenverteilung bei einem System linearer Phase

Die Eigenschaften der durch (2.6-35) beschriebenen Übertragungsfunktion und der zugehörigen Impulsantwort seien noch näher untersucht. Zunächst gilt wegen der in (2.6-35) angesetzten Spiegelbildlichkeit der Nullstellen in Bezug auf den Einheitskreis in $H(z) = P(z)/z^n$ für das Zählerpolynom

$$z^n P(z^{-1}) = (-1)^{m_1} P(z). \tag{2.6-36}$$

P(z) ist also ein Spiegelpolynom, wenn m_1 gerade, und ein Antispiegelpolynom, wenn m_1 ungerade ist (Abschn. 2.6.4). Wegen (2.6-32)

$$P(z) = \sum_{\mu=0}^{n} b_\mu z^\mu = \sum_{\mu=0}^{n} h_0(n-\mu) z^\mu$$

ergibt sich aus (2.6-36) die für diese Polynome kennzeichnende Symmetrie der Koeffizienten $b_\mu = (-1)^{m_1} b_{n-\mu}$, die hier zugleich die für ein System mit linearer Phase kennzeichnende Symmetrie der Impulsantwort bedeutet:

$$h_0(\mu) = (-1)^{m_1} h_0(n-\mu). \tag{2.6-37}$$

Für den im Abschnitt 3.3 zu behandelnden Entwurf von Systemen mit linearer Phase ist es zweckmäßig, mit

$$H_0(z) = z^{n/2} H(z) \tag{2.6-38}$$

eine Funktion einzuführen, die bei diesen Systemen für $z = e^{j\Omega}$ rein reell bzw. rein imaginär wird. Je nachdem, ob m_1 und m_2 gerade oder ungerade sind, müssen vier Fälle unterschieden werden. Schreibt man zur Vereinfachung wieder $H_{0\nu}(\Omega)$ statt $H_{0\nu}(e^{j\Omega})$, so erhält man mit (2.6-37) und (2.6-38) für

<u>m_1 gerade, m_2 gerade,</u>

damit $n = 2N$, $h_0(\mu) = h_0(n-\mu)$, $\mu = 0(1)(N-1)$,

$$H_{01}(\Omega) = h_0(N) + 2 \sum_{\mu=0}^{N-1} h_0(\mu) \cos(N-\mu)\Omega; \tag{2.6-39}$$

<u>m_1 gerade, m_2 ungerade,</u>

damit $n = 2N+1$, $h_0(\mu) = h_0(n-\mu)$, $\mu = 0(1)N$,

$$H_{02}(\Omega) = 2 \sum_{\mu=0}^{N} h_0(\mu) \cos(n-2\mu)\Omega/2; \tag{2.6-40}$$

m_1 ungerade, m_2 gerade,

damit $n = 2N + 1$, $h_0(\mu) = - h_0(n - \mu)$, $\mu = 0(1)N$,

$$H_{03}(\Omega) = 2j \sum_{\mu=0}^{N} h_0(\mu)\sin[(n - 2\mu)\Omega/2]; \tag{2.6-41}$$

m_1 ungerade, m_2 ungerade,

damit $n = 2N$, $h_0(\mu) = - h_0(n - \mu)$, $\mu = 0(1)(N - 1)$, $h_0(N) = 0$,

$$H_{04}(\Omega) = 2j \sum_{\mu=0}^{N-1} h_0(\mu)\sin(N - \mu)\Omega. \tag{2.6-42}$$

Entsprechend (2.6-38) unterscheidet sich der Frequenzgang $H(\Omega)$ von $H_{0\nu}(\Omega)$ durch die lineare Phase $n\,\Omega/2$. Offenbar haben $H_{02}(\Omega)$ und $H_{03}(\Omega)$ die Periode 4π, obwohl die zugehörigen $H(\Omega)$ auch hier die Periode 2π haben.

2.6.6. Frequenztransformationen

Ersetzt man in der rationalen Funktion $H(z)$ von (2.6-1) die Variable z durch eine rationale Funktion von z, so entsteht wieder eine rationale Übertragungsfunktion, die ein transformiertes System beschreibt. Von besonderem Interesse ist die Allpaßtransformation. Dazu ersetzen wir z durch den Kehrwert der Übertragungsfunktion eines Allpasses (z.B. [2.13]). Mit einer speziellen Wahl der multiplikativen Konstanten in (2.6-28) wird

$$z := \frac{1}{H_A(\zeta)} = \frac{\prod_{\nu=1}^{n}(\zeta - \zeta_{\infty\nu})}{\prod_{\nu=1}^{n}(\zeta_{\infty\nu}\zeta - 1)} = \frac{1}{\zeta^n}\,\frac{\sum_{\nu=0}^{n} c_\nu \zeta^{\nu}}{\sum_{\nu=0}^{n} c_\nu \zeta^{-\nu}} \tag{2.6-43}$$

Offenbar ist

$$|H_A(e^{j\Omega^\zeta})| = |H_A(\zeta)|\Big|_{\zeta=e^{j\Omega^\zeta}} = 1 .$$

Bei dieser Transformation wird also der Einheitskreis im allgemeinen mehrfach - genau n-fach - auf sich selbst abgebildet. Das bedeutet eine Abzissentransformation des Frequenzganges entsprechend

$$\Omega^z := \varphi(\Omega^\zeta), \quad \text{wenn } \varphi(\Omega^\zeta) = -\measuredangle H_A\left(e^{j\Omega^\zeta}\right)$$

Wesentlich ist, daß die Transformation (2.6-43) das Innere des Einheitskreises der z-Ebene auf das Innere des Einheitskreises der ζ-Ebene abbildet. Damit gehen stabile Systeme wieder in stabile Systeme über.

Die Allpaßtransformation digitaler Systeme entspricht der bekannten Reaktanztransformation bei kontinuierlichen Systemen, bei der die Variable s durch eine Reaktanzfunktion X(s) ersetzt wird und die imaginäre Achse der s-Ebene, d.h. die Frequenzachse im allgemeinen mehrfach auf sich selbst abgebildet wird. Auch in den schaltungstechnischen Konsequenzen zeigen sich starke Verwandtschaften. Während bei einem aus den Elementen R, L und C aufgebauten kontinuierlichen System die Transformation durchgeführt werden kann, indem man jede Induktivität durch eine Reaktanz mit dem Widerstand X(s) und jede Kapazität durch eine Reaktanz mit dem Leitwert X(s) ersetzt, läßt sich die Allpaßtransformation schaltungstechnisch vornehmen, indem man jeden Speicher mit der Übertragungsfunktion 1/z durch einen Allpaß mit der Übertragungsfunktion $H_A(\zeta)$ ersetzt (z.B. [2.14]).

Die Allpaßtransformation sei noch durch Beispiele erläutert (Bild 2.15). Eine Übertragungsfunktion vierten Grades wurde verschiedenen Transformationen unterworfen. Es wurden gewählt

a) $$H_A(\zeta) = \frac{c_0\zeta + 1}{\zeta + c_0} \quad \text{mit} \quad |c_0| < 1. \tag{2.6-44}$$

Die Transformation der Frequenzvariablen Ω^z in die neue Variable Ω^ζ erfolgt mit

$$\Omega^\zeta = 2\arctan\left[\frac{1 + c_0}{1 - c_0}\tan\frac{\Omega^z}{2}\right]. \tag{2.6-45}$$

Für $0 < c_0 < 1$ ergibt sich für kleine Werte von Ω^z eine Dehnung, für größere eine Stauchung. Ist $z_\lambda = \rho_\lambda^z e^{j\psi_\lambda^z}$ eine Nullstelle oder Polstelle der Ausgangsübertragungsfunktion, so erhält man für den entsprechenden Punkt nach der Transformation

$$\zeta_\lambda = \rho_\lambda^\zeta e^{j\psi_\lambda^\zeta} = \frac{c_0 - z_\lambda}{c_0 z_\lambda - 1}.$$

Für $\psi_\lambda^z \neq 0$ und $-1 < c_0 < 0$ wird $\psi_\lambda^\zeta < \psi_\lambda^z$.

Die hier behandelte Transformation wird in Abschnitt 3.4.3 zur Transformation eines gegebenen Tiefpasses in einen anderen mit anderer Grenzfrequenz verwendet. Bei dem Beispiel von Bild 2.15 wurde ebenfalls ein Tiefpaß mit der

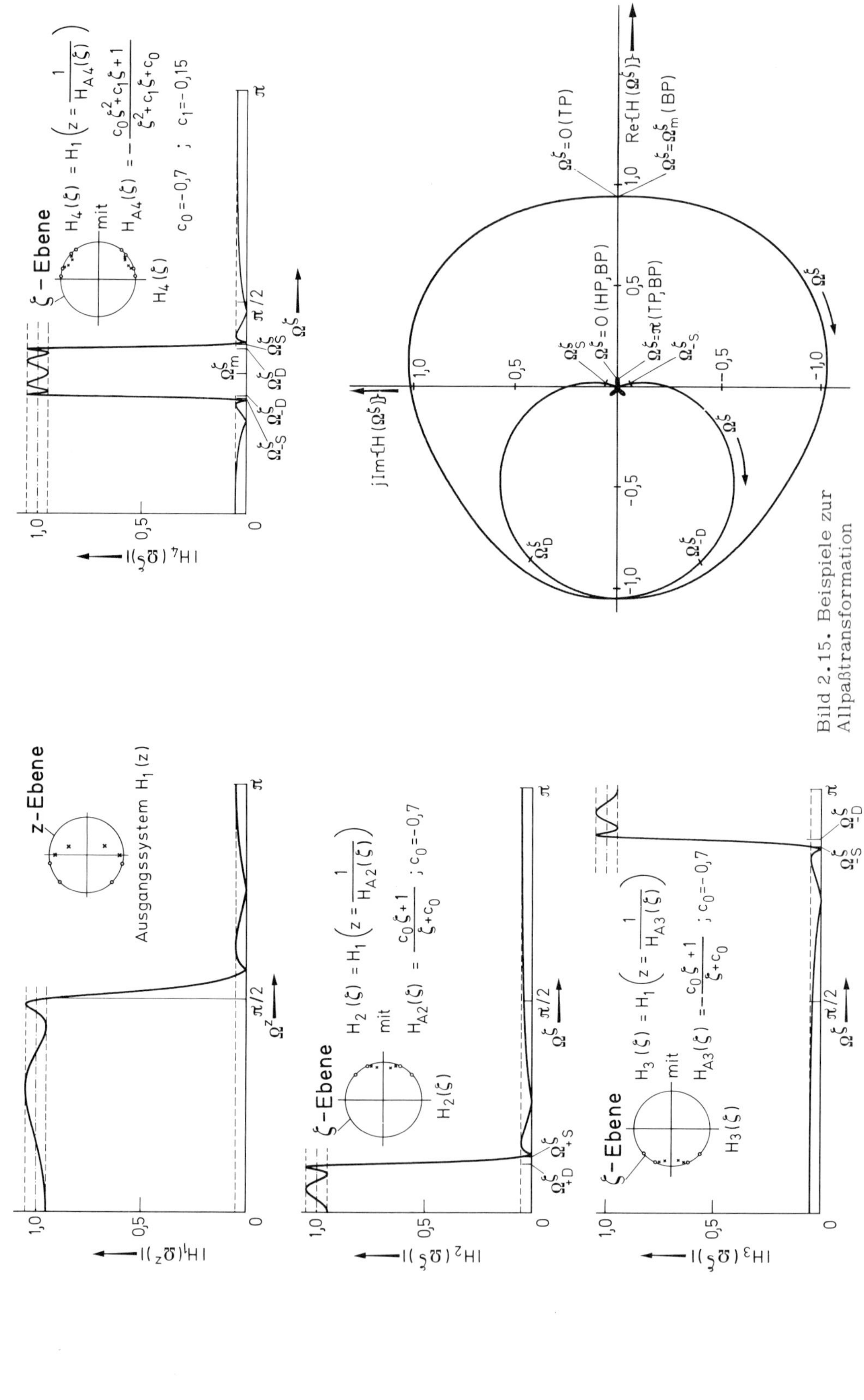

Bild 2.15. Beispiele zur Allpaßtransformation

Durchlaßgrenze $\Omega_D^z = \pi/2$ in einen Tiefpaß mit $\Omega_D^\zeta = 0{,}345$ transformiert (Bild 2.15b im Vergleich mit 2.15a)

b) $$H_A(\zeta) = -\frac{c_0\zeta + 1}{\zeta + c_0} \quad \text{mit} \quad |c_0| < 1. \qquad (2.6\text{-}46)$$

Hier erfolgt zusätzlich zu der unter a beschriebenen Transformation noch eine Spiegelung an der imaginären Achse. Damit verschiebt sich der periodische Frequenzgang gerade um π. Mit dieser Transformation läßt sich ein gegebener Tiefpaß in einen Hochpaß bestimmter Grenzfrequenz umformen (vergleiche Bild 2.15c mit 2.15b)

c) $$H_A(\zeta) = -\frac{c_0\zeta^2 + c_1\zeta + 1}{\zeta^2 + c_1\zeta + c_0} \quad \text{mit} \quad |c_0| < 1,\ |c_1| < 1 + c_0. \qquad (2.6\text{-}47)$$

Bei dieser Transformation wird der Einheitskreis zweimal auf sich selbst abgebildet. Speziell wird der Punkt $z = 1$ in die beiden Punkte

$$\zeta = e^{\pm j\Omega_m^\zeta} \quad \text{mit} \quad \Omega_m^\zeta = \arccos\left[-\frac{c_1}{1 + c_0}\right]$$

überführt. Die Transformation der Frequenzvariablen erfolgt nach

$$\Omega^\zeta = 2\arctan\frac{(c_0 + 1)\cos\Omega^z + c_1}{(c_0 - 1)\sin\Omega^z}. \qquad (2.6\text{-}48)$$

In Abschnitt 3.4.3 wird (2.6-47) verwendet, um einen Tiefpaß in einen Bandpaß zu transformieren, wobei die Parameter c_0 und c_1 so gewählt werden, daß eine gewünschte Mittenfrequenz Ω_m^ζ sowie eine vorgeschriebene Bandbreite erreicht wird. Bild 2.15d zeigt die Wirkung dieser Transformation in dem Beispiel.

In Bild 2.15e ist schließlich die Ortskurve $H_\nu(\Omega)$ für alle vier Fälle aufgetragen, die wegen der vorliegenden Abbildung des Einheitskreises auf sich selbst stets denselben Verlauf hat. Unterschiede liegen nur in der Bezifferung bzw. darin, daß für $-\pi \leqslant \Omega \leqslant \pi$ beim Bandpaß die Kurve zweimal durchlaufen wird.

2.7. Strukturen diskreter linearer Systeme

2.7.1. Einführung

Ein durch eine Übertragungsfunktion $H(z)$ nach (2.6-1) beschriebenes lineares diskretes System mit einem Eingang und einem Ausgang kann durch verschiedenartige Anordnungen der Bausteine Speicher, Addierer und Multiplizierer realisiert werden. Diese unterschiedlichen Strukturen werden ihrerseits durch verschiedene Matrizen **A**, **B**, **C** und **D** = d beschrieben und lassen sich, falls die Zahl der Speicher konstant gehalten wird, durch Transformationen der Zustandsvariablen ineinander überführen. Im folgenden werden die wichtigsten Anordnungen behandelt, zunächst mit der Beschränkung auf kanonische Strukturen, bei denen die Zahl der Speicher minimal und gleich dem Grad des Nenners der Übertragungsfunktion ist. Aus verschiedenen Gründen kann es zweckmäßig sein, diese Einschränkung fallen zu lassen. Entsprechende Strukturen werden anschließend gezeigt.

Die Darstellung erfolgt durch Angabe des zugehörigen Signalflußgraphen ([2.16], [2.17]). Seine Elemente werden in Anlehnung an die in Bild 2.3 gegebene Beschreibung der Systembausteine in Bild 2.16 erläutert.

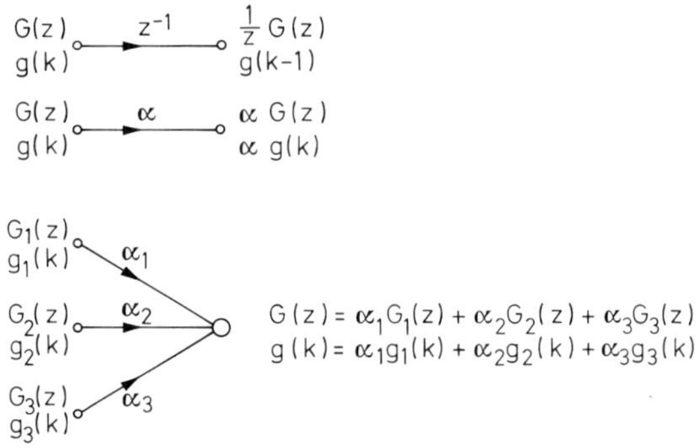

Bild 2.16. Elemente des Signalflußgraphen

2.7.2. Kanonische Strukturen

Die gesuchten verschiedenen Strukturen findet man durch unterschiedliche Darstellungen der Übertragungsfunktion H(z) (z.B. [2.15]). Wir gehen zunächst von (2.6-1) aus, wobei wir m = n setzen:

$$H(z) = \frac{Y(z)}{U(z)} = \frac{\sum\limits_{\mu=0}^{n} b_\mu z^\mu}{\sum\limits_{\nu=0}^{n} c_\nu z^\nu} .$$

Der Fall $m < n$ ist miterfaßt, da einzelne b_μ Null werden können. Wie schon bisher setzen wir $c_n = 1$. Eine Division durch z^n liefert

$$H(z) = \frac{\sum_{\mu=0}^{n} b_\mu z^{-(n-\mu)}}{\sum_{\nu=0}^{n} c_\nu z^{-(n-\nu)}} . \tag{2.7-1}$$

Daraus gewinnt man einen Ausdruck für $Y(z)$, der sich unmittelbar in eine Struktur übertragen läßt:

$$Y(z) = b_n U(z) + \sum_{\nu=0}^{n-1} [b_\nu U(z) - c_\nu Y(z)] z^{-(n-\nu)} .$$

Bild 2.17 zeigt den zugehörigen Signalflußgraphen dieser ersten kanonischen Form. Ausgehend von der Differenzengleichung (2.2-1) bzw. (2.2-3) wurde in Abschnitt 2.2 eine mögliche realisierende Struktur hergeleitet und in Bild 2.4 bzw. 2.5 gezeigt. Der Vergleich mit Bild 2.17 zeigt die Identität der auf verschiedenen Wegen gefundenen Anordnungen. Die diese Struktur beschreibenden Matrizen wurden bereits in (2.2-4) angegeben.

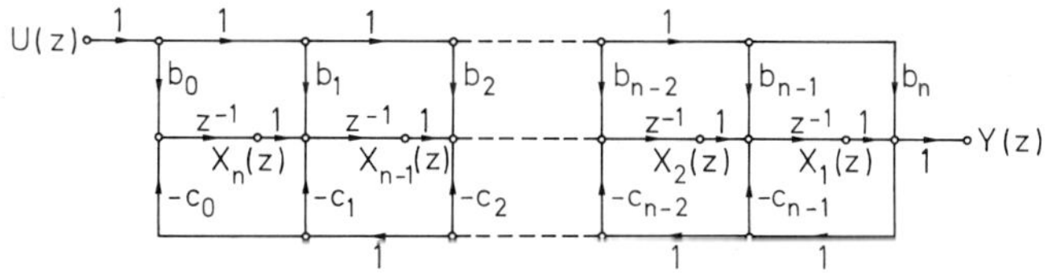

Bild 2.17. Erste kanonische Form eines diskreten Systems

Die zweite kanonische Form findet man aus der ersten durch Umkehrung des Signalflußgraphen von Bild 2.17, wobei alle Zweige ihre Orientierung, nicht aber ihren Wert ändern und Eingang und Ausgang ihre Plätze vertauschen [2.16].

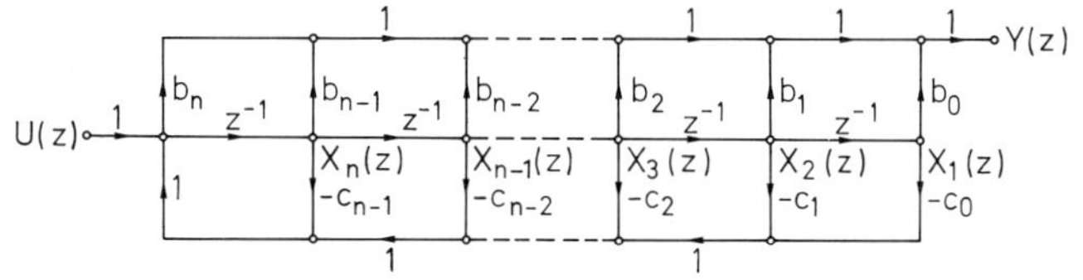

Bild 2.18. Zweite kanonische Form eines diskreten Systems

Nach erneuter Spiegelung erhält man den in Bild 2.18 angegebenen Signalflußgraphen des umgekehrten Systems. Man bestätigt leicht, daß er eine mögliche Struktur für die Darstellung von H(z) ist, wenn man die Übertragungsfunktion in der Form

$$H(z) = \sum_{\mu=0}^{n} \frac{b_\mu z^\mu}{\sum_{\nu=0}^{n} c_\nu z^\nu} = \sum_{\mu=0}^{n} \frac{b_\mu z^\mu}{N(z)}$$

schreibt. Die Teilübertragungsfunktionen $\frac{b_\mu z^\mu}{N(z)}$ lassen sich dann durch Abgriffe an dem rekursiven System mit der Übertragungsfunktion 1/N(z) und Multiplikation mit b_μ gewinnen.

Die zweite kanonische Struktur wird durch die folgenden Matrizen beschrieben:

$$\mathbf{A}_2 = \begin{bmatrix} 0 & 1 & 0 & \cdots & 0 \\ 0 & 0 & 1 & 0 \cdot\cdot & 0 \\ \vdots & & & \ddots & 0 \\ 0 & 0 & 0 & \cdot\cdot & 1 \\ -c_0 & -c_1 & -c_2 & \cdot\cdot & -c_{n-1} \end{bmatrix} = \mathbf{A}_T \qquad \mathbf{B}_2 = \begin{bmatrix} 0 \\ 0 \\ \vdots \\ 0 \\ 1 \end{bmatrix} = \mathbf{C}_T \tag{2.7-2}$$

$$\mathbf{C}_2 = [b_0 - b_n c_0, b_1 - b_n c_1, \ldots b_{n-1} - b_n c_{n-1}] = \mathbf{B}_T, \quad \mathbf{D}_2 = b_n = \mathbf{D}_T = \mathbf{D}$$

Hier sind die Matrizen $\mathbf{A}_T$, $\mathbf{B}_T$, $\mathbf{C}_T$ und $\mathbf{D}_T$ die an der Gegendiagonalen gespiegelten Matrizen **A**, **B**, **C** und **D** der ersten kanonischen Form (siehe (2.2-4)). Diese Operation bedeutet neben der Transponierung eine Umkehrung der Reihenfolgen von Spalten und Zeilen.

Eine dritte kanonische Struktur gewinnt man, wenn die Übertragungsfunktion H(z) als Produkt von Teilübertragungsfunktionen niedrigeren Grades dargestellt wird. Hat die Ausgangsübertragungsfunktion komplexe Pol- bzw. Nullstellen, so werden Teilübertragungsfunktionen mindestens zweiten Grades erforderlich sein, wenn auch die Teilsysteme reelle Koeffizienten erhalten sollen. Der Multiplikation der Teilübertragungsfunktionen entspricht die Kaskadenanordnung der Teilsysteme, die ihrerseits in der ersten oder zweiten kanonischen Form dargestellt werden können. Es ist

$$H(z) = b_m \frac{\prod_{\mu=1}^{m} (z - z_{0\mu})}{\prod_{\nu=1}^{n} (z - z_{\infty\nu})} = \prod_{\lambda=1}^{l} H_\lambda(z). \tag{2.7-3}$$

Im folgenden beschränken wir uns auf Teilsysteme maximal zweiten Grades, so daß gilt

$$H_{2\lambda}(z) = \frac{b_{2\lambda}z^2 + b_{1\lambda}z + b_{0\lambda}}{z^2 + c_{1\lambda}z + c_{0\lambda}}, \quad H_{1\lambda}(z) = \frac{b_{1\lambda}z + b_{0\lambda}}{z + c_{0\lambda}}. \qquad (2.7\text{-}4)$$

Für $m < n$ wird bei mindestens einem der Teilsysteme der führende Koeffizient des Zählerpolynoms verschwinden. Weiterhin gilt

$$b_m = \prod_{\lambda=1}^{l} b_{i\lambda},$$

wenn im λ-ten Teilsystem das Zählerpolynom vom Grade i ist.

Welche Nullstellen und Pole bzw. Null- und Polstellenpaare zu Teilsystemen zusammengefaßt werden, ist zunächst gleichgültig. Ebenso führt natürlich die Darstellung nach (2.7-3) nicht auf eine ganz bestimmte Reihenfolge der Teilsysteme. In Abschnitt 5.4 wird sich die Wahl der Zuordnung von Polen und Nullstellen und der Reihenfolge der Teilsysteme als Mittel zur Reduzierung des Fehlers in realen Systemen erweisen.

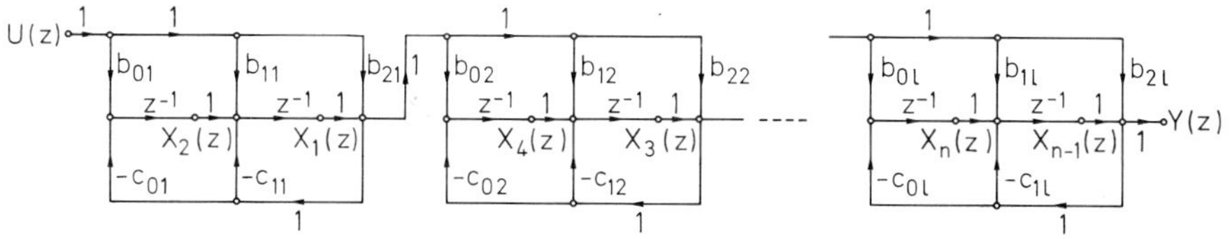

Bild 2.19. Dritte kanonische Form eines diskreten Systems (Kaskadenform)

Die Struktur der sich ergebenden Anordnung zeigt Bild 2.19 für den Fall, daß $m = n$ ist, alle Teilsysteme von zweitem Grade sind und in der ersten kanonischen Form dargestellt werden. Die Strukturen für den Fall, daß diese Annahmen nicht zutreffen, lassen sich leicht entsprechend finden.

Offenbar besteht eine einfache Beziehung zwischen den Koeffizienten der Teilsysteme und den Polen und Nullstellen, die in Abschnitt 2.6.2 in anderem Zusammenhang bereits genannt wurde. Faßt man in (2.7-3) die zu $z_{\infty\lambda}$ und $z_{\infty(\lambda+1)}$ gehörenden Linearfaktoren zusammen, so gilt allgemein

$$\begin{aligned} c_{0\lambda} &= z_{\infty\lambda} z_{\infty(\lambda+1)}, \\ c_{1\lambda} &= -(z_{\infty\lambda} + z_{\infty(\lambda+1)}) \end{aligned} \qquad (2.7\text{-}5a)$$

und bei

$$z_{\infty\lambda} = z_{\infty}^{*}(\lambda+1) = \rho_{\infty\lambda} e^{j\psi_{\infty\lambda}} \qquad (2.7\text{-}6)$$

speziell

$$\begin{aligned} c_{0\lambda} &= \rho_{\infty\lambda}^{2}, \\ c_{1\lambda} &= -2\,\mathrm{Re}\{z_{\infty\lambda}\} = -2\,\rho_{\infty\lambda}\cos\psi_{\infty\lambda}. \end{aligned} \qquad (2.7\text{-}5b)$$

Entsprechende Beziehungen zwischen den Nullstellen $z_{0\lambda}$ und den Koeffizienten der Zählerpolynome erhält man unmittelbar, wenn von einem konstanten Faktor abgesehen wird.

Die vierte kanonische Struktur erhält man aus einer Partialbruchentwicklung von $H(z)$. Wir beschränken uns zur Vereinfachung der Darstellung auf den praktisch wichtigen Fall, daß alle Polstellen von $H(z)$ verschieden sind. Man erhält dann entsprechend (2.4-35) und (2.4-36)

$$H(z) = \frac{P(z)}{N(z)} = \frac{\sum_{\mu=0}^{n} b_{\mu} z^{\mu}}{\prod_{\nu=1}^{n} (z - z_{\infty\nu})} = R_{\infty} + \sum_{\nu=1}^{n} \frac{R_{\nu}}{z - z_{\infty\nu}} \qquad (2.7\text{-}7)$$

mit

$$\begin{aligned} R_{\infty} &= \lim_{z\to\infty} H(z) = b_n, \\ R_{\nu} &= \lim_{z\to z_{\infty\nu}} (z - z_{\infty\nu}) H(z) = \frac{P(z_{\infty\nu})}{N'(z_{\infty\nu})}. \end{aligned} \qquad (2.7\text{-}8)$$

Die einzelnen Terme in (2.7-7) beschreiben Teilsysteme, deren Parallelanordnung zu einem System mit der darzustellenden Übertragungsfunktion $H(z)$ führt. Bei reellen Werten von $z_{\infty\nu}$ ergibt sich die Übertragungsfunktion der Teilsysteme sofort als

$$H_{\lambda}(z) = \frac{b_{0\lambda}}{z + c_{0\lambda}} \quad \text{mit} \quad b_{0\lambda} = R_{\nu}, \quad c_{0\lambda} = -z_{\infty\nu}.$$

Für komplexe Polstellen sind jeweils zwei Terme von (2.7-7) zu einer Übertragungsfunktion mit reellen Koeffizienten zusammenzufassen. Dann ist

$$H_{\lambda}(z) = \frac{b_{1\lambda} z + b_{0\lambda}}{z^2 + c_{1\lambda} z + c_{0\lambda}} \qquad (2.7\text{-}9)$$

mit

$$c_{1\lambda} = -2\,\mathrm{Re}\{z_{\infty\nu}\}, \qquad c_{0\lambda} = |z_{\infty\nu}|^2,$$

$$b_{1\lambda} = 2\,\mathrm{Re}\{R_\nu\} \quad , \qquad b_{0\lambda} = -2\,\mathrm{Re}\{R_\nu z_{\infty\nu}{}^*\}.$$

Damit wird

$$H(z) = b_n + \sum_{\lambda=1}^{l} H_\lambda(z). \tag{2.7-10}$$

Ist n_1 die Zahl der reellen und n_2 die Zahl der komplexen Polstellen, so gilt für die Zahl der Teilsysteme $l = n_1 + n_2/2$.

Bild 2.20 zeigt die sich ergebende Struktur für den Fall, daß mindestens eins der Teilsysteme zweiter Ordnung und eins erster Ordnung ist. Die Teilsysteme wurden wieder in der ersten kanonischen Struktur dargestellt.

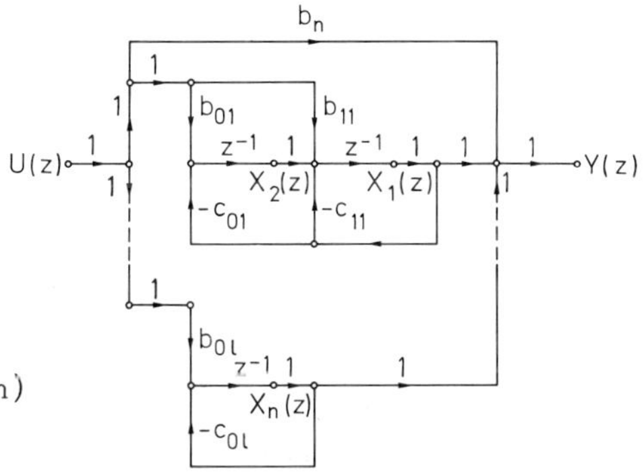

Bild 2.20. Vierte kanonische Form eines diskreten Systems (Parallelform)

Im Fall mehrfacher Polstellen führt die Partialbruchzerlegung entsprechend (2.4-32) und (2.4-33) auf die Parallelschaltung von Teilsystemen, die ihrerseits als eine Kaskade von Untersystemen mit gleichen Polstellen dargestellt werden können. Auf die Behandlung wird hier verzichtet.

Neben den vorgestellten sind eine Vielzahl weiterer Strukturen möglich. Anstatt das System als Kaskaden- oder Parallelschaltung von Untersystemen der niedrigsten möglichen Ordnung darzustellen, kann man z.B. zunächst größere Teilsysteme als Untereinheiten wählen, die ihrerseits zum Teil als Kaskade, zum Teil als Parallelanordnung von Untersystemen dargestellt werden können, wobei für die Struktur der Untersysteme noch zwischen der ersten und zweiten kanonischen Form gewählt werden kann. Offenbar steigt die Zahl möglicher Strukturen sehr stark mit dem Grad an.

Von Interesse ist noch die Spezialisierung der behandelten Anordnungen auf den Fall nichtrekursiver Systeme. Zunächst erkennt man, daß sie für die ersten drei kanonischen Strukturen ohne weiteres vorgenommen werden kann, in dem man $c_\nu = 0$, $\nu \neq n$ bzw. $c_{i\lambda} = 0$, $i = 0, 1$, $\forall\lambda$ setzt. Bei der vierten kanonischen Schaltung würde auch die hier nicht behandelte Erweiterung auf mehrfache Pole in der Spezialisierung zu keiner neuen Anordnung führen. Wichtig sind noch die symmetrischen Strukturen, mit denen bereits von der Anordnung her eine line-

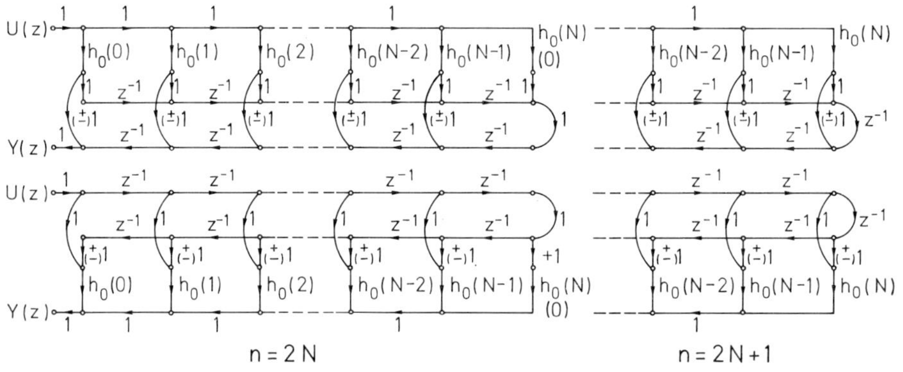

Bild 2.21. Nichtrekursives System linearer Phase in erster und zweiter kanonischer Form

are Phase sichergestellt und darüber hinaus in der Regel die Zahl der Multiplizierer auf etwa die Hälfte reduziert werden kann. Bild 2.21 zeigt zunächst die erste und zweite kanonische Form für geraden und ungeraden Grad. Die in Klammern angegebenen Vorzeichen gelten für den Fall, daß m_1 ungerade ist, $H(\Omega)$ also entsprechend (2.6-41,42), abgesehen von einem linearen Phasengang, rein imaginär ist. In diesem Fall wird $h_0(N) = 0$, wenn n gerade ist. Bei der dritten kanonischen Form kann man die Linearität der Phase von der Struktur her nur für die Teilsysteme zweiten Grades unmittelbar sicherstellen, deren Übertragungsfunktionen Nullstellen auf dem Einheitskreis haben, selbst also Systeme linearer Phase sind. Liegen Nullstellen im Innern des Einheitskreises und spiegelbildlich dazu außerhalb, so ist ein Teilsystem mindestens vierten Grades zu wählen, das entweder als ein Block vierten Grades oder als Kombination zweier zueinanderpassender Blöcke zweiten Grades so dargestellt werden kann, daß die lineare Phase garantiert ist [2.18].

Bild 2.22 zeigt die möglichen Anordnungen für die Teilsysteme. Der Fall m_1 ungerade mit rein imaginärem Frequenzgang ist bei der Kaskadenschaltung dadurch zu realisieren, daß man nur ein Teilsystem mit einer einfachen Nullstelle bei z = + 1 und damit mit imaginärem Frequenzgang aufbaut, während alle übrigen in der Struktur von Bild 2.22 rein reelle Frequenzgänge haben, wenn wieder vom linearen Phasengang abgesehen wird.

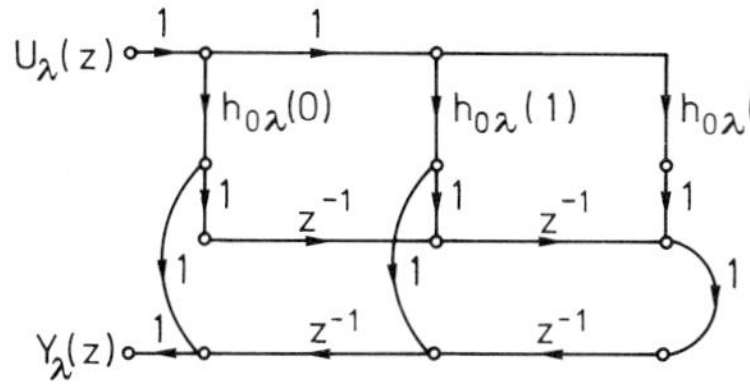

$$H_\lambda(z) = \frac{1}{z^2}\left(h_{0\lambda}(2) + \sum_{\mu=0}^{1} h_{0\lambda}(\mu)(z^{\mu}+z^{-\mu})\right)$$

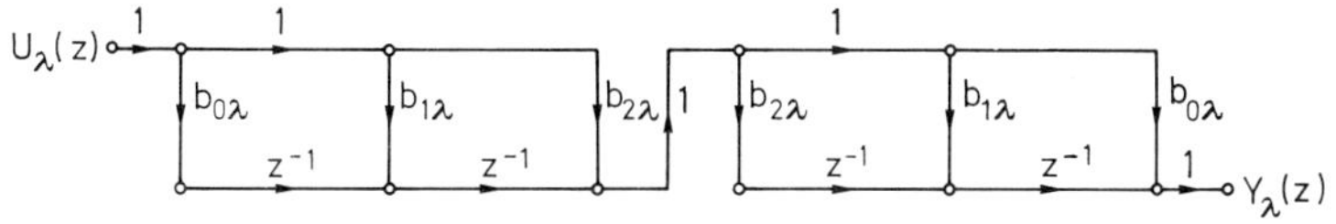

$$H_\lambda(z) = \frac{1}{z^4}(b_{2\lambda}z^2 + b_{1\lambda}z + b_{0\lambda})(b_{0\lambda}z^2 + b_{1\lambda}z + b_{2\lambda})$$

Bild 2.22. Teilsystem eines nichtrekursiven Systems linearer Phase in dritter kanonischer Form

2.7.3. Nichtkanonische Strukturen

Für die Realisierung von Allpässen sind Strukturen von Interesse, mit denen sichergestellt werden kann, daß die Nullstellen zu den Polstellen in bezug auf den Einheitskreis spiegelbildlich liegen. Das Problem ist offenbar verwandt mit der in Abschnitt 2.7.2 behandelten Aufgabe, Strukturen mit linearer Phase zu finden. Ebenso wie dort wird man versuchen müssen, die Übereinstimmung von Koeffizienten verschiedener Terme durch Zusammenfassung entsprechender Teilsignale mit anschließender gemeinsamer Multiplikation zu verwenden. Es war nach (2.6-28)

$$H_A(z) = \frac{Y(z)}{U(z)} = \frac{b_n}{c_0}\, z^n \, \frac{\sum\limits_{\nu=0}^{n} c_\nu z^{-\nu}}{\sum\limits_{\nu=0}^{n} c_\nu z^{\nu}} . \qquad (2.7\text{-}11)$$

Daraus folgt nach Zwischenrechnung

$$Y(z) = \frac{b_n}{c_0}\, U z^{-n} + \sum_{\nu=0}^{n-1} c_\nu \left[\frac{b_n}{c_0}\, U z^{-\nu} - Y z^{-(n-\nu)} \right] . \qquad (2.7\text{-}12)$$

Bild 2.23 zeigt die zugehörige Struktur. Da Eingangs- und Ausgangsfolge getrennt verzögert werden müssen, enthält sie 2n Verzögerungsglieder, ist also nicht kanonisch.

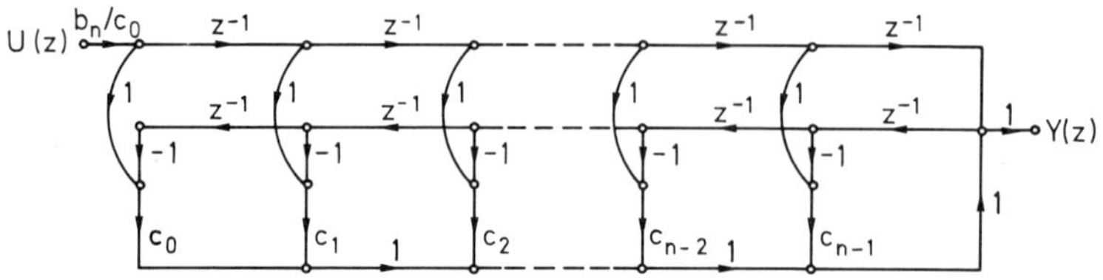

Bild 2.23. Allpaß n-ten Grades mit der Mindestanzahl an Multiplizierern und 2n Speichern

Eine wesentliche Einsparung von Speichern läßt sich mit einer Kaskadenschaltung erreichen, wenn man die für die Verzögerung der Ausgangsfunktion $Y_\lambda(z)$ das λ-ten Teilsystems nötigen Elemente gleichzeitig als Bestandteil des $(\lambda+1)$-ten Teilsystems verwendet. Ist n gerade, so ergibt sich mit

$$H_A(z) = \frac{b_n}{c_0} \sum_{\lambda=1}^{n/2} H_{A\lambda}(z),$$

$$H_{A\lambda}(z) = \frac{Y_\lambda}{Y_{\lambda-1}} = z^2 \frac{z^{-2} + c_{1\lambda} z^{-1} + c_{0\lambda}}{z^2 + c_{1\lambda} z + c_{0\lambda}},$$

$$Y_\lambda = Y_{(\lambda-1)} z^{-2} + \sum_{\nu=0}^{1} c_{\nu\lambda} \left[Y_{(\lambda-1)} z^{-\nu} - Y_\lambda z^{-(2-\nu)} \right].$$

Bild 2.24 zeigt die zugehörige Struktur. Hier sind n + 2 Speicher nötig, die Schaltung ist also bezüglich der Speicher nicht kanonisch, enthält aber die Mindestzahl von Multiplizierern und garantiert auch schon von der Struktur her die Allpaßeigenschaften des Systems.

Als weiteren Spezialfall behandeln wir eine nichtkanonische Struktur eines nichtrekursiven Systems, die in der Realisierung Vorteile bieten kann. Entsprechend (2.6-32) sei

$$H(z) = \frac{1}{z^n} \sum_{\mu=0}^{n} b_\mu z^\mu = \frac{P(z)}{z^n}. \tag{2.7-13}$$

Weiterhin seien n + 1 Punkte z_ν $\nu = 0(1)n$ vorgegeben, wobei lediglich festgelegt sei, daß mit einem eventuell komplexen Punkt z_ν auch der dazu konjugiert komplexe Punkt z_ν^* ausgewählt worden sei. Schließlich sei vorgeschrieben, daß die Übertragungsfunktion $H(z)$ in den Punkten z_ν bestimmte Werte $H(z_\nu)$ annimmt. Wegen der Reellwertigkeit muß dabei gelten $H(z_\nu^*) = H^*(z_\nu)$. Damit

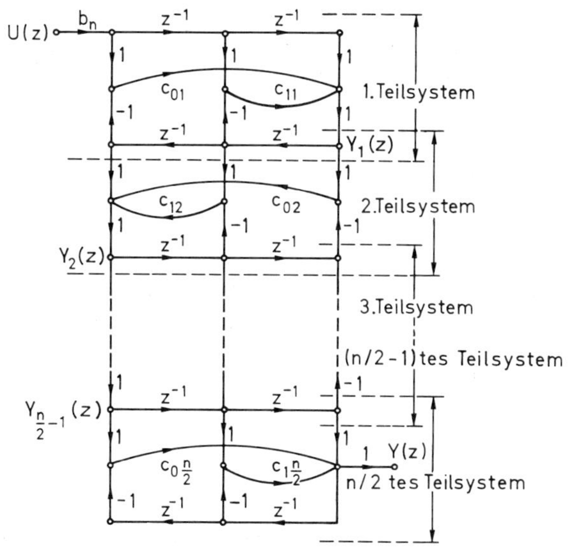

Bild 2.24. Allpaß n-ten Grades in Kaskadenschaltung mit der Mindestanzahl von Multiplizierern und n + 2 Speichern

ist eine Interpolationsaufgabe für $H(z)$ beschrieben, die sich unmittelbar in eine entsprechende Aufgabe für das Polynom $P(z)$ überführen läßt ([2.18], [2.19]). Mit Hilfe der Lagrangeschen Interpolationsformel ergibt sich

$$P(z) = \prod_{\mu=0}^{n} (z - z_\mu) \sum_{\nu=0}^{n} \frac{B_\nu}{z - z_\nu}. \tag{2.7-14}$$

Es ist

$$P(z_\nu) = \lim_{z \to z_\nu} \prod_{\mu=0}^{n} (z - z_\mu) \sum_{\nu=0}^{n} \frac{B_\nu}{z - z_\nu} = B_\nu \prod_{\mu \neq \nu} (z_\nu - z_\mu)$$

und damit

$$B_\nu = \frac{P(z_\nu)}{\prod\limits_{\mu \neq \nu} (z_\nu - z_\mu)} = \frac{z_\nu^{\,n} H(z_\nu)}{\prod\limits_{\mu \neq \nu} (z_\nu - z_\mu)} . \tag{2.7-15}$$

Ist $z_\varkappa = z_\nu^*$, so ergibt sich $B_\varkappa = B_\nu^*$. Nach Zusammenfassung entsprechender Linearfaktoren bzw. Summanden in (2.7-14) erhält man schließlich

$$H(z) = \prod_{\lambda=1}^{l_1} \frac{1}{z^2}\left(z^2 + e_{1\lambda}z + e_{0\lambda}\right) \times$$

$$\times \prod_{\varkappa=1}^{l_2} \frac{1}{z}(z - z_\varkappa) \left[\sum_{\lambda=1}^{l_1} \frac{d_{2\lambda}z^2 + d_{1\lambda}z}{z^2 + e_{1\lambda}z + e_{0\lambda}} + \sum_{\varkappa=1}^{l_2} \frac{d_{1\varkappa}z}{z - z_\varkappa} \right]. \qquad (2.7\text{-}16)$$

Hier ist

$$2l_1 + l_2 = n + 1,$$

$$\left.\begin{array}{l} e_{1\lambda} = -2\,\mathrm{Re}\{z_\nu\},\ e_{0\lambda} = |z_\nu|^2 \\ d_{2\nu} = 2\,\mathrm{Re}\{B_\nu\},\ d_{1\lambda} = -2\,\mathrm{Re}\{B_\nu z_\nu{}^*\} \end{array}\right\} \begin{array}{l} \text{für die } 2l_1 \\ \text{komplexen Punkte } z_\nu, \end{array}$$

$d_{1\varkappa} = B_\varkappa$ reell für die l_2 reellen Punkte z_ν.

Bild 2.25a zeigt die zu (2.7-16) gehörende Struktur, die als Lagrange-Struktur bezeichnet sei. Die Teilsysteme wurden wieder in der ersten kanonischen Form dargestellt.

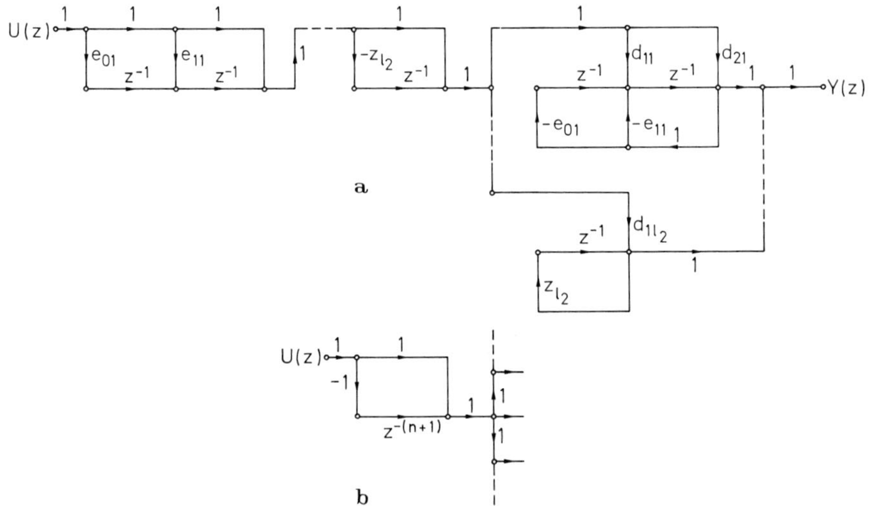

Bild 2.25. Lagrange-Struktur zur Darstellung eines nichtrekursiven Systems

In der Spezialisierung $z_\nu = z_{0\mu}$ und damit $H(z_\nu) = 0 \quad \nu = 1(1)n$, $H(z_0) \neq 0$ vorgeschrieben, reduziert sich die Lagrange-Struktur auf die dritte kanonische Form, die Kaskadenschaltung für ein nichtrekursives System.

Von Bedeutung ist außerdem der Fall

$$z_\nu = e^{j\nu 2\pi/(n+1)},$$

in dem also der Frequenzgang in äquidistanten Punkten $\Omega_\nu = \nu 2\pi/(n+1)$ vorgeschrieben wird. In diesem Fall wird

$$\prod_{\nu=0}^{n} (z - z_\nu) = z^{n+1} - 1,$$

und die nichtrekursive Teilstruktur in Bild 2.25a läßt sich in der in Bild 2.25b angegebenen Weise reduzieren. Diese als Frequenzabtastmethode bezeichnete Struktur wird in der Literatur häufig behandelt ([2.19],[2.20]).

In der letzten Zeit sind für rekursive und nichtrekursive Systeme eine Reihe weiterer Strukturen vorgeschlagen worden. Zu nennen sind insbesondere die von Fettweis angegebenen Anordnungen, die in Anlehnung an beidseitig ohmisch abgeschlossene verlustfreie Abzweigschaltungen der klassischen Netzwerktheorie entwickelt wurden ([2.21],[2.22]). Weiterhin wurden Strukturen auf der Basis einer Kettenbruchentwicklung der Übertragungsfunktion vorgeschlagen [2.23]. Neben diesen für rekursive Filter angegebenen Anordnungen gibt es auch einige neue für nichtrekursive Systeme [2.18]. Auf die eingehende Behandlung dieser Strukturen wird hier verzichtet.

2.8. Literatur

2.1 Meinardus, G.: Ein mathematisches Modell digitaler Filter. Bericht 2 des Institutes für Angewandte Mathematik I der Universität Erlangen-Nürnberg.

2.2 Schwarz, R.J.; Friedland, B.: Linear Systems. New York: McGraw Hill Book Company 1965.

2.3 Tropper, A.M.: Matrizenrechnung in der Elektrotechnik. B.I. - Hochschultaschenbücher Bd. 91. Mannheim, Bibliographisches Institut 1964.

2.4 Doetsch, G.: Z-Transformation. Kapitel VI im Abschnitt C des Bandes I der Mathematischen Hilfsmittel des Ingenieurs, herausgegeben von R. Sauer und I. Szabó, Berlin: Springer-Verlag 1967.

2.5 Doetsch, G.: Anleitung zum praktischen Gebrauch der Laplace-Transformation und der Z-Transformation, 3. Aufl. München: R. Oldenbourg-Verlag 1967.

2.6 Jury, E.I.: Theory and Application of the z-Transform Method. New York: John Wiley & Sons 1964.

2.7 Ragazzini, J.R.: Franklin, G.F.: Sampled-Data Control Systems. New York: McGraw Hill Book Company 1958.

2.8 Unbehauen, R.: Determination of the Transfer Function of a Digital Filter from the Real Part of the Frequency Response. Arch. elektr. Übertrag. 26 (1972), S. 551-557.

2.9 Boite, R.: The Bayard-Bode Relations for Digital Filters. 1971 Symposium on Digital Filtering, Imperial College of Science and Technology, London.

2.10 Gold, B.; Oppenheim, A.V.; Rader, C.M.: Theory and Implementation of Discrete Hilbert transform. Proc. of the Symp. on Computer Processing in Communications 19(1969), S. 235-250.

2.11 Schüßler, W.: Eigenschaften und Entwurf digitaler Filter. Nachrichtentechn. Z. 24 (1971), S. 289-298.

2.12 Novak, D.J.: Linear phase digital filter design. Proc. IEEE 57 (1969), S. 850-851.

2.13 Constantinides, A.G.: Frequency transformation for digital filters. Electronic Letters, 3 (1967), S. 487-489; 4 (1968), S. 115-116.

2.14 Kuntz, W.; Schüßler, W.; Winkelnkemper, W.: Untersuchungen über Eigenschaften, Entwurf und Realisierung digitaler Filter. Ausgewählte Arbeiten über Nachrichtensysteme, Nr. 10. Universität Erlangen-Nürnberg 1969.

2.15 Schüßler, W.: Zur allgemeinen Theorie der Verzweigungsnetzwerke. Arch. elektr. Übertrag. 22 (1968), S. 361-367.

2.16 Mason, S.J.; Zimmermann, H.J.: Electronic Circuits, Signals and Systems. New York: John Wiley & Sons 1960.

2.17 Schüßler, W.: Netzwerke und Systeme I. B.I. - Hochschultaschenbücher Bd. 405. Mannheim: Bibliographisches Institut 1971.

2.18 Schüßler, W.: On Structures for Nonrecursive Digital Filters. Arch. elektr. Übertrag. 26 (1972), S. 255-258.

2.19 Rabiner, L.R.; Gold, B.; McGonegal, C.A.: An Approach to the Approximation Problem for Nonrecursive Digital Filters. IEEE Transact. on Audio and Electroacoustics AU-18 (1970), S. 83-106.

2.20 Rader, Ch.M.; Gold, B.: Digital Filter Design Techniques in the Frequency Domain. Proc. IEEE 55(1967), S. 149-171.

2.21 Fettweis, A.: Digital Filter Structures Related to Classical Filter Networks. Arch. elektr. Übertrag. 25 (1971), S. 79-89.

2.22 Fettweis, A.: Some Principles of Designing Digital Filters Imitating Classical Filter Structure. IEEE Transact on Circuit Theory CT-18 (1971), S. 314-316.

2.23 Mitra, S.K.; Sherwood, R.: On Canonic Realizations of Digital Filters. Proc. of the 9th Allerton Conf. on Circuit and System Theory 1971, S. 810-826.

3. Entwurf diskreter Systeme

3.1. Allgemeines

Wie bei kontinuierlichen Systemen stellt sich auch bei diskreten die Aufgabe, die Parameter so zu bestimmen, daß ein gewünschtes Verhalten des Systems genau oder approximativ erreicht wird. Dabei sind neben den Einschränkungen, die sich für die Parameter aus Reellwertigkeit, Linearität, Kausalität und Stabilität des Systems ergeben, auch noch Gesichtspunkte der praktischen Realisierung zu beachten, damit sich eine technisch sinnvolle Lösung minimalen Aufwandes ergibt.

Hier werden zunächst die zu dem Entwurfsproblem gehörenden Approximationsaufgaben behandelt. Die mit der endlichen Quantisierungsstufe in realen digitalen Systemen zusammenhängenden Probleme bleiben zunächst unberücksichtigt. Auf sie wird in den Abschnitten 5 und 6 eingegangen.

Vor allem sind folgende Aufgabenstellungen von Interesse:

Vorschriften bezüglich des Zeitverhaltens

Es kann gefordert werden, daß das zu entwerfende System auf eine bestimmte gegebene Eingangsfolge mit einer geforderten Ausgangsfolge reagiert. Insbesondere kann die Impulsantwort eines Systems vorgeschrieben werden.

Weiterhin können primär Beziehungen zwischen den für alle Werte von t definierten Zeitfunktionen vorgeschrieben werden, die zu den Eingangs- und Ausgangswertefolgen gehören. Das führt dann z.T. auf bekannte Probleme der numerischen Mathematik. Für die Zeitfunktionen können z.B. folgende Eigenschaften gewünscht sein:

a) $y(t) = u'(t)$ (führt zur numerischen Differentiation);

b) $y(t) = y(0) + \int_0^t u(\tau)d\tau$ (numerische Integration);

c) aus der Eingangsfolge u(k), k ganzzahlig, soll eine stetige, mindestens einmal differenzierbare Funktion y(t) so bestimmt werden, daß y(k) = = u(k) ist (numerische Interpolation);

d) $y(t) = \frac{1}{\pi} \int_{-\infty}^{+\infty} \frac{u(\tau)}{t - \tau} d\tau$ (numerische Hilbert-Transformation).

In der Regel wird man eine zeitliche Verzögerung zulassen können. Im übrigen sind diese Vorschriften nur für eine eingeschränkte Klasse von Funktionen u(t) und auch dann nur approximativ zu erfüllem.

Vorschriften bezüglich des Frequenzverhaltens

Im Frequenzbereich können Vorschriften bezüglich des Betrages der Übertragungsfunktion oder der Phase bzw. der Gruppenlaufzeit, gegebenenfalls auch bezüglich beider gemacht werden, ebenso wie das bei kontinuierlichen Systemen der Fall ist. Diese Vorschriften werden meist durch Angabe eines Toleranzschemas gemacht, mit dem angegeben wird, in welchen Grenzen die betrachtete Funktion von dem Wunschverlauf abweichen darf. Die oben genannten, zunächst im Zeitbereich definierten Vorschriften lassen sich durch Fourier-Transformation natürlich in Forderungen im Frequenzbereich umformulieren, wobei allerdings die Transformation der im Zeitbereich tolerierten Abweichungen in entsprechende Vorschriften im Frequenzbereich in der Regel nicht möglich ist.

Weiterhin können sowohl im Zeit- wie im Frequenzbereich Vorschriften gemacht werden. Auf diesen Fall wird hier nicht eingegangen.

Beim Entwurf diskreter Systeme ist generell zu beachten, daß die Fourier-Transformierte der auftretenden Wertefolgen ebenso wie der Frequenzgang $H(\Omega)$ periodisch ist. Daraus ergeben sich die schon erwähnten Einschränkungen für die zuzulassenden Eingangsfunktionen, die jetzt genauer untersucht werden.

Es sei u(t) die Eingangsfunktion, $U_0(s) = \mathcal{L}\{u(t)\}$ ihre Laplace-Transformierte und $U(j\omega)$ ihr Spektrum. Aus u(t) werde durch Abtastung in den Punkten kT die Wertefolge $\{u(k)\}$ gewonnen und damit wie in Abschnitt 2.4.1 die Distribution

$$u_*(t) = \sum_{k=0}^{\infty} u(k)\delta_0(t - kT)$$

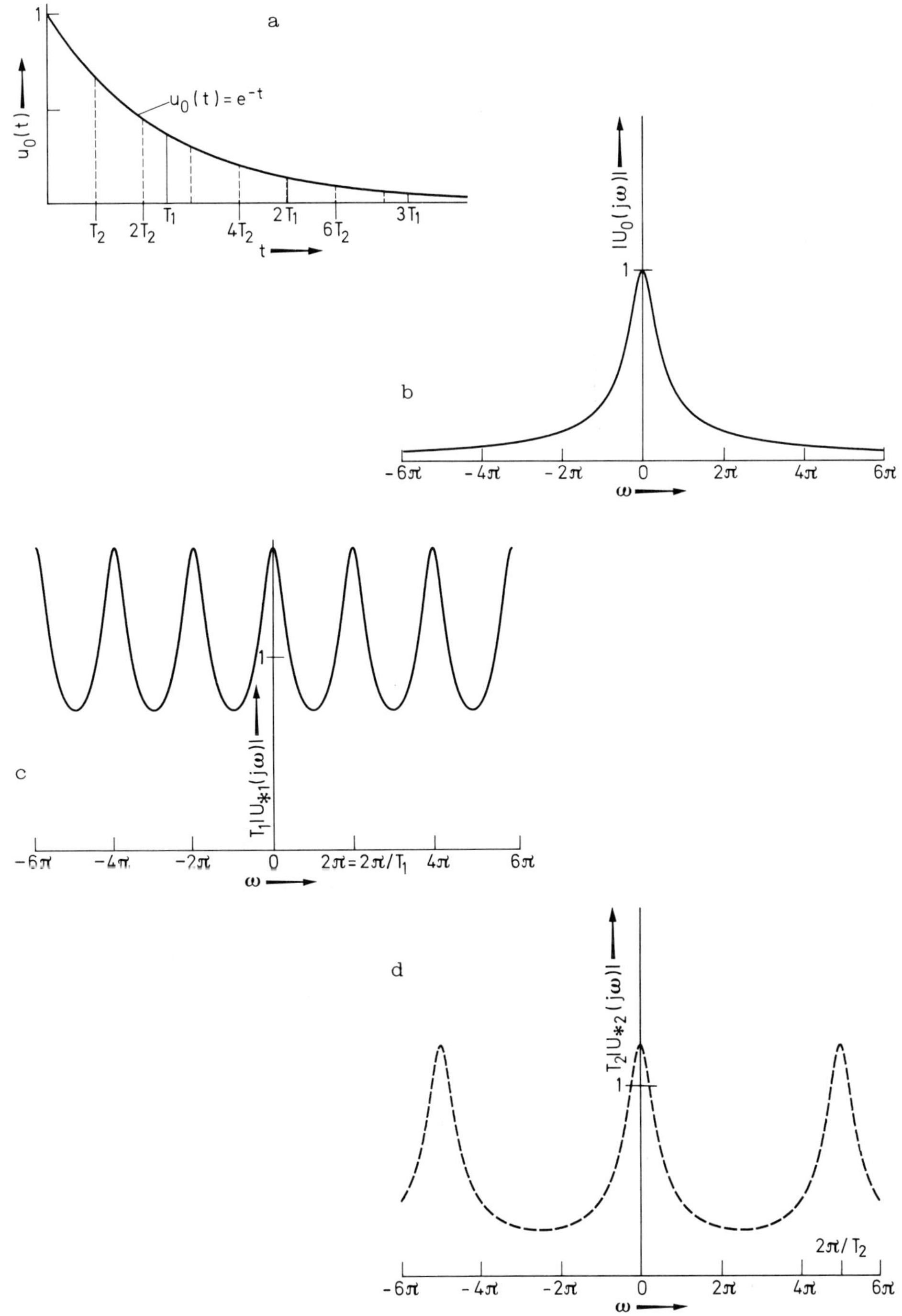

Bild 3.1. Zur Überlappung der Spektren bei Abtastung spektral nicht begrenzter Funktionen

beschrieben. Weiterhin sei $U(z) = Z\{u(k)\}$ die Z-Transformierte der Wertefolge $\{u(k)\}$. Dann folgt für das Spektrum von $u_*(t)$ aus (2.4-28)

$$U_*(j\omega) = U(z = e^{j\omega T}) = \frac{1}{T} \sum_{k=-\infty}^{+\infty} U_0[j(\omega + k\frac{2\pi}{T})] + \frac{1}{2}u(+0). \qquad (3.1\text{-}1)$$

Die dadurch beschriebene Überlagerung von gegeneinander um Vielfache von $2\pi/T$ verschobenen Spektren $U_0(j\omega)$ veranschaulicht Bild 3.1. Es wurde für den Fall $u(t) = e^{-t}$ und die Werte $T_1 = 1$ und $T_2 = 0,4$ gezeichnet. Die zugehörigen Wertefolgen sind dann e^{-k} und $e^{-0,4k}$. Bild 3.1b zeigt $|U_0(j\omega)|$, die Bilder 3.1c und 3.1d $T_\nu |U_{*\nu}(j\omega)|$. Man erkennt in beiden Fällen die Überlagerung der Spektren, die in dem Beispiel eine Rückgewinnung von $u(t)$ ausschließen. Sie wäre nur möglich, wenn $u(t)$ spektral begrenzt ist und das Abtastintervall T hinreichend klein gewählt wird. Nach der Aussage des Abtasttheorems kann man ein Signal durch seine Abtastwerte vollständig beschreiben und zumindest prinzipiell daraus rekonstruieren, wenn gilt

$$U_0(j\omega) = 0, \quad |\omega| \geq \omega_{max}, \qquad (3.1\text{-}2a)$$

$$T \leq \frac{\pi}{\omega_{max}}. \qquad (3.1\text{-}2b)$$

Sind diese Bedingungen erfüllt, so gilt (z.B. [3.1])

$$u(t) = \sum_{k=-\infty}^{+\infty} u(k) \frac{\sin \pi(t/T - k)}{\pi(t/T - k)}. \qquad (3.1\text{-}3)$$

Bild 3.2 veranschaulicht, daß sich diese Interpolation ergibt, wenn man $u_*(t)$ auf den Eingang eines idealen Tiefpasses gibt, der das Spektrum im Bereich $0 \leq |\omega| < \pi/T$ ohne Verzerrungen durchläßt und alle anderen Spektralanteile völlig unterdrückt.

Für reale Signalfunktionen wird stets $u(t) \equiv 0$ für $t < t_0$ gelten, wobei t_0 ein endlicher Wert ist. Sie können daher durch (3.1-3) nicht dargestellt werden, also auch nicht spektral begrenzt sein. Die Bedingung (3.1-2a) kann daher höchstens näherungsweise von ihnen erfüllt werden. Wenn wir von der Funktion $u(t)$ voraussetzen, daß sie überall $(\nu - 1)$-mal differenzierbar ist und erst die ν-te Ableitung an isolierten Punkten unstetig ist, so geht der Betrag ihres Spektrums für wachsendes ω mit $\omega^{-(\nu + 1)}$ nach Null [3.2]. Durch Wahl einer entsprechenden Frequenz ω_{max} bzw. des Abtastintervalls T läßt sich dann stets dafür sorgen, daß die Spektralanteile für $|\omega| > \omega_{max}$ ohne merkbaren Einfluß bleiben.

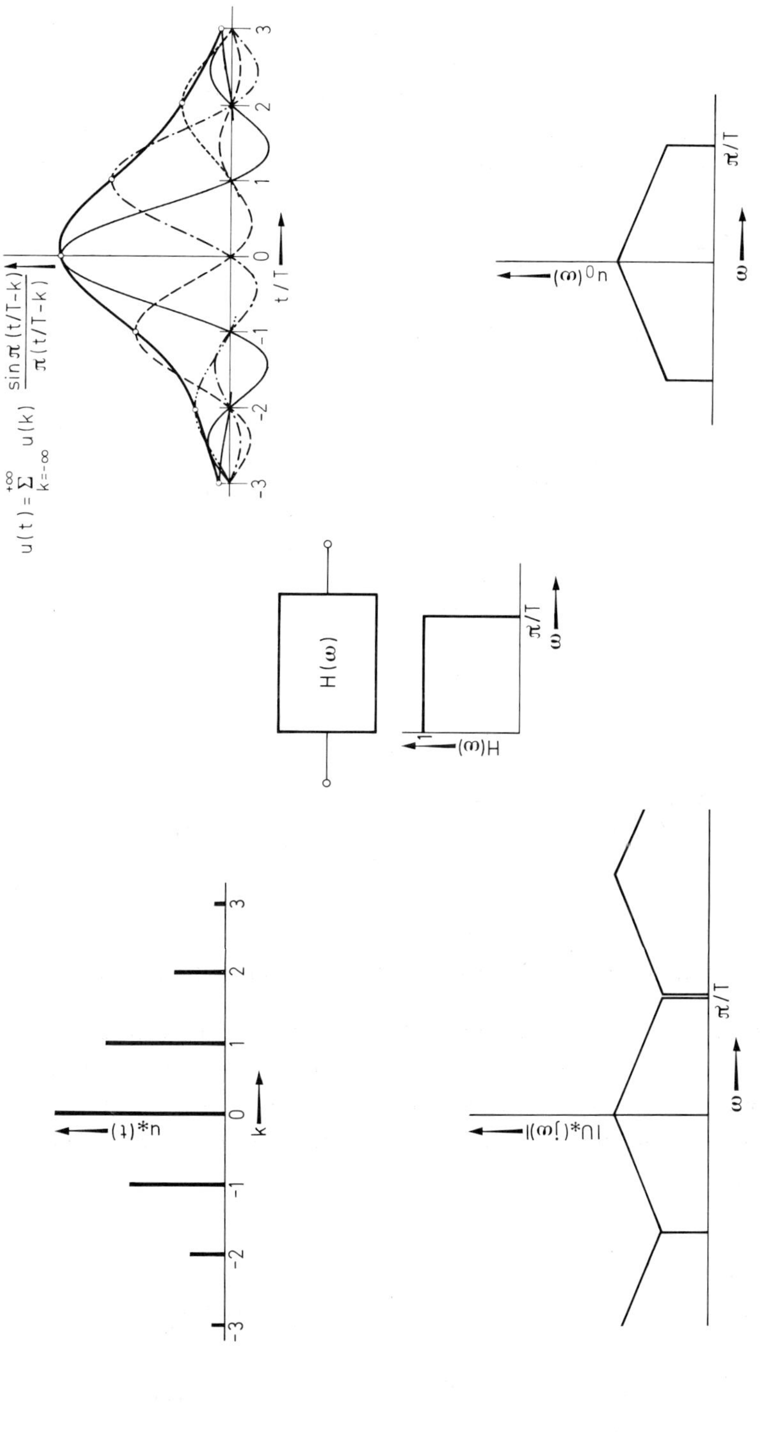

Bild 3.2. Abtastung und Rekonstruktion spektral begrenzter Funktionen

Das Spektrum der in Bild 3.1 behandelten unstetigen Funktion geht nur mit $1/\omega$ gegen Null. Wie das Bild zeigt, läßt sich aber auch in diesem Fall die Überlappung der Spektren durch Verkleinerung von T wesentlich verringern. Wir werden im folgenden bei der Anwendung digitaler Systeme zur Verarbeitung kontinuierlicher Signale meist die spektrale Begrenzung des Eingangssignals und damit die Gültigkeit von (3.1-2a) voraussetzen, obwohl, wie festgestellt, diese Bedingung nur näherungsweise erfüllt werden kann.

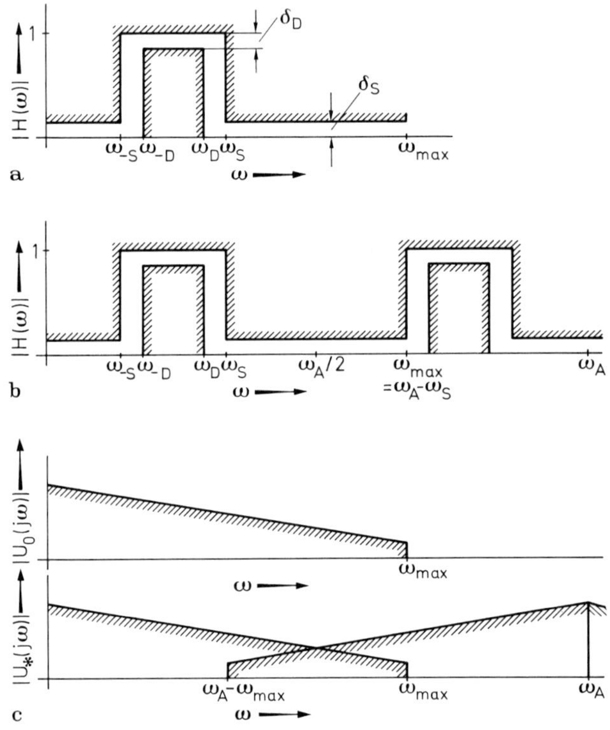

Bild 3.3. Zur Wahl des Abtastintervalls beim Entwurf eines Bandpasses

Aus dieser Voraussetzung und der Periodizität des Frequenzganges des zu entwerfenden diskreten Systems ergeben sich erste Gesichtspunkte für die Dimensionierung, die für den Fall von Vorschriften im Frequenzbereich am Beispiel eines Bandpasses erläutert seien. Bild 3.3a zeigt das Toleranzschema, das durch die Beziehungen

$$
\begin{aligned}
&1 - |H(\omega)| \leqslant \delta_D > 0, && \omega_{-D} \leqslant |\omega| \leqslant \omega_{+D}, \\
&|H(\omega)| \leqslant 1, && \omega_{-S} < |\omega| \leqslant \omega_{-D}, \omega_D \leqslant |\omega| < \omega_S, \qquad (3.1\text{-}4) \\
&|H(\omega)| \leqslant \delta_S > 0, && 0 \leqslant |\omega| \leqslant \omega_{-S}, \omega_S \leqslant |\omega| \leqslant \omega_{max}
\end{aligned}
$$

gekennzeichnet ist. Hier wurde willkürlich angenommen, daß $\max|H(\omega)| = 1$ ist. Die auf diesen Maximalwert bezogene tolerierte Schwankung im Durchlaßbereich ist δ_D. In den Übergangsbereichen zwischen den Durchlaß- und den Sperrintervallen wurden ebenfalls Vorschriften eingeführt, weil das in der Regel von der Realisierung her zweckmäßig ist, auch wenn von der Anwendung des Filters her hier keine Forderungen vorliegen. Für $|\omega| > \omega_{max}$ werden keine Vorschriften gemacht, da die Bedingung (3.1-2a) für das Eingangsspektrum erfüllt sein möge.

Da der Frequenzgang $H(\Omega)$ eines diskreten Systems periodisch ist, wird für den Entwurf ein periodisches Toleranzschema benötigt. Wir gewinnen es aus dem gegebenen durch eine periodische Fortsetzung, die so vorgenommen wird, daß der nächste Durchlaßbereich bei $\omega \geq \omega_{max}$ beginnt. Mit Bild 3.3b erkennt man, daß für die Abtastfrequenz $\omega_A = 2\pi/T$ gelten muß

$$\omega_A \geq \omega_{max} + \omega_S .$$

Damit folgt

$$T \leq \frac{2\pi}{\omega_{max} + \omega_S} . \qquad (3.1\text{-}5)$$

Wegen $\omega_S < \omega_{max}$ liegt die hier gegebene obere Schranke für T niedriger als durch die Bedingung (3.1-2b) des Abtasttheorems vorgeschrieben ist. Bild 3.3c erläutert, daß hier eine Überlappung der Spektren im Sperrbereich des Filters zugelassen wird. Die Bedingung (3.1-5) gilt immer dann, wenn das vorgelegte Toleranzschema mit einem Sperrintervall endet, wie das z.B. auch beim Tiefpaß der Fall ist. Es wird später gezeigt werden, daß es für eine Reduzierung des Aufwandes oft zweckmäßig ist, die durch (3.1-5) gegebene obere Schranke zu verwenden, d.h. umgekehrt, ω_A so klein wie möglich zu wählen.

Nachfolgend werden die wichtigsten Verfahren zur Erfüllung gegebener Vorschriften vorgestellt. Dabei wird der Entwurf von Systemen bei Vorschriften im Zeitbereich nur sehr kurz, der wichtigere Entwurf bei Vorschriften im Frequenzbereich eingehender behandelt. Weil die bei rekursiven und nichtrekursiven Systemen zu verwendenden mathematischen Verfahren sich wesentlich unterscheiden, werden beide in den Abschnitten 3.3 und 3.4 getrennt behandelt, wobei wir uns bei nichtrekursiven Systemen auf solche mit linearer Phase beschränken werden, die für die Anwendung besonders interessant sind.

3.2. Entwurf von Systemen bei Vorschriften im Zeitbereich

3.2.1. Systeme mit vorgeschriebener Impulsantwort

Es sei ein System zu entwerfen, das die gewünschte Impulsantwort $h_{0w}(k)$, $k = 0(1)\infty$ habe, wobei die Stabilitätsbedingung (2.1-15) erfüllt sei. Wegen $H(z) = Z\{h_0(k)\}$ läßt sich prinzipiell die zugehörige Übertragungsfunktion sofort angeben. Eine rationale und daher mit endlichem Aufwand realisierbare Übertragungsfunktion erhält man nach Abschnitt 2.5.2 aber nur, wenn die aus den Werten $h_0(k)$ gebildete Hankelsche Matrix $\tilde{\mathbf{S}}$ einen endlichen Rang hat. Ist das nicht der Fall, so liegt eine Approximationsaufgabe vor, bei der die gewünschte Folge $\{h_{0w}(k)\}$ durch eine Folge der Form

$$h_0(0) = R_\infty ,$$
$$h_0(k) = \sum_{\nu=1}^{n} R_\nu z_{\infty\nu}^{\ k}, \qquad k = 1(1)\infty \tag{3.2-1}$$

entsprechend einem geeigneten Fehlerkriterium approximiert werden muß. Um die Zahl der freien Parameter R_ν und $z_{\infty\nu}$ möglichst groß zu machen, wurde hier (2.6-3) auf den Fall spezialisiert, daß alle Pole $z_{\infty\nu}$ der gesuchten Übertragungsfunktion $H(z)$ einfach sind. Sind die freien Parameter bestimmt, so folgt $H(z)$ entsprechend früherem als

$$H(z) = R_\infty + \sum_{\nu=1}^{n} \frac{R_\nu}{z - z_{\infty\nu}} = b_m \frac{\prod_{\mu=1}^{m}(z - z_{0\mu})}{\prod_{\nu=1}^{n}(z - z_{\infty\nu})} . \tag{3.2-2}$$

Das geschilderte Approximationsproblem wird hier nicht weiter behandelt (z.B. [3.3]).

In der Literatur wurde mehrfach der Entwurf eines Systems geschildert, dessen Impulsantwort $h_0(k)$ gleich den Abtastwerten der Impulsantwort $h_0(t)$ eines kontinuierlichen Systems mit der Übertragungsfunktion $H_0(s) = \mathcal{L}\{h_0(t)\}$ ist. Man spricht hier von der impulsinvarianten Transformation eines kontinuierlichen Systems in ein diskretes (z.B. [3.4], [3.5]). Hat das zu transformierende System nur einfache Pole, so ist

$$h_0(t) = \sum_{\nu=1}^{n} R_\nu e^{s_{\infty\nu} t} , \tag{3.2-3}$$

und die zugehörige Folge $\{h_0(k)\}$ hat wieder die Form (3.2-1), wobei $z_{\infty\nu} = e^{s_{\infty\nu}T}$ ist. H(z) ergibt sich wieder aus (3.2-2). Damit können die beim Entwurf von kontinuierlichen Systemen mit vorgeschriebener Impulsantwort erzielten Ergebnisse bei entsprechenden Entwurfsaufgaben für diskrete Systeme unmittelbar übernommen werden. Für den Zusammenhang zwischen $H_0(s)$ und H(z) ergibt sich noch aus (2.4-28)

$$H(z) = \frac{1}{T}\sum_{k=-\infty}^{+\infty} H_0\left(s + jk\frac{2\pi}{T}\right) + \frac{1}{2}h_0(+0) \quad \text{mit } s = \frac{1}{T}\ln z. \qquad (3.2\text{-}4)$$

Es tritt also der im Abschnitt 3.1 diskutierte Überlagerungseffekt im Spektralbereich auf. Aus diesem Grunde wird ein kontinuierliches Filter mit bestimmten Selektionseigenschaften mit dieser über den Zeitbereich arbeitenden Transformation nicht in ein diskretes mit gleichen Selektionseigenschaften überführt, obwohl die Impulsantworten in dem beschriebenen Sinne gleich sind.

Weiterhin behandeln wir den Spezialfall, daß $h_0(k)$ als

$$h_0(k) = \sum_{\lambda=1}^{l} a_\lambda h_{0\lambda}(k - \lambda) \qquad (3.2\text{-}5)$$

vorgeschrieben sei, wobei die $h_{0\lambda}(k)$ von der allgemeinen Form (2.6-3) oder speziell von der Form (3.2-1) sind. Die zugehörige Übertragungsfunktion ist

$$H(z) = \sum_{\lambda=1}^{l} a_\lambda z^{-\lambda} H_\lambda(z). \qquad (3.2\text{-}6)$$

Da hier die $H_\lambda(z) = Z\{h_{0\lambda}(k)\}$ rational sind, muß auch H(z) in (3.2-6) rational sein, und das zugehörige System läßt sich mit endlichem Aufwand realisieren. Kontinuierliche Systeme mit (3.2-5) bzw. (3.2-6) entsprechenden Eigenschaften haben keine rationalen Übertragungsfunktionen.

Ein Spezialfall von (3.2-6) sei noch besonders behandelt. Es sei $H_\lambda(z) = H_1(z)\,\forall\lambda$. Dann wird

$$H(z) = H_N(z)\,H_1(z)\,,$$

wobei

$$H_N(z) = \sum_{\lambda=1}^{l} a_\lambda z^{-\lambda} = \frac{1}{z^l}\sum_{\lambda=1}^{l} a_\lambda z^{l-\lambda}$$

die Übertragungsfunktion eines nichtrekursiven Systems ist. Ist weiterhin

$$H_1(z) = \frac{P_1(z)}{N_1(z)}$$

und wählt man die a_λ so, daß

$$\sum_{\lambda=1}^{l} a_\lambda z^{l-\lambda} = N_1(z) ,$$

so erhält man insgesamt ein nichtrekursives System mit endlich langer Impulsantwort. Eine andere Spezialisierung von (3.2-6), die ebenfalls auf ein nichtrekursives System führte, stellt die in Abschnitt 2.7.3 behandelte Lagrange-Struktur dar.

Besonders einfach wird der Entwurf von Systemen im Zeitbereich, wenn eine Impulsantwort endlicher Länge vorgeschrieben ist. Zu

$$h_0(k), \quad k = 0(1)n ,$$

$$h_0(k) = 0, \quad k > n$$

gehört unmittelbar die Übertragungsfunktion eines nichtrekursiven Systems

$$H(z) = \sum_{k=0}^{n} h_0(k)\, z^{-k} ,$$

die sich natürlich nur bei relativ kleinen Werten von n mit vertretbarem Aufwand realisieren läßt.

3.2.2. Spezielle Systeme mit vorgeschriebenem Zeitverhalten

In diesem Abschnitt werden Systeme betrachtet, für die ein spezielles Verhalten durch Forderungen im Zeitbereich vorgeschrieben ist. Dazu gehören auch bekannte Formeln zur numerischen Differentiation und Integration. Von Interesse ist dabei auch die Diskussion des Verhaltens im Frequenzbereich.

Numerische Differentiation

Als Beispiel für ein Verfahren zur angenäherten Differentiation sei die aus der Stirlingschen Interpolationsformel [3.6] herzuleitende Beziehung

$$y(k) = \frac{1}{12}[u(k-2) - 8u(k-1) + 8u(k+1) - u(k+2)] \qquad (3.2\text{-}7)$$

betrachtet. Hier liegt offenbar eine nichtrekursive aber auch nichtkausale Differenzengleichung vor, die man durch Verschiebung der Ausgangsfolge leicht in eine kausale Beziehung umformen kann. Die zugehörige Übertragungsfunktion ist dann

$$H(z) = \frac{-1}{12z^4}(z^4 - 8z^3 + 8z - 1) = \frac{-1}{12z^4}(z+1)(z-1)(z-z_0)\left(z - \frac{1}{z_0}\right)$$

mit $z_0 = 4 - \sqrt{15}$. Das System ist durch $n = 2N = 4$, $m_1 = m_2 = 1$, $h_0(\mu) = -h_0(n-\mu)$ $\mu = 0, 1$ und $h_0(2) = 0$ gekennzeichnet (Abschn.2.6.5.4). Für den Frequenzgang folgt aus (2.6-42)

$$H_{0D}(\Omega) = \frac{1}{6} j(-\sin 2\Omega + 8 \sin \Omega) . \qquad (3.2\text{-}8)$$

Eine mögliche Beurteilung der Eigenschaften des Systems bzw. der Differentiationsformel gewinnt man aus einem Vergleich mit dem Frequenzgang des für kontinuierliche Funktionen durch $y(t) = u'(t)$ gekennzeichneten idealen differenzierenden Systems. Dafür gilt

$$H_D(\Omega) = j\Omega .$$

Abgesehen von der zusätzlichen linearen Phase approximiert (3.2-8) diesen idealen Frequenzgang in einer gewissen Umgebung von $\Omega = 0$. Bild 3.4 vermittelt einen Eindruck von der Güte der Approximation. Offenbar werden Funktionen in guter Näherung differenziert, deren Spektrum etwa im Bereich $|\Omega| < \pi/4$ liegt.

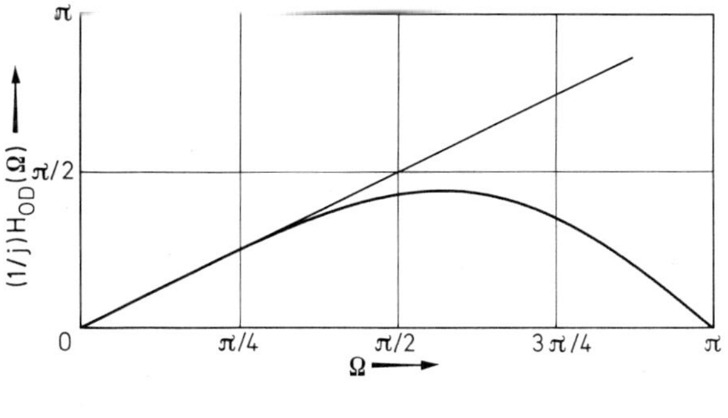

Bild 3.4. Frequenzgang eines Systems 4. Grades zur numerischen Differentiation

Approximationen des gewünschten Verhaltens mit Systemen höherer Ordnung und mit andern Methoden finden sich in [3.4]. Der Entwurf eines differenzierenden Systems durch eine Approximation im Frequenzbereich wird im Abschnitt 3.3 in Bild 3.22 gezeigt.

Numerische Integration

Als Beispiele für Integrationsformeln untersuchen wir die Trapez-, die Simpson- und die Newtonsche 3/8-Regel. Sie werden direkt durch die rekursiven Differenzengleichungen

Trapez: $$y(k) = y(k-1) + \frac{1}{2}u(k) + \frac{1}{2}u(k-1), \tag{3.2-9a}$$

Simpson: $$y(k) = y(k-2) + \frac{1}{3}u(k) + \frac{4}{3}u(k-1) + \frac{1}{3}u(k-2), \tag{3.2-9b}$$

Newton: $$y(k) = y(k-3) + \frac{3}{8}[u(k) + 3u(k-1) + 3u(k-2) + u(k-3)] \tag{3.2-9c}$$

beschrieben (z.B. [3.7]). Die zugehörigen Übertragungsfunktionen und Frequenzgänge sind

$$H_T(z) = \frac{1}{2}\,\frac{z+1}{z-1}, \qquad H_T(\Omega) = \frac{1}{2}\,\frac{1}{j\tan\Omega/2}, \tag{3.2-10a}$$

$$H_S(z) = \frac{1}{3}\,\frac{z^2+4z+1}{z^2-1}, \qquad H_S(\Omega) = \frac{1}{3}\,\frac{2+\cos\Omega}{j\sin\Omega}, \tag{3.2-10b}$$

$$H_N(z) = \frac{3}{8}\,\frac{z^3+3z^2+3z+1}{z^3-1}, \qquad H_N(\Omega) = \frac{3}{8}\,\frac{\cos\frac{3}{2}\Omega + 3\cos\frac{\Omega}{2}}{j\sin\frac{3\Omega}{2}}. \tag{3.2-10c}$$

Die Systeme sind offenbar bedingt stabil. Der in allen Fällen vorliegende Pol bei $z = 1$ ist charakteristisch für Integrationsformeln. Im übrigen haben die Systeme einen rein imaginären Frequenzgang; ihr Phasengang ist also linear.

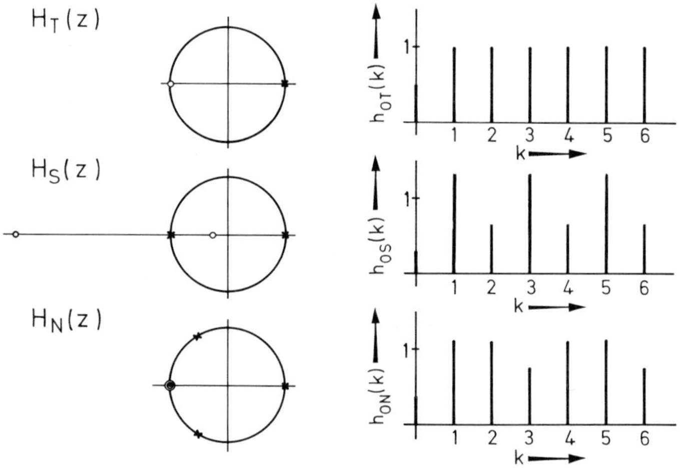

Bild 3.5. Pol-Nullstellendiagramme und Impulsantworten von Systemen zur numerischen Integration

Von Interesse sind noch die Impulsantworten in den drei Fällen. Aus (3.2-10) erhält man

$$h_{0T}(k) = \frac{1}{2}\gamma_0(k) + \gamma_{-1}(k-1), \tag{3.2-11a}$$

$$h_{0S}(k) = \frac{1}{3}\gamma_0(k) + \gamma_{-1}(k-1)(1 - \frac{1}{3}(-1)^k), \tag{3.2-11b}$$

$$h_{0N}(k) = \frac{3}{8}\gamma_0(k) + \gamma_{-1}(k-1)(1 + \frac{1}{4}\cos\frac{\pi}{3}(2k-3)). \tag{3.2-11c}$$

Bild 3.5 zeigt die Pol-Nullstellendiagramme der Systeme und die Impulsantworten. Auch bei diesen Systemen können wir die Eigenschaften durch einen Vergleich des erhaltenen Frequnzganges mit dem eines idealen integrierenden Systems beurteilen, das durch

$$y(t) = \int_0^t u(\tau)d\tau$$

bzw.

$$H_I(\Omega) = \frac{1}{j\Omega}$$

gekennzeichnet ist. In Bild 3.6 wurde $H_{T,S,N}(\Omega)/H_I(\Omega)$ zur Veranschaulichung der Approximation in einem logarithmischen Maßstab aufgezeichnet. Man erkennt, daß die Simpson-Regel im größten Frequenzbereich eine gute Annäherung

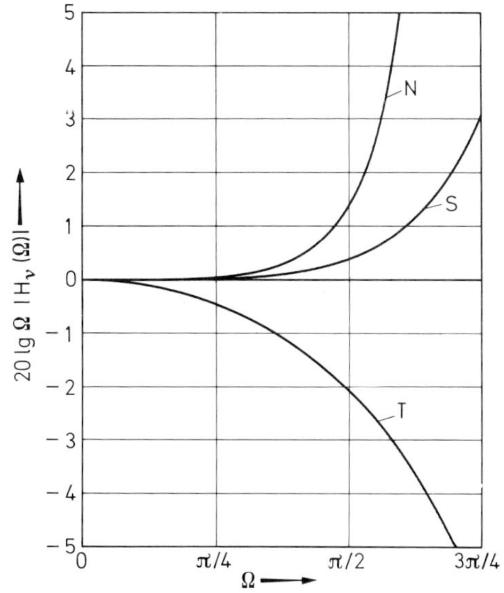

Bild 3.6. Fehler des Frequenzganges von Systemen zur numerischen Integration

an den idealen Verlauf zeigt, wegen der Instabilität bei $\Omega = \pi$ aber für höhere Spektralanteile, ebenso wie die beiden anderen Verfahren, zu großen Fehlern führt.

Mittelwertbildung

Ein System zur Mittelwertbildung läßt sich durch die Differenzengleichung

$$y(k) = \frac{1}{n+1} \sum_{\varkappa=k-n}^{k} u(\varkappa) \tag{3.2-12}$$

beschreiben. Offenbar handelt es sich um ein nichtrekursives System n-ten Grades mit identischen Koeffizienten. Entsprechend der Klassifizierung von Abschnitt 2.6.5.4 muß $m_1 = 0$ sein, während m_2 Null oder Eins sein kann, je nachdem ob n gerade oder ungerade ist. Für den Frequenzgang erhält man, wenn man wieder von der linearen Phase absieht

$$H_{0M}(\Omega) = \frac{1}{n+1} \frac{\sin(n+1)\Omega/2}{\sin \Omega/2} . \tag{3.2-13}$$

Bild 3.7 zeigt $H_{0M}(\Omega)$ für $n = 10$. Andere Systeme zur Mittelwertbildung werden in [3.8] behandelt.

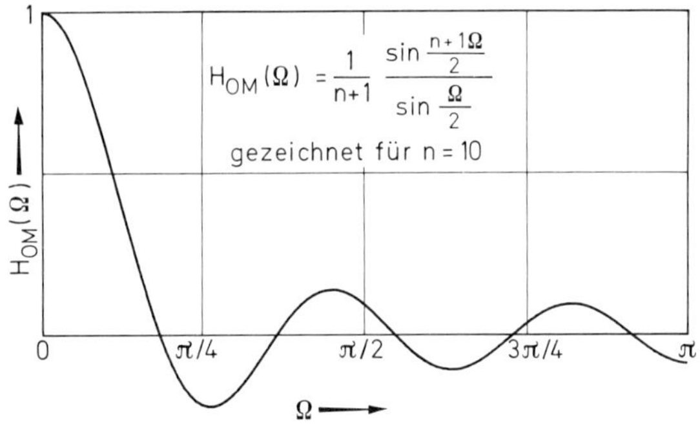

Bild 3.7. Frequenzgang eines Systems 10. Grades zur Mittelwertbildung

Interpolation

Wir gehen aus von einer Folge $\{u(k)\}$, die nur in äquidistanten Punkten $k = \varkappa k_1$ von Null verschiedene Werte annehmen kann. Hier sind $\varkappa$ und k_1 ganzzahlig und dabei $k_1 > 1$. Das gesuchte System zur Interpolation ist so zu bestimmen, daß für eine Ausgangsfolge $\{y(k)\}$, abgesehen von einer Verschiebung, $y(\varkappa k_1) = u(\varkappa k_1)$ ist, während $y(k)$ für $k \neq \varkappa k_1$ "passende" Zwischenwerte entsprechend einer Interpolationsvorschrift annimmt.

Wir beschränken uns im folgenden auf nichtrekursive Interpolationssysteme linearer Phase, bei denen der Grad $n = 2N$ ist. Hier lautet die Bedingung

$$y(\varkappa k_1) = u(\varkappa k_1 - N) . \tag{3.2-14}$$

Aus der Faltungsbeziehung für ein nichtrekursives System

$$y(k) = \sum_{\mu=0}^{n} h_0(\mu)u(k-\mu) \qquad (2.6\text{-}33)$$

ergeben sich damit die folgenden Bedingungen für die Impulsantwort

a) $h_0(N) = 1$,

b) $h_0(\mu)u(k-\mu) = 0, \qquad \forall \mu \neq N$.

Die Bedingung b ist zunächst für $k - \mu \neq \varkappa k_1$ stets erfüllt, da nach Voraussetzung $u(k)$ in diesen Punkten gleich Null ist. Für $k - \mu = \varkappa k_1$ muß gefordert werden, daß

$$h_0(k) = 0, \quad k = N \pm \varkappa k_1, \quad \text{wobei } \varkappa = 1, 2 \ldots \text{ und } \varkappa k_1 \leqslant N$$

ist.

Für eine konkrete Interpolationsvorschrift bestimmt man die übrigen Werte der Impulsantwort am besten dadurch, daß man sie als interpolierende Folge für die Eingangsfolge $\{u(k)\} = \gamma_0$ auffaßt.

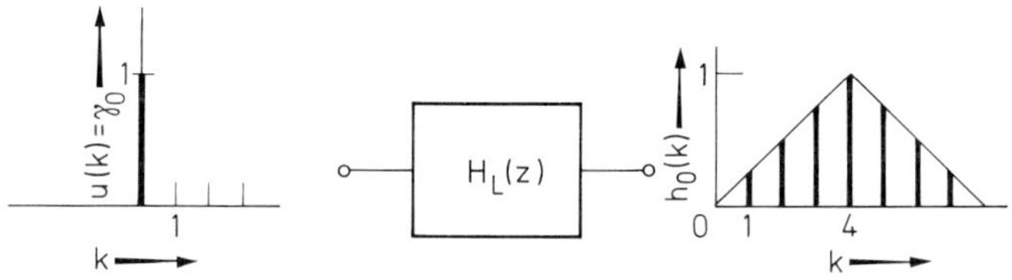

Bild 3.8. Impulsantwort eines Systems zur linearen Interpolation

Als Beispiel betrachten wir eine lineare Interpolation. Man erhält sie mit einer Impulsantwort, die durch geeignete Abtastung einer dreiecksförmigen Funktion entsteht (Bild 3.8). Mit $k_1 = N$ ist

$$h_0(k) = \begin{cases} \frac{k}{N}, & k = 0(1)N, \\ 2 - \frac{k}{N}, & k = N(1)2N, \\ 0, & k \geqslant 2N = n. \end{cases} \qquad (3.2\text{-}15)$$

Man überlegt sich leicht, daß sich diese Folge, abgesehen von einer multiplikativen Konstanten und einer Verschiebung, als Faltung der Rechteckfolge $\gamma_{-1}(k) - \gamma_{-1}(k-N)$ mit sich selbst schreiben läßt. Damit erhält man für die Übertragungsfunktion

$$H_L(z) = \frac{1}{N} \frac{z}{(z-1)^2}(1 - z^{-N})^2 = \frac{1}{N} \frac{(z^N - 1)^2}{z^{2N-1}(z-1)^2} .$$

Das Zählerpolynom ist durch $(z-1)^2$ teilbar, das System also nichtrekursiv. Es ist vom Grade $n = 2N - 1$ mit dem Zählergrad $2N - 2$, da sowohl $h_0(0)$ wie $h_0(2N)$ zu Null festgelegt werden. Die doppelten Nullstellen von $H_L(z)$ liegen bei $\Omega = \mu 2\pi/N$, $\mu = 1(1)(N-1)$.

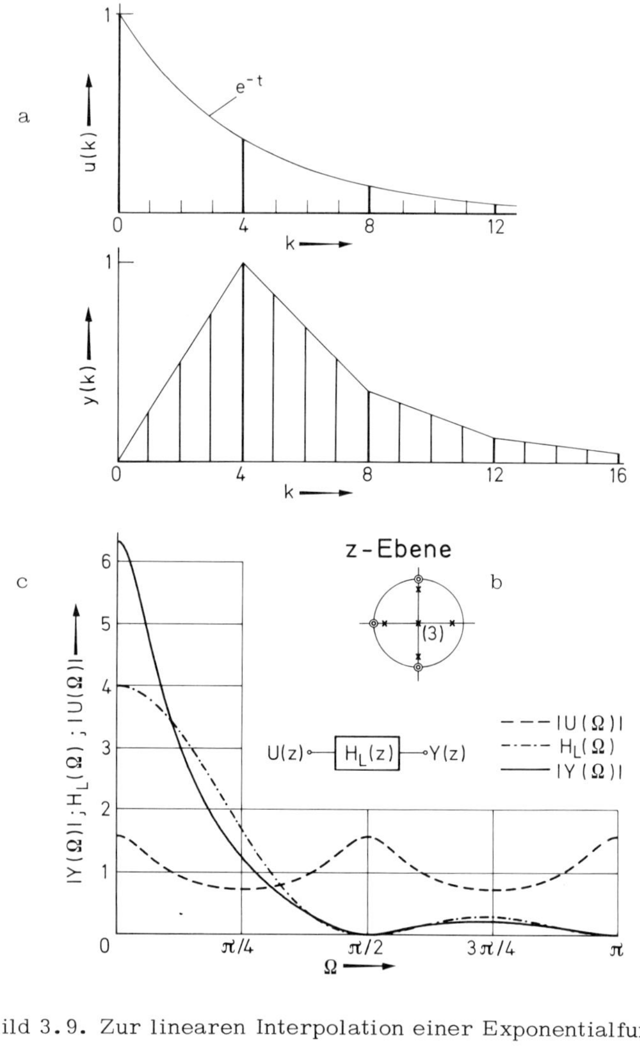

Bild 3.9. Zur linearen Interpolation einer Exponentialfunktion

Bild 3.9 erläutert die Zusammenhänge für $N = 4$ am Beispiel der linearen Interpolation von Abtastwerten einer bei $k = 0$ einsetzenden abklingenden Exponentialfunktion. Es wurde gewählt

$$\{u(k)\} = \{1, 0, 0, 0, e^{-1}, 0, 0, 0, e^{-2}, \ldots\}.$$

Bild 3.9a zeigt $\{u(k)\}$ und die Ausgangsfolge $\{y(k)\}$ des linear interpolierenden Systems. In Bild 3.9b ist die Pol-Nullstellen-Verteilung von $Y(z) = U(z)\,H_L(z)$ in der z-Ebene aufgezeichnet. Ausgehend von $\{u_1(k)\} = \{1, e^{-1}, e^{-2}, \ldots\}$ und $Z\{u_1(k)\} = z_1/(z_1 - e^{-1})$ erhält man dabei $Z\{u(k)\}$, indem man z_1 durch z^4 - im allgemeinen Fall z_1 durch z^{k_1} - ersetzt. Schließlich zeigt Bild 3.9c $|U(\Omega)|$, $|H_L(\Omega)|$ und $|Y(\Omega)|$. Man erkennt die durch die Interpolation erzielte Dämpfung der Spektralanteile in höheren Perioden.

Eine wesentlich "glattere" und insofern bessere Interpolation erhält man, wenn man die $h_0(k)$ aus einer Spline-Funktion, z.B. der Basisfunktion der kubischen Splines entnimmt. Auch können zusätzliche Forderungen im Spektralbereich gestellt werden. Auf eine eingehende Darstellung wird hier verzichtet. Weitere Untersuchungen finden sich in [3.61].

Numerische Hilbert-Transformation

Die Hilbert-Transformierte einer reellen quadratisch integrablen Funktion $u(t)$ ist als

$$y(t) = \frac{1}{\pi} \int_{-\infty}^{+\infty} \frac{u(\tau)}{t-\tau} d\tau$$

definiert, wobei der Cauchysche Hauptwert des Integrals zu nehmen ist. $y(t)$ läßt sich als Ergebnis der Faltung von $u(t)$ mit der Impulsantwort $h_0(t) = 1/(\pi t)$ eines - nicht realisierbaren - Systems auffassen, dessen Übertragungsfunktion $F\{h_0(t)\} = -j \operatorname{sgn} \omega$ ist. Bei dem entsprechenden diskreten System muß dann für eine Periode des Frequenzganges

$$H_H(\Omega) = -j \operatorname{sgn} \Omega, \qquad 0 < |\Omega| < \pi$$

gelten [3.9]. Daraus gewinnt man die zugehörige Impulsantwort mit Hilfe von (2.4-39) als

$$h_{0H}(k) = Z_2^{-1}\{H_{0H}(z)\} = \frac{1}{2\pi j} \oint H_{0H}(z) z^{k-1} dz$$

$$= \frac{1}{2\pi} \left\{ \int_{-\pi}^{0} j e^{jk\theta} d\theta - \int_{0}^{\pi} j e^{jk\theta} d\theta \right\}$$

$$= \frac{1 - e^{j\pi k}}{\pi k}, \qquad k \neq 0,$$

$$h_{0H}(k) = \begin{cases} 0 & , \ k = 0 \\ \dfrac{2}{\pi k} & , \ k \text{ ungerade} \\ 0 & , \ k \text{ gerade} \end{cases}$$

Mit Hilfe eines diskreten Systems vom Grade n ist die näherungsweise Realisierung möglich, wenn eine Verzögerung um n/2 zugelassen werden kann. Es ist in der Klassizifierung von Abschnitt 2.6.5.4 durch $m_1 = 1$ gekennzeichnet, hat also abgesehen von der linearen Phase einen rein imaginären Frequenzgang, der als Sinuspolynom erscheint. Für die Impulsantwort gilt

$$m_2 = 1,\ n = 2N: \quad h_0(N+k) = -h_0(N-k) = \begin{cases} \dfrac{2}{\pi k}, & k = 1(2)N, \\ 0, & k = 0(2)N-1, \end{cases} \qquad (3.2\text{-}16a)$$
N ungerade

$$m_2 = 0,\ n = 2N+1: \quad h_0(N+1+k) = -h_0(N-k) = \frac{2}{\pi k},\ k = 0(1)N. \qquad (3.2\text{-}16b)$$

In Abschnitt 3.3.8 wird in Bild 3.23 der sich aus (3.2-16) für ein System 26. Grades ergebende Frequenzgang im Vergleich zu dem Ergebnis eines anderen Approximationsverfahrens gezeigt [3.10].

3.3. Entwurf nichtrekursiver diskreter Systeme mit linearer Phase bei Vorschriften im Frequenzbereich

3.3.1. Aufgabenstellung

Die Eigenschaften nichtrekursiver Systeme wurden in Abschnitt 2.6.5.3. ausführlich behandelt. Im Abschnitt 2.6.5.4 wurde bewiesen, daß zu den nichtrekursiven Systemen notwendigerweise auch die hier interessierende Klasse der stabilen diskreten Systeme mit linearer Phase gehört. Dort wurde auch ein allgemeiner Ausdruck für die Übertragungsfunktion dieser speziellen Systeme angegeben (2.6-35) und gezeigt, daß man ihre Übertragungsfunktion durch die Zerlegung

$$H(z) = z^{-n/2} H_0(z) \qquad (3.3\text{-}1)$$

so aufspalten kann, daß der Faktor $H_0(z)$ auf dem Einheitskreis - d.h. für $z = e^{j\Omega}$ - rein reell oder rein imaginär wird, während der andere Faktor $z^{-n/2}$ dort eine lineare Phase bzw. die konstante Laufzeit

$$\tau_g(\Omega) = n/2 \qquad (3.3\text{-}2)$$

darstellt, die allein vom Grad n der Übertragungsfunktion abhängt und für die Lösung des Approximationsproblems nicht von Bedeutung ist. Der Frequenzgang der nicht kausalen Funktion $H_0(z)$ kann dann wegen der Symmetrieeigenschaften der endlichen Impulsantwort der linearphasigen nichtrekursiven Systeme durch eine trigonometrische Summe beschrieben werden, wobei je nach Anzahl der Nullstellen der Übertragungsfunktion bei $z = 1$ und $z = -1$ die vier in (2.6-39) bis (2.6-42) dargestellten nicht kausalen Frequenzgänge $H_{0\nu}(\Omega)$ möglich sind.

Der hier zu behandelnden Entwurfsaufgabe im Frequenzbereich liegt nun das Problem zugrunde, mit trigonometrischen Polynomen $H_{0\nu}(\Omega)$ bestimmte gewünschte Frequenzgänge $H_w(\Omega)$ zu approximieren, die weitgehend beliebige reelle gerade oder imaginäre ungerade Funktionen sein können und nur insofern Einschränkungen unterliegen, als sie beschränkt sein müssen und nur endlich viele Sprungstellen haben dürfen. Wichtige Beispiele für Wunschfunktionen $H_w(\Omega)$ sind die bereits in Abschnitt 3.2.2 erwähnten Frequenzgänge von differenzierenden Systemen

$$H_D(\Omega) = j\Omega \tag{3.3-3}$$

und von Systemen zur Hilbert-Transformation

$$H_H(\Omega) = -j\,\mathrm{sgn}\,\Omega, \tag{3.3-4}$$

vor allem aber Frequenzgänge von selektiven Systemen (Tiefpässen, Bandpässen usw.), die in gewissen vorgeschriebenen Teilbereichen des Approximationsintervalls verschwinden und in anderen den Wert 1 annehmen. Z.B. folgt für einen idealen Tiefpaß mit der Grenzfrequenz Ω_m

$$H_{TP}(\Omega) = \begin{cases} 1, & |\Omega| < \Omega_m, \\ 1/2, & |\Omega| = \Omega_m, \\ 0, & |\Omega| > \Omega_m. \end{cases} \tag{3.3-5}$$

Außerdem muß - wie bei allen Approximationsaufgaben - die gewünschte Approximationsgüte vorgegeben sein, sei es durch Angabe eines Toleranzschemas oder des maximal zugelassenen Wertes eines geeignet gewählten Fehlerkriteriums.

Die Eigenschaften der zu approximierenden Wunschfunktion legen fest, welcher der vier möglichen Frequenzgänge $H_{0\nu}(\Omega)$ zu wählen ist. Daß eine reelle Wunschfunktion nur durch einen reellen Frequenzgang und eine imaginäre Wunschfunktion nur durch einen imaginären Frequenzgang approximiert werden kann, leuchtet unmittelbar ein. Für die weitere Auswahl ist das Verhalten der Wunschfunktion an den Rändern des Approximationsintervalls, d.h. bei $\Omega = \pm\pi$ maßgebend. Die möglichen Zuordnungen sind in Tabelle 3.1 zusammengestellt.

Eigenschaften der Wunschfunktion $H_W(\Omega)$		Beispiel	Eigenschaften der approximierenden Funktion					
			m_1	m_2	n	Frequenzgang	Gleichung	τ_g
reell	$H_W(\Omega = \pm\pi) = 0$	Tiefpaß	gerade	gerade	gerade	$H_{01}(\Omega)$	(2.6-39)	ganzzahlig
			gerade	ungerade	ungerade	$H_{02}(\Omega)$	(2.6-40)	nicht ganzz.
reell	$H_W(\Omega = \pm\pi) \neq 0$	Hochpaß	gerade	gerade	gerade	$H_{01}(\Omega)$	(2.6-39)	ganzzahlig
imaginär	$H_W(\Omega = \pm\pi) \neq 0$	Differen-zierendes System	ungerade	gerade	ungerade	$H_{03}(\Omega)$	(2.6-41)	nicht ganzz.
			ungerade	ungerade	gerade	$H_{04}(\Omega)$	(2.6-42)	ganzzahlig
imaginär	$H_W(\Omega = \pm\pi) = 0$	Differen-zierender Bandpaß	ungerade	gerade	ungerade	$H_{03}(\Omega)$	(2.6-41)	nicht ganzz.
			ungerade	ungerade	gerade	$H_{04}(\Omega)$	(2.6-42)	ganzzahlig

Tabelle 3.1. Zur Auswahl einer geeigneten approximierenden Funktion

Beim Systementwurf muß allerdings beachtet werden, daß die Laufzeit $\tau_g = n/2$ bei ungeradem Approximationsgrad n nicht ganzzahlig ist. Das ist aber unzulässig, wenn das in einem digitalen System verarbeitete Signal mit einem anderen um einen ganzzahligen Wert von τ_g verzögerten Signal gemeinsam weiter verarbeitet werden muß. Dieses Problem tritt z.B. bei Einseitenbandsystemen auf, die mit Doppelmodulation arbeiten. In solchen Fällen muß unabhängig vom Verhalten der Wunschfunktion bei $\Omega = \pm\pi$ ein gerader Approximationsgrad $n = 2N$ gewählt werden.

Eine einheitliche Darstellung der Entwurfsaufgabe wird dadurch erreicht, daß sich die vier möglichen trigonometrischen Polynome $H_{0\nu}(\Omega)$ durch einfache Umformungen in die Funktion $H_{01}(\Omega)$ überführen lassen. Im einzelnen gilt, wenn die hochgestellten Indizes jeweils den Grad der zugehörigen Übertragungsfunktion H(z) angeben:

$$H_{02}^{2N+1}(\Omega) = 2\cos\frac{\Omega}{2}\,H_{01}^{2N}(\Omega), \qquad (3.3\text{-}6a)$$

$$H_{03}^{2N+1}(\Omega) = 2j\sin\frac{\Omega}{2}\,H_{01}^{2N}(\Omega), \qquad (3.3\text{-}6b)$$

$$H_{04}^{2N}(\Omega) = 2j\sin\Omega\,H_{01}^{2N-2}(\Omega). \qquad (3.3\text{-}6c)$$

So ist zum Beispiel das Problem, den Frequenzgang eines differenzierenden Systems $H_D(\Omega)$ nach (3.3-3) durch den gemäß Tabelle 3.1 erforderlichen Frequenzgang $H_{03}^{2N+1}(\Omega)$ zu approximieren, entsprechend der Beziehung (3.3-6b) äquivalent zu der Aufgabe, eine Wunschfunktion

$$H_w(\Omega) = \frac{H_D(\Omega)}{2j\sin\Omega/2}$$

durch den Frequenzgang $H_{01}^{2N}(\Omega)$ anzunähern. Dann genügt also eine weitere Behandlung der Frequenzfunktion $H_{01}(\Omega)$, die jetzt zur Vereinfachung $H_0(\Omega)$ genannt werden soll.

Bei der Beschreibung verschiedener Approximationsverfahren wird im folgenden als typische Wunschfunktion der Frequenzgang $H_{TP}(\Omega)$ eines idealen Tiefpaßfilters (3.3-5) verwendet. Die notwendige Genauigkeit der Approximation wird, wie bei selektiven Systemen allgemein üblich, als Toleranzschema vorgegeben.
Bild 3.10 zeigt ein Beispiel. Das Toleranzschema ist einerseits durch die vorgegebenen Grenzen von Durchlaßbereich Ω_D und Sperrbereich Ω_S und andererseits durch die dort zugelassenen Abweichungen vom Wunschverlauf δ_1 bzw. δ_2 be-

stimmt*. Die Approximationsaufgabe besteht darin, ein trigonometrisches Polynom $H_0(\Omega)$ von möglichst niedrigem Grad N so zu finden, daß die approximierende Funktion in den durch Ω_D bzw. Ω_S begrenzten Teilbereichen die Schranken nirgends verletzt.

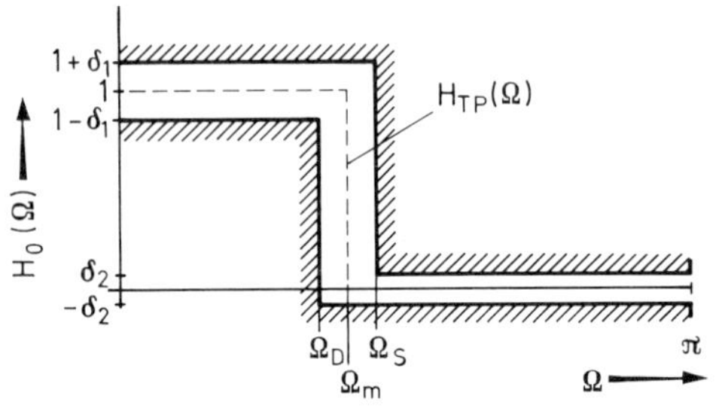

Bild 3.10. Beispiel für ein Tiefpaßtoleranzschema

Beim Vergleich verschiedener Approximationsmethoden ist es jedoch günstiger, die Aufgabe etwas anders zu formulieren: Vorgegeben werden der Approximationsgrad N sowie die Toleranzen δ_1 und δ_2, und es wird ein Frequenzgang $H_0(\Omega)$ gesucht, für den der Übergangsbereich

$$\Delta\Omega = \Omega_S - \Omega_D \tag{3.3-7}$$

bei bekanntem Ω_D möglichst schmal wird. Aus der Tatsache, daß bei verschiedenen Approximationsverfahren die Breite des Übergangsbereiches in erster Näherung umgekehrt porportional zum Approximationsgrad und außerdem weitgehend unabhängig von der Lage der Durchlaßgrenze Ω_D ist, folgt ein etwas einfacheres Maß für die Beurteilung der Güte einer Approximation. Man definiert einen Gütefaktor

$$D(N, \delta_1, \delta_2, \Omega_D) = N \frac{\Delta\Omega}{\pi} , \tag{3.3-8}$$

wobei $\Delta\Omega$ auf die Breite des gesamten Approximationsintervalls bezogen wird. Je kleiner D bei festen Parametern wird, desto besser ist eine Approximation. Umgekehrt läßt sich dieses Gütemaß auch sehr gut für eine Aufwandsabschätzung verwenden. Denn bei vorgegebenem Toleranzschema und bekanntem D errechnet sich der notwendige Approximationsgrad aus (3.3-8) zu

$$N = \frac{\pi D}{\Delta\Omega} . \tag{3.3-9}$$

---

* Die Bezeichnungen wurden hier anders gewählt als in Abschnitt 3.1 (Bild 3.3) und in Abschnitt 3.4, um das Approximationsproblem leichter behandeln zu können. Es gilt:

$$\delta_1 = \frac{\delta_D}{2 - \delta_D} \text{ bzw. } \delta_D = \frac{2\delta_1}{1 + \delta_1} ; \quad \delta_2 = \frac{2\delta_S}{2 - \delta_D} \text{ bzw. } \delta_S = \frac{\delta_2}{1 + \delta_1} .$$

3.3.2. Frequenztransformationen für nichtrekursive Systeme

In Abschnitt 2.6.6 wurden Frequenztransformationen eingeführt, die vor allem beim Entwurf selektiver Systeme von großer Bedeutung sind, weil sie die Verwendung bereits vorhandener Tiefpaß-Approximationen für eine beliebige andere Lage der Durchlaßgrenze sowie die Umwandlung in Hochpässe, Bandpässe usw. gestatten. Leider sind für nichtrekursive Systeme keine Transformationen gleicher Wirksamkeit bekannt. Die in Abschnitt 2.6.6 behandelten Abbildungsfunktionen sind Allpaßfunktionen, die im allgemeinen nichtrekursive Systeme in rekursive Systeme überführen. Die Vorgabe eines Toleranzschemas erfordert also hier, abgesehen von einigen Sonderfällen, jeweils eine neue Lösung der Approximationsaufgabe und macht damit auch eine Katalogisierung praktisch unmöglich.

Einige dieser Sonderfälle seien hier kurz skizziert. Eine erste Gruppe von Frequenztransformationen erhält man durch Spezialisierung der entsprechenden Allpaß-Transformationen auf nichtrekursive Systeme. Sie werden im Text mit I gekennzeichnet.

Tiefpaß-Hochpaß-Transformation I

Aus (2.6-46) erhält man mit $c_0 = 0$

$$z := -\zeta$$

bzw. für die Frequenzvariable

$$\Omega^z := \Omega^\zeta + \pi .$$

Speziell für die Grenzfrequenzen des aus dem Tiefpaß-Toleranzschema nach Bild 3.11a durch diese Transformation gewonnenen Hochpaß-Toleranzschema (Bild 3.11b) gilt, wenn man vom Vorzeichen absieht,

$$\Omega_D^H = \pi - \Omega_D^T, \quad \Omega_S^H = \pi - \Omega_S^T .$$

Die Toleranzen δ_1 und δ_2 im Sperr- und Durchlaßbereich bleiben erhalten. Der Frequenzgang des Hochpasses ergibt sich aus dem des Tiefpasses im Falle $H_{01}(\Omega)$ zu

$$H_0^H(\Omega) = h_0(N) + 2 \sum_{\mu=0}^{N-1} (-1)^{N-\mu} h_0(\mu)\cos(N - \mu)\Omega .$$

Da bei dieser Transformation die den Systemtyp beschreibenden Parameter m_1 und m_2 ihre Bedeutung vertauschen ($m_1^H = m_2^T$, $m_2^H = m_1^T$), wird der Typ des

Frequenzganges geändert, wenn ein System mit dem Frequenzgang $H_{02}(\Omega)$ oder $H_{03}(\Omega)$ transformiert wird (siehe (2.6-35) bzw. Tabelle 3.1).

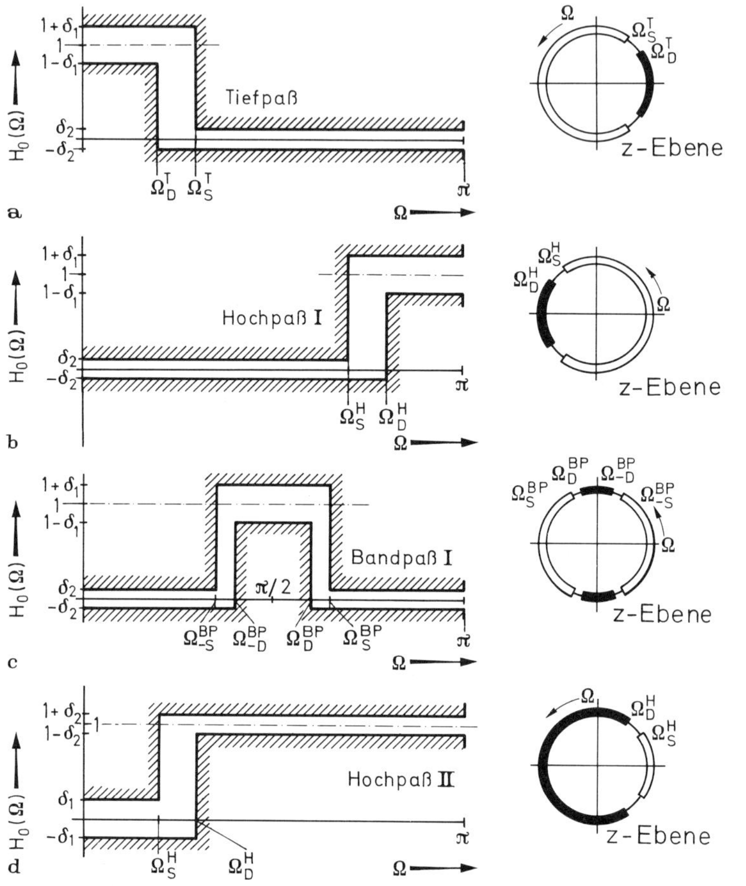

Bild 3.11. Frequenztransformationen für nichtrekursive Systeme

T i e f p a ß - B a n d p a ß - T r a n s f o r m a t i o n I

Aus (2.6-47) folgt mit $c_1 = c_0 = 0$

$$z := -\zeta^2$$

und damit

$$\Omega^z := 2\Omega^\zeta \pm \pi .$$

Für die Grenzfrequenzen des Bandpasses gilt

$$\Omega_{\pm D}^{BP} = \left(\pi \pm \Omega_D^T\right)/2, \quad \Omega_{\pm S}^{BP} = \left(\pi \pm \Omega_S^T\right)/2 .$$

Seine Bandmittenfrequenz liegt genau bei $\Omega = \pi/2$ (Bild 3.11c). Der Frequenzgang wird im Fall $H_{01}(\Omega)$

$$H_0^{BP}(\Omega) = h_0(N) + 2\sum_{\mu=0}^{N-1} (-1)^{N-\mu}\, h_0(\mu)\cos(N-\mu)2\Omega .$$

Auch hier kann sich der Typ des Frequenzganges ändern, da gilt $m_1^{BP} = m_2^{BP} = m_2^T$.

Eine andere Art von Frequenztransformationen erhält man, wenn man einen vorgegebenen Frequenzgang von einer Konstanten subtrahiert. Transformationen dieser Art werden im Text mit II bezeichnet. Sie lassen sich nicht durch Substitutionen der Variablen beschreiben.

Tiefpaß-Hochpaß-Transformation II

Das Toleranzschema in Bild 3.11d wurde aus dem Toleranzschema von Bild 3.11a durch Subtraktion des Tiefpaßfrequenzganges von 1 gewonnen. Es ist

$$H_0^H(\Omega) = 1 - H_0^T(\Omega) .$$

Die neuen Grenzfrequenzen sind

$$\Omega_D^H = \Omega_S^T, \quad \Omega_S^H = \Omega_D^T .$$

Außerdem sind jetzt die Toleranzen im Durchlaß- und Sperrbereich gegenüber dem Tiefpaßsystem vertauscht.

In gleicher Weise folgen noch weitere Transformationen, auf deren Beschreibung verzichtet wird. Wenn man Transformationen vom Typ I und vom Typ II nacheinander auf den gleichen Frequenzgang anwendet, erhält man noch eine Reihe weiterer Umformungen, von denen nur noch eine Tiefpaß-Tiefpaß-Transformation erwähnt werden soll, die man durch Anwendung der Tiefpaß-Hochpaß-Transformation I und anschließende Anwendung der Transformation II erhält.

3.3.3. Einige Beziehungen zwischen Polynomen und trigonometrischen Summen

Bei der theoretischen Behandlung von Approximationsproblemen spielt die enge Verwandtschaft zwischen Polynomen und trigonometrischen Summen eine wichtige Rolle (z.B. [3.11, § 5]). Nachdem verschiedene dieser Beziehungen gelegentlich auch bei der Lösung des Approximationsproblems für nichtrekursive digitale Filter benutzt werden, sollen hier für einige dieser an sich bekannten Zusammenhänge explizite Umrechnungsformeln angegeben werden.

Der Frequenzgang $H_{01}(\Omega)$ nach (2.6-39) (bzw. $H_0(\Omega)$ entsprechend der in Abschnitt 3.3.1 gewählten Bezeichnung) läßt sich als trigonometrische Summe in der Form

$$H_0(\Omega) = \sum_{\mu=0}^{N} a_\mu \cos \mu\Omega \qquad (3.3\text{-}10)$$

schreiben, wenn man in (2.6-39) setzt

$$\mu := N - \mu;\; a_0 = h_0(N);\; a_\mu = 2h_0(N - \mu),\; \mu = 1(1)N\,.$$

Mit der Substitution

$$\alpha = \cos\Omega\,, \qquad (3.3\text{-}11)$$

die das reelle Intervall $[0 \leqslant \Omega \leqslant \pi]$ in das Intervall $[-1 \leqslant \alpha \leqslant +1]$ der Variablen α abbildet, läßt sich die trigonometrische Summe (3.3-10) in ein Polynom gleichen Grades

$$P_N(\alpha) = \sum_{\mu=0}^{N} d_\mu \alpha^\mu \qquad (3.3\text{-}12)$$

überführen. Mit der bekannten Beziehung

$$\cos\mu\Omega = T_\mu(\alpha) = \frac{1}{2} \sum_{\lambda=0}^{[\mu/2]} (-1)^\lambda \frac{\mu}{\mu - \lambda} \binom{\mu - \lambda}{\lambda} (2\alpha)^{\mu - 2\lambda}$$

folgt dann für die Umrechnung der Koeffizienten a_μ von (3.3-10) in die Koeffizienten d_μ von (3.3-12) rekursiv beginnend mit $\mu = N$

$$d_\mu = 2^{\mu - 1} a_\mu - \sum_{\lambda=1}^{[(N-\mu)/2]} 2^{-2\lambda} \binom{\mu + 2\lambda}{\lambda} d_{\mu + 2\lambda}, \quad \mu = 0(1)N.$$

Umgekehrt erhält man bei gegebenem d_μ

$$a_0 = \sum_{\lambda=0}^{[N/2]} 2^{-2\lambda} \binom{2\lambda}{\mu} d_{2\lambda}$$

und

$$a_\mu = 2 \sum_{\lambda=0}^{[(N-\mu)/2]} 2^{-(\mu + 2\lambda)} \binom{\mu + 2\lambda}{\lambda} d_{\mu + 2\lambda}, \quad \mu = 1(1)N\,.$$

Dieser Zusammenhang läßt sich mit Vorteil für die Berechnung der komplexen Nullstellen der Übertragungsfunktion eines nichtrekursiven Systems mit linearer Phase anwenden. Denn die Substitution (3.3-11) läßt sich als Sonderfall einer Abbildung der komplexen z-Ebene in eine komplexe η-Ebene nach der Funktion

$$\eta = \frac{z + z^{-1}}{2} \qquad (3.3\text{-}13)$$

interpretieren, wobei $\Omega = \arg z$ und $\alpha = \mathrm{Re}\{\eta\}$ gilt. Da der Frequenzgang (3.3-10) den Wert der durch (2.6-38) definierten Funktion $H_0(z)$ auf dem Einheitskreis, d.h. für $z = e^{j\Omega}$, beschreibt, lassen sich die $n = 2N$ komplexen Nullstellen $z_{0\mu}$ von $H_0(z)$ aus den N komplexen Nullstellen $\eta_{0\mu}$ des analytisch in die η-Ebene fortgesetzten Polynoms $P_N(\alpha)$ nach der Beziehung

$$z_{02\mu,2\mu+1} = \eta_{0\mu} \pm \sqrt{\eta_{0\mu}^{\,2} - 1}, \qquad \mu = 1(1)N$$

berechnen. Der Vorteil dieser Methode liegt in der Gradhalbierung bei der Nullstellensuche.

An Stelle der Beziehung (3.3-11) kann man auch die Substitution

$$\cos\Omega = 1 - 2\beta \tag{3.3-14}$$

verwenden, die das Intervall $[0 \leqslant \Omega \leqslant \pi]$ in das Intervall $[0 \leqslant \beta \leqslant 1]$ der Variablen β transformiert. Man erhält ein Polynom

$$P_N(\beta) = \sum_{\mu=0}^{N} e_\mu \beta^\mu . \tag{3.3-15}$$

Die analytische Fortsetzung in eine komplexe p-Ebene mit $\beta = \mathrm{Re}\{p\}$ vermittelt den Zusammenhang zwischen den N Nullstellen $p_{0\mu}$ des Polynoms (3.3-15) und den 2N Nullstellen der Übertragungsfunktion des zugehörigen nichtrekursiven Systems. Es gilt dann

$$z_{02\mu,2\mu+1} = 1 - 2p_{0\mu} \pm \sqrt{(1-2p_{0\mu})^2 - 1}, \qquad \mu = 1(1)N .$$

Die Beziehungen zwischen den Polynomkoeffizienten e_μ und den Koeffizienten a_μ der trigonometrischen Summe (3.3-10) werden wiederum durch relativ umfangreiche algebraische Formeln beschrieben, auf deren Angabe hier verzichtet werden soll. Statt dessen sei auf einen anderen Weg zur Berechnung der a_μ bzw. der Impulsantwort $h_0(k)$ bei bekanntem Polynom $P_N(\beta)$ hingewiesen, der vor allem bei großen Approximationsgraden wesentlich schneller zum Ziel führt.

Dazu berechnet man eine Folge von Funktionswerten $P_N(\beta_\mu)$ des Polynoms (3.3-15) an 2N + 1 bestimmten Punkten

$$\beta_\mu = \frac{1 - \cos\mu\frac{2\pi}{2N+1}}{2}, \qquad \mu = 0(1)2N .$$

Wegen der Substitution (3.3-14) entspricht das der Berechnung von $H_0(\Omega)$ an den äquidistanten Punkten $\Omega_\mu = \mu 2\pi/(2N+1)$, so daß gilt $H_0(\Omega_\mu) = P_N(\beta_\mu)$. In Abschnitt 4.2 wird gezeigt, daß die Funktionswerte eines trigonometrischen Polynoms an diesen speziellen Punkten mit seinen Koeffizienten über die diskrete Fourier-Transformation zusammenhängen. Es gilt dann

$$a_\mu = \mathrm{DFT}^{-1}\{P_N(\beta_\mu)\} ,$$

eine Beziehung, die sich insbesondere für große Werte von N mit dem Algorithmus der schnellen Fourier-Transformation wesentlich schneller auswerten läßt als die entsprechenden analytischen Ausdrücke.

Schließlich sei noch erwähnt, daß man die den Beziehungen (3.3-6a-c) entsprechenden Umformungen natürlich auch für die durch die Transformationen (3.3-11) bzw. (3.3-14) daraus abgeleiteten Polynome durchführen kann. Der Frequenzgang $H_{02}^{2N+1}(\Omega)/2$ geht dabei über in ein Polynom

$$\sqrt{(1+\alpha)/2}\, P_N(\alpha) \quad \text{bzw.} \quad \sqrt{1-\beta}\, P_N(\beta),$$

der Frequenzgang $H_{03}^{2N+1}(\Omega)/2j$ in ein Polynom

$$\sqrt{(1-\alpha)/2}\, P_N(\alpha) \quad \text{bzw.} \quad \sqrt{\beta}\, P_N(\beta)$$

und der Frequenzgang $H_{04}^{2N}(\Omega)/2j$ in ein Polynom

$$\sqrt{1-\alpha^2}\, P_{N-2}(\alpha) \quad \text{bzw.} \quad 2\sqrt{\beta-\beta^2}\, P_{N-2}(\beta).$$

3.3.4. Fourier-Approximation

Die approximierende Funktion $H_0(\Omega)$ ist nach (2.6-39) durch eine trigonometrische Summe

$$H_0(\Omega) = h_0(N) + 2\sum_{\mu=0}^{N-1} h_0(\mu)\cos(N-\mu)\Omega \tag{3.3-16}$$

gegeben. Eine naheliegende Lösung des Approximationsproblems folgt dann unmittelbar durch Berechnung der Parameter $\{h_0(k)\}$ in (3.3-16) als Koeffizienten der mit N abgebrochenen Fourier-Entwicklung der periodisch fortgesetzten vorgegebenen Wunschfunktion $H_w(\Omega)$, so daß

$$h_{0F}(\mu) = \frac{1}{\pi}\int_0^{\pi} H_w(\Omega)\cos(N-\mu)\Omega\, d\Omega, \qquad \mu = 0(1)N \tag{3.3-17}$$

ist. Wegen der allgemeinen Voraussetzungen an die zu approximierende Funktion $H_w(\Omega)$ und wegen der Eigenschaften von Fourier-Reihen sei auf die Literatur verwiesen ([3.6], [3.11] bis [3.13]). Solange $H_w(\Omega)$ stetige Ableitungen bis zu relativ hoher Ordnung besitzt, nimmt der mittlere quadratische Approximationsfehler

$$Q_N^2 = \frac{1}{\pi}\int_0^{\pi} |H_{0F}(\Omega) - H_w(\Omega)|^2 d\Omega$$

mit wachsendem N sehr schnell ab. Für diesen Fall, der zum Beispiel bei Problemen des Dämpfungsausgleichs mit diskreten Systemen auftritt, sind die Lösungen nach (3.3-17) auch dann noch kaum verbesserungsfähig, wenn man andere Gütekriterien als Q_N^2 (z.B. Toleranzschranken) zur Beurteilung heranzieht.

Wesentlich anders sind die Verhältnisse beim Entwurf selektiver Filter, bei denen $H_w(\Omega)$ in der Regel wenigstens an einer Stelle einen Sprung aufweist, wie das bei dem in Bild 3.10 gezeigten Wunschverlauf für einen Tiefpaß der Fall ist. Auch diese Funktionen besitzen konvergente Fourier-Entwicklungen (dafür genügt die Bedingung, daß $H_w(\Omega)$ quadratisch integrabel ist), jedoch konvergieren die Fourier-Reihen nicht mehr gleichmäßig, sondern nur noch im Mittel. Die Teilsummen $H_{0F}(\Omega)$ oszillieren dann in der Umgebung dieser Sprungstellen um die Funktion $H_w(\Omega)$ mit Amplituden, die mit zunehmendem Abstand von einer Sprungstelle kleiner werden und deren Werte für große N praktisch unabhängig von N sind (Gibbssches Phänomen). Die Konsequenzen, die sich aus dieser Eigenschaft für die Approximationsgüte ergeben, lassen sich leicht am Beispiel des Tiefpasses mit der Grenzfrequenz Ω_m nach Bild 3.10 zeigen.

Mit Hilfe der Beziehung (3.3-17) erhält man unmittelbar

$$H_{0F}(\Omega) = \frac{\Omega_m}{\pi} + 2\sum_{\mu=0}^{N-1} \frac{\sin(N-\mu)\Omega_m}{(N-\mu)\pi} \cos(N-\mu)\Omega .$$

Dieser Frequenzgang wurde in Bild 3.12a für $n = 2N = 40$ und $\Omega_m = 1{,}621$ zusammen mit dem Pol-Nullstellendiagramm der Übertragungsfunktion $H_{0F}(z)$ aufgezeichnet. Die außerordentlich ungünstigen Selektionseigenschaften dieser Approximation treten noch deutlicher hervor, wenn man die Dämpfung $a = 20\lg|1/H_{0F}(\Omega)|$ über der Frequenz Ω aufträgt (Bild 3.12b). Sie verbessern sich im wesentlichen auch dann nicht, wenn man den Approximationsgrad erhöht. Das erste Dämpfungsminimum im Sperrbereich des Filters behält wegen des Gibbsschen Phänomens praktisch unabhängig von N einen Wert von etwa 21 dB. Die weiteren Dämpfungsminima folgen bei Vergrößerung von N in dichteren Abständen, so daß das letzte Dämpfungsminimum (bei $\Omega = \pi$) größere Werte annimmt. Bei $N = 128$ hat es erst den Wert $a(\Omega = \pi) = 51$ dB.

Eine ausführliche Untersuchung des Verhaltens einer Fourier-Reihe in der Umgebung einer Sprungstelle findet man in [3.14]. Daraus läßt sich ein Näherungsausdruck für das in Abschnitt 3.3.1 eingeführte Gütemaß D gewinnen [3.15]. Es gilt praktisch unabhängig von Ω_m für große Werte von N

$$D \approx \frac{1}{\pi^2}\left[\frac{1}{\delta_1} + \frac{1}{\delta_2}\right]. \qquad (3.3\text{-}18)$$

Dieses Ergebnis bestätigt den Eindruck, den man bereits bei einer Betrachtung des Bildes 3.12 gewinnt. Offenbar ist die Wahl der Fourier-Koeffizienten für die

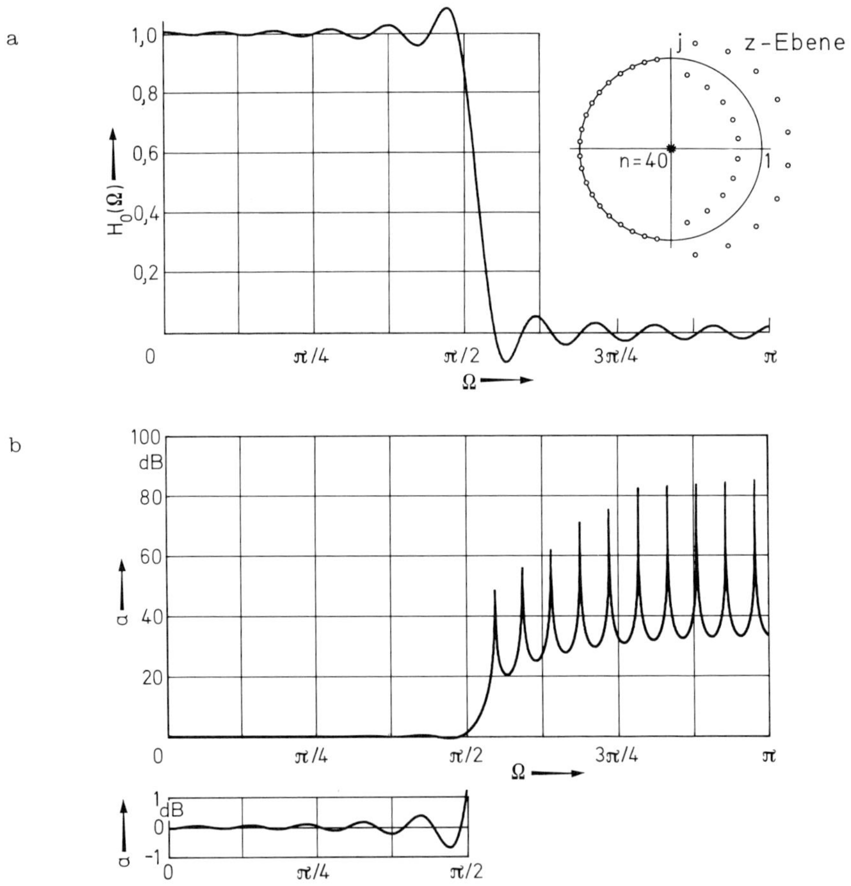

Bild 3.12. a) Frequenzgang und Pol-Nullstellendiagramm für die Fourier-Approximation des idealen Tiefpaßfilters ($n = 40$; $\Omega_m = 1{,}621$); b) Zugehöriger Dämpfungsverlauf

Approximation von Frequenzgängen mit Sprüngen endlicher Höhe unter Vorgabe eines Toleranzschemas völlig ungeeignet. Wählt man beim Beispiel eines Tiefpaßfilters $\delta_1 = 10^{-2}$ und $\delta_2 = 10^{-3}$ und verlangt einen Übergangsbereich der Breite $\Omega_S - \Omega_D = \pi/10$ - das ist keine sehr strenge Forderung -, dann ergibt sich mit (3.3-18) und (3.3-9) für den Approximationsgrad N ein extrem hoher Wert von $N \approx 1115$.

Dabei ist noch nicht berücksichtigt, daß die Approximation im Übergangsbereich der Forderung $H_0(\Omega) < 1 + \delta_1$ nicht genügt. Andererseits erscheint die Verwendung der Fourier-Koeffizienten bei der trigonometrischen Approximation so selbstverständlich, daß sich eine Vielzahl von Veröffentlichungen mit Methoden zur Verbesserung der approximierenden Eigenschaften der Fourier-Reihen im Sinne einer Erfüllung vorgegebener Toleranzschemata beschäftigt.

Wegen der umfangreichen Literatur zu diesem Thema sei auf die Literaturverzeichnisse in [3.4] und [3.16] verwiesen. Hier sollen nur die grundsätzlichen Wirkungsweisen der wichtigsten Verfahren geschildert sowie einige Arbeiten zitiert werden, die in den genannten Literaturzusammenstellungen nicht erwähnt sind.

3.3.5. Modifizierte Fourier-Approximation

Daß man die Konvergenzeigenschaften von Fourier-Reihen durch Summationsmethoden verbessern kann, ist allgemeinen bekannt (z.B. [3.11], [3.12]). Durch Bildung der arithmetischen Mittelwerte der Teilsummen einer Fourier-Reihe (Cesàro-Summierung) vermeidet man beispielsweise nach dem Theorem von Fejér auch bei Funktionen mit Sprungstellen das Gibbssche Phänomen. Allerdings liefert diese Methode im allgemeinen keine Verbesserung im Sinne einer Verkleinerung des in Abschnitt 3.3.1 eingeführten Gütemaßes D.

Andererseits kann man die Cesàro-Summierung als Spezialfall einer Klasse von modifizierten Fourier-Approximationen auffassen, die sehr wohl wesentliche Verbesserungen des D-Wertes gegenüber der reinen Fourier-Approximation ermöglichen. Diese Modifikation erreicht man durch eine Bewertung der Koeffizienten der Fourier-Reihenentwicklung bzw. der Werte der Impulsantwort $\{h_{0F}(k)\}$ des zugehörigen Systems mit einer Folge $\{f(k)\}$ von Gewichtsfaktoren, so daß mit

$$h_{0M}(\mu) = f(\mu) h_{0F}(\mu), \qquad \mu = 0(1)N \tag{3.3-19}$$

eine modifizierte Fourier-Approximation entsteht. Dabei gilt zusätzlich die Symmetriebedingung $f(N - \mu) = f(N + \mu)$.

Wegen ihrer Ausblendeigenschaft wird die Folge $\{f(k)\}$ Fensterfunktion genannt. Der Frequenzgang des modifizierten Systems ergibt sich damit als

$$H_{0M}(\Omega) = H_{0F}(\Omega) * F_0(\Omega).$$

Hier ist $F_0(\Omega) = e^{jN\Omega}F(z = e^{j\Omega})$ mit $F(z) = Z\{f(k)\}$.

Die Werte $f(k)$ bzw. der zugehörige Frequenzgang $F(\Omega)$ sind geeignet zu wählen. Im Falle der Cesàro-Summierung ist

$$f_c(\mu) = 1 - \frac{N - \mu}{N}, \qquad \mu = 0(1)N.$$

Über Vorschläge für günstige Fensterfunktionen gibt es zahlreiche Veröffentlichungen (Literaturverzeichnisse in [3.4] und [3.16]). Darüber hinaus sei nur noch auf die Arbeiten [3.17] und [3.18] hingewiesen, in denen die Eigenschaften verschiedener Fensterfunktionen verglichen werden, ohne daß auf die Eigenschaften der mit diesen Funktionen erzielten Verbesserungen der Fourier-Approximationen unstetiger Frequenzgänge eingegangen wird, sowie auf die neuere Arbeit [3.19], in der die Verwendung von Dolph-Tschebyscheff-Funktionen vorgeschlagen wird. Als einziges Beispiel soll die Gewichtsfunktion nach Kaiser [3.4] etwas eingehender behandelt werden, weil sie wegen ihrer Flexibilität einen sehr günstigen Kompromiß zwischen Rechenaufwand und erzielbarer Verbesserung des Frequenzverhaltens darstellt und bezüglich des D-Wertes mit anderen Approximationsverfahren gut zu vergleichen ist.

Die Gewichtsfunktion $\{f_K(k)\}$ nach Kaiser wird beschrieben durch den Ausdruck

$$f_K(\mu) = I_0\left[\alpha\sqrt{1 - (N - \mu)^2/N^2}\right]/I_0(\alpha), \qquad \mu = 0(1)N.$$

I_0 ist die modifizierte Bessel-Funktion erster Art der Ordnung Null und α eine Konstante, mit der man die Höhe des Überschwingens der nach (3.3-19) erzeugten Frequenzgangapproximationen in der Umgebung einer Sprungstelle der zu approximierenden Frequenzfunktion beeinflussen kann.

Für die Approximation eines Tiefpaßfilters erhält man mit den früher verwendeten Bezeichnungen den in Tabelle 3.2 zusammengestellten Zusammenhang zwischen dem maximalen Überschwingen δ (bzw. der minimalen Sperrdämpfung a), dem Entwurfsparameter α und dem Gütewert D. Die Tabelle enthält die nach einer persönlichen Mitteilung von Kaiser gegenüber der Originalfassung [3.4] berichtigten Werte für α und D.

$\delta_1 = \delta_2 = \delta$	a/dB	α	D
$\sqrt{10} \cdot 10^{-2}$	30	2,120	1,535
10^{-2}	40	3,384	2,227
$\sqrt{10} \cdot 10^{-3}$	50	4,538	2,925
10^{-3}	60	5,658	3,621
$\sqrt{10} \cdot 10^{-4}$	70	6,764	4,317
10^{-4}	80	7,865	5,010
$\sqrt{10} \cdot 10^{-5}$	90	8.960	5,710
10^{-5}	100	10,056	6,410

Tabelle 3.2. Eigenschaften der Fensterfunktionen nach Kaiser

In Bild 3.13 sind wieder Frequenzgang, Pol-Nullstellendiagramm und Dämpfung des Tiefpasses aufgezeichnet, der aus der entsprechenden Fourier-Approximation (Bild 3.12) unter Verwendung der Gewichtsfunktionen nach Kaiser mit $\alpha = 5{,}658$ gewonnen wurde. Während es bei der Fourier-Approximation selbst für $N = 128$ keine Grenzfrequenz gibt, von der ab eine Sperrdämpfung von 60 dB nicht mehr unterschritten wird, ist dieser Wert nach der Modifizierung bereits bei $N = 20$ in einem breiten Teilbereich zu erzielen. Für das bei der Fourier-Approximation benutzte Beispiel eines Tiefpaßfilters mit $\delta_1 = 10^{-2}$ und $\delta_2 = 10^{-3}$ und einem Übergangsbereich der Breite $\Omega_S - \Omega_D = \pi/10$ erhält man hier mit $\delta_1 = \delta_2 = 10^{-3}$ und dem D-Wert aus Tabelle 3.2 nach (3.3-9) $N \approx 37$ gegenüber $N \approx 1115$ bei der reinen Fourier-Approximation.

Die zum Entwurf benötigte Besselfunktion $I_0(\alpha)$ berechnet man entweder aus der Reihe

$$I_0(\alpha) = 1 + \sum_{\mu=1}^{\infty} [(\alpha/2)^{\mu}/\mu!]^2$$

oder aus den in [3.20, Seite 378] angegebenen Polynomapproximationen.

Zu einer anderen Modifizierung gelangt man durch die Überlegung, daß die vorgelegten Toleranzschemata im Übergangsbereich zwischen Ω_D und Ω_S genügend Spielraum für die Wahl einer bis zu höheren Ableitungen stetigen Wunschfunktion $H_w(\Omega)$ lassen. Die Fourier-Approximation führt dann zu einem wesentlich verringerten Überschwingen in der Umgebung des Übergangsbereiches. Vorschläge für monotone Übergänge in der Umgebung von Sprungstellen reichen von Polynomen (z.B. [3.21]) über trigonometrische Funktionen (z.B. [3.22]) bis zum Gaußschen Fehlerintegral [3.23]. Während die Formulierung und Lösung der

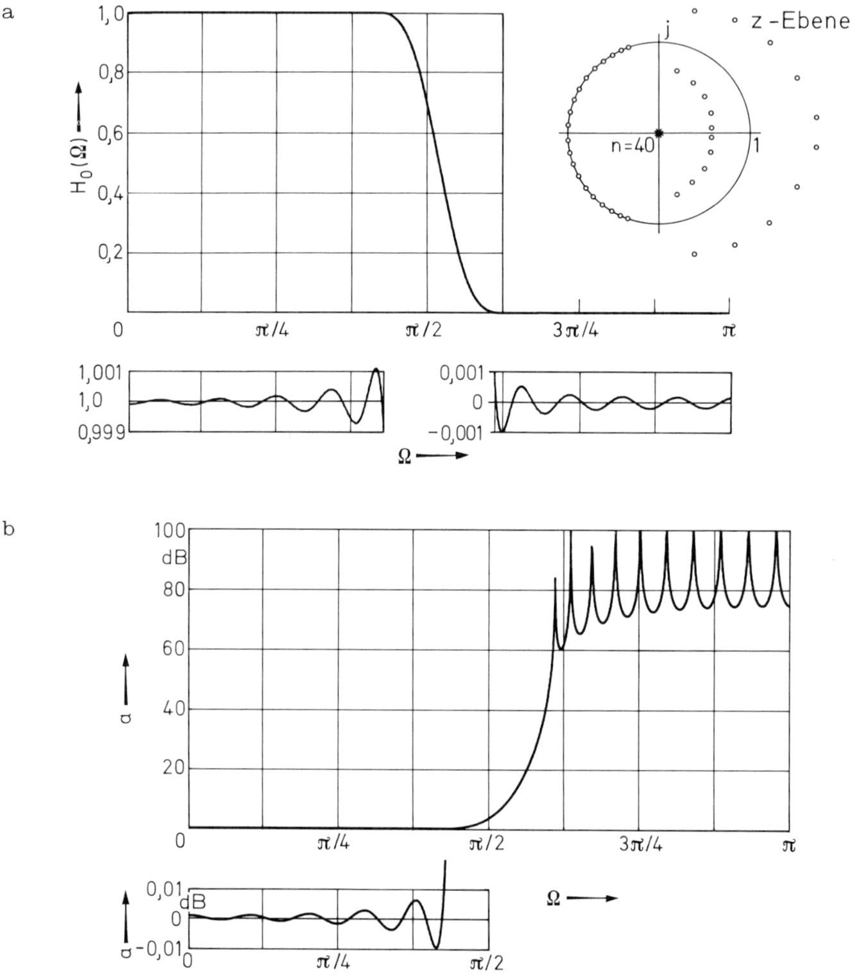

Bild 3.13. a) Frequenzgang und Pol-Nullstellendiagramm für die modifizierte Fourier-Approximation des idealen Tiefpaßfilters (Gewichtsfunktion nach Kaiser; n = 40; Ω_m = 1,621; α = 5,658); b) Zugehöriger Dämpfungsverlauf

Approximation bei diesem Verfahren oft einfacher ist als bei der Verwendung von Fensterfunktionen, sind die erzielten Ergebnisse bezüglich des Gütewertes D wegen der geringen Flexibilität der Entwurfsparameter meist wesentlich ungünstiger.

3.3.6. Frequenzabtastverfahren

In Abschnitt 2.7.3 wurde als Spezialfall der Lagrange-Struktur eine Anordnung genannt, mit der man in äquidistanten Punkten $\Omega_\nu = 2\pi\nu/(n+1)$ vorgeschriebene Werte des Frequenzganges erreichen kann. Dem entspricht ein als Frequenzabtastverfahren bezeichneter Algorithmus, der von Gold und Jordan [3.24] eingeführt und von Rabiner u.a. [3.25] in erweiterter und verbesserter Form ausführlich beschrieben und auf eine Vielzahl von Beispielen angewendet wurde. Das Verfahren wird wieder für einen Tiefpaß erläutert (Bild 3.14). Man schreibt die Werte

$$H_{0D}(\Omega_\nu) = \begin{cases} 1, & |\Omega_\nu| < \Omega_m, \\ 0, & \Omega_m < |\Omega_\nu| \leq \pi \end{cases}$$

vor, und errechnet dann z.B. mit Hilfe der zu spezialisierenden Beziehung (2.7-16) $H(z)$. Einfacher gewinnt man die Werte $\{h_0(k)\}$ der zugehörigen Impulsantwort mit Hilfe der in Abschnitt 3.3.3 bereits erwähnten diskreten Fourier-Transformation.

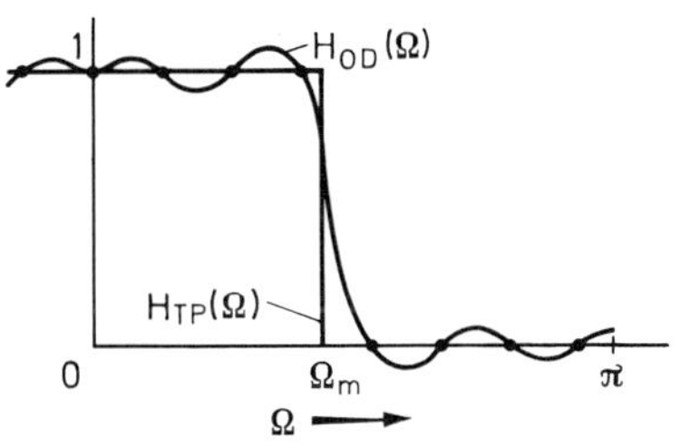

Bild 3.14. Zur Erläuterung des Frequenzabtastverfahrens

Ähnlich wie bei der reinen Fourier-Approximation wird die Brauchbarkeit der Methode durch die Oszillationen des Frequenzganges $H_{0D}(\Omega)$ in der Umgebung der Sprungstelle von $H_{TP}(\Omega)$ erheblich eingeschränkt, wenn man sie in dieser elementaren Form anwendet. Auch hier gibt es jedoch eine Modifikation, die den Anwendungsbereich erheblich erweitert. Man legt dazu im Falle der Tiefpaßapproximation bis zu drei der gewünschten Sprungstelle am nächsten liegende Frequenzabtastwerte nicht auf die Werte 1 oder Null fest, sondern rechnet für sie mit einem Optimierungsalgorithmus Zwischenwerte so aus, daß das maximale Überschwingen von $H_{0D}(\Omega)$ minimisiert wird. Obwohl sich damit der Übergangsbereich verbreitert, wird der für die Beurteilung wichtige D-Wert wesentlich kleiner, weil sich in der Regel die Verkleinerung des Überschwingens stärker auswirkt als die Verbreiterung des Übergangsbereiches. Eine größere Anzahl von Beispielen findet man in [3.25]. Anwendung findet das Verfahren in der Hauptsache bei der Approximation schmaler Bandpässe. Dann ergeben sich bei der Realisierung erhebliche Vorteile, weil eine große Anzahl von Frequenzabtastwerten Null wird.

3.3.7. Approximation auf Potenzverhalten

Während die bisher betrachteten Methoden zur Lösung des Approximationsproblems auf der Anwendung von Verfahren beruhen, die sich vor allem in der praktischen Mathematik bei Aufgaben der trigonometrischen Approximation bewährt haben, sollen nunmehr Lösungswege behandelt werden, die sich in der Formulierung eng an die in der klassischen Netzwerksynthese für die Lösung des Approximationsproblems im Frequenzbereich benutzten Methoden anlehnen. Als Beispiel für die Wirkungsweise der zu schildernden Algorithmen wird wiederum die Approximation des idealen Tiefpaßfilters mit dem Frequenzgang $H_{TP}(\Omega)$ (3.3-5) herangezogen.

In diesem Abschnitt soll zunächst der Fall der Approximation auf Potenzverhalten untersucht werden mit einem "maximal flachen" Verlauf des Frequenzganges bei $\Omega = 0$ und bei $\Omega = \pm\pi$. Bei kontinuierlichen Systemen mit rationalem Frequenzgang führt die entsprechende Aufgabenstellung auf das Potenzfilter, das zwar bezüglich der guten Ausnutzung eines Toleranzschemas nicht optimal ist, sich aber durch eine einfache und in geschlossener Form angebbare Übertragungsfunktion auszeichnet. Durch eine Transformation der Variablen ist es möglich, diskrete rekursive Systeme mit entsprechenden Eigenschaften zu gewinnen (Abschn. 3.4.2). Bei nichtrekursiven Systemen mit linearer Phase liegen jedoch andere Verhältnisse vor. Insbesondere gibt es nach den Ausführungen von Abschnitt 3.3.2 keine Möglichkeit, durch eine Frequenztransformation die Lage des Übergangsbereiches zwischen Durchlaß- und Sperrgrenze zu verschieben, ohne das charakteristische Verhalten bei $\Omega = 0$ und $\Omega = \pm\pi$ zu ändern. Hier führen vielmehr Vorschriften für den Frequenzgang bei $\Omega = 0$ und $\Omega = \pm\pi$ zur eindeutigen Festlegung des gesamten Verlaufs und damit auch von Durchlaß- und Sperrgrenze, wenn alle Parameter des Systems entsprechend ausgenützt werden.

Verschiedene Filter gleichen Grades kann man nur in folgender Weise erhalten: Zur Bestimmung der $N + 1$ freien Parameter des Frequenzganges $H_0(\Omega)$ macht man n_s Vorschriften bei $\Omega = \pi$ und $N + 1 - n_s$ Vorschriften bei $\Omega = 0$. Dabei ist n_s ein ganzzahliger Parameter mit $1 \leq n_s \leq N$. Dann sind genau N verschiedene Filter gleichen Grades möglich, die sich durch die Zahl der Ableitungen des Frequenzganges $H_0(\Omega)$, die bei $\Omega = 0$ bzw. $\Omega = \pi$ verschwinden, und als Konsequenz durch die Lage des Übergangsbereiches unterscheiden. Die Forderung, daß $H_0(\Omega)$ den Frequenzgang $H_{TP}(\Omega)$ eines idealen Tiefpaßfilters in den Punkten $\Omega = 0$ und $\Omega = \pm\pi$ maximal flach approximieren soll, ergibt dann die Bedingungen

$$H_0(\Omega)\Big|_{\Omega = 0} = 1 \,, \tag{3.3-20a}$$

$$\left.\frac{d^\lambda}{d\Omega^\lambda} H_0(\Omega)\right|_{\Omega = 0} = 0\,, \qquad \lambda = 2(2)2(N - n_s)\,, \tag{3.3-20b}$$

$$\left.\frac{d^\mu}{d\Omega^\mu} H_0(\Omega)\right|_{\Omega = \pi} = 0\,, \qquad \mu = 0(2)2(n_s - 1)\,. \tag{3.3-20c}$$

Zusätzlich verschwinden die Ableitungen ungerader Ordnung von vornherein. Man erhält aus den Bedingungen (3.3-20) ein System von N + 1 linearen Gleichungen für die Berechnung der Parameter $h_0(k)$ des Frequenzganges $H_0(\Omega)$ und damit die Lösung der Approximationsaufgabe.

Es gibt jedoch noch verschiedene andere Lösungswege, bei denen sich Ausdrücke für die Impulsantwort $h_0(k)$ in geschlossener Form ergeben, was vor allem bei den oft benötigten hohen Approximationsgraden wesentliche Vorteile bringt. Besonders einfach erhält man die Parameter nach einem Vorschlag von Meinardus auf folgende Weise: Wendet man die Variablensubstitution (3.3-14) auf den Frequenzgang (3.3-16) an, so erhält man ein Polynom

$$P_{N,n_s}(\beta) = \sum_{\mu=0}^{N} e_\mu \beta^\mu\,,$$

von dem im transformierten Approximationsintervall [0,1] folgende Eigenschaften verlangt werden, die den Bedingungen (3.3-20) entsprechen:

a) $P_{N,n_s}(\beta)$ hat an der Stelle $\beta = 1$ eine Nullstelle der Ordnung n_s;

b) $P_{N,n_s}(\beta) - 1$ hat an der Stelle $\beta = 0$ eine Nullstelle der Ordnung $N - n_s + 1$.

Dieses Problem ist offenbar ein Sonderfall der Hermiteschen Interpolationsaufgabe [3.26], wobei nur zwei Interpolationspunkte, dafür aber außer den Funktionswerten noch mehrere Ableitungen in diesen Punkten festgelegt sind. Man kann diese Aufgabe durch Auflösen des dem System (3.3-20) entsprechenden linearen Gleichungssystems oder mit dem Newtonschen Interpolationsschema numerisch behandeln. Eine geschlossene Lösung findet man jedoch mit dem Ansatz

$$P_{N,n_s}(\beta) = (1 - \beta)^{n_s} R_{N - n_s}(\beta)\,,$$

der unmittelbar aus der oben unter a genannten Bedingung folgt. Man kann zeigen, daß sich die Lösung

$$P_{N,n_s}(\beta) = (1-\beta)^{n_s} \frac{1}{(n_s-1)!} \frac{d^{n_s-1}}{d\beta^{n_s-1}} \sum_{\mu=0}^{N-1} \beta^{\mu}$$

ergibt [3.27]. Durch eine Umformung folgt daraus noch eine explizite Darstellung für die Koeffizienten des Restpolynoms R_{N-n_s}, mit der man schließlich

$$P_{N,n_s}(\beta) = (1-\beta)^{n_s} \sum_{\mu=0}^{N-n_s} \binom{n_s - 1 + \mu}{\mu} \beta^{\mu} \tag{3.3-21}$$

erhält. Diese Darstellung der Lösung ist für die praktische Anwendung der behandelten Approximationsaufgabe besonders zweckmäßig. Andere explizite Darstellungen, z.B. durch spezielle Bernstein-Polynome, sind von mehr theoretischem Interesse und sollen hier nicht weiter behandelt werden. Eine Lösung der gleichen Aufgabe durch Rechnung im s-Bereich und anschließende Transformation wird in [3.28] beschrieben.

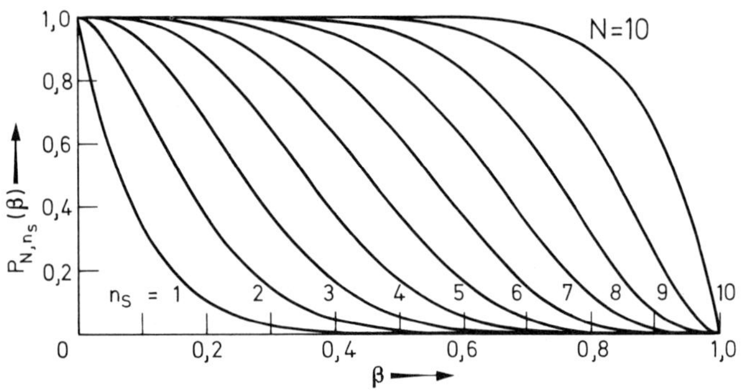

Bild 3.15. Polynomapproximation des idealen Tiefpaßfilters mit Potenzverhalten bei $\beta = 0$ und $\beta = 1$ ($N = 10$; n_s ist Parameter)

Ein einfaches Beispiel ist in Bild 3.15 dargestellt. Für den Approximationsgrad $N = 10$ sind dort alle möglichen Approximationen für $n_s = 1, 2, \ldots, 10$ aufgezeichnet. Bei vorgegebener Durchlaßgrenze $\beta_m = (1 - \cos \Omega_m)/2$ des idealen Tiefpaßfilters hat man offenbar n_s so zu wählen, daß die approximierende Funktion in der Umgebung von β_m ihren steilsten Anstieg hat. Bei einer Vielzahl von Beispielen hat es sich als sinnvoll erwiesen, den Parameter n_s nach

$$n_s = N - [N\beta_m + 0,5]$$

zu bestimmen. Unter Anwendung dieser Formel ist im Bild 3.16 gezeigt, wie sich die Approximation bei fester Grenze β_m mit wachsendem Approximationsgrad verbessert. Parameter sind N und n_s.

Das beschriebene Approximationsverfahren läßt sich selbstverständlich auch bei anderen Aufgaben anwenden. In [3.27] wurde gezeigt, wie ein Bandpaß entworfen werden kann, der bei $\Omega = 0$, $\Omega = \pi$ und in der Bandmitte im vorgeschriebenen Maße flach ist. Weiterhin kann man die Lösungen dadurch modifizieren, daß man

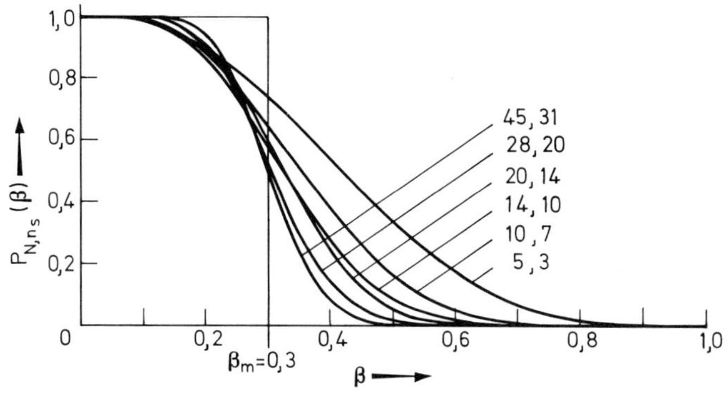

Bild 3.16. Polynomapproximation des idealen Tiefpaßfilters mit Potenzverhalten bei $\beta = 0$ und $\beta = 1$ (Auswahl des günstigsten Wertes von n_s bei festem $\beta_m = 0{,}3$ und verschiedenem Approximationsgrad N)

nicht die Randpunkte des Intervalls als Interpolationsstellen verwendet, sondern das Polynom $P_N(\beta)$ an anderen Stellen außerhalb oder innerhalb des Intervalls [0, 1] entwickelt. Damit läßt sich zwar der Übergangsbereich beliebig verschieben, es gehen aber auch die einfache Darstellbarkeit der Lösung (3.3-21) und Vorteile bei der Realisierung verloren.

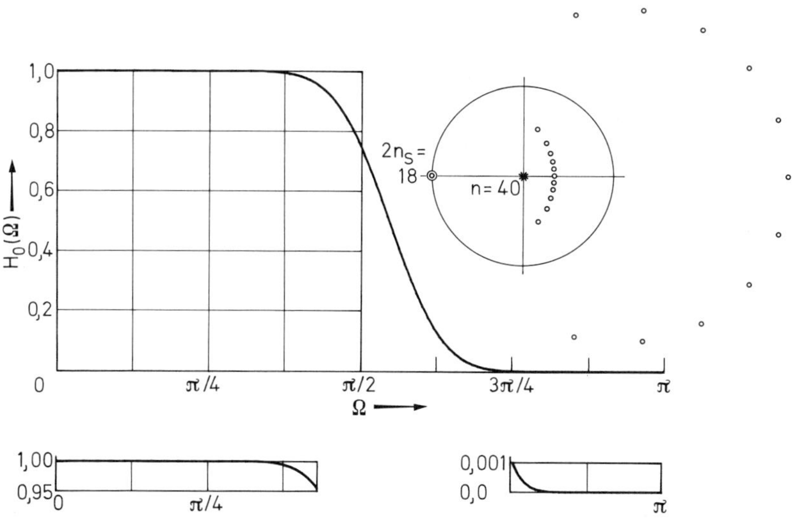

Bild 3.17. Frequenzgang und Pol-Nullstellendiagramm für die Approximation des idealen Tiefpaßfilters mit Potenzverhalten bei $\Omega = 0$ und $\Omega = \pi$ ($n = 40$; $n_s = 9$)

Die Möglichkeiten zur Rücktransformation der Lösungen in den Ω-Bereich bzw. in die z-Ebene sind bereits ausführlich im Abschnitt 3.3.3 behandelt worden. Auch hier möge wieder ein Beispiel die Eigenschaften der endgültigen Lösungen veranschaulichen: Bild 3.17 zeigt den Frequenzgang und das Pol-Nullstellendiagramm eines nichtrekursiven Tiefpasses mit Potenzverhalten bei $\Omega = 0$ und $\Omega = \pm\pi$. Die Lage der Nullstellen ist charakteristisch für Approximationen dieses Typs. Wir werden später noch Approximationen mit anderen typischen Nullstellenlagen kennenlernen. Ebenso bemerkenswert ist die extrem schnell abklingende Impulsantwort. Im Beispiel beträgt das Verhältnis vom größten zum kleinsten Wert der $\{h_0(k)\}$ etwa 10^7.

Für den Filterentwurf bei vorgegebenem Toleranzschema eignet sich das beschriebene Lösungsverfahren allerdings nicht besonders gut. Man kann zwar durch richtige Wahl des Parameters n_s erreichen, daß der Übergangsbereich in etwa dem des Toleranzschemas entspricht, hat dann jedoch keinen Einfluß mehr auf den genauen Wert des Fehlers an bestimmten Stellen im Approximationsintervall. Auch für die Abschätzung des benötigten Approximationsgrades fehlen bisher geeignete Formeln. Der Gütewert D liefert keine allgemeingültigen Aussagen, weil er hier - im Gegensatz zu vielen anderen Lösungen - mit dem Approximationsgrad ansteigt und auch bei konstantem Approximationsgrad wesentlich vom Parameter n_s anhängt. Um wenigstens einen Begriff von der Größenordnung des zu erwartenden Gütewertes zu geben, ist in Bild 3.18 der experimentell ermittelte Wert D für ganz bestimmte Toleranzen $\delta_1 = 0{,}05$ und $\delta_2 = 0{,}001$ sowie $n_s = [N/2]$ über dem Approximationsgrad N aufgetragen.

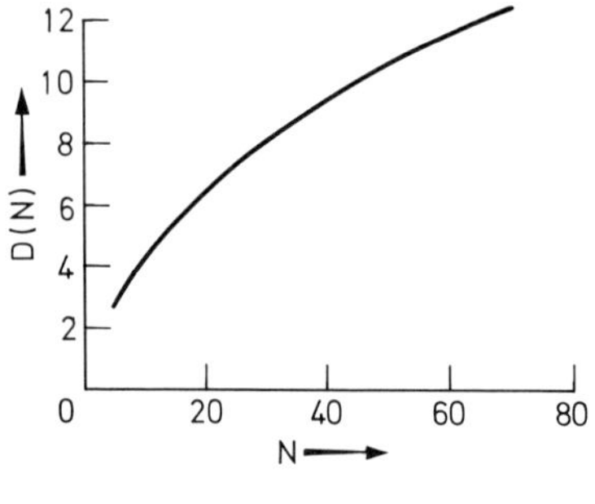

Bild 3.18. Gütewert D bei der Approximation auf Potenzverhalten ($\delta_1 = 0{,}05$; $\delta_2 = 0{,}001$; $n_s = [N/2]$)

3.3.8. Tschebyscheff-Approximation

Bei den bisher behandelten Lösungsmethoden für die in Abschnitt 3.3.1 formulierte Approximationsaufgabe wurden die von einem vorgegebenen Toleranzschema her festgelegten Begrenzungen von $H_0(\Omega)$ nur zur Berechnung des Gütewertes D verwendet, während die eigentliche Approximation nach anderen Kriterien erfolgte. Im folgenden sollen nun Verfahren beschrieben werden, die unmittelbar zu einer Minimisierung von D führen. Sie basieren auf Anwendungen der Theorie der Tschebyscheff-Approximation auf einem kompakten Intervall mit Polynomen bzw. trigonometrischen Summen ([3.11], [3.29], [3.30]). Eine Spezialisierung für den Sonderfall, daß als approximierende Funktion der Frequenzgang $H_0(\Omega)$ verwendet wird, findet man in [3.31]. Danach gilt

a) Für eine beliebige abgeschlossene Punktmenge $B \in [0,\pi]$ gibt es eine eindeutige Lösung der Aufgabe, die Parameter $\{h_0(k)\}$ von $H_0(\Omega)$ so zu bestimmen, daß der maximale Approximationsfehler

$$\rho_T = \max_{\Omega \in B} \{G(\Omega)\,|H_w(\Omega) - H_0(\Omega)|\} \qquad (3.3\text{-}22)$$

bei festem Approximationsgrad N minimal wird. (Die Wunschfunktion $H_w(\Omega)$ muß auf B stetig sein, und $G(\Omega)$ ist eine beliebige, auf B positive und stetige Gewichtsfunktion.)

b) Wenn ein bestimmtes $\tilde{H}_0(\Omega)$ Lösung der vorstehend formulierten Approximationsaufgabe ist, dann bildet die Fehlerfunktion

$$\Delta\tilde{H}(\Omega) = G(\Omega)[H_w(\Omega) - \tilde{H}_0(\Omega)] \qquad (3.3\text{-}23)$$

auf B eine Alternante mindestens der Länge N + 2.

Den Zusammenhang zwischen dem in der ersten dieser Aussagen formulierten Approximationsproblem und der Approximation eines vorgegebenen Toleranzschemas kann man sich leicht am Beispiel des Tiefpaß-Toleranzschemas von Bild 3.10 klarmachen. Wenn man dort

$$D - [0,\Omega_D] \cup [\Omega_S,\pi]$$

setzt und die durch die Toleranzen δ_1 und δ_2 ausgedrückten Forderungen nach einem Vorschlag in [3.31] mit

$$K = \delta_1/\delta_2$$

durch eine Gewichtsfunktion

$$G(\Omega) = \begin{cases} 1/K, & \Omega \in [0,\Omega_D], \\ 1\;, & \Omega \in [\Omega_S,\pi] \end{cases}$$

berücksichtigt, sieht man sofort, daß mit einer Minimisierung von ρ_T auch gleichzeitig δ_1 und δ_2 minimal werden.

Während die erste Aussage die Existenz und Eindeutigkeit für die Lösung des Approximationsproblems sicherstellt, liefert die zweite Aussage den entscheidenden Beitrag für die praktische Berechnung der Lösungen. Denn in den meisten Fällen findet man keine allgemeingültige analytische Lösungsformel, sondern ist in jedem Einzelfall auf eine numerische Lösung angewiesen. Wegen der Gültigkeit des Alternantensatzes erhält man die folgende Charakterisierung der Lösungen:

Es gibt mindestens N + 2 Punkte Ω_μ mit $\Omega_\mu \in B$ und

$$\Omega_1 < \Omega_2 < \ldots < \Omega_\mu < \ldots < \Omega_{N+2},$$

für die gilt

$$|\Delta\tilde{H}(\Omega_\mu)| = \rho_T, \qquad \mu = 1(1)(N+2) \tag{3.3-24a}$$

und

$$\Delta\tilde{H}(\Omega_\nu) + \Delta\tilde{H}(\Omega_{\nu+1}) = 0, \qquad \nu = 1(1)(N+1). \tag{3.3-24b}$$

Um die Minimisierungsaufgabe für ρ_T zu lösen, genügt es also, unter sorgfältiger Beachtung der Eigenschaften (3.3-24) von $\Delta\tilde{H}(\Omega)$ eine Funktion $\tilde{H}_0(\Omega)$ zu konstruieren und dazu in einem iterativen Rechenprozeß die Parameter $\{h_0(k)\}$ von $H_0(\Omega)$ so lange zu verändern, bis $H_0(\Omega)$ mit $\tilde{H}_0(\Omega)$ im Rahmen einer zu wählenden Genauigkeitsschranke übereinstimmt. Mit diesem Lösungsverfahren wurden in der Literatur zunächst die Approximation des differenzierenden Systems [3.32] und des Systems zur Hilbert-Transformation [3.10] behandelt. Ein Algorithmus für die Approximation eines Tiefpaß-Toleranzschemas (3.3-5) wurde in [3.33] angegeben und soll nun als Beispiel kurz skizziert werden.

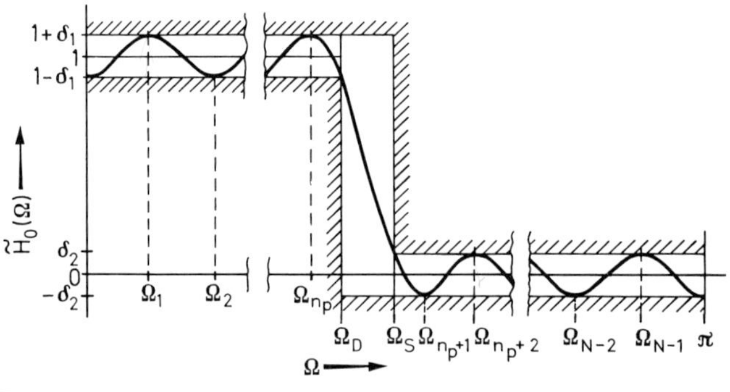

Bild 3.19. Zur Konstruktion einer Minimallösung für die Approximation eines Tiefpaßtoleranzschemas

Dabei ist zunächst unter Beachtung der Eigenschaften (3.3-24) der Fehlerfunktion $\Delta\tilde{H}(\Omega)$ die Minimallösung $\tilde{H}_0(\Omega)$ zu konstruieren. Da hier sowohl die Wunschfunktion $H_{TP}(\Omega)$ als auch die Gewichtsfunktion $G(\Omega)$ auf B konstant sind, ergibt sich $\tilde{H}_0(\Omega)$ fast unmittelbar aus einer Betrachtung der Eigenschaften von $H_0(\Omega)$. Bild 3.19 zeigte eine mögliche Lösung $\tilde{H}_0(\Omega)$ für einen vorgegebenen Approximationsgrad N. Im Innern von B muß $\tilde{H}_0(\Omega)$ wegen (3.3-24) mindestens N - 1 relative

Extremwerte annehmen, die gleichzeitig Alternantenpunkte von $\Delta\widetilde{H}(\Omega)$ sind. Es können auch sicher nicht mehr Extrema auftreten, denn die Ableitung von $H_0(\Omega)$ hat bei festem N im Innern des Intervalls $(0,\pi)$ höchstens N - 1 Nullstellen. Weitere Alternantenpunkte ergeben sich offenbar an den Stellen Ω_D und Ω_S. Da aber $\widetilde{H}_0(\Omega)$ wegen (3.3-24) mindestens N + 2 Alternantenpunkte auf B haben muß, folgt weiter, daß einer der Randpunkte ebenfalls zur Alternante gehört.

Zunächst sei nur ein Spezialfall behandelt, der sich daraus ergibt, daß für genau N verschiedene Werte der Durchlaßgrenze Ω_D auch der andere Randpunkt zur Alternante gehört, die dann die Länge N + 3 hat. Für diesen Sonderfall erhält man also genau N verschiedene Lösungen des Problems, die sich bei festem N durch eine verschiedene Verteilung der Extremalpunkte auf Durchlaß- und Sperrbereich unterscheiden. Bezeichnet man noch die Anzahl der relativen Extrema im Innern des Durchlaßbereiches $(0,\Omega_D)$ mit n_p und die entsprechende Zahl für den Sperrbereich (Ω_S,π) mit n_s, so gilt immer

$$n_p + n_s = N - 1 .$$

Hält man nun den Approximationsgrad N und n_p sowie anstelle von Ω_D und Ω_S die Toleranzen δ_1 und δ_2 fest, so lassen sich ganz entsprechend dem in Abschnitt 3.3.7 behandelten Problem der Potenzapproximation genau 2N Bedingungen angeben, die eine eindeutige Bestimmung der N + 1 Parameter $\{h_0(k)\}$ von $H_0(\Omega)$ und der N - 1 Extremalfrequenzen ermöglichen. Mit den Beziehungen von Bild 3.19 ergibt sich das nichtlineare Gleichungssystem

$$\begin{aligned}
&\widetilde{H}_0(\Omega = 0) = 1 + (-1)^{n_p}\delta_1 && \\
&\widetilde{H}_0(\Omega_1) = 1 + (-1)^{n_p - 1}\delta_1 && \widetilde{H}_0'(\Omega_1) = 0 \\
&\quad\vdots && \quad\vdots \\
&\widetilde{H}_0(\Omega_{n_p}) = 1 + \delta_1 && \widetilde{H}_0'(\Omega_{n_p}) = 0 \\
&\widetilde{H}_0(\Omega_{n_p + 1}) = -\delta_2 && \widetilde{H}_0'(\Omega_{n_p + 1}) = 0 \qquad (3.3\text{-}25) \\
&\widetilde{H}_0(\Omega_{n_p + 2}) = +\delta_2 && \\
&\quad\vdots && \quad\vdots \\
&\widetilde{H}_0(\Omega_{N - 1}) = (-1)^{n_s}\delta_2 && \widetilde{H}_0'(\Omega_{N - 1}) = 0. \\
&\widetilde{H}_0(\Omega = \pi) = (-1)^{n_s + 1}\delta_2 &&
\end{aligned}$$

Seine numerische Lösung führt auf eine Funktion $\widetilde{H}_0(\Omega)$, die das Toleranzschema nur bezüglich der Schranken δ_1 und δ_2 befriedigt. Die zugehörigen Grenzfrequenzen Ω_D' und Ω_S' erhält man als Lösung der Gleichungen

$$\widetilde{H}_0(\Omega_D') = 1 - \delta_1 , \tag{3.3-26a}$$

$$\widetilde{H}_0(\Omega_S') = \delta_2 . \tag{3.3-26b}$$

Es ist dann zu prüfen, ob $\Omega_D' \geqslant \Omega_D$, $\Omega_S' \leqslant \Omega_S$ und damit die gefundene Lösung das Toleranzschema auch bezüglich der Grenzen von Durchlaß- und Sperrbereich erfüllt. Falls das nicht zutrifft, muß das Verfahren mit verändertem n_p bzw. N so oft wiederholt werden, bis diese Bedingungen für die Grenzfrequenzen Ω_D und Ω_S ebenfalls erfüllt sind. Fügt man (3.3-26a) und (3.3-26b) dem Gleichungssystem hinzu, so daß sich nunmehr 2N + 2 Gleichungen ergeben, so erhält man damit eine interessante Modifizierung des Algorithmus. Je nach Aufgabenstellung können dann zwei beliebige der vier Parameter δ_1, δ_2, Ω_D, Ω_S fest vorgegeben werden, wobei sich die anderen beiden mit der Lösung des Gleichungssystems ergeben.

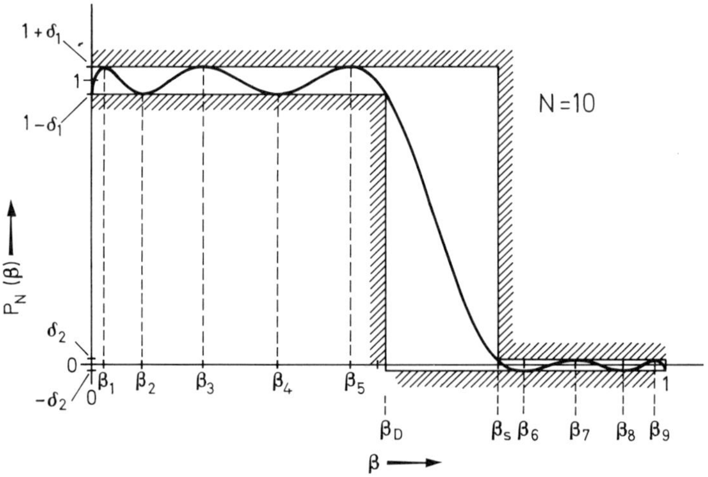

Bild 3.20. Zur Konstruktion des Polynoms $P_N(\beta)$ einer Minimallösung mit N = 10

Bezüglich iterativer Algorithmen für die Lösung nichtlinearer Gleichungssysteme sei auf die Literatur verwiesen. Man verwendet z.B. das Verfahren von Newton-Raphson, das vor allem in Bezug auf die erreichbare Lösungsgenauigkeit optimal sein dürfte. Falls der bei der numerischen Durchführung auftretende große Kernspeicherbedarf seine Anwendung verbietet, kann man die Ordnung des Gleichungssystems reduzieren, indem man die Extremstellen $\Omega_1, \ldots \Omega_{N-1}$ zunächst als

Konstanten einsetzt und nach jedem Iterationsschritt ihre geänderte Lage aus der Funktion $H_0(\Omega)$ numerisch bestimmt. Auch diese Modifizierung ist bekannt. Sie reduziert im vorliegenden Fall die Ordnung des Systems von $2N + 2$ auf $N + 3$.

Diese Form des Algorithmus ist besonders interessant, weil das um die Gleichungen $\widetilde{H}_0'(\Omega_\lambda) = 0$ reduzierte Gleichungssystem (3.3-25) linear in den Parametern $\{h_0(k)\}$ ist. Dann kann man bei Vorgabe von Näherungswerten Ω_λ für die Extremstellen die Aufgabe auch als Interpolationsproblem mit $N + 1$ Stützwerten auffassen. Wenn man die trigonometrische Summe $H_0(\Omega)$ beispielsweise mit der Variablensubstitution (3.3-14) in ein Polynom $P_N(\beta)$ umwandelt, lassen sich die bekannten Interpolationsformeln der praktischen Mathematik verwenden. Ein iterativer Algorithmus auf der Basis einer Lagrange-Interpolation wird in [3.34] bis [3.36] behandelt.

Zur Erläuterung des Verfahrens dienen die Bilder 3.20 und 3.21. In Bild 3.20 wird zunächst noch einmal die Konstruktion einer Minimallösung für $P_N(\beta)$ bezüglich des vorgegebenen Toleranzschemas gezeigt. Bild 3.21 zeigt die Ergebnisse von zwei aufeinander folgenden Iterationsschritten. Das Verfahren beginnt mit der Auswahl eines Satzes von $N + 1$ Stützstellen $\beta_{1\mu}$, zu denen immer die Punkte $\beta = 0$ und $\beta = 1$ gehören. Unter der Annahme, daß diese $\beta_{1\mu}$ bereits

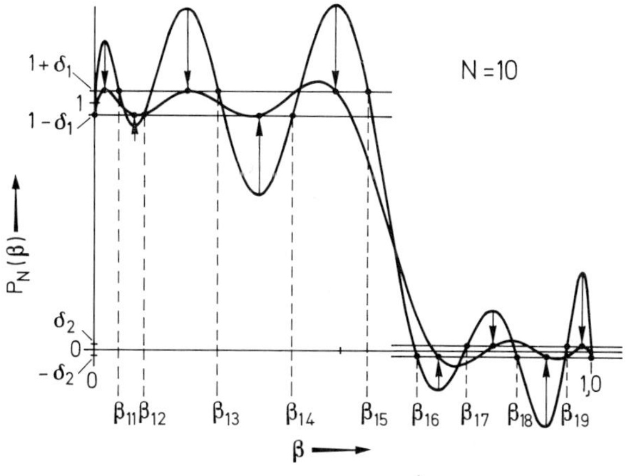

Bild 3.21. Erläuterung des Interpolationsverfahrens nach [3.34]

die Alternantenpunkte der gesuchten Lösung sind, werden nach Bild 3.20 die Funktionswerte entsprechend dem Toleranzschema gewählt und ein Interpolationspolynom durch diese Punkte gelegt. Dann werden die Extremstellen des Interpolationspolynoms numerisch berechnet. Im nächsten Schritt werden die $\beta_{1\mu}$ gegen die Extremstellen des ersten Polynoms ausgetauscht und die Interpolation an diesen neuen Stellen $\beta_{2\mu}$ wiederholt. Im allgemeinen konvergiert das Verfahren nach wenigen Iterationsschritten. Es ermöglicht die Berechnung von Systemen mit extrem hohem Approximationsgrad ohne Speicherplatzprobleme.

Nachteile dieser Methode sind genau wie bei der vorher beschriebenen direkten Lösung des Gleichungssystems, daß man die Verteilung der Extremalpunkte auf Durchlaß- und Sperrbereich vorgeben muß, und daß man nur die N Sonderfälle der Tschebyscheff-Approximation mit einer Länge der Alternanten von N + 3 lösen kann, die sich nach dem oben Gesagten durch N verschiedene feste Lagen der Durchlaßgrenze Ω_D unterscheiden. Deshalb verwendet man für den Tiefpaßentwurf bei vorgegebenem Toleranzschema (und damit bei vorgegebener Durchlaßgrenze Ω_D) besser den neueren Algorithmus von Parks und McClellan [3.31], der unmittelbar von den Vorschriften (3.3-24) ausgeht und sich eng an das Remez-Verfahren mit Simultanersetzung anlehnt. Diese Methode liefert für beliebige Lage der Durchlaßgrenze Ω_D die optimale Lösung im Sinne des Tschebyscheff-Kriteriums, wobei die Alternante dann im allgemeinen nur die Länge N + 2 hat. Eine ausführliche Beschreibung findet man in der schon erwähnten Arbeit von Parks und McClellan. Ein FORTRAN-Programm für diesen Algorithmus wurde in [3.62] veröffentlicht. Die Eigenschaften dieser Lösungen werden in [3.63] bis [3.66] diskutiert. Falls die vorgegebene Durchlaßgrenze Ω_D in der engeren Umgebung einer der speziellen Lösungen mit einer Alternante der Länge N + 3 liegt, kann man die allgemeine Tschebyscheff-Lösung auch aus der betreffenden speziellen Lösung durch eine einfache lineare Transformation der Variablen β erhalten [3.64].

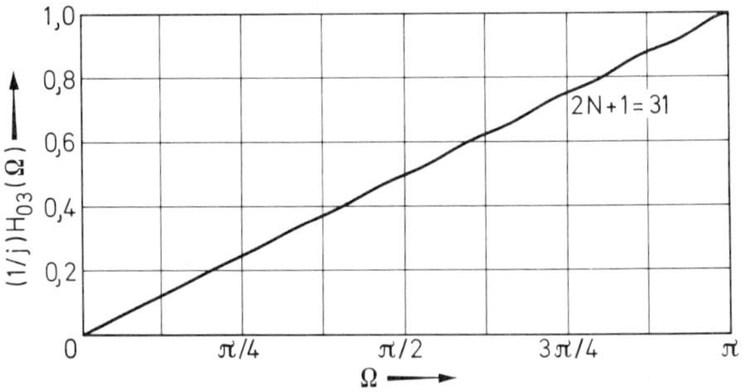

Bild 3.22. Beispiel für die Approximation eines differenzierenden Systems

Wenn Approximationsvorschriften vorliegen, die komplizierter sind als beim einfachen Tiefpaß und Bandpaß (z.B. Filter mit mehreren Durchlaß- und Sperrbereichen), erfordert die Umstellung der bisher beschriebenen Algorithmen einen erheblichen Programmieraufwand und kann nicht empfohlen werden. Dann ist es zweckmäßiger, das von Rabiner [3.37] angegebene Verfahren zu verwenden, das auf der linearen Programmierung beruht. Entsprechend seiner engen Verwandschaft zum Einzelaustauschverfahren nach Remez konvergiert dieses Verfahren zwar nur langsam, kann dafür aber relativ einfach weitgehend beliebigen Approximationsaufgaben angepaßt werden.

Es folgen einige numerische Beispiele für Tschebyscheff-Approximationen mit Frequenzgängen $H_{0\nu}(\Omega)$. Zunächst ist in Bild 3.22 die Approximation eines differenzierenden Systems mit einem Frequenzgang $H_{03}(\Omega)$ dargestellt (Zahlenwerte nach Rabiner). Als Gewichtsfunktion wurde hier eine Funktion $G(\Omega) = 1/\varepsilon\Omega$ verwendet, um den relativen Fehler

a

b

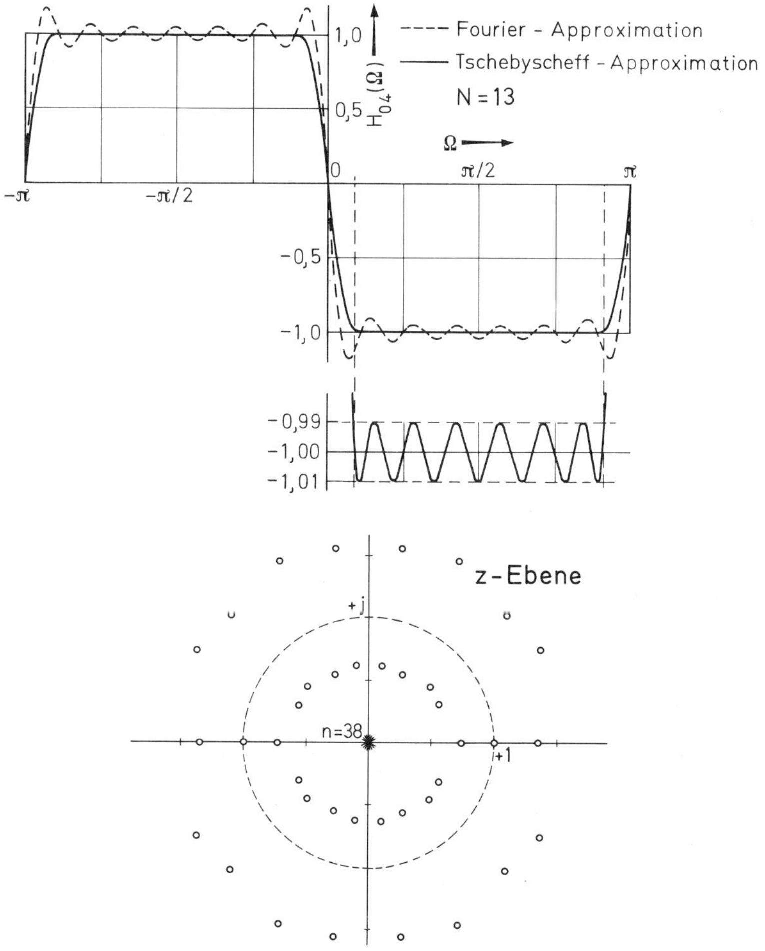

Bild 3.23. Beispiel für die Approximation eines Systems zur Hilbert-Transformation. a) Frequenzgang bei verschiedenen Approximationsverfahren; b) Pol-Nullstellendiagramm einer Tschebyscheff-Approximation

im ganzen Approximationsintervall gleich zu halten. Bild 3.23a zeigt die Tschebyscheff-Approximation eines Systems zur Hilbert-Transformation mit einem Frequenzgang $H_{04}(\Omega)$ zusammen mit der Fourier-Approximation gleichen Grades. In Bild 3.23b wurde ein typisches

Filtertyp		Fourier-Approx.	Kaiser-Fenster	Potenz-Verhalten	Differenzier. System	System zur Hilbert-Tr.	Tschebyscheff-Verh. in DB u. SB
Filtergrad n		40	40	40	31	26	40
Approx. Frequenzgang		$H_{01}(\Omega)$	$H_{01}(\Omega)$	$H_{01}(\Omega)$	$H_{03}(\Omega)$	$H_{04}(\Omega)$	$H_{01}(\Omega)$
Bild Nr.		3.12	3.13	3.17	3.22	3.23	3.24
Impulsantwort $\{h(k)\}$	k						
	0	0,01343790	0,00027280	-0,00000007	-0,0012544	0,00583188	-0,00142562
	1	-0,00967616	-0,00038233	0,00000043	0,0017129	0,0	-0,00385324
	2	-0,01390463	-0,00090503	0,00000015	-0,0008484	0,00976189	-0,00234520
	3	0,01229398	0,00119909	-0,00000663	0,0007981	0,0	0,00352037
	4	0,01433009	0,00196521	0,00000894	-0,0008688	0,01772311	0,00317424
	5	-0,01546919	-0,00284519	0,00004418	0,0009994	0,0	-0,00559269
	6	-0,01471174	-0,00349600	-0,00010861	-0,0011927	0,03038182	-0,00478520
	7	0,01944115	0,00578748	-0,00015462	0,0014655	0,0	0,00892431
	8	0,01504728	0,00546556	0,00066416	-0,0018600	0,0520810	0,00679909
	9	-0,02462545	-0,01066440	0,00018698	0,0024540	0,0	-0,01401422
	10	-0,01533470	-0,00775585	-0,00267377	-0,0034026	0,0988129	-0,00904040
	11	0,03180995	0,01843992	0,00097643	0,0050545	0,0	0,02175594
	12	0,01557226	0,01016861	0,00780628	-0,0083202	0,3158206	0,01131818
	13	-0,04268690	-0,03089513	-0,00691814	0,0162589	0,0	-0,03389226
	14	-0,01575855	-0,01244984	-0,01735767	-0,0450782		-0,01341505
	15	0,06166192	0,05240788	0,02576539	0,4053307		0,05480097
	16	0,01589242	0,01432936	0,03023179			0,01511076
	17	-0,10489921	-0,09898761	-0,07737719			-0,10053327
	18	-0,01597306	-0,01556767	-0,04192952			-0,01621488
	19	0,31790785	0,31587463	0,30748316			0,31640909
	20	0,516	0,516	0,54671664			0,51659818
		$h_0(n-k)=h_0(k)$	$h_0(n-k)=h_0(k)$	$h_0(n-k)=h_0(k)$	$h_0(n-k)=-h_0(k)$	$h_0(n-k)=-h_0(k)$	$h_0(n-k)=h_0(k)$

Tabelle 3.3. Zahlenwerte der Koeffizienten $h_0(k)$ für die im Text verwendeten Beispiele

Pol-Nullstellendiagramm für die Tschebyscheff-Approximation eines Systems zur Hilbert-Transformation mit $H_{04}(\Omega)$ gezeichnet. Bild 3.24a zeigt Frequenzgang und Pol-Nullstellendiagramm für eine Tschebyscheff-Approximation des idealen Tiefpaßfilters mit $H_{01}(\Omega)$ und Bild 3.24b den zugehörigen Dämpfungsverlauf. Die Zahlenwerte der Koeffizienten $h_0(k)$ für diese Systeme und die von Bild 3.12 und 3.13 wurden in Tabelle 3.3 (Seite 122) zusammengestellt.

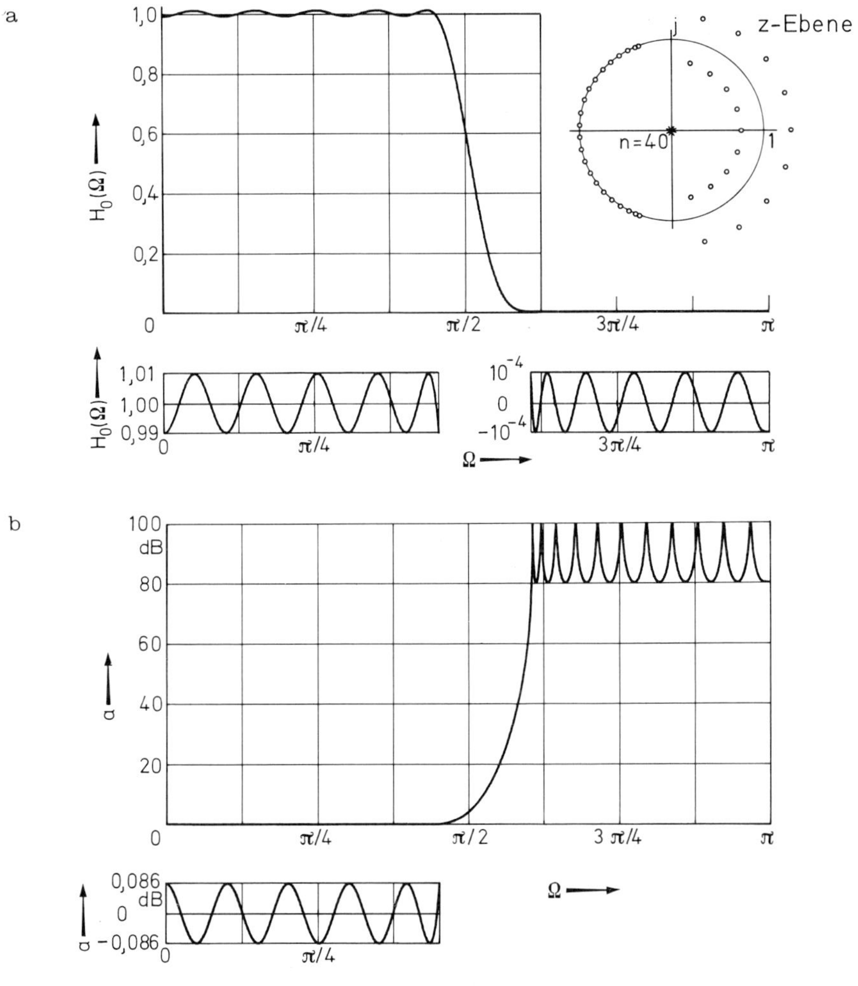

Bild 3.24. Beispiel für die Approximation eines Tiefpaßfilters (N = 20).
a) Frequenzgang und Pol-Nullstellendiagramm; b) Dämpfungsverlauf

Daß die Anwendung aller in diesem Abschnitt beschriebenen iterativen Approximationsverfahren zusätzlich zu den von der Aufgabe her gestellten Frequenzgangforderungen auch noch die Vorgabe des Approximationsgrades N bzw. n = 2N verlangt, wurde bereits erwähnt. Man muß also in der Weise vorgehen, daß man zunächst den Grad N schätzt, dann den gewählten Algorithmus ablaufen läßt und schließlich das Approximationsergebnis daraufhin untersucht, inwieweit es den Frequenzgangforderungen genügt. Anschließend ist N zu verändern

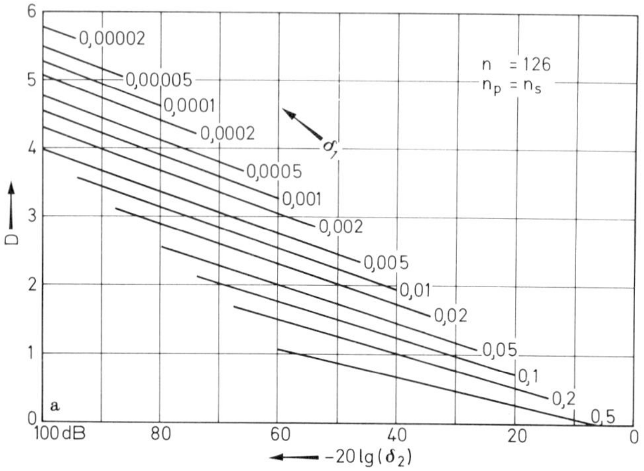

Bild 3.25a. Gütewert D für nichtrekursive Tiefpaßfilter mit δ_1 und δ_2 als Parameter (Grenzwerte für große n und $n_p = n_s$)

und die ganze Approximation so oft zu wiederholen, bis man eine Lösung erhält, bei der die Forderungen gerade noch nicht verletzt werden. Eine möglichst genaue Abschätzung des Approximationsgrades gehört somit zu den wichtigsten

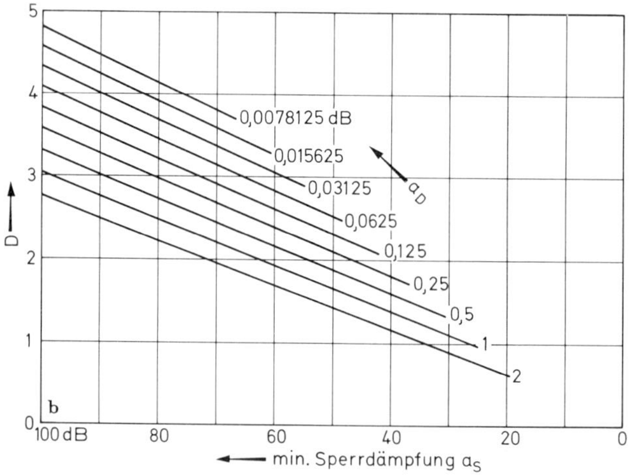

Bild 3.25b. Gütewert D für nichtrekursive Tiefpaßfilter mit $a_{Dmax} = -20 \lg \delta_D$ und $a_{Smin} = -20 \lg \delta_S$ als Parameter (berechnet aus der Näherungsformel 3.3-27)

Voraussetzungen für einen sinnvollen Einsatz der numerischen Approximationsmethoden. Leider gibt es bisher noch keine allgemeine Lösung dieses Problems. Nur für den speziellen Fall der Tiefpaßapproximation sind relativ genaue Abschätzungsformeln für den Gütewert D bekannt [3.66], aus denen sich der Approximationsgrad nach (3.3-8) berechnen läßt. Bild 3.25a zeigt numerisch gewonnene Ergebnisse, die für $N \gg 1$ sowie für eine Lage der Durchlaßgrenze Ω_D in der Umgebung von $\Omega = \pi/2$ gelten. Im Bild 3.25b sind dieselben Ergebnisse, jedoch für andere Parameter, nämlich maximale Dämpfung im Durchlaßbereich bzw. minimale Dämpfung im Sperrbereich, dargestellt. Eine analytische Näherung für diese Kurven findet man in der Formel

$$D \approx (a_1 \lg^2 \delta_1 + a_2 \lg \delta_1 + a_3) \lg \delta_2 + a_4 \lg^2 \delta_1 + a_5 \lg \delta_1 + a_6 \qquad (3.3\text{-}27)$$

mit den Parametern

$a_1 = 0{,}005309$
$a_2 = 0{,}07114$
$a_3 = -0{,}4761$
$a_4 = -0{,}002660$
$a_5 = -0{,}5941$
$a_6 = -0{,}4278.$

Für $\forall \delta_1, \delta_2 < 0{,}1$ ist der Fehler dieser Formel bezüglich des exakten Wertes für D kleiner als 1,3 %. In [3.66] wird gezeigt, daß man diese Formel bzw. die Diagramme auch für beliebige Lage der Durchlaßgrenze Ω_D verwenden kann,

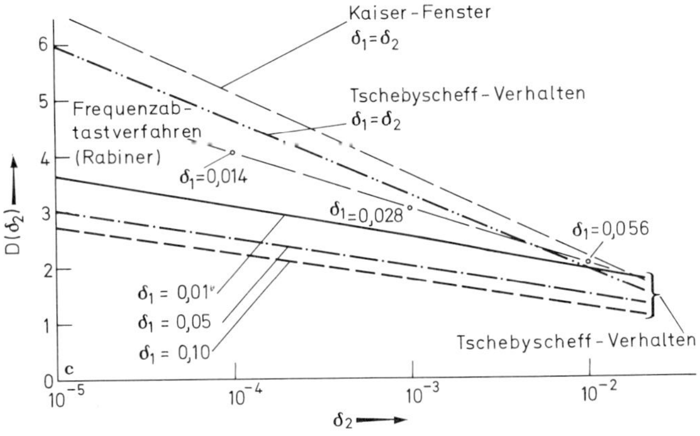

Bild 3.25c. Vergleich des Gütewertes D für verschiedene Approximationsverfahren

solange Ω_D nicht sehr dicht bei $\Omega = 0$ bzw. bei $\Omega = \pi$ liegt. Ferner wird dort eine Korrekturformel für kleine N abgeleitet, wobei neben (3.3-27) auch noch die Breite des Übergangsbereiches $\Delta\Omega = \Omega_S - \Omega_D$ sowie eine Hilfsfunktion

$$f(\delta_1, \delta_2) = 0{,}51244(\lg \delta_1 - \lg \delta_2) + 11{,}01217$$

eingehen, so daß gilt

$$N \approx \frac{\pi D}{\Delta\Omega} - f(\delta_1, \delta_2)\,\frac{\Delta\Omega}{2\pi}\,. \qquad (3.3\text{-}28)$$

Genauere Angaben über Fehlergrenzen und Gültigkeitsbereiche findet man in [3.66]. Hier sei nur noch darauf hingewiesen, daß bei einem Vergleich verschiedener Approximationsmethoden für nichtrekursive Tiefpaßfilter bezüglich des Gütemaßes D natürlich die Tschebyscheff-Approximation weitaus günstiger abschneidet als alle anderen Methoden (Bild 3.25c). Das ist aber auch nicht anders zu erwarten, weil ja hier D unmittelbar minimisiert wird.

Entsprechend den Verhältnissen bei rekursiven Systemen sei auch hier die Frage nach Lösungen $H_0(\Omega)$ gestellt, die entweder im Durchlaß- oder Sperrbereich Tschebyscheff-Verhalten und in anderen Teilbereichen Potenzverhalten aufweisen. Selbstverständlich kann man die in diesem Abschnitt geschilderten Methoden für diesen Fall modifizieren. Nur ergeben sich dann bei der Rechnung keine wesentlichen Vorteile gegenüber einer Tschebyscheff-Approximation in beiden Teilbereichen. Nachdem diese Approximation außerdem notwendigerweise schlechtere Gütewerte liefern muß, sei hier von einer weiteren Behandlung abgesehen. Für den Sonderfall, daß die Approximation in einem der beiden Teilbereiche mit der maximalen Schwankungszahl um den Sollwert oszilliert, findet man eine explizite Lösung für den Frequenzgang $H_0(\Omega)$ aus den auf dieses Teilintervall normierten Tschebyscheffschen Polynomen. Man kann hier unmittelbar die Formeln verwenden, die Helms [3.19] bei der Berechnung von Fensterfunktionen angibt (Dolph-Tschebyscheff-Funktionen $D_T(\psi)$).

Mit

$$D_T(\psi) = \begin{cases} \cosh(2N\,\mathrm{arcosh}\,\psi), & |\psi| \geqslant 1, \\ \cos(2N\,\arccos\psi), & |\psi| < 1 \end{cases} \qquad (3.3\text{-}29)$$

und

$$\psi = \frac{\cos\Omega/2}{\cos\Omega_S/2}$$

nimmt die Funktion $D_T(\psi)/\cosh(2N\,\mathrm{arcosh}(1/\cos\Omega_S/2))$ bei $\Omega = 0$ den Wert 1 an und approximiert im Intervall $[\Omega_S, \pi]$ die Null im Tschebyscheffschen Sinne mit einer Schwankung δ, die vom Approximationsgrad N abhängt.

Wenn der Approximationsgrad N und die Schwankung δ vorgegeben sind, erhält man die Sperrgrenze Ω_S aus

$$\Omega_S = 2\arccos\left\{1/\cosh\left[\frac{1}{2N}\,\mathrm{arcosh}(1/\delta)\right]\right\}$$

bzw. aus der Näherung für $N \gg 1$

$$\Omega_S \approx \frac{0{,}73\pi \lg(2/\delta)}{N} .$$

Sind umgekehrt δ und Ω_S vorgegeben, so ergibt sich der Approximationsgrad zu

$$N \geq \frac{1}{2} \frac{\operatorname{arcosh}(1/\delta)}{\operatorname{arcosh}[1/\cos(\Omega_S/2)]}$$

bzw. aus der Näherung für $N \gg 1$

$$N > \frac{0{,}73\pi \lg(2/\delta)}{\Omega_S} .$$

Die Impulsantwort $\{h_0(k)\}$ erhält man wiederum über die inverse diskrete Fourier-Transformation. Ein Beispiel zeigt Bild 3.26 für N = 20 und $\delta = 0{,}001$.

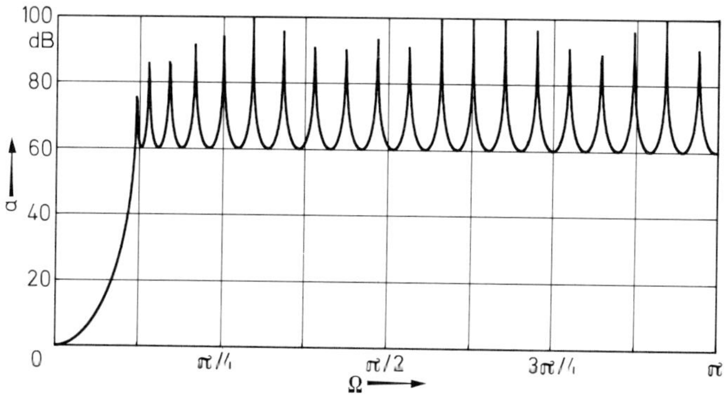

Bild 3.26. Beispiel für eine Approximation mit Dolph-Tschebyscheff-Funktionen (N = 20)

Andere Lösungswege sind in [3.38] und [3.39] angegeben. Die Berechnung des Gütewertes D für diese Approximationen findet man in [3.64]. Danach gilt für $N \gg 1$

$$D \approx \frac{1}{\pi} \left\{ \left(\operatorname{arcosh} \frac{1+\delta_1}{\delta_2} \right)^2 - \left(\operatorname{arcosh} \frac{1-\delta_1}{\delta_2} \right)^2 \right\}^{1/2} \qquad (3.3\text{-}30)$$

3.3.9. Abschließende Bemerkungen

3.3.9.1. Vergleich verschiedener Entwurfsmethoden für nichtrekursive Filter

Bei einem Vergleich der in den letzten Abschnitten behandelten Approximationsmethoden sind unterschiedliche Gesichtspunkte zu berücksichtigen. Dazu gehört in erster Linie das erzielte Frequenzverhalten, für das in dem Gütewert D ein sinnvoller Vergleichsmaßstab gefunden wurde. Es sind aber auch der Aufwand an numerischen Rechnungen zur Erzielung einer Lösung und die Anpassungsfähigkeit eines Verfahrens an wechselnde Anforderungen zu berücksichtigen. Die verschiedenen Merkmale werden bei verschiedenen Filteranwendungen unterschiedliches Gewicht bekommen. So spielt der numerische Aufwand keine wesentliche Rolle, wenn es um den Entwurf eines Filters geht, das dann in sehr großen Stückzahlen gebaut werden soll. Andererseits ist es uninteressant, in einem speziellen Fall mit hohem Aufwand die optimale Lösung zu suchen, wenn man das Ergebnis nur für den Bau eines einzigen Filters benutzen will. Es ist also immer für einen bestimmten Anwendungszweck ein günstiger Kompromiß zu finden.

Es sei zunächst das durch den Gütewert D gekennzeichnete Frequenzverhalten betrachtet. Für einige Methoden, zu denen die Tschebyscheff-Approximation (Abschn.3.3.8), die reine Fourier-Approximation (Abschn.3.3.4) sowie die durch eine Fensterfunktion nach Kaiser modifizierte Fourier-Approximation (Abschn.3.3.5) gehören, ließen sich D-Werte angeben, die nicht mehr vom Grad abhängen, sondern nur noch von den Toleranzen δ_1 und δ_2 (Bild 3.25c). Wie zu erwarten, erhält man mit der Tschebyscheff-Approximation die kleinsten D-Werte. Bemerkenswert ist, wie wenig die Lösungen nach Kaiser von denen der Tschebyscheff-Approximation mit $\delta_1 = \delta_2$ abweichen, obwohl ihre Frequenzgänge ein Toleranzschema keineswegs optimal ausfüllen, wie das in Bild 3.13 gezeigte Beispiel veranschaulicht. Der entscheidende Vorteil der Tschebyscheff-Approximation wird erst deutlich, wenn die Toleranzen im Durchlaß- und Sperrbereich extrem verschieden sind. Offensichtlich gelingt es bei anderen Approximationsverfahren nicht, für diese - beim Filterentwurf durchaus üblichen - Forderungen günstige Lösungen zu finden. Sehr schlecht schneidet bei diesem Vergleich die in Abschnitt 3.3.7 behandelte Approximation auf Potenzverhalten ab. Für $\delta_1 = 0{,}05$ und $\delta_2 = 0{,}001$ ergab sich dort ein Gütewert zwischen 4 und 12 (Bild 3.18). Für die reine Fourier-Approximation hat D nach (3.3-18) bei diesen Schranken etwa den Wert 104.

Zieht man die Flexibilität des Approximationsverfahrens zum Vergleich heran, so ist auch hier die Tschebyscheff-Approximation allen anderen Methoden bei weitem überlegen. Die Möglichkeiten, die sich aus der Anpassung an beliebig vorgegebene Toleranzschemata ergeben, lassen sich mit keinem anderen Verfahren auch nur annähernd erzielen. Bezüglich des numerischen Aufwandes hat die in Abschnitt 3.3.8 beschriebene Interpolationsmethode [3.34] eine wesentliche Reduzierung für die Tschebyscheff-Approximation gebracht. Sie ist aber in dieser Hinsicht noch ungünstiger zu beurteilen als die modifizierten Fourier-Approximationen.

3.3.9.2. Vergleich mit rekursiven Systemen

Im Abschnitt 3.4 wird der Entwurf von rekursiven Systemen behandelt, bei denen der Betrag der Übertragungsfunktion ein Toleranzschema befriedigt, das in vergleichbarer Form auch der in diesem Abschnitt gestellten Aufgabe zugrunde lag. Von Interesse ist ein Vergleich der dort zu diskutierenden Lösungen mit den hier gefundenen für nichtrekursive Systeme. Dazu sei zunächst nur der Grad der Übertragungsfunktionen betrachtet, der in beiden Fällen für die Erfüllung desselben Toleranzschemas erforderlich ist. In Bild 3.27 ist der Verlauf der Dämpfung eines rekursiven Cauer-Filters 5. Grades mit $\theta = 31°$ und $\delta_D = 0{,}032$ (Abschn. 3.4.2.4d) eingezeichnet. Ein nichtrekursives System 24. Grades mit Tschebyscheff-Approximation ist erforderlich, um das gleiche Toleranzschema zu befriedigen. Es wurde hier zur Erleichterung des Vergleichs abweichend zu dem Vorgehen in diesem Abschnitt so entworfen, daß $\max|H(\Omega)| = 1$ ist. Der Vergleich wird zunächst noch ungünstiger, wenn man bei gleichen Dämpfungsanforderungen den Übergangsbereich zu tieferen Frequenzen hin verschiebt.

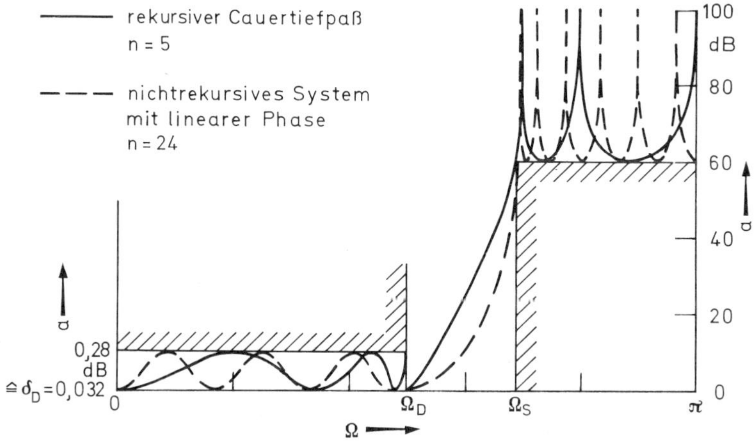

Bild 3.27. Dämpfungsgang eines rekursiven Cauer-Tiefpasses 5. Grades und eines nichtrekursiven Tschebyscheff-Tiefpasses 24. Grades zur Befriedigung desselben Toleranzschemas

Bild 3.28 zeigt ein Beispiel, bei dem das approximierende rekursive System durch eine Allpaß-Transformation (Abschn. 3.4.3.2) aus der in Bild 3.27 dargestellten Lösung gefunden werden kann. Der Übergangsbereich $\Omega_S - \Omega_D$ wird hierbei wesentlich schmaler. Dagegen muß das nichtrekursive System neu entworfen werden, wobei zur Befriedigung des neuen Toleranzschemas $n_p = 2$ gewählt wurde. Da beim nichtrekursiven Filter die Breite des Übergangsbereiches weitgehend unabhängig von seiner Lage auf der Frequenzachse ist, wenn der Grad konstant gehalten wird, ist das jetzt veränderte Toleranzschema bei gleichem Aufwand mit einem nichtrekursiven Filter nicht zu befriedigen. Hier wäre also eine Graderhöhung erforderlich.

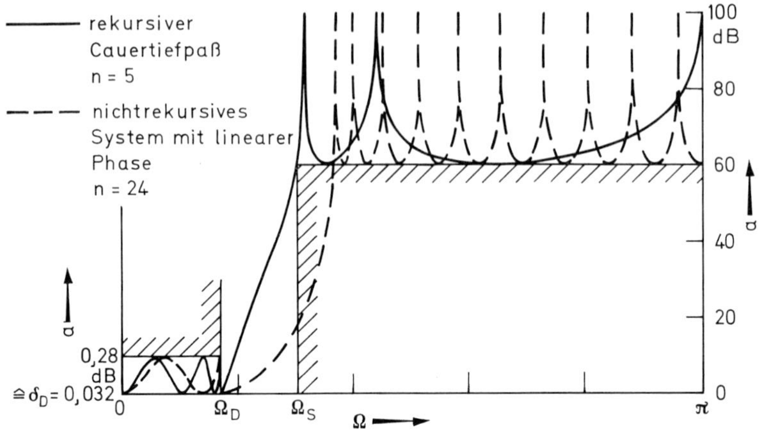

Bild 3.28. Zum Einfluß der Lage des Übergangsbereiches auf den Aufwand

Um zu etwas allgemeineren Aussagen zu kommen, vergleichen wir nun rekursive Approximationen des Grades n vom Cauer-Typ mit nichtrekursiven Tschebyscheff-Approximationen vom Grad 2N bei fester Durchlaßgrenze $\Omega_D = \pi/2$ und fester Toleranz im Durchlaßbereich $\delta_D = 0,02$ und tragen mit $\delta_2 = \delta_S$ als Parameter

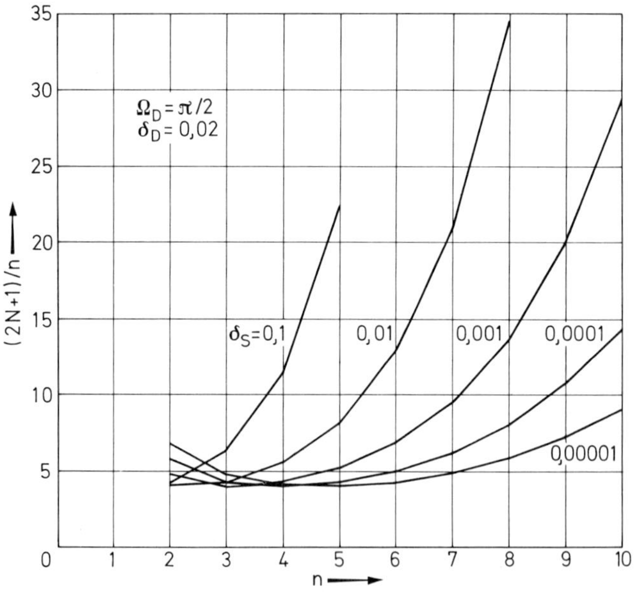

Bild 3.29. Vergleich des erforderlichen Grades für rekursive und nichtrekursive Tiefpässe

das Verhältnis $(2N+1)/n$ über dem Approximationsgrad n des rekursiven Filters auf. Dazu wird für jedes Cauer-Filter die normierte Sperrgrenze v_S' bestimmt (Abschn.3.4.2.4d) und dann gemäß (3.4-2a) mit

$$\Delta\Omega = \Omega_S - \Omega_D = 2\arctan v_S' - \pi/2$$

die Breite des Übergangsbereichs für das rekursive digitale Filter berechnet. Mit wachsendem n wird v_S' kleiner und damit der Übergangsbereich schmaler. Aus (3.3-28) läßt sich der Approximationsgrad 2N für das entsprechende nichtrekursive System ermitteln. Die Ergebnisse zeigt Bild 3.29. Offenbar wird der Aufwand für ein nichtrekursives System im Vergleich zu einem rekursiven System mit gleichem Dämpfungsverhalten umso größer, je steiler der Dämpfungsanstieg im Übergangsbereich ist.

a

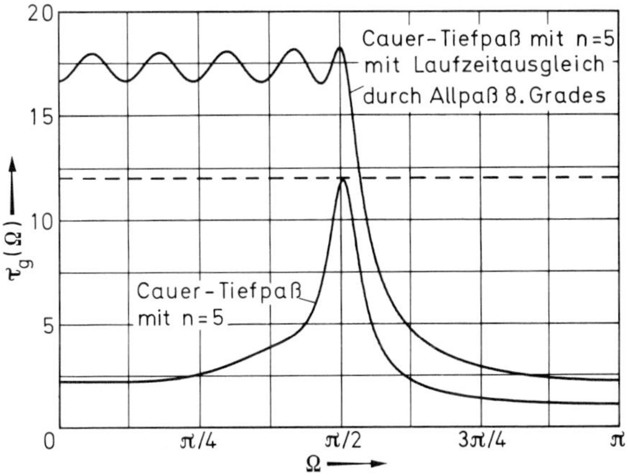

b

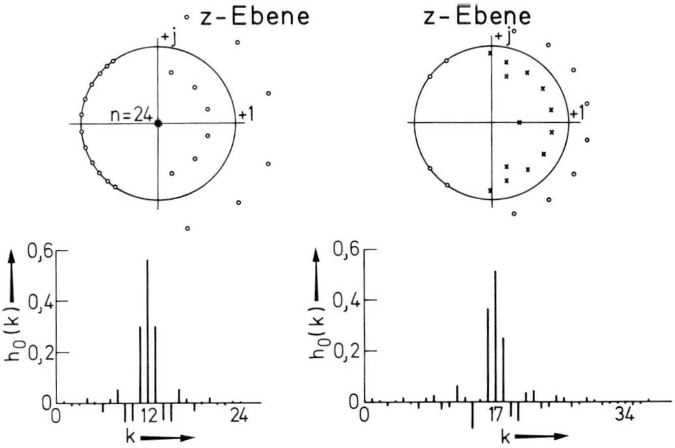

Bild 3.30. Zum Vergleich des Laufzeitverlaufes bei rekursiven und nichtrekursiven Tiefpässen, a) Laufzeit des rekursiven Cauer-Tiefpasses vor und nach Laufzeitausgleich; b) Pol-Nullstellendiagramme und Impulsantworten von nichtrekursivem und rekursivem System nach Laufzeitausgleich

Dieser Vergleich täuscht aus zwei Gründen. Einmal ist der Grad eines digitalen Filters nur sehr bedingt ein geeignetes Maß für den Aufwand (Abschn. 6). Zu beachten ist z.B., daß die Zahl der Multiplizierer bei einem rekursiven System etwa viermal so hoch ist wie bei einem nichtrekursiven digitalen Filter linearer Phase gleichen Grades. Zum anderen ist wichtig, daß die zum Vergleich herangezogenen rekursiven Systeme minimalphasig sind und sich daher im Gruppenlaufzeitverlauf wesentlich von den hier behandelten nichtrekursiven unterscheiden.

Bild 3.30a zeigt die Gruppenlaufzeit $\tau_g(\Omega)$ für den nichtrekursiven Tiefpaß (gestrichelt) und für das rekursive Filter vom Bild 3.27, sowie für das gleiche rekursive Filter mit Laufzeitausgleich durch einen Allpaß 8. Grades (Der Ausgleich wurde nach einem in [3.40] beschriebenen Verfahren durchgeführt). Obwohl der Gesamtgrad des rekursiven Systems mit Laufzeitausgleich nun auf 13 angewachsen ist, erkennt man im Bild unmittelbar, daß die Laufzeit noch keineswegs konstant ist. Entsprechend der Graderhöhung ist die Anzahl der zum Aufbau benötigten Multiplizierer jetzt deutlich größer als beim linearphasigen nichtrekursiven Filter, das die Forderungen des gleichen Toleranzschemas erfüllt. Tatsächlich läßt sich ganz allgemein zeigen, daß ein nichtrekursives linearphasiges Tiefpaßfilter praktisch immer einen geringeren Realisierungsaufwand erfordert als ein rekursives Filter, wenn Forderungen an eine im Durchlaßbereich näherungsweise konstante Laufzeit vorliegen [3.67]. Auch die mittlere Laufzeit im Durchlaßbereich ist dann beim nichtrekursiven Filter meist wesentlich geringer.

3.4. Entwurf rekursiver Systeme bei Vorschriften im Frequenzbereich

3.4.1. Einleitung

Die im vorigen Abschnitt dem Entwurf zugrunde gelegte Beschränkung auf nichtrekursive Systeme speziell linearer Phase wird jetzt aufgehoben. Die folgenden Untersuchungen gehen also von der allgemeinen Übertragungsfunktion

$$H(z) = \frac{\sum_{\mu=0}^{m} b_\mu z^\mu}{\sum_{\nu=0}^{n} c_\nu z^\nu} = b_m \frac{\prod_{\mu=1}^{m} (z - z_{0\mu})}{\prod_{\nu=1}^{n} (z - z_{\infty\nu})} \qquad (2.6\text{-}1)$$

aus, wobei zur Abgrenzung von den nichtrekursiven Systemen angenommen sei, daß wenigstens ein $|z_{\infty\nu}| \neq 0$ ist. Darüber hinaus wird lediglich vorausgesetzt, daß das System kausal ($m \leq n$) und stabil ($|z_{\infty\nu}| < 1 \; \forall \; \nu$) sei (Abschn. 2.6.2). Auch hier liege der Entwurfsaufgabe ein gewünschter Frequenzgang $H_w(\Omega) = |H_w(\Omega)| e^{-j\varphi_w(\Omega)}$ zugrunde, wobei gegebenenfalls nur für die Betragsfunktion $|H_w(\Omega)|$ oder nur für die Phase $\varphi_w(\Omega)$ bzw. die Gruppenlaufzeit $\tau_{gw} = d\varphi_w/d\Omega$ Vorschriften gemacht sein können. Die folgenden Überlegungen befassen sich insbesondere mit dem Entwurf von minimalphasigen Systemen, die einen gewünschten Betragsverlauf approximieren. Dabei interessiert auch hier vor allem der Entwurf selektiver Filter. Ein dafür typisches Toleranzschema war für den Fall eines Bandpasses in Bild 3.3 gezeigt worden.

Für die Lösung dieser Aufgabe kann man Entwurfsmethoden entwickeln, die unmittelbar im z-Bereich arbeiten (z.B. [3.41]). Da andererseits für die entsprechende Aufgabe bei kontinuierlichen Filtern eine Reihe von zum Teil geschlossenen Lösungen oder von geeigneten numerischen Verfahren bekannt sind (z.B. [3.42] bis [3.48]), liegt der Versuch nahe, diese Erkenntnisse auch für den Entwurf diskreter Filter zu verwenden. Dafür gibt es im Prinzip zwei Möglichkeiten:

a) Man transformiert die für ein diskretes System gestellte Entwurfsaufgabe in eine entsprechende für ein kontinuierliches System, die sich mit bekannten Verfahren behandeln läßt. Das letztlich gewünschte diskrete System ergibt sich dann durch die entsprechende Rücktransformation des beim Entwurf zunächst gefundenen kontinuierlichen Systems. In diesem Fall wird der eigentliche Entwurf also für ein kontinuierliches System durchgeführt, so daß die vorhandenen Methoden direkt verwendet werden können. In [3.16] wurde gezeigt, daß dieser Weg stets möglich ist.

b) Die für kontinuierliche Systeme bekannten geschlossenen Lösungen und Verfahren werden in den diskreten Bereich übertragen. Hier erfolgt der eigentliche Entwurf im z-Bereich.

Die beiden skizzierten Möglichkeiten werden im folgenden behandelt.

3.4.2. Entwurf digitaler Filter mit Hilfe einer Transformation kontinuierlicher Systeme

3.4.2.1. Die bilineare Transformation

Die Überführung einer für ein diskretes System gestellten Entwurfsaufgabe in eine solche für ein kontinuierliches System muß mit einer rationalen Transformation vorgenommen werden, die den abgeschlossenen Einheitskreis der z-Ebene umkehrbar eindeutig auf die abgeschlossene linke Halbebene einer Bildebene abbildet, wobei die Peripherie des Einheitskreises der z-Ebene in die imaginäre Achse der Bildebene übergeht. Damit wird sichergestellt, daß die für eine Periode des Frequenzganges eines diskreten Systems geforderten Bedingungen in entsprechende für den Frequenzgang eines kontinuierlichen Systems übergehen und die rationale Übertragungsfunktion eines stabilen, kausalen kontinuierlichen Systems in die Übertragungsfunktion eines entsprechenden diskreten Systems überführt werden kann.

Die bilineare Transformation

$$z = -\frac{w+1}{w-1} \qquad (3.4\text{-}1a)$$

liefert eine Abbildung mit den gewünschten Eigenschaften. Ihre Umkehrung ist

$$w = \frac{z-1}{z+1}. \qquad (3.4\text{-}1b)$$

Man überzeugt sich leicht, daß die offene linke w-Halbebene in das Innere des Einheitskreises der z-Ebene transformiert wird. Für die Transformation der Peripherie des Einheitskreises der z-Ebene ($z = e^{j\Omega}$) gilt

$$\Omega = 2 \arctan v \qquad (3.4\text{-}2a)$$

und für die Umkehrung

$$v = \tan\frac{\Omega}{2}, \qquad (3.4\text{-}2b)$$

wenn $w = u + jv$ ist. Die durch die Transformation einer Übertragungsfunktion $H(z)$ in den w-Bereich entstandene Funktion sei mit $G(w)$ bezeichnet.

Bild 3.31 zeigt als Beispiel für die durch (3.4-2) beschriebene Beziehung die Überführung des periodischen Bandpaßtoleranzschemas von Bild 3.3, das dem Entwurf eines gewünschten diskreten Systems zugrundegelegt werden soll, in ein Bandpaßtoleranzschema in Abhängigkeit von der Variablen v. Da nur eine Verzerrung der Abzisse erfolgt, geht ein in Abhängigkeit von Ω gegebenes Toleranzschema mit stückweise konstanten Schranken in ein Toleranzschema über, das in Abhängigkeit von v ebenfalls stückweise konstante Schranken aufweist. Gehen wir weiterhin, wie in Bild 3.31 angenommen, von $\max|H(\omega)| = \max|G(jv)| = 1$ aus, so ergibt sich im w-Bereich eine Entwurfsaufgabe, die in genau gleicher Art beim Entwurf kontinuierlicher Filter behandelt worden ist (Abschn. 3.4.2.3). Sind die Schranken des gegebenen Toleranzschemas nicht bereichsweise konstant, so erhält man bei der Transformation auch in Abhängigkeit von v ein Toleranzschema mit nicht konstanten Schranken. Damit wird auch diese Entwurfsaufgabe auf eine entsprechende für kontinuierliche Filter zurückgeführt, für die es Lösungsverfahren gibt.

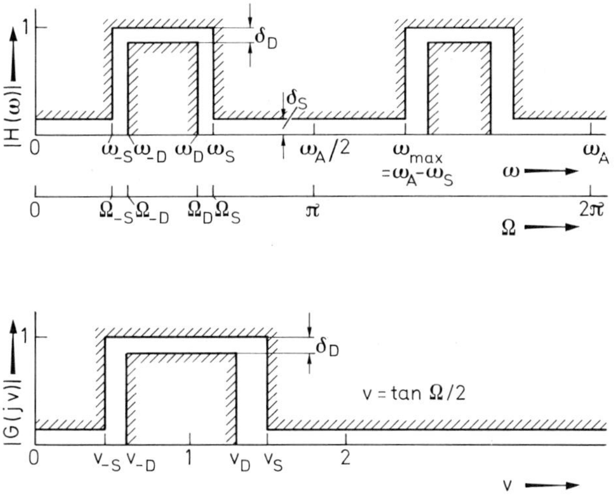

Bild 3.31. Zur Transformation des Toleranzschemas eines diskreten Systems

Wenn Vorschriften für die Phase $\varphi(\Omega)$ bzw. die Gruppenlaufzeit $\tau_g(\Omega)$ des diskreten Systems gemacht werden, können die Verhältnisse etwas anders liegen. Zu beachten ist insbesondere, daß die Gruppenlaufzeit $\tau_g(\Omega)$ entsprechend

$$\tau_g^w = \frac{d\varphi(v)}{dv} = \frac{2}{1+v^2}\,\tau_g(2\arctan v) \qquad (3.4\text{-}3)$$

in die Gruppenlaufzeit des Bildsystems im w-Bereich transformiert wird. Bild 3.32 veranschaulicht, daß eine für das diskrete System gewünschte konstante Gruppen-

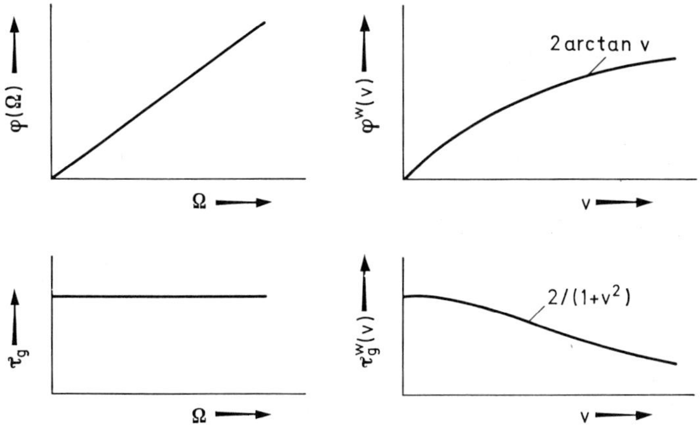

Bild 3.32. Transformation von linearer Phase und konstanter Gruppenlaufzeit

laufzeit zu der Aufgabe führt, im w-Bereich ein System mit in bestimmter Weise fallender Gruppenlaufzeit zu entwerfen. Daher können die für den Entwurf kontinuierlicher Systeme mit konstanter Gruppenlaufzeit vorhandenen Lösungen nicht für entsprechende diskrete Systeme verwendet werden. Bei der Aufgabe, die Gruppenlaufzeit eines gegebenen Systems mit Allpässen auszugleichen wird dagegen im allgemeinen ein nichtkonstanter Gruppenlaufzeitgang zu approximieren sein. Die Transformation (3.4-3) überführt diese Aufgabe in eine im Prinzip gleichartige im w-Bereich, für die bei kontinuierlichen Systemen numerische Lösungsmethoden bekannt sind.

3.4.2.2. Wahl des Abtastintervalls T

In Abschnitt 3.1 war für das Abtastintervall T eine obere Schranke angegeben worden. Es war

$$T \leqslant \frac{2\pi}{\omega_{max} + \omega_S}, \qquad (3.1\text{-}5)$$

wobei die größte im Eingangsspektrum enthaltene Frequenz kleiner als ω_{max} und ω_S die höchste Sperrgrenze des gewünschten Filters ist, wenn ein Tiefpaß- oder Bandpaßverhalten gefordert wird. Die Wahl des Abtastintervalls T war offen geblieben. Es soll jetzt gezeigt werden, daß man zweckmäßig T so groß wie möglich wählt.

Von kontinuierlichen Systemen her ist bekannt, daß beim Entwurf eines Tiefpasses bei festgelegten Toleranzschranken im Durchlaß- und Sperrbereich der erforderliche Grad der Übertragungsfunktion sinkt, wenn das Verhältnis von Sperrgrenze zu Durchlaßgrenze größer wird, das Filter also weniger steil wird. Um diese Aussage zu verwenden, überführen wir die Grenzfrequenzen ω_D und ω_S eines zu entwerfenden diskreten Tiefpasses mit Hilfe von (3.4-2b) in die entsprechenden Werte im Bildbereich

$$v_D = \tan\frac{\Omega_D}{2} = \tan\frac{\omega_D T}{2},$$

$$v_S = \tan\frac{\Omega_S}{2} = \tan\frac{\omega_S T}{2}.$$

Der Wert v_S/v_D ist jetzt gleich dem Verhältnis von Sperrgrenze zu Durchlaßgrenze des entsprechenden kontinuierlichen Systems. Mit $\omega_D/\omega_S < 1$ als Parameter ergibt sich

$$\frac{v_S}{v_D} = \frac{\tan\frac{\omega_S T}{2}}{\tan\left(\frac{\omega_D}{\omega_S}\frac{\omega_S T}{2}\right)}. \qquad (3.4\text{-}4)$$

v_S/v_D ist für alle $\omega_D/\omega_S < 1$ eine mit sinkendem T monoton fallende Funktion, die für $T \to 0$ gegen den Wert ω_S/ω_D geht. Das für den erforderlichen Grad des Filters maßgebende Verhältnis v_S/v_D des kontinuierlichen Systems ist also für $T > 0$ stets größer als der entsprechende Wert ω_S/ω_D bei dem zu entwerfenden diskreten System (Bild 3.33). Offenbar hat die Verkleinerung von T unterhalb einer gewissen Grenze nur noch sehr geringen Einfluß auf v_S/v_D. Da aber das Abtastintervall T zugleich die für die Durchführung der Rechenoperationen zur Verfügung stehende Zeit darstellt, ist es im Sinne einer Reduzierung des Aufwandes stets zweckmäßig, T so groß wie nach (3.1-5) möglich zu wählen. Dieses Ergebnis gilt auch für Bandpässe, da mit geeigneten Transformationen ein Bandpaßtoleranzschema in das eines Tiefpasses überführt werden kann. Das ursprünglich vorgelegte Toleranzschema wird also zweckmäßig in ein periodisches mit der kleinstmöglichen Periode transformiert (siehe Bild 3.3). Die anschließende Transformation mit Hilfe von (3.4-2b) liefert dann ein Tiefpaß- oder Bandpaßtoleranzschema in Abhängigkeit von v, auf das die für den Entwurf kontinuierlicher Filter bekannten Methoden angewendet werden können. In den folgenden beiden Abschnitten werden dazu einige allgemeine Aussagen gemacht sowie Standardlösungen kurz dargestellt.

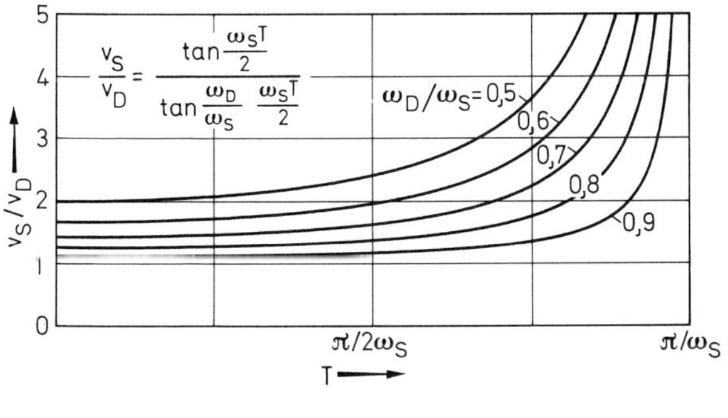

Bild 3.33. Verhältnis von Sperr- zu Durchlaßgrenze nach der Transformation in Abhängigkeit vom Abtastintervall

3.4.2.3. Allgemeines zum Entwurf kontinuierlicher Systeme

Wir gehen aus von einer rationalen Funktion G(w), die die Eigenschaften einer Übertragungsfunktion eines stabilen kontinuierlichen Systems hat. In

$$G(w) = \frac{P(w)}{E(w)} \qquad (3.4\text{-}5)$$

ist E(w) ein Hurwitz-Polynom n-ten Grades, während P(w) ein Polynom höchstens n-ten Grades ist, dessen Nullstellen im allgemeinen beliebig liegen, im

Fall eines minimalphasigen Systems auf die abgeschlossene linke Halbebene beschränkt sind. Die Koeffizienten von $G(w)$ sind jetzt so zu wählen, daß $|G(jv)|$ ein vorgegebenes Toleranzschema bei möglichst niedrigem Grad n befriedigt. Entsprechend (3.1-4) gehen wir von

$$|G(jv)| \leq 1, \ \forall v \tag{3.4-6}$$

aus. Diese Bedingung wird von der Betriebsübertragungsfunktion eines zwischen zwei reellen Widerständen betriebenen rein passiven Vierpols aus physikalischen Gründen zwangsläufig erfüllt. Das für $|G(jv)|$ gestellte Problem wird nun in ein Problem für eine Funktion $|K(jv)|$ transformiert. Es sei

$$|G(jv)|^2 = \frac{1}{1 + C^2|K(jv)|^2}, \tag{3.4-7}$$

wobei C eine reelle Konstante ist. Dann wird

$$|K(jv)|^2 = \frac{1 - |G(jv)|^2}{C^2|G(jv)|^2}. \tag{3.4-8}$$

Offenbar ist der Wertebereich von $|K(jv)|$ im Gegensatz zu dem von $|G(jv)|$ nicht beschränkt. Das Toleranzschema für $|G(jv)|$ geht in ein Toleranzschema für $C|K(jv)|$ über. In dem durch die Bedingung $1 - |G(jv)| \leq \delta_D$ gekennzeichneten Durchlaßbereich muß

$$C|K(jv)| \leq \frac{\sqrt{2\delta_D - \delta_D^2}}{1 - \delta_D} := \Delta_1 \tag{3.4-9}$$

sein, in dem durch $|G(jv)| \leq \delta_S$ gekennzeichneten Sperrbereich muß

$$C|K(jv)| \geq \frac{\sqrt{1 - \delta_S^2}}{\delta_S} := \Delta_2 \tag{3.4-10}$$

erfüllt sein (siehe Bild 3.34). Aus (3.4-7) folgt

$$\begin{aligned} |G(jv_1)| &= 1, \ \text{wenn } K(jv_1) = 0, \\ |G(jv_0)| &= 0, \ \text{wenn } K(jv_0) = \infty . \end{aligned} \tag{3.4-11}$$

Durch

$$G(w)G(-w) = \frac{1}{1 + C^2K(w)K(-w)} \tag{3.4-12}$$

wird eine Funktion K(w) eingeführt. Offenbar geht diese Beziehung für w = jv in (3.4-7) über. Mit G(w) ist auch K(w) rational

$$G(w) = \frac{P(w)}{E(w)} = \frac{\prod_{\mu=1}^{m}(w - w_{0\mu})}{C_E \prod_{\nu=1}^{n}(w - w_{\infty\nu})} \; ; \quad K(w) = \frac{F(w)}{P(w)} = C_K \frac{\prod_{\lambda=1}^{l}(w - w_{1\lambda})}{\prod_{\mu=1}^{m}(w - w_{0\mu})} \, . \tag{3.4-13}$$

Für den Grad der Polynome E(w), F(w) und P(w) gilt $m \leq n$, $l \leq n$. Dabei muß aber $m = n$ oder $l = n$ oder $m = l = n$ sein.

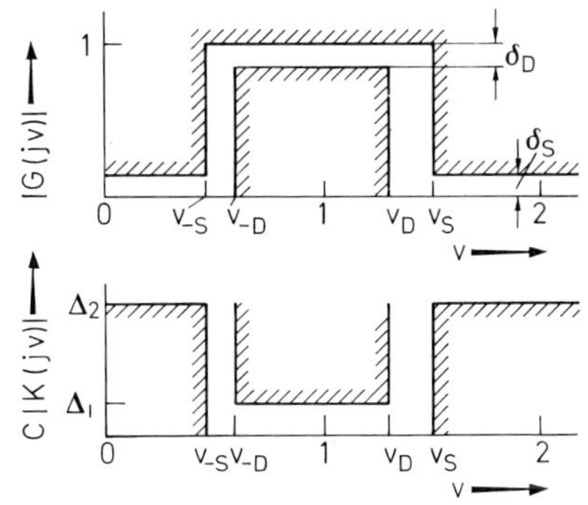

Bild 3.34. Toleranzschemata für |G(jv)| und |K(jv)|

Bei bekannten Werten $w_{1\lambda}$, $w_{0\mu}$ und C erhält man E(w) aus

$$E(w)E(-w) = P(w)P(-w) + C^2F(w)F(-w) \tag{3.4-14}$$

$$C_E^2(-1)^n \prod_{\nu=1}^{n}(w^2 - w_{\infty\nu}^{\;2}) = (-1)^m \prod_{\mu=1}^{m}(w^2 - w_{0\mu}^{\;2}) + (-1)^l C^2 C_K^2 \prod_{\lambda=1}^{l}(w^2 - w_{1\lambda}^{\;2}) .$$

Die reellen oder komplexen Nullstellen von E(w)E(-w) liegen bei $w_{\infty\nu}$ und $-w_{\infty\nu}$ symmetrisch zum Nullpunkt der w-Ebene. Sie können nicht auf der imaginären Achse liegen, wenn man die selbstverständliche Voraussetzung macht, daß dort P(w) und F(w) keine gemeinsamen Nullstellen haben. Aus den im Innern der linken w-Halbebene liegenden Nullstellen $w_{\infty\nu}$ von (3.4-14) ermittelt man E(w) bis auf den Faktor C_E. Für ihn gilt

$$C_E = 1 \quad , \text{ wenn } m = n, \text{ aber } l < n,$$

$$C_E = CC_K \quad , \text{ wenn } m < n, \text{ aber } l = n, \tag{3.4-15}$$

$$C_E = \sqrt{1 + C^2 C_K^2}, \text{ wenn } m = l = n.$$

Um die Null- und Polstellen von K(w) möglichst effektiv für den Entwurf selektiver Filter verwenden zu können, wird man sie stets auf die imaginäre Achse legen, wählt also $w_{1\lambda} = jv_{1\lambda}$, $w_{0\mu} = jv_{0\mu}$.

Mit Hilfe der durch (3.4-12) eingeführten Funktion K(w) läßt sich das Entwurfsproblem für weitgehend beliebige Toleranzschemata wesentlich erleichtern. Bestimmte einfache Toleranzschemata lassen sich darüber hinaus durch geeignete Transformationen in das Toleranzschema eines normierten Tiefpasses überführen,

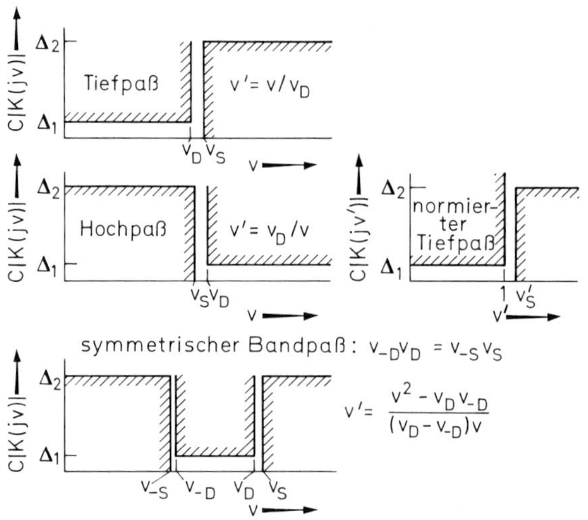

Bild 3.35. Zur Transformation verschiedener Toleranzschemata in das eines normierten Tiefpasses

für den dann geeignete Funktionen K(w) - und damit G(w) - in geschlossener Form angegeben werden können. Die hier benötigten sogenannten Reaktanztransformationen bilden die imaginäre Achse der w-Ebene i.a. mehrfach auf sich selbst ab. Sie entsprechen der in Abschnitt 2.6.6 behandelten Allpaßtransformation diskreter Systeme, wie dort schon erwähnt wurde. Die wichtigsten seien im folgenden kurz dargestellt (Bild 3.35):

Tiefpaß-Tiefpaß-Transformation

$$w' = \frac{w}{v_D}, \quad v' = \frac{v}{v_D}. \tag{3.4-16}$$

Hochpaß-Tiefpaß-Transformation

$$w' = -\frac{v_D}{w}, \quad v' = \frac{v_D}{v}. \tag{3.4-17}$$

Bandpaß-Tiefpaß-Transformation

Unter der Voraussetzung, daß $v_D v_{-D} = v_S v_{-S}$ ist (symmetrischer Bandpaß) und δ_S in beiden Sperrbereichen gleich ist, gilt:

$$w' = \frac{w^2 + v_D v_{-D}}{(v_D - v_{-D})w}, \quad v' = \frac{v^2 - v_D v_{-D}}{(v_D - v_{-D})v}. \tag{3.4-18}$$

Speziell wird

$$v'(v_D) = -v'(v_{-D}) = 1,$$

$$v'(v_S) = -v'(v_{-S}) = \frac{v_S - v_{-S}}{v_D - v_{-D}}.$$

Einen nicht symmetrischen Bandpaß kann man mit Hilfe der Zdunek-Transformation ebenfalls in einen normierten Tiefpaß überführen [3.49]. Auf die Behandlung wird hier verzichtet.

Im folgenden gehen wir vom normierten Tiefpaß mit der Durchlaßgrenze v_D' aus. Zur Vereinfachung der Schreibweise werden in dem nächsten Abschnitt wieder die Variablen w und v verwendet.

3.4.2.4. Standardlösungen für den Entwurf normierter Tiefpässe

Potenzverhalten

Es wird gewählt

$$|K(jv)|^2 = v^{2n} \tag{3.4-19}$$

bzw.

$$K(w) = w^n.$$

Da $|K(jv)|^2$ mit v monoton wächst, erhält man die freien Parameter C in (3.4-7) und n in (3.4-19) aus den Größen Δ_1 und Δ_2 des Toleranzschemas mit Hilfe einer Betrachtung bei v = 1 und $v = v_S$:

$$\begin{aligned} v = 1: \quad & C \leqslant \Delta_1 = \frac{\sqrt{2\delta_D - \delta_D^2}}{1 - \delta_D}, \\ v = v_S: \quad & Cv_S^n \geqslant \Delta_2 = \frac{\sqrt{1 - \delta_S^2}}{\delta_S}. \end{aligned} \tag{3.4-20a}$$

Wählt man $C = \Delta_1$, nutzt also das Toleranzschema im Durchlaßbereich voll aus, so ergibt sich für den ganzzahlig zu wählenden Wert von n die Bedingung

$$n \geqslant \frac{\lg(\Delta_2/\Delta_1)}{\lg v_S} . \tag{3.4-20b}$$

In der Regel wird die rechte Seite in (3.4-20b) nicht ganzzahlig sein. Dann kann man ein eingeengtes Toleranzschema mit den Schranken $\Delta_1' \leqslant \Delta_1$ und (oder) $\Delta_2' \geqslant \Delta_2$ befriedigen. Dazu wählt man die Konstante C unter Beachtung von $\Delta_2 v_S^{-n} \leqslant C \leqslant \Delta_1$, wobei die Annäherung an die linke Schranke eine stärkere Ausnutzung des Toleranzschemas im Sperrbereich bedeutet. Gesichtspunkte, die von der für die Realisierung gewählten Struktur abhängen, sind maßgebend dafür, ob man den Spielraum im Durchlaß- oder Sperrbereich oder in beiden zur Einengung des Toleranzschemas ausnutzt (Abschn. 5.2.3).

Charakteristisch für den Verlauf von $|G(jv)|$ ist, daß diese Funktion bei $v = 0$ maximal flach ist. Es gilt

$$|G(jv)| = \frac{1}{\sqrt{1 + C^2 v^{2n}}} = 1 - \frac{1}{2} C^2 v^{2n} + \frac{3}{8} C^4 v^{4n} \mp \dots$$

für $C^2 v^2 < 1$. Die ersten $2n - 1$ Ableitungen von $|G(jv)|$ verschwinden für $v = 0$.

Von Interesse ist noch die Lage der Polstellen von $G(w)$, d.h. der Nullstellen von $E(w)$. Mit $m = 0$, $l = n$, $C_E = C$, $w_{1\lambda} = 0 \;\forall \lambda$ folgt aus (3.4-14)

$$C^2 (-1)^n \prod_{\nu=1}^{n} (w^2 - w_{\infty\nu}^2) = 1 + (-1)^n C^2 w^{2n}$$

und damit

$$\begin{aligned} w_{\infty\nu} &= C^{-\frac{1}{n}} e^{j\left[\frac{\pi}{2} + \frac{2\nu - 1}{2n}\pi\right]} \\ &= C^{-\frac{1}{n}} \left[-\sin\frac{2\nu - 1}{2n}\pi + j\cos\frac{2\nu - 1}{2n}\pi\right], \quad \nu = 1(1)n . \end{aligned} \tag{3.4-21}$$

Die Polstellen von $G(w)$ liegen offenbar gleichmäßig verteilt auf dem Teil des Kreises mit dem Radius $C^{-1/n}$ um den Nullpunkt, der sich in der linken Halbebene befindet. Bild 3.36 zeigt ihre Lage für $n = 5$ und $C = 1$ sowie die zugehörige Funktion $|G(jv)|$. Der hier willkürlich gewählte Wert für C gehört bei $C = \Delta_1$ zu $\delta_D = 1 - (1/2)\sqrt{2}$.

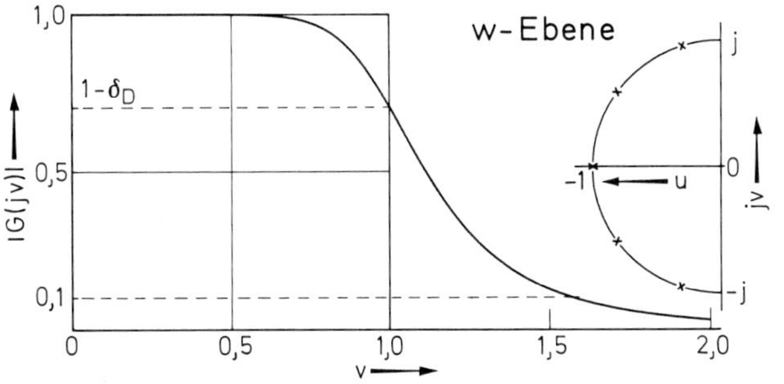

Bild 3.36. Pollagen und $|G(jv)|$ bei Potenzverhalten ($n = 5$; $\delta_D = 1 - \frac{1}{2}\sqrt{2}$; $C = 1$; $\delta_S = 0{,}1$; $v_S = 1{,}583$)

T s c h e b y s c h e f f - A p p r o x i m a t i o n   i m   D u r c h l a ß b e r e i c h

Es wird gewählt

$$|K(jv)|^2 = T_n^2(v). \tag{3.4-22}$$

Hier ist $T_n(v)$ das Tschebyscheff-Polynom, das durch

$$T_n(v) = \begin{cases} \cos(n \arccos v), & |v| \leq 1, \\ \cosh(n \operatorname{arcosh} v), & |v| \geq 1 \end{cases} \tag{3.4-23}$$

definiert ist. Unter Verwendung von $T_0(v) = 1$ und $T_1(v) = v$ kann man Tschebyscheff-Polynome mit der Rekursionsbeziehung

$$T_{n+1}(v) = 2vT_n(v) - T_{n-1}(v) \tag{3.4-24}$$

berechnen. Andere Darstellungen finden sich z.B. in [3.50]. Die ersten sechs Tschebyscheff-Polynome sind

$$\begin{aligned} T_0(v) &= 1, & T_3(v) &= 4v^3 - 3v, \\ T_1(v) &= v, & T_4(v) &= 8v^4 - 8v^2 + 1, \\ T_2(v) &= 2v^2 - 1, & T_5(v) &= 16v^5 - 20v^3 + 5v. \end{aligned} \tag{3.4-25}$$

Bild 3.37 zeigt ihren Verlauf für $|v| \leq 1$. Wichtige Eigenschaften sind:

a) Im Tschebyscheff-Polynom $T_n(v)$ ist der Koeffizient des Gliedes v^n gleich 2^{n-1}. Der Höchstwert von $T_n(v)$ im Intervall $-1 \leq v \leq 1$ ist gleich 1. Er wird an $n - 1$ Punkten im Innern des Intervalls und an den beiden Intervallgrenzen $v = \pm 1$ erreicht.

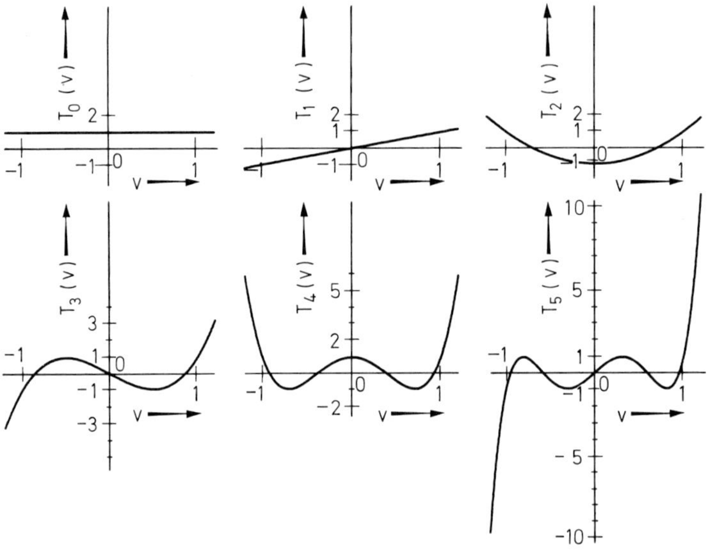

Bild 3.37. Tschebyscheff-Polynome $T_n(v)$; n = 0(1)5

b) Von allen Polynomen n-ten Grades, bei denen der Koeffizient des Gliedes v^n gleich 1 ist, approximiert $2^{-n+1}T_n(v)$ den Wert Null im Intervall $-1 \leq v \leq 1$ derart, daß die größte Abweichung des Betrages minimal ist (Approximation im Tschebyscheffschen Sinn).

c) Die n Nullstellen von $T_n(v)$ sind reell. Sie liegen bei

$$v_{1\lambda} = \cos(2\lambda - 1)\frac{\pi}{2n}, \qquad \lambda = 1(1)n. \tag{3.4-26}$$

Aus den Eigenschaften von $T_n(v)$ gewinnt man wieder die Konstanten C und n für den Entwurf aus den Bedingungen bei $v = 1$ und $v = v_S$:

$$v = 1: \qquad C \leq \Delta_1 = \frac{\sqrt{2\delta_D - \delta_D^2}}{1 - \delta_D},$$

$$v = v_S: \quad CT_n(v_S) \geq \Delta_2 = \frac{\sqrt{1 - \delta_S^2}}{\delta_S}. \tag{3.4-27a}$$

Mit $C = \Delta_1$ und $T_n(v_S) = \cosh(n \operatorname{arcosh} v_S)$ folgt für den Grad

$$n \geqslant \frac{\operatorname{arcosh} \frac{\Delta_2}{\Delta_1}}{\operatorname{arcosh} v_S} . \tag{3.4-27b}$$

Auch hier wird sich durch die Festlegung eines ganzzahligen Wertes für n in der Regel ein gewisser Spielraum ergeben, für dessen Ausnutzung das bei Tiefpässen mit Potenzverhalten Gesagte gilt. Die Konstante C ist dabei unter Beachtung von $\Delta_2 T_n^{-1}(v_S) \leqslant C \leqslant \Delta_1$ zu wählen. In den durch (3.4-26) gegebenen

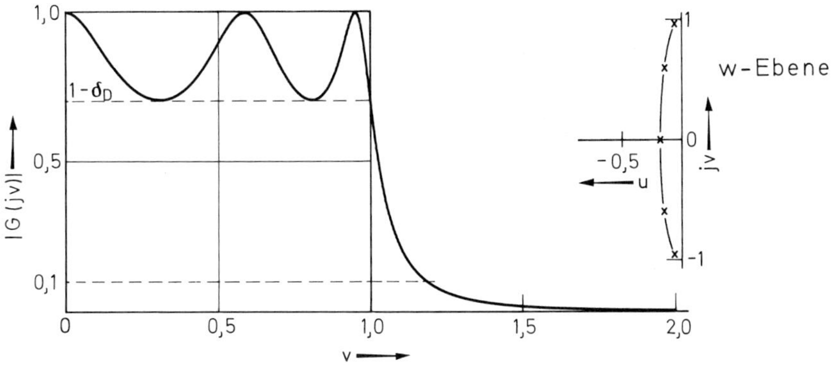

Bild 3.38. Pollagen und $|G(jv)|$ bei Tschebyscheff-Verhalten im Durchlaßbereich ($n = 5$; $\delta_D = 1 - \frac{1}{2}\sqrt{2}$; $C = 1$; $\delta_S = 0,1$; $v_S = 1,185$)

Nullstellen $v_{1\lambda}$ von $K(jv)$ wird $|G(jv)| = 1$. Für die Polstellen von $G(w)$ findet man nach Zwischenrechnung (z.B. [3.44])

$$w_{\infty\nu} = -\sinh a \sin\frac{2\nu - 1}{n}\,\frac{\pi}{2} + j \cosh a \cos\frac{2\nu - 1}{n}\,\frac{\pi}{2}, \quad \nu = 1(1)n. \tag{3.4-28}$$

Hier ist

$$a = \frac{1}{n} \operatorname{arsinh} \frac{1}{C} . \tag{3.4-29}$$

Sind $u_{\infty\nu}$ und $v_{\infty\nu}$ Real- und Imaginärteil dieser Polstelle, so gilt

$$\frac{u_{\infty\nu}^2}{\sinh^2 a} + \frac{v_{\infty\nu}^2}{\cosh^2 a} = 1 .$$

Offenbar liegen die Pole auf einer Ellipse mit den Halbachsen $\sinh a$ und $\cosh a$. Bild 3.38 zeigt ihre Lage für $n = 5$ und $C = 1$ (bzw. $\delta_D = 1 - (1/2)\sqrt{2}$) sowie die zugehörige Funktion $|G(jv)|$. Der Vergleich mit Bild 3.36 läßt erkennen, daß beim

Tschebyscheff-Filter der Frequenzgang bei gleicher maximaler Abweichung im Durchlaßintervall für $v > 1$ wesentlich steiler verläuft.

Tschebyscheff-Approximation im Sperrbereich

Die Tschebyscheff-Polynome lassen sich auch für eine gleichmäßige Approximation im Sperrbereich verwenden. Dazu wird gewählt

$$|K(jv)|^2 = \frac{1}{T_n^2\left(\frac{v_S}{v}\right)} . \tag{3.4-30}$$

Im Bereich $v_S \leq |v| \leq \infty$ gilt dann $|K(jv)|^2 \geq 1$. Dieser Minimalwert wird auch bei $v = v_S$ angenommen. Für $v < v_S$ sinkt $|K(jv)|$ monoton mit sinkendem v. Die Konstanten C und n erhält man entsprechend früherem aus:

$$\begin{aligned} v = v_S: \quad & C \geq \Delta_2 = \frac{\sqrt{1 - \delta_S^2}}{\delta_S} , \\ v = 1: \quad & C \frac{1}{T_n(v_S)} \leq \Delta_1 = \frac{\sqrt{2\delta_D - \delta_D^2}}{1 - \delta_D} . \end{aligned} \tag{3.4-31a}$$

Mit $C = \Delta_2$ und $T_n(v_S) = \cosh(n \operatorname{arcosh} v_S)$ folgt auch hier

$$n \geq \frac{\operatorname{arcosh} \frac{\Delta_2}{\Delta_1}}{\operatorname{arcosh} v_S} . \tag{3.4-31b}$$

Den meist vorhandenen Spielraum kann man wieder durch Wahl von C auf Durchlaß- und Sperrbereich verteilen. Hier gilt $\Delta_2 \leq C \leq \Delta_1 T_n(v_S)$, wobei wieder die Annäherung an die linke Schranke eine stärkere Ausnutzung des Toleranzschemas im Sperrbereich bedeutet.

Für die Nullstellen von $G(jv)$ erhält man mit (3.4-30) und (3.4-26)

$$v_{0\mu} = \frac{v_S}{\cos(2\mu - 1)\frac{\pi}{2n}} , \quad \mu = 1(1)n . \tag{3.4-32}$$

Die Polstellen $w_{\infty\nu} = u_{\infty\nu} + jv_{\infty\nu}$ von $G(w)$ liegen bei

$$\begin{aligned} u_{\infty\nu} &= -v_S \frac{\sinh a_1 \cdot \sin \frac{2\nu - 1}{n} \frac{\pi}{2}}{\left|\cos\left[\frac{2\nu - 1}{n} \frac{\pi}{2} + ja_1\right]\right|^2} , \quad \nu = 1(1)n , \\ v_{\infty\nu} &= v_S \frac{\cosh a_1 \cdot \cos \frac{2\nu - 1}{n} \frac{\pi}{2}}{\left|\cos\left[\frac{2\nu - 1}{n} \frac{\pi}{2} + ja_1\right]\right|^2} , \quad \nu = 1(1)n . \end{aligned} \tag{3.4-33}$$

Hier ist $a_1 = (1/n)\,\mathrm{arsinh}\,C$.

Bild 3.39 zeigt die Lage der Pol- und Nullstellen von $G(w)$ für $n = 5$ und $\Delta_1 = 1$ sowie $|G(jv)|$.

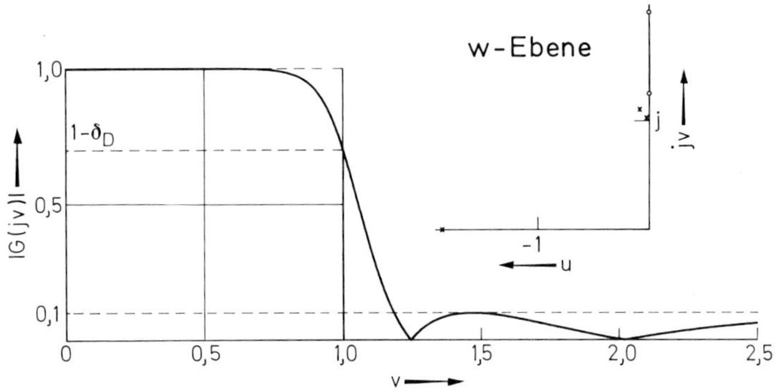

Bild 3.39. Pol-Nullstellenlagen und $|G(jv)|$ bei Tschebyscheff-Verhalten im Sperrbereich ($n = 5$; $\delta_D = 1 - \frac{1}{2}\sqrt{2}$; $\delta_S = 0{,}1$; $v_S = 1{,}185$; $C = 9{,}95$)

Tschebyscheff-Approximation im Durchlaß- und Sperrbereich (Cauer-Filter)

Es wird gewählt

$$K(jv) = j\kappa^n v \prod_{\nu=1}^{[n/2]} \frac{v_{1\nu}^2 - v^2}{1 - v_{1\nu}^2 \kappa^4 v^2}, \quad n \text{ ungerade}, \quad \left[\frac{n}{2}\right] = \frac{n-1}{2}, \tag{3.4-34a}$$

$$K(jv) = \kappa^n \prod_{\nu=1}^{[n/2]} \frac{v_{1\nu}^2 - v^2}{1 - v_{1\nu}^2 \kappa^4 v^2}, \quad n \text{ gerade}, \quad \left[\frac{n}{2}\right] = \frac{n}{2}. \tag{3.4-34b}$$

Dabei ist

$$v_{1\nu} = \mathrm{sn}\,\frac{n - 2\nu + 1}{n} K_0; \quad \nu = 1(1)\left[\frac{n}{2}\right]; \tag{3.4-35}$$

wobei sn die Jacobische elliptische Funktion mit dem Modul $\kappa^2 < 1$ und K_0 das vollständige elliptische Integral erster Gattung mit dem Modul κ^2 bedeuten. Statt mit κ wird häufig mit dem Modulwinkel θ gearbeitet, der mit κ durch

$$\kappa^2 = \sin\theta \tag{3.4-36}$$

zusammenhängt.

Die durch (3.4-34) und (3.4-35) beschriebene Funktion hat folgende Eigenschaften:

$$|K(jv_{1\nu})| = 0 \rightarrow |G(jv_{1\nu})| = 1\,,$$
$$\left|K\left(j\frac{1}{\varkappa^2 v_{1\nu}}\right)\right| = \infty \rightarrow \left|G\left(j\frac{1}{\varkappa^2 v_{1\nu}}\right)\right| = 0\,, \qquad (3.4\text{-}37)$$

$$|K| \leqslant \max|K| = \Delta\,, \qquad 0 \leqslant v \leqslant 1\,,$$
$$|K| \geqslant \frac{1}{\max|K|} = \Delta^{-1}\,, \qquad \frac{1}{\sin\theta} \leqslant v \leqslant \infty\,, \qquad (3.4\text{-}38)$$

mit

$$\Delta = \varkappa^n \prod_{\nu=1}^{[n/2]} \mathrm{sn}^2\left(\frac{2\nu-1}{n}K_0\right) = \Delta(\varkappa, n)$$
$$= \varkappa^n \prod_{\nu=1}^{[n/2]} v_{e\nu}^2, \text{ wenn } n \text{ ungerade}, \qquad (3.4\text{-}39)$$
$$= \varkappa^n \prod_{\nu=1}^{n/2} v_{1\nu}^2, \text{ wenn } n \text{ gerade}.$$

$|K|$ nimmt im Bereich $0 < v < 1$ den Extremalwert Δ in den Punkten

$$v_{e\nu} = \mathrm{sn}\,\frac{n-2\nu}{n}K_0\,, \qquad \nu = 1(1)\left[\frac{n-1}{2}\right] \qquad (3.4\text{-}40)$$

sowie bei $v = 1$ an. Für gerade Werte von n wird er außerdem bei $v = 0$ angenommen. Der Verlauf von $K(jv)$ wird in Bild 3.40 für $n = 3,4$ und 5 bei einem Modulwinkel $\theta = 60°$ gezeigt.

Die Zahlenwerte der Parameter $v_{1\nu}$ und $v_{e\nu}$ kann man in der Form $\varkappa v_{1\nu}$ bzw. $\varkappa v_{e\nu}$ für $n = 1(1)12$ und $\theta = 0°(1°)90°$ einer von Glowatzki errechneten Tabelle entnehmen [3.51]. Dort ist auch die Maximalabweichung Δ tabelliert. In der hier verwendeten Normierung finden sich die $v_{1\nu}$ für $n = 1(1)9$ und einen eingeschränkten Bereich für θ z.B. in [3.49], wo auch für verschiedene Werte von C die Parameter der zugehörigen Funktion $G(w)$ angegeben sind. Im übrigen kann die Berechnung der $v_{1\nu}$ und $v_{e\nu}$ z.B. nach den in [3.52] oder [3.53] angegebenen Beziehungen erfolgen.

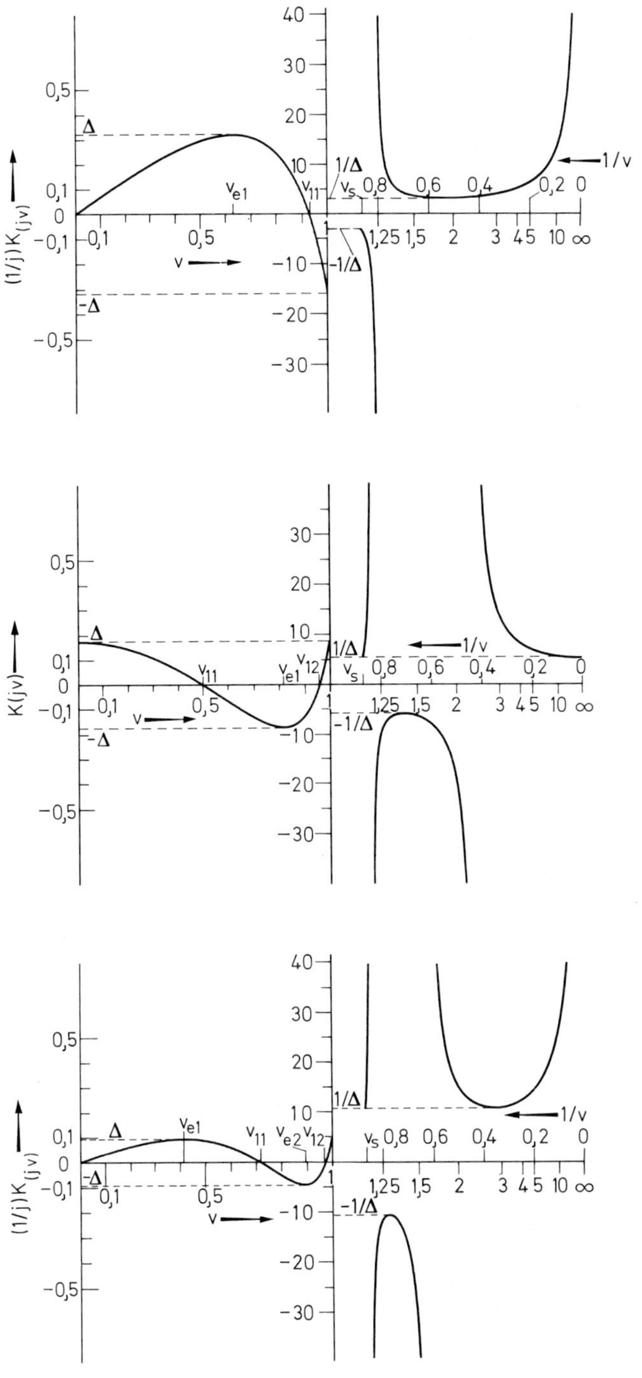

Bild 3.40. Charakterische Funktionen K(jv) für Tschebyscheff-Approximation im Durchlaß- und Sperrbereich (n = 3, 4 und 5; Θ = 60°)

Bei vorgegebenen Werten δ_D, δ_S und v_S bzw. Δ_1, Δ_2 und v_S kann jetzt die Dimensionierung, d.h. die Bestimmung der Parameter n, θ und C vorgenommen werden. Aus (3.4-38) folgt

$$v_S = \frac{1}{\sin\theta} \rightarrow \theta = \arcsin\frac{1}{v_S} \quad . \tag{3.4-41a}$$

Hieraus ergibt sich mit (3.4-9) und (3.4-10)

$$C\,\Delta \leqslant \Delta_1 = \frac{\sqrt{2\delta_D - \delta_D^2}}{1 - \delta_D} \,,$$

$$C\,\frac{1}{\Delta} \geqslant \Delta_2 = \frac{\sqrt{1 - \delta_S^2}}{\delta_S}$$

und damit

$$\Delta \leqslant \sqrt{\frac{\Delta_1}{\Delta_2}} \,, \tag{3.4-41b}$$

$$\Delta_2 \Delta \leqslant C \leqslant \frac{\Delta_1}{\Delta} \,. \tag{3.4-41c}$$

In Bild 3.41 wurde Δ in Abhängigkeit von v_S für verschiedene Werte von n im logarithmischen Maßstab dargestellt. Nach Bestimmung der unteren Schranke

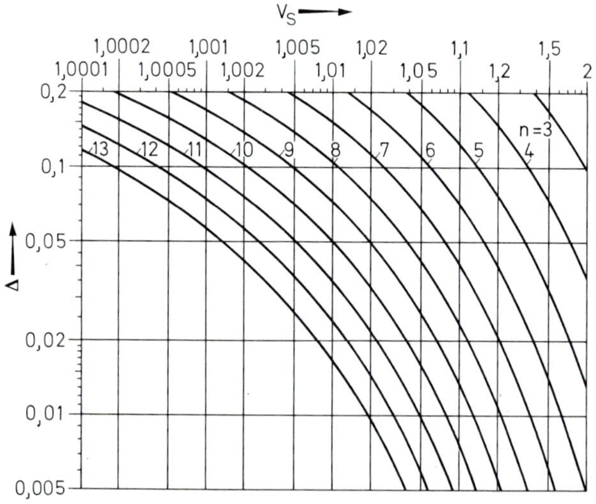

Bild 3.41. $\Delta(v_S, n)$ für n = 3(1)13

für Δ aus (3.4-41b) gewinnt man mit dieser Kurventafel den erforderlichen Grad n. Den dann meist vorhandenen Spielraum kann man wieder durch Wahl von C innerhalb der durch (3.4-41c) gegebenen Schranken auf Durchlaß- und Sperrbereich verteilen. Bei der Ermittlung des Polynoms $E(w)$ geht man zweckmäßig von (3.4-12) aus und setzt dort das aus (3.4-34) mit $w := jv$ gewonnene $K(w)$ ein. Bei der Bestimmung der Konstanten C_E nach (3.4-15) ist zu setzen

$$C_K = \frac{1}{\varkappa^{n-2} \prod_{\nu=1}^{[n/2]} v_{1\nu}^2}, \text{ wenn n ungerade} \qquad (3.4\text{-}42)$$

$$C_K = \frac{1}{\Delta}, \text{ wenn n gerade}$$

Für den schon früher behandelten Fall $\delta_D = 1 - (1/2)\sqrt{2}$, $\delta_S = 0{,}1$ und $n = 5$ zeigt Bild 3.42 die Pol-Nullstellenlagen sowie $|G(jv)|$.

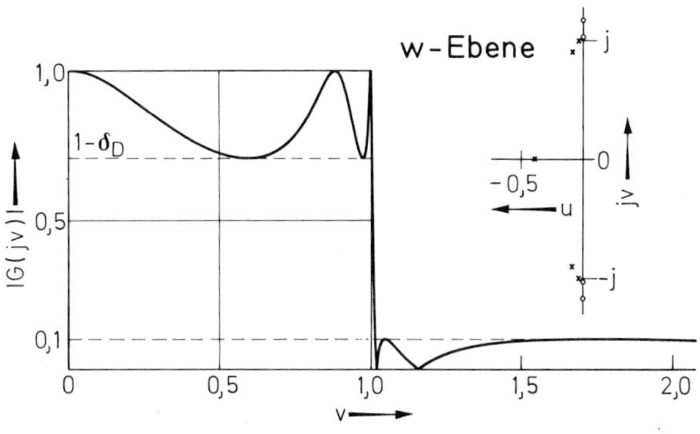

Bild 3.42. Pol-Nullstellenlagen und $|G(jv)|$ bei Tschebyscheff-Verhalten im Durchlaß- und Sperrbereich ($n = 5$; $\delta_D = 1 - \frac{1}{2}\sqrt{2}$; $\delta_S = 0{,}1$; $v_S = 1{,}0097$)

Die Unterschiede zwischen den diskutierten Standardlösungen zeigen sich, abgesehen von den Verläufen des $|G(jv)|$, in den erreichten Werten für die Sperrgrenze v_S, die beim Cauer-Filter minimal wird.

3.4.2.5. Entwurfsablauf

Der Entwurf eines digitalen rekursiven Filters mit Hilfe der Transformation einer Standardlösung für ein entsprechendes kontinuierliches System sei an zwei Beispielen erläutert.

Tiefpaß

Vorgeschrieben sei $f_D = 6\text{kHz}$, $\delta_D = 0{,}02$; $f_S = 6{,}77\text{kHz}$, $\delta_S = 0{,}001$, $f_{max} = 29\text{kHz}$.

a) Wahl des Abtastintervalles (3.1-5) bzw. der Abtastfrequenz:

$$f_A = \frac{1}{T} \geq f_S + f_{max}; \text{ gewählt } f_A = 36\,\text{kHz}.$$

b) Frequenznormierung des Toleranzschemas mit $\Omega = (2\pi/f_A)f$:

$\Omega_D = 1,047$, $\Omega_S = 1,182$.

c) Transformation des Toleranzschemas nach (3.4-2b):

$v_D = 0,5774$, $v_S = 0,671$

d) Transformation in einen normierten Tiefpaß (3.4-16):

$v'_D = 1,0$, $v'_S = 1,161697$.

e) Ermittlung der Toleranzschranken für $C|K(jv')|$ (3.4-9), (3.4-10):

$\Delta_1(\delta_D) = 0,20306$; $\Delta_2(\delta_S) = 999,9995$.

f) Wahl der Approximationsart, dann Berechnung bzw. Festlegung von n und C: Gewählt werde das Tschebyscheff-Verhalten im Durchlaß- und Sperrbereich. Mit (3.4-41), v'_S und Bild 3.41 wird

$\Delta \leqslant 0,01425 \rightarrow$ gewählt $n = 8$ mit $\Delta = 0,013993$.

(Bei Potenzverhalten wäre $n = 57$, bei Tschebyscheff-Verhalten im Durchlaß- oder Sperrbereich $n = 17$ erforderlich.)

Aus (3.4-41c) ergibt sich hier

$13,993 \leqslant C \leqslant 14,511$.

Gewählt wird $C = \sqrt{\Delta_1\Delta_2} = 14,25$. Damit werden die Werte $\delta'_D = 0,0193 < \delta_D$ und $\delta'_S = 0,000982 < \delta_S$ erreicht.

g) Bestimmung von $G(w')$ mit (3.4-34b), (3.4-12), (3.4-42):

Nr.	Nullstellen $w'_0 = \mathrm{Re}\{w'_0\} + j\,\mathrm{Im}\{w'_0\}$	Polstellen $w'_\infty = \mathrm{Re}\{w'_\infty\} + j\,\mathrm{Im}\{w'_\infty\}$
1,2	$0 \pm j\,1,172747$	$-0,385142 \pm j\,0,298476$
3,4	$0 \pm j\,1,284381$	$-0,232247 \pm j\,0,737445$
5,6	$0 \pm j\,1,709221$	$-0,100229 \pm j\,0,941297$
7,8	$0 \pm j\,4,431277$	$-0,026299 \pm j\,1,011967$

$C_E = 7,824180$.

h) Bestimmung von G(w) und H(z) gemäß (3.4-16) und mit (3.4-1b):

Nr.	Nullstellen $z_0 = \rho_0 e^{j\psi_0}$		Polstellen $z_\infty = \rho_\infty e^{j\psi_\infty}$	
	ρ_0	ψ_0	ρ_∞	ψ_∞
1,2	1	± 68,2027°	0,796552	± 46,7604°
3,4	1	± 73,1167°	0,645230	± 20,5194°
5,6	1	± 89,2398°	0,914523	± 57,1689°
7,8	1	± 137,3020°	0,977615	± 60,6006°

Konstanter Faktor $b_m = 0{,}0076183$.

Damit sind alle Zahlenwerte bekannt, mit denen die Parameter für eine der in Abschnitt 2.7 angegebenen Strukturen bestimmt werden können.

Bandpaß

Vorgeschrieben sei: $f_{-D} = 20\text{kHz}$, $f_D = 40\text{kHz}$, $\delta_D = 0{,}02$, $f_{-S} = 18{,}5\text{kHz}$, $f_S = 42\text{kHz}$, $\delta_S = 0{,}001$, $f_{max} = 150\text{kHz}$.

a) Abtastfrequenz $f_A \geqslant f_S + f_{max}$; gewählt $f_A = 200\text{kHz}$.

b) Frequenznormierung $\Omega = 2\pi f/f_A$,

$\Omega_{-D} = 0{,}628319$, $\Omega_D = 1{,}256637$, $\Omega_{-S} = 0{,}581195$, $\Omega_S = 1{,}319469$.

c) Transformation in den w-Bereich liefert

$v_{-D} = 0{,}324920$, $v_D = 0{,}726543$, $v_{-S} = 0{,}299063$, $v_S = 0{,}775680$,

$v_{-D}v_D = 0{,}236068 \neq v_{-S}v_S = 0{,}231977$.

Um die Symmetriebedingung zu erfüllen, werden v_S und v_{-S} im Sinne einer Verschärfung des Toleranzschemas geändert in $v_S = 0{,}772252$ und $v_{-S} = 0{,}305688$. Das entspricht $f_S = 41{,}86$ kHz und $f_{-S} = 18{,}89$ kHz.

d) Transformation in den normierten Tiefpaß mit (3.4-18) liefert $v_D' = 1{,}0$, $v_S' = 1{,}1616971$.

Da die Werte v_S', δ_D und δ_S dieselben sind wie bei dem eben behandelten Tiefpaß, können die dort gefundenen Werte unmittelbar übernommen werden. Es entfallen also die Punkte e, f und g.

h) Bestimmung von G(w) und H(z) gemäß (3.4-18) und (3.4-1b):

G(w)

Nr.	Nullstellen $w_0 = \mathrm{Re}\{w_0\} + j\,\mathrm{Im}\{w_0\}$	Polstellen $w_\infty = \mathrm{Re}\{w_\infty\} + j\,\mathrm{Im}\{w_\infty\}$
1, 2	0 ± j 0,775435	- 0,032988 ± j 0,357886
3, 4	0 ± j 0,304433	- 0,060288 ± j 0,654061
5, 6	0 ± j 0,808001	- 0,067753 ± j 0,423562
7, 8	0 ± j 0,292164	- 0,086929 ± j 0,543436
9,10	0 ± j 0,938106	- 0,012825 ± j 0,331982
11,12	0 ± j 0,251644	- 0,027429 ± j 0,710029
13,14	0 ± j 1,903707	- 0,003243 ± j 0,323417
15,16	0 ± j 0,124005	- 0,007319 ± j 0,729846

H(z)

Nr.	Nullstellen $z_0 = \rho_0 e^{j\psi_0}$		Polstellen $z_\infty = \rho_\infty e^{j\psi_\infty}$	
	ρ_0	ψ_0	ρ_∞	ψ_∞
1, 2	1,0	± 75,5825°	0,943183	± 39,4183°
3, 4	1,0	± 33,8640°	0,919032	± 66,5081°
5, 6	1,0	± 77,8765°	0,891409	± 46,0719°
7, 8	1,0	± 32,5729°	0,874379	± 57,3239°
9,10	1,0	± 86,3417°	0,977161	± 36,7355°
11,12	1,0	± 28,2497°	0,964187	± 70,7787°
13,14	1,0	± 124,5749°	0,994145	± 35,8445°
15,16	1,0	± 14,1377°	0,990495	± 72,2493°

3.4.3. Entwurf digitaler Filter im z-Bereich

3.4.3.1. Allgemeines

Wir beschränken uns auch hier auf die Aufgabe, selektive digitale Filter zu entwerfen, für die im Durchlaßbereich $1 - |H(\Omega)| \leq \delta_D$ und im Sperrbereich bzw.

in den Sperrbereichen $|H(\Omega)| < \delta_S$ vorgeschrieben ist. Wie schon in Abschnitt 3.4.1 angegeben, kann man bei dieser Aufgabe die für den Entwurf kontinuierlicher Systeme entwickelten Entwurfsmethoden in entsprechende Verfahren im z-Bereich übertragen. Die Gedankengänge sind völlig analog zu denen, die in Abschnitt 3.4.2.3 für kontinuierliche Systeme behandelt wurden. Sie werden daher im folgenden nur sehr kurz dargestellt.

Wir führen wieder eine Hilfsfunktion ein, für die wir auch hier die Bezeichnung K wählen. Die (3.4-7) und (3.4-8) entsprechenden Beziehungen sind

$$|H(\Omega)|^2 = \frac{1}{1 + C^2 |K(\Omega)|^2}, \qquad (3.4\text{-}43)$$

$$|K(\Omega)|^2 = \frac{1 - |H(\Omega)|^2}{C^2 |H(\Omega)|^2}. \qquad (3.4\text{-}44)$$

Für die Schranken von $C|K(\Omega)|$ gelten wieder (3.4-9) und (3.4-10). Weiterhin gilt (3.4-11) entsprechend. An Stelle von (3.4-12) führen wir mit

$$H(z)H(z^{-1}) = \frac{1}{1 + C^2 K(z)K(z^{-1})} \qquad (3.4\text{-}45)$$

eine Funktion K(z) so ein, daß (3.4-45) für $z = e^{j\Omega}$ in (3.4-43) übergeht. Mit

$$H(z) = b_m \frac{\prod_{\mu=1}^{m} (z - z_{0\mu})}{\prod_{\nu=1}^{n} (z - z_{\infty\nu})} \quad \text{und} \quad K(z) = C_K \frac{\prod_{\lambda=1}^{l} (z - z_{1\lambda})}{\prod_{\mu=1}^{m} (z - z_{0\mu})}$$

kann man für die Bestimmung der Polstellen $z_{\infty\nu}$ und des Faktors b_m aus $z_{0\mu}$, $z_{1\lambda}$ und C Beziehungen aufstellen, die (3.4-14) und (3.4-15) entsprechen [3.54].

Mit der so eingeführten Funktion K(z) läßt sich das Entwurfsproblem im z-Bereich bei selektiven Filtern vereinfachen. Weiterhin kann man einfache Toleranzschemata auch hier in das Toleranzschema eines normierten Tiefpasses überführen, für den wieder geschlossene Lösungen angegeben werden können. Das Verfahren wird im folgenden kurz gezeigt.

3.4.3.2. Allpaßtransformation

Im Abschnitt 2.6.6 wurde bereits die Allpaßtransformation behandelt, bei der man die Variable z^{-1} durch die Übertragungsfunktion $H_A(\zeta)$ eines Allpasses mit $|H_A(e^{j\Omega^\zeta})| = 1$ ersetzt. Bei dieser Transformation wird der Einheitskreis n-fach auf sich selbst abgebildet, wenn n der Grad der verwendeten Allpaßfunktion ist. Wir beschränken uns auch hier auf die Transformationen, mit denen Tiefpässe, Hochpässe und symmetrische Bandpässe in einen normierten Tiefpaß überführt werden [3.55], [3.56]. Die Transformationen werden schematisch in Bild 3.43 erläutert (siehe auch Bild 2.15).

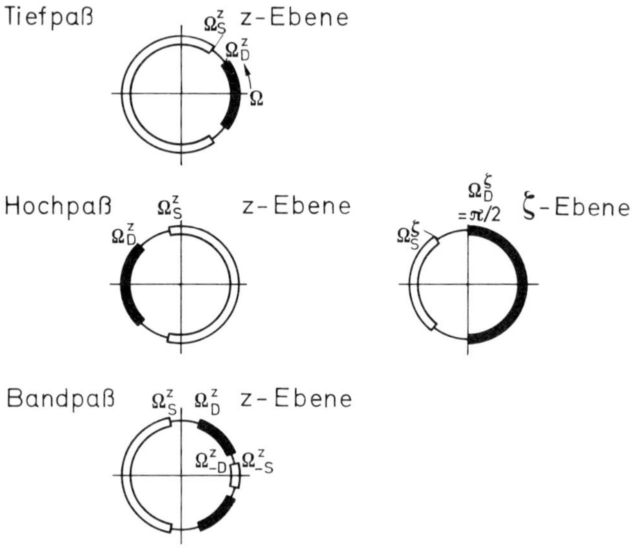

Bild 3.43. Zur Allpaß-Transformation von Tiefpaß, Hochpaß und symmetrischem Bandpaß in einen normierten Tiefpaß

Im folgenden sei ζ die Variable des normierten Tiefpasses. Auf dem Einheitskreis sei $\zeta = e^{j\Omega^\zeta}$. Die Variable des zu entwerfenden Systems sei z, wobei zur Unterscheidung, soweit nötig, auf dem Einheitskreis $z = e^{j\Omega^z}$ gesetzt wird.

Tiefpaß-Tiefpaß-Transformation

$$\zeta = \frac{z + c_0}{c_0 z + 1}, \quad \Omega^\zeta = 2\arctan\left(\frac{1 - c_0}{1 + c_0} \tan \Omega^z/2\right). \tag{3.4-46a}$$

Bei vorgegebenen Grenzfrequenzen des Toleranzschemas Ω_D^z und Ω_S^z erfolgt die Wahl der Transformationskonstanten c_0 zweckmäßig so, daß $\Omega_D^\zeta = \pi/2$ wird.

Man erhält

$$c_0 = \frac{\tan\frac{\Omega_D^z}{2} - 1}{\tan\frac{\Omega_D^z}{2} + 1} = \tan\left(\frac{\Omega_D^z}{2} - \frac{\pi}{4}\right). \qquad (3.4\text{-}47)$$

Damit wird die normierte Sperrgrenze

$$\Omega_S^\zeta = 2\arctan\frac{\tan\Omega_S^z/2}{\tan\Omega_D^z/2}. \qquad (3.4\text{-}48)$$

Die Rücktransformation einer im ζ-Bereich gefundenen Lösung in den z-Bereich erfolgt mit

$$z = \frac{\zeta + 1 + \left(\tan\frac{\Omega_D^z}{2}\right)(\zeta - 1)}{\zeta + 1 - \left(\tan\frac{\Omega_D^z}{2}\right)(\zeta - 1)}. \qquad (3.3\text{-}46b)$$

Man erkennt die starke Verwandtschaft zu der im Abschnitt 3.4.2.3 behandelten Reaktanztransformation, wenn man in den obigen Beziehungen $v = \tan(\Omega^z/2)$ setzt. Generell gilt, daß die Reaktanztransformation durch bilineare Transformation in die Allpaßtransformation übergeht.

Hochpaß-Tiefpaß-Transformation

$$\zeta = -\frac{z + c_0}{c_0 z + 1}, \quad \Omega^\zeta = 2\arctan\left(\frac{c_0 + 1}{c_0 - 1}\,\frac{1}{\tan\Omega^z/2}\right). \qquad (3.4\text{-}49a)$$

Mit

$$c_0 = \frac{\tan\Omega_D^z/2 - 1}{\tan\Omega_D^z/2 + 1} = \tan\left[\Omega_D^z/2 - \frac{\pi}{4}\right] \qquad (3.4\text{-}50)$$

wird $\Omega^z_{-D}/2 = -\Omega_D^z/2$ nach $\Omega_D^\zeta = \frac{\pi}{2}$ transformiert. Für die normierte Sperrgrenze erhält man

$$\Omega_S^\zeta = 2\arctan\frac{\tan\Omega_D^z/2}{\tan\Omega_S^z/2}. \qquad (3.4\text{-}51)$$

Die Rücktransformation erfolgt mit

$$z = \frac{\zeta - 1 - \left(\tan\frac{\Omega_D^z}{2}\right)(\zeta + 1)}{\zeta - 1 + \left(\tan\frac{\Omega_D^z}{2}\right)(\zeta + 1)} \; . \tag{3.4-49b}$$

Bandpaß-Tiefpaß-Transformation

Wir beschränken uns auch hier auf symmetrische Bandpässe, die durch

$$\tan\frac{\Omega_{-D}^z}{2}\tan\frac{\Omega_{+D}^z}{2} = \tan\frac{\Omega_{-S}^z}{2}\tan\frac{\Omega_S^z}{2}$$

und dadurch, daß δ_S in beiden Sperrbereichen gleich ist, gekennzeichnet sind:

$$\zeta = -\frac{z^2 + c_1 z + c_0}{c_0 z^2 + c_1 z + 1} \, , \tag{3.4-52a}$$

$$\Omega^\zeta = 2\arctan\left(\frac{(c_0 + 1)\cos\Omega^z + c_1}{(c_0 - 1)\sin\Omega^z}\right) \tag{3.4-52b}$$

Der normierte Tiefpaß hat wieder die Durchlaßgrenze $\Omega_D^\zeta = \pi/2 = -\Omega_{-D}^\zeta$, wenn man die Parameter

$$c_0 = \frac{1 - \tan\frac{\Omega_D^z - \Omega_{-D}^z}{2}}{1 + \tan\frac{\Omega_D^z - \Omega_{-D}^z}{2}} = \frac{1 + v_D v_{-D} - v_D + v_{-D}}{1 + v_D v_{-D} + v_D - v_{-D}} \, ,$$

$$c_1 = -\frac{\cos\frac{\Omega_D^z + \Omega_{-D}^z}{2}}{\cos\frac{\Omega_D^z - \Omega_{-D}^z}{2}} \; \frac{2}{1 + \tan\frac{\Omega_D^z - \Omega_{-D}^z}{2}} = 2\,\frac{v_D v_{-D} - 1}{1 + v_D v_{-D} + v_D - v_{-D}} \tag{3.4-53}$$

wählt, wobei $v_{\pm D} = \tan\Omega_{\pm D}^z/2$ ist. (3.4-52b) geht dann über in

$$\Omega^\zeta = 2\arctan\frac{\tan^2\frac{\Omega^z}{2} - v_D v_{-D}}{(v_D - v_{-D})\tan\frac{\Omega^z}{2}} \, , \tag{3.4-52c}$$

woraus sich speziell für die Sperrgrenze

$$\Omega_S^\zeta = -\Omega_{-S}^\zeta = 2\arctan\frac{v_S - v_{-S}}{v_D - v_{-D}} \tag{3.4-54}$$

ergibt, wenn $v_{\pm S} = \tan\Omega_{\pm S}^z/2$ gesetzt wird. Der Vergleich mit (3.4-18) zeigt noch einmal die Verwandtschaft zur Reaktanztransformation.

Auch beim Entwurf im z-Bereich kann man einen nichtsymmetrischen Bandpaß mit Hilfe der Zdunek-Transformation in einen normierten Tiefpaß überführen [3.57]. Auf die Darstellung wird wieder verzichtet.

3.4.3.3. Entwurf eines Tiefpasses mit Potenzverhalten

Es ist jetzt eine Übertragungsfunktion $H(\zeta)$ zu finden, die das normierte Toleranzschema erfüllt. Wegen der schon mehrfach betonten engen Beziehungen zum Entwurf kontinuierlicher Systeme lassen sich die in Abschnitt 3.4.2.4 diskutierten Standardlösungen mit Hilfe der bilinearen Transformation unmittelbar verwenden. Das Verfahren sei nur für den Tiefpaß mit Potenzverhalten gezeigt.

Entsprechend (3.4-19) geht man von $|K(jv)|^2 = v^{2n}$ aus und transformiert die v-Achse mit $v = \tan\Omega^\zeta/2$ auf das Intervall $-\pi \leqslant \Omega^\zeta \leqslant \pi$. Dann folgt für $K(\zeta)$

$$K(\zeta)K(\zeta^{-1}) = (-1)\left(\frac{\zeta - 1}{\zeta + 1}\right)^{2n}. \tag{3.4-55}$$

Die Parameter C und n findet man aus

$$C^2\tan^{2n}\frac{\Omega^\zeta}{2} \leqslant \Delta_1^2, \quad \text{für } 0 \leqslant \Omega^\zeta \leqslant \Omega_D^\zeta = \frac{\pi}{2},$$

$$C^2\tan^{2n}\frac{\Omega^\zeta}{2} \geqslant \Delta_2^2, \quad \text{für } \Omega_S^\zeta \leqslant \Omega^\zeta \leqslant \pi$$

durch Betrachtung bei $\Omega_D^\zeta = \pi/2$ und Ω_S^ζ als

$$C = \Delta_1,$$

$$n \geqslant \frac{\lg\frac{\Delta_2}{\Delta_1}}{\lg\tan\frac{\Omega_S^\zeta}{2}}.$$

Den für das ganzzahlig zu wählende n meist vorhandenen Spielraum kann man durch Wahl von C in den Grenzen

$$\frac{\Delta_2}{\tan^n \frac{\Omega_S^\zeta}{2}} \leq C \leq \Delta_1$$

auf Durchlaß- und Sperrbereich verteilen.

Die Polstellen des Systems in der ζ-Ebene findet man durch bilineare Transformation der in der w-Ebene auf einem Kreis mit dem Radius $C^{-1/n}$ gleichmäßig verteilten Polstellen. Sie liegen hier in den Schnittpunkten eines Kreises um den Punkt $(1 + C^{-2/n})/(1 - C^{-2/n})$ mit dem Radius $|2C^{-1/n}/(C^{-2/n} - 1)|$ mit Kreisen um die Punkte $j \tan 1/\Phi_\nu$ mit den Radien $1/\sin \Phi_\nu$. Hier sind die

$$\Phi_\nu = \frac{\pi}{2} + \frac{2\nu - 1}{2n} \pi$$

mit $\nu = 1(1)n$. Bild 3.44 zeigt Pole und Nullstellen für N = 5 und verschiedene Werte von C.

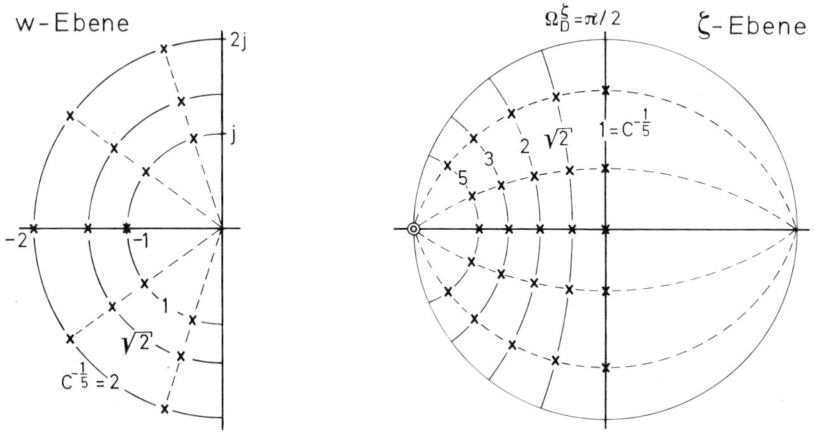

Bild 3.44. Pol-Nullstellendiagramm eines normierten Tiefpasses 5. Grades mit Potenzverhalten für verschiedene Werte von C

3.4.3.4. Abschließende Bemerkungen

Der Entwurf eines selektiven Filters im z-Bereich unterscheidet sich von dem in Abschnitt 3.4.2.5 in Beispielen gezeigten Verfahren vor allem dadurch, daß die zweistufige Transformation des periodischen Toleranzschemas in das nichtperiodische eines normierten kontinuierlichen Tiefpasses durch eine Allpaßtransformation ersetzt wird, die auf das periodische Toleranzschema eines normierten diskreten Tiefpasses führt. Die für kontinuierliche Filter in 3.4.2.4 angegebenen Lösungen, z.B. auch die Cauer-Parameter $v_{1\lambda}$, lassen sich durch bilineare Transformation in die entsprechenden im ζ-Bereich transformieren. Auf eine Erläuterung durch Beispiele sei verzichtet.

Während beim Entwurf selektiver Filter das Vorgehen im z-Bereich keine wesentlichen Vorteile bietet, kann es bei Vorlage eines Toleranzschemas z.B. für den Realteil einer Übertragungsfunktion zweckmäßig sein, sofort im z-Bereich zu arbeiten [3.41].

In Abschnitt 3.4.2.1 wurde schon erwähnt, daß sich kontinuierliche Systeme mit näherungsweise konstanter Gruppenlaufzeit nicht durch die bilineare Transformation in entsprechende diskrete Systeme überführen lassen. Soweit diese Aufgabe bei rekursiven diskreten Systemen überhaupt von Interesse ist, bei denen ja Verzögerungen um Vielfache von T exakt erreicht werden können, muß die Behandlung unmittelbar im z-Bereich erfolgen. Für eine maximal flache Approximation der konstanten Gruppenlaufzeit ist das in [3.58] und [3.59], für die Tschebyscheffsche Approximation in [3.60] geschehen.

3.5. Literatur

3.1 Fischer, F.A.: Einführung in die statistische Übertragungstheorie. B.I.-Hochschultaschenbücher Nr. 130/130a, Mannheim: Bibliographisches Institut 1969.

3.2 Doetsch, G.: Fourier-Transformation, Kapitel II im Abschnitt C des Bandes I der Mathematischen Hilfsmittel des Ingenieurs, herausgegeben von R. Sauer und I. Szabó, Berlin: Springer-Verlag 1967.

3.3 Burrus, C.S.; Parks, T.W.: Time Domain Design of Recursive Digital Filters. IEEE Transact. on Audio- and Electroacoustics AU-18 (1970), 137-141.

3.4 Kaiser, J.F.: Digital Filters. Kapitel 7 in System Analysis by Digital Computers, herausgegeben von Kuo und Kaiser, New York: John Wiley & Sons 1966.

3.5 Gold, B., Rader, Ch.M.; Digital Processing of Signals. New York: McGraw Hill Book Company 1969.

3.6 Hämmerling, G.: Numerische Mathematik I. B.I.-Hochschultaschenbücher Bd. 498/498a, Mannheim: Bibliographisches Institut 1970.

3.7 Hamming, R.W.: Numerical Methods for Scientists and Engineers. New York: McGraw Hill Book Company 1962.

3.8 Blackman, R.B.: Linear Data-Smoothing and Prediction in Theory and Practice. New York: Addison-Wesley Publishing Company 1965.

3.9 Gold, B.; Oppenheim, A.V.; Rader, C.M.: Theory and Implementation of Discrete Hilbert Transform. Proc. of the Symp. on Computer Processing in Communications 19 (1969), S. 235-250.

3.10 Herrmann, O.: Transversalfilter zur Hilbert-Transformation. Arch. elektr. Übertrag. 23 (1969), S. 581-587.

3.11 Meinardus, G.: Approximation von Funktionen und ihre numerische Behandlung. Berlin: Springer-Verlag 1964.

3.12 Tricomi, F.G.: Vorlesungen über Orthogonalreihen, 2. Auflage. Berlin: Springer-Verlag 1964.

3.13 Smirnow, W.I.: Lehrgang der höheren Mathematik, Teil II, Kap. VI. Berlin: Deutscher Verlag der Wissenschaften 1966.

3.14 Carslaw, H.S.: Introduction to the Theory of Fourier's Series and Integrals, 3. Aufl. New York: Dover Publications 1930.

3.15 Herrmann, O.: Zum Entwurf nichtrekursiver digitaler Filter bei vorgegebenen Eigenschaften im Frequenzbereich. Habilitationsschrift, Universität Erlangen-Nürnberg 1971.

3.16 Gibbs, A.J.: On the Frequency-Domain Responses of Causal Digital Filters. Phil. Doctor Thesis, University of Wisconsin 1969.

3.17 Heyliger, G.E.: Design of Numerical Filters: Scanning Functions and Equal Ripple Approximation. Proc. of the 4th Allerton Conference on Circuit and System Theory, 1966, S. 175-185.

3.18 Rossi, C.: Window Functions for Nonrecursive Digital Filters. Electron. Letters 3 (1967), S. 559-561.

3.19 Helms, H.D.: Nonrecursive Digital Filters: Design Methods for Achieving Specifications on Frequency Response. IEEE Transact. on Audio and Electroacoustics AU-16 (1968), S. 336-342.

3.20 Abramowitz, M.; Stegun, I.A.: Handbook of Mathematical Functions. New York: Dover Publications 1965.

3.21 Ormsby, J.F.A.: Design of Numerical Filters with Applications to Missile Data Processing. Journal of the A.C.M. 8 (1961), S. 440-466.

3.22 Leuthold, P.: Filternetzwerke mit digitalen Schieberegistern. Mitteilungen aus dem Institut für Hochfrequenztechnik an der Eidgenössischen Techn. Hochschule in Zürich Nr. 1 (1967).

3.23 Schneider, W.: Quadraturfilter nach der Methode der angezapften Laufzeitketten, Telefunken-Ztg. 40 (1967), S. 107-112.

3.24 Gold, B.; Jordan Jr., K.L.: A Direct Search Procedure for Designing Finite Duration Impulse Response Filters. IEEE Transact. on Audio and Electroacoustics, AU-17 (1969), S. 33-36.

3.25 Rabiner, L.R.; Gold, B.; McGonegal, C.A.: An Approach to the Approximation Problem for Nonrecursive Digital Filters. IEEE Transact. on Audio and Electroacoustics, AU-18 (1970), S. 83-106.

3.26 Davis, P.J.: Interpolation and Approximation, Kap. III, Abschnitt 3.5. New York: Blaisdell Publishing Comp. 1965.

3.27 Herrmann, O.: On the Approximation Problem in Nonrecursive Digital Filter Design. IEEE Transact. on Circuit Theory CT-18 (1971), S. 411-413.

3.28 Miller, J.A.: Maximally Flat Nonrecursive Digital Filters. Electron. Letters 8 (1972), S. 157-158.

3.29 Cheney, E.W.: Introduction to Approximation Theory. New York: McGraw-Hill Book Company 1966.

3.30 Werner, H.: Vorlesung über Approximationstheorie. Lecture Notes in Mathematics Bd. 14. Berlin: Springer-Verlag 1966.

3.31 Parks, T.W.; McClellan, J.H.: Chebyshev Approximation for Nonrecursive Digital Filters with Linear Phase. IEEE Transact. on Circuit Theory CT-19 (1972), S. 189-194.

3.32 Martin, M.A.: Digital Filters for Data Processing. Nicht veröffentlichter interner Bericht Nr. 62-SD484 (1962) der General Electric Co., Missile and Space Devision (zitiert in [3.4]).

3.33 Herrmann, O.: Design of Nonrecursive Digital Filters With Linear Phase. Electron. Letters 6 (1970), S. 328-329.

3.34 Hofstetter, E.; Oppenheim, A.; Siegel, J.: A New Technique for the Design of Non-Recursive Digital Filters. Proc. of the Fifth Princeton Conference (1971), S. 64-72.

3.35 Hankins, R.W.: Design Procedures for Equiripple Nonrecursive Digital Filters. Master Thesis, Massachussets Institute of Technology 1971.

3.36 Hofstetter, E.M.; Oppenheim, A.V.; Siegel, J.: On Optimum Nonrecursive Digital Filters. Proc. of the 9th Allerton Conference on Circuit and System Theory (1971).

3.37 Rabiner, L.R.: The Design of Finite Impulse Response Digital Filters Using Linear Programming Techniques. Bell System Techn. Journal 51 (1972), S. 1177-1198.

3.38 Gaißmeier, B; Unbehauen, R.: Zur Approximation einer Betragsvorschrift durch ein digitales Filter mit linearer Phase. Nachrichtentechn. Z. 24 (1971), S. 2-4.

3.39 Pfleiderer, H.J.: Transversaltiefpässe mit streng linearem Phasengang und Tscheby-scheffschen Dämpfungsverlauf. Dissertation Universität Stuttgart 1971.

3.40 Deczky, A.G.: Synthesis of Recursive Digital Filters Using the Minimum p Error Criterion. Arden House Workshop on Digital Filtering. Harriman, N.Y. 1972.

3.41 Unbehauen, R.: Zur Synthese digitaler Filter. Arch. elektr. Übertrag. 24 (1970), S. 305-313.

3.42 Cauer, W.: Theorie der linearen Wechselstromschaltungen, 2. Aufl. Berlin: Akademie-Verlag 1954.

3.43 Saal, R.; Ulbrich, E.: On the Design of Filters by Synthesis, IRE Transact. on Circuit Theory CT-5 (1958), S. 284-327.

3.44 Valkenburg, M.E. van: Introduction to Modern Network Synthesis, New York: John Wiley & Sons, 4. Auflage 1965.

3.45 Calahan, D.A.: Modern Network Synthesis, New York: Hayden Book Company 1964.

3.46 Bosse, G.: Einführung in die Synthese elektrischer Siebschaltungen mit vorgeschriebenen Eigenschaften. Stuttgart: S. Hirzel-Verlag 1963.

3.47 Rupprecht, W.: Netzwerksynthese. Berlin: Springer-Verlag 1972.

3.48 Unbehauen, R.: Synthese elektrischer Netzwerke. München: R-Oldenbourg-Verlag 1972.

3.49 Christian, E.: Eisenmann, E.: Filter Design Tables and Graphs. New York: John Wiley & Sons 1966.

3.50 Klein W.: Grundlagen der Theorie elektrischer Schaltungen. Berlin: Akademie-Verlag 1961.

3.51 Glowatzki, E.: Sechsstellige Tafel der Cauer-Parameter. Abhandl. der Bayer. Akad. der Wissensch. Heft 67, München 1955.

3.52 Byrd, P.F.; Friedman, M.D.: Handbook of Elliptic Integrals for Engineers and Scientists, 2. Aufl. Berlin: Springer-Verlag 1971.

3.53 Bosse, G.: Die Berechnung der Zahlenwerte der elliptischen Funktionen für Tscheby-scheff-Filter. Frequenz 15 (1961), S. 249-253.

3.54 Schüßler, W.: Über einige Approximationsprobleme beim Entwurf digitaler Filter. In: ISNM 16, Numerische Methoden zur Approximationstheorie Bd. I, herausgegeben von L. Collatz und G. Meinardus, 1972, S. 173-186.

3.55 Constantinides, A.G.: Spectral Transformations for Digital Filters. Proc. IEE 117 (1970), S. 1585-1590.

3.56 Winkelnkemper, W.: Entwurf rekursiver digitaler Filter. Ausgewählte Arbeiten über Nachrichtensysteme, Nr. 10. Universität Erlangen-Nürnberg 1969.

3.57 Winkelnkemper, W.: Unsymmetrical Bandpass and Bandstop Digital Filters. Electron. Letters 5 (1969), S. 585-586.

3.58 Thiran, J.P.: Recursive Digital Filters With Maximally Flat Group Delay. IEEE Transact. on Circuit Theory CT-18 (1971), S. 659-664.

3.59 Fettweis, A.: A Simple Design of Maximally Flat Delay Digital Filters. IEEE Transact. on Audio- and Electroacoustics AU-20 (1972), S. 112-114.

3.60 Thiran, J.P.: Equal-Ripple Delay Recursive Digital Filters. IEEE Transact. on Circuit Theory CT-18 (1971), S. 664-669.

3.61 Schafer, R.W.; Rabiner, L.R.: Interpolation Using Finite Duration Impulse Response Digital Filters. Tagung "Signalverarbeitung", Erlangen, April 1973.

3.62 Parks, T.W.; McClellan, J.H.: A Program for the Design of Linear Phase Finite Impulse Response Digital Filters. IEEE Transact. on Audio and Electroacoustics, Vol. AU-20 (1972), S. 195-199.

3.63 Parks, T.W.; Rabiner, L.R.: On the Transition Width of Finite Impulse Response Digital Filters. Erscheint demnächst in IEEE Transact. on Audio and Electroacoustics.

3.64 Rabiner, L.R.; Herrmann, O.: The Predictability of Certain Optimum Finite Impulse Response Digital Filters. Erscheint demnächst in IEEE Transact. on Circuit Theory.

3.65 Rabiner, L.R.; Herrmann, O.: On the Design of Optimum FIR Lowpass Filters with Even Impulse Response Duration. In Vorbereitung.

3.66 Herrmann, O.; Rabiner, L.R.; Chan, D.S.K.: Practical Design Rules for Optimum Finite Impulse Response Lowpass Digital Filters. Erscheint demnächst im Bell System Technical Journal.

3.67 Rabiner, L.R.; Kaiser, J.F.; Herrmann, O.; Dolan, M.: Comparisons Between Optimum FIR and Elliptic IIR Digital Filters. In Vorbereitung.

4. Die diskrete Fourier-Transformation und ihre Anwendungen

4.1. Einleitung und Übersicht

Die diskrete Fourier-Transformation (DFT) hat in vielen Bereichen der Technik und der Naturwissenschaften erheblich an Bedeutung gewonnen, seitdem zu ihrer numerischen Ausführung die besonders leistungsfähigen Algorithmen der schnellen Fourier-Transformation (FFT) verwendet werden ([4.1] bis [4.4]). Im Bereich der digitalen Verarbeitung von Signalen sind es vor allem zwei fundamentale Aufgaben, bei denen die diskrete Fourier-Transformation heute als unentbehrliches mathematisches Werkzeug dient: die digitale Spektralanalyse und die Realisierung linearer diskontinuierlicher Systeme durch schnelle Faltung. Diesen beiden Aufgabenstellungen lassen sich zwei verschiedenartige Aspekte der diskreten Fourier-Transformation zuordnen:

a) Die diskrete Fourier-Transformierte einer Folge von N komplexen Zahlen liefert die Koeffizienten der trigonometrischen Interpolation einer äquidistanten Stützfunktion, die aus diesen Zahlen gebildet wird.

b) Matrizen zyklischer Bauart (Zirkulanten) lassen sich durch eine Äquivalenztransformation mit der Matrix der diskreten Fourier-Transformation diagonalisieren.

Betrachten wir zunächst die digitale Spektralanalyse. Das klassische numerische Verfahren hierzu ist auch heute noch die trigonometrische Interpolation. Geändert hat sich nur die Art der numerischen Ausführung: Die Schablonenverfahren der ersten Jahrzehnte dieses Jahrhunderts, die zwangsläufig eine Beschränkung auf relativ kurze Zahlenfolgen ($N \leq 100$) mit sich brachten, sind durch den Einsatz elektronischer Datenverarbeitungsanlagen abgelöst worden. Die Leistungsfähigkeit moderner Digitalrechner und die Effektivität der FFT-Algorithmen erlauben es heute, die diskrete Fourier-Transformation auch für solche Aufgaben der Spektralanalyse einzusetzen, die noch vor wenigen Jahren analogen Mitteln (z.B. Filterbänken) vorbehalten blieben, beispielsweise für die Echtzeit-Spektralanalyse von Doppler-Radarsignalen [4.54].

Der umfangreiche Problemkreis der Spektralanalyse (z.B. [4.26]) kann hier nicht erschöpfend behandelt werden. Im folgenden werden nur die Eigenschaften der diskreten Fourier-Transformation erörtert, die in diesem Zusammenhang von Bedeutung sind. Das betrifft insbesondere die Beziehungen zwischen den Fourier-Koeffizienten bzw. dem Fourier-Integral einerseits und den Koeffizienten der trigonometrischen Interpolation andererseits. Interessant sind für die digitale Spektralanalyse weiterhin die Korrespondenzen in den Abbildungsgesetzen beider Transformationen, insbesondere die Äquivalenzen für die Abbildung gewisser Symmetrieeigenschaften und bei der wiederholten Ausführung der Transformationen.

Die Realisierung linearer zeitinvarianter diskontinuierlicher Systeme durch die sogenannte schnelle Faltung läßt sich im Kern auf den Faltungssatz der diskreten Fourier-Transformation, der der oben genannten Eigenschaft b äquivalent ist, zurückführen. Von Bedeutung ist hierbei, daß man die Matrix einer endlichen diskreten Faltung zu einer Zirkulanten erweitern kann, ohne den relevanten Bestandteil zu verändern. Die diskrete Faltung ist dann im wesentlichen ersetzbar durch eine dreimalige Anwendung der diskreten Fourier-Transformation, die bei geeigneten Voraussetzungen als schnelle Fourier-Transformation ausgeführt werden kann. Auf solche Weise lassen sich lineare diskontinuierliche Systeme mit Hilfe von Allzweckrechnern oder Spezialrechnern realisieren, was insbesondere dann vorteilhaft ist, wenn lange Datenfolgen durch relativ hochgradige Systeme verarbeitet werden müssen. Beispiele hierfür sind die Filterung von Sprache, die Analyse von seismischen Signalen und die Bildverarbeitung bei der interplanetaren Fernsehübertragung [4.3]. Hervorzuheben ist weiterhin die große Flexibilität dieser Art der Realisierung diskreter Systeme: Die Filtereigenschaften lassen sich sehr leicht variieren. Insbesondere kann man auch komplexe Zahlenfolgen (z.B. analytische Signale) durch digitale Filter mit komplexen Parametern verarbeiten [4.25].

Die wichtigen praktischen Anwendungen dieser Art beschränken sich auf nichtrekursive Systeme. Es ist jedoch prinzipiell ohne Schwierigkeiten möglich, auch rekursive Systeme durch schnelle Faltung echt zu realisieren. Der Schlüssel zur Lösung dieses Problems liegt darin, daß ein rekursives System durch drei endliche diskrete Faltungsprodukte beschrieben werden kann. Die praktische Anwendbarkeit ist hier jedoch dadurch eingeschränkt, daß vielfach nur rekursive Systeme von relativ niedrigem Systemgrad interessieren, bei denen dann die schnelle Faltung nicht effektiv genug ist.

Grundsätzlich wird im folgenden idealisierend vorausgesetzt, daß die Amplitudenwerte der Signale stetig veränderbar sind und auch stetig verarbeitet werden können. Die bei der digitalen Signalverarbeitung auftretenden Quantisierungsfehler ([4.54] bis [4.60]) werden hier nicht behandelt.

4.2. Die diskrete Fourier-Transformation

4.2.1. Definition

Einer Folge komplexer Zahlen

$$\{u_\nu\} = \{u_0, u_1, \ldots u_{N-1}\} \tag{4.2-1}$$

läßt sich durch die diskrete Fourier-Transformation

$$x_\mu = \varkappa \sum_{\nu=0}^{N-1} u_\nu e^{-j\mu\nu 2\pi/N} \tag{4.2-2}$$

eindeutig umkehrbar eine komplexe Zahlenfolge der gleichen Länge

$$\{x_\mu\} = \{x_0, x_1, \ldots x_{N-1}\} \tag{4.2-3}$$

zuordnen. Dabei ist $\varkappa$ eine reelle, positive Konstante. Die Umkehrtransformation zu (4.2-2)

$$u_\nu = \frac{1}{\varkappa N} \sum_{\mu=0}^{N-1} x_\mu e^{j\mu\nu 2\pi/N} \tag{4.2-4}$$

wird als inverse diskrete Fourier-Transformation bezeichnet. Die Eindeutigkeit der Umkehrung läßt sich leicht nachweisen:

$$\begin{aligned} u_\nu &= \frac{1}{\varkappa N} \sum_{\mu=0}^{N-1} e^{j\mu\nu 2\pi/N} \varkappa \sum_{n=0}^{N-1} u_n e^{-j\mu n 2\pi/N} \\ &= \frac{1}{N} \sum_{n=0}^{N-1} u_n \sum_{\mu=0}^{N-1} e^{j\mu(\nu-n)2\pi/N} . \end{aligned} \tag{4.2-5}$$

Hierin kann man die innere Summe mit Hilfe der geometrischen Summenformel berechnen. Das Ergebnis

$$\sum_{\mu=0}^{N-1} e^{j\mu(\nu-n)2\pi/N} = \frac{e^{j(\nu-n)2\pi} - 1}{e^{j(\nu-n)2\pi/N} - 1} \qquad (4.2\text{-}6)$$

entspricht der Summen-Orthogonalität der harmonischen Funktionen:

$$\frac{1}{N}\sum_{\mu=0}^{N-1} e^{j\mu(\nu-n)2\pi/N} = \begin{cases} 1 \text{ für } \nu - n = kN, \ k \text{ ganzzahlig}, \\ 0 \text{ sonst.} \end{cases} \qquad (4.2\text{-}7)$$

Da der Wertebereich von ν und n im vorliegenden Fall nur die ganzen Zahlen von 0 bis $N-1$ enthält, ist die Bedingung für das Nichtverschwinden der Summe in (4.2-7) nur für $k = 0$, d.h. $\nu = n$ erfüllt. Aus (4.2-5) folgt dann die Eindeutigkeit der Umkehrung.

Die Konstante $\varkappa$ wird im Fachschrifttum nicht einheitlich definiert. Gebräuchlich ist beispielsweise die Form [4.1]

$$\varkappa := \frac{1}{N}, \qquad (4.2\text{-}8)$$

die sich unmittelbar aus der trigonometrischen Interpolation ergibt. (Abschn. 4.2.3).

Die Festlegung (z.B. [4.2])

$$\varkappa := 1 \qquad (4.2\text{-}9)$$

erweist sich als vorteilhaft, wenn man die diskrete Faltung mit Hilfe der diskreten Fourier-Transformation berechnet (Abschn.4.2.2). Schließlich kann man durch die Wahl

$$\varkappa := 1/\sqrt{N} \qquad (4.2\text{-}10)$$

erreichen, daß die Euklidische Norm invariant gegen die diskrete Fourier-Transformation ist (Abschn.4.2.2).

Bezüglich der Wahl von $\varkappa$ wird hier keine generelle Entscheidung für die folgenden Betrachtungen getroffen. Allgemein kennzeichnen wir die gegenseitige Zuordnung zweier Wertefolgen über die diskrete Fourier-Transformation nach (4.2-2) symbolisch durch

$$\{u_\nu\} \circ\!\!-\!\!-\!\!-\!\!\bullet \{x_\nu\}.$$

Speziell wird gelegentlich im folgenden auch die in [4.2] eingeführte Schreibweise für (4.2-2) bzw. (4.2-4), wo $\varkappa$ durch (4.2-9) festgelegt ist, verwendet werden:

$$\{x_\mu\} = \text{DFT}\{u_\nu\} := \left\{\sum_{\nu=0}^{N-1} u_\nu e^{-j\mu\nu 2\pi/N}\right\}, \tag{4.2-11}$$

$$\{u_\nu\} = \text{IDFT}\{x_\mu\} := \left\{\frac{1}{N}\sum_{\mu=0}^{N-1} x_\mu e^{j\mu\nu 2\pi/N}\right\}. \tag{4.2-12}$$

Bei der vektoriellen Darstellung der diskreten Fourier-Transformation und ihrer Umkehrung, die im folgenden angegeben wird, verwenden wir grundsätzlich die Definition (4.2-10) für $\varkappa$.

Wenn man die Zahlenfolgen $\{x_\nu\}$ und $\{u_\nu\}$ zu Spaltenvektoren $\mathbf{x}$ bzw. $\mathbf{u}$ zusammenfaßt, kann man die Transformationen (4.2-2) und (4.2-4) in der Form Form

$$\mathbf{x} = \mathbf{W}\mathbf{u}, \tag{4.2-13}$$

$$\mathbf{u} = \mathbf{W}^{-1}\mathbf{x} \tag{4.2-14}$$

schreiben, in der die Matrix $\mathbf{W}$ der diskreten Fourier-Transformation und ihre Inverse $\mathbf{W}^{-1}$ wie folgt definiert sind:

$$\mathbf{W} = \frac{1}{\sqrt{N}}\begin{bmatrix} 1 & 1 & 1 & \cdots & 1 \\ 1 & \varepsilon^{1} & \varepsilon^{2} & \cdots & \varepsilon^{N-1} \\ 1 & \varepsilon^{2} & \varepsilon^{4} & \cdots & \varepsilon^{2(N-1)} \\ \vdots & \vdots & \vdots & & \vdots \\ 1 & \varepsilon^{N-1} & \varepsilon^{2(N-1)} & \cdots & \varepsilon^{(N-1)^2} \end{bmatrix}, \tag{4.2-15}$$

$$\mathbf{W}^{-1} = \frac{1}{\sqrt{N}}\begin{bmatrix} 1 & 1 & 1 & \cdots & 1 \\ 1 & \varepsilon^{-1} & \varepsilon^{-2} & \cdots & \varepsilon^{-(N-1)} \\ 1 & \varepsilon^{-2} & \varepsilon^{-4} & \cdots & \varepsilon^{-2(N-1)} \\ \vdots & \vdots & \vdots & & \vdots \\ 1 & \varepsilon^{-(N-1)} & \varepsilon^{-2(N-1)} & \cdots & \varepsilon^{-(N-1)^2} \end{bmatrix}. \tag{4.2-16}$$

Dabei wurde zur Abkürzung die Größe

$$\varepsilon = e^{-j2\pi/N} \tag{4.2-17}$$

eingeführt. Die Matrizen $\mathbf{W}$ und $\mathbf{W}^{-1}$ sind symmetrisch

$$\mathbf{W} = \mathbf{W}^T, \tag{4.2-18}$$

$$\mathbf{W}^{-1} = (\mathbf{W}^{-1})^T \tag{4.2-19}$$

und außerdem zueinander konjugiert-komplex:

$$\mathbf{W}^{-1} = \mathbf{W}^*. \tag{4.2-20}$$

Da somit $\mathbf{W}^{-1}$ die zu $\mathbf{W}$ adjungierte Matrix $\mathbf{W}^\dagger$

$$\mathbf{W}^{-1} = \mathbf{W}^\dagger \tag{4.2-21}$$

ist, folgt, daß $\mathbf{W}$ eine unitäre Matrix und die durch sie vermittelte Transformation eine unitäre Transformation ist.

4.2.2. Abbildungsgesetze

In der vektoriellen Darstellung (4.2-13) der diskreten Fourier-Transformation entsprechen $\mathbf{u}$ und $\mathbf{x}$ zwei Vektoren in einem N-dimensionalen komplexen Punktraum $\mathbb{R}_N$. In diesem Raum ist das skalare Produkt zweier Vektoren $\mathbf{u}_1 \in \mathbb{R}_N$ und $\mathbf{u}_2 \in \mathbb{R}_N$ erklärt durch die komplexe Zahl

$$(\mathbf{u}_1, \mathbf{u}_2) := \mathbf{u}_1^\dagger \mathbf{u}_2 = [u_{10}^*, u_{11}^*, \ldots, u_{1,N-1}^*] \begin{bmatrix} u_{20} \\ u_{21} \\ \vdots \\ u_{2,N-1} \end{bmatrix}$$

$$= \sum_{\nu=0}^{N-1} u_{1\nu}^* u_{2\nu}. \tag{4.2-22}$$

Eine Vertauschung in der Reihenfolge der Faktoren führt auf den zu (4.2-22) konjugiert-komplexen Zahlenwert

$$(\mathbf{u}_2, \mathbf{u}_1) = \mathbf{u}_2^\dagger \mathbf{u}_1 = \sum_{\nu=0}^{N-1} u_{2\nu}^* u_{1\nu} = (\mathbf{u}_1, \mathbf{u}_2)^*. \tag{4.2-23}$$

Das innere Produkt zweier Vektoren $\mathbf{u}_1 \in \mathbb{R}_N$ und $\mathbf{u}_2 \in \mathbb{R}_N$ ist invariant gegen die diskrete Fourier-Transformation:

$$\begin{aligned}(\mathbf{x}_1, \mathbf{x}_2) &= (\mathbf{W}\mathbf{u}_1, \mathbf{W}\mathbf{u}_2) = (\mathbf{W}\mathbf{u}_1)^\dagger \mathbf{W}\mathbf{u}_2 \\ &= \mathbf{u}_1^\dagger \mathbf{W}^\dagger \mathbf{W}\mathbf{u}_2 = \mathbf{u}_1^\dagger \mathbf{u}_2 = (\mathbf{u}_1, \mathbf{u}_2).\end{aligned} \tag{4.2-24}$$

Insbesondere folgt hieraus, daß die durch

$$\|\mathbf{u}\| := \sqrt{(\mathbf{u},\mathbf{u})} = \sqrt{\mathbf{u}^\dagger \mathbf{u}} = \sqrt{\sum_{\nu=0}^{N-1} |u_\nu|^2} \tag{4.2-25}$$

erklärte Norm des Vektors $\mathbf{u} \in \mathbb{R}_N$ bei der diskreten Fourier-Transformation erhalten bleibt:

$$\|\mathbf{x}\| = \|\mathbf{W}\mathbf{u}\| = \sqrt{(\mathbf{W}\mathbf{u}, \mathbf{W}\mathbf{u})} = \sqrt{(\mathbf{u},\mathbf{u})} = \|\mathbf{u}\|. \tag{4.2-26}$$

Es sollen nun einige Beziehungen angegeben werden, die die wiederholte Ausführung der diskreten Fourier-Transformation betreffen. Zunächst betrachten wir die Matrix

$$\mathbf{W}^2 = (a_{ik}). \tag{4.2-27}$$

Bei der Quadrierung von (4.2-15) ergibt sich das Element in der i-ten Zeile und k-ten Spalte unter Berücksichtigung der Summen-Orthogonalität (4.2-7) zu

$$a_{ik} = \frac{1}{N} \sum_{\nu=0}^{N-1} \varepsilon^{\nu i} \varepsilon^{\nu k} = \frac{1}{N} \sum_{\nu=0}^{N-1} e^{-j2\pi\nu(i+k)/N} =$$

$$= \begin{cases} 1 \text{ für } i = k = 0, \\ 1 \text{ für } i + k = N, \\ 0 \text{ sonst}. \end{cases} \tag{4.2-28}$$

Hieraus folgt unter Verwendung des Kronecker-Symbols

$$a_{0k} = \delta_{0k} \tag{4.2-29}$$

und für $i \neq 0$

$$a_{ik} = \delta_{i,N-k}. \tag{4.2-30}$$

Die Matrix $\mathbf{W}^2$ ist also eine Permutationsmatrix, die lediglich die Reihenfolge der Elemente des Vektors, auf den sie angewendet wird, invertiert, wobei jedoch das nullte Element des Vektors seinen Platz behält und gewissermaßen die Rolle des N-ten Elements übernimmt. Für N = 4 gilt beispielsweise

$$\mathbf{W}^2 = \frac{1}{4}\begin{bmatrix} 1 & 1 & 1 & 1 \\ 1 & -j & -1 & j \\ 1 & -1 & 1 & -1 \\ 1 & j & -1 & -j \end{bmatrix}^2 = \begin{bmatrix} 1 & 0 & 0 & 0 \\ 0 & 0 & 0 & 1 \\ 0 & 0 & 1 & 0 \\ 0 & 1 & 0 & 0 \end{bmatrix}. \tag{4.2-31}$$

Diese Eigenschaft der diskreten Fourier-Transformation hat ein Analogon bei der Fourier-Transformation kontinuierlicher Funktionen. Die zweimalige Anwendung des Fourier-Operators F (Abschn. 4.2.3) auf eine Funktion g(t) bewirkt nur eine Vorzeichenumkehr beim Argument:

$$F^2\{g(t)\} = g(-t). \tag{4.2-32}$$

Weiterhin gilt sowohl bei der diskreten Fourier-Transformation wie auch bei der Fourier-Transformation kontinuierlicher Funktionen, daß die viermalige Anwendung des Operators F bzw. **W** dem Identitätsoperator entspricht. Im Falle der diskreten Fourier-Transformation folgt das daraus, daß $\mathbf{W}^4$ als Quadrat einer symmetrischen Permutationsmatrix gleich der Einheitsmatrix **E** sein muß:

$$\mathbf{W}^4 = (\mathbf{W}^2)^2 = \mathbf{E}. \tag{4.2-33}$$

W ist also zyklisch vom vierten Grade.

Hieraus folgt weiterhin

$$\mathbf{W}^3 = \mathbf{W}^{-1} = \mathbf{W}^{\dagger} = \mathbf{W}^{*} \tag{4.2-34}$$

und

$$\mathbf{W}^{4n} = \mathbf{E}, \quad n \text{ ganzzahlig.} \tag{4.2-35}$$

Entsprechendes gilt für die inverse diskrete Fourier-Transformation.

Es soll nun gezeigt werden, wie Real- und Imaginärteil sowie gerader und ungerader Anteil einer Folge mit den entsprechenden Größen der diskreten Fourier-Transformierten dieser Folge verknüpft sind. Als "gerade" bezeichnen wir eine Folge $\{u_\nu\}$, wenn für den zugeordneten Vektor $\mathbf{u}$ die Relation

$$\mathbf{u} = \mathbf{W}^2 \mathbf{u} \tag{4.2-36}$$

gilt, als "ungerade", wenn

$$\mathbf{u} = - \mathbf{W}^2 \mathbf{u} \tag{4.2-37}$$

ist. Wir können dann jede Folge mit

$$\mathbf{u}_g = \frac{1}{2} (\mathbf{u} + \mathbf{W}^2 \mathbf{u}), \tag{4.2-38}$$

$$\mathbf{u}_u = \frac{1}{2} (\mathbf{u} - \mathbf{W}^2 \mathbf{u}) \tag{4.2-39}$$

in einen geraden und einen ungeraden Anteil zerlegen. Für den geraden und ungeraden Anteil der diskreten Fourier-Transformierten

$$\mathbf{x} = \mathbf{W} \mathbf{u} \tag{4.2-40}$$

gilt dann

$$\mathbf{x}_g = \frac{1}{2} (\mathbf{x} + \mathbf{W}^2 \mathbf{x}) = \frac{1}{2} (\mathbf{W}\mathbf{u} + \mathbf{W}^3 \mathbf{u}) = \mathbf{W}\mathbf{u}_g, \tag{4.2-41}$$

$$\mathbf{x}_u = \frac{1}{2} (\mathbf{x} - \mathbf{W}^2 \mathbf{x}) = \frac{1}{2} (\mathbf{W}\mathbf{u} - \mathbf{W}^3 \mathbf{u}) = \mathbf{W}\mathbf{u}_u, \tag{4.2-42}$$

d.h. die diskrete Fourier-Transformierte einer geraden (ungeraden) Folge ist wieder eine gerade (ungerade) Folge. Wir wollen nun untersuchen, wie die Real- und Imaginärteile

$$\mathbf{u}_{gr} := \mathrm{Re}\{\mathbf{u}_g\} = \frac{1}{2} (\mathbf{u}_g + \mathbf{u}_g^*), \tag{4.2-43}$$

$$\mathbf{u}_{gi} := \mathrm{Im}\{\mathbf{u}_g\} = \frac{1}{2j} (\mathbf{u}_g - \mathbf{u}_g^*), \tag{4.2-44}$$

$$\mathbf{u}_{ur} := \mathrm{Re}\{\mathbf{u}_u\} = \frac{1}{2}(\mathbf{u}_u + \mathbf{u}_u{}^*), \tag{4.2-45}$$

$$\mathbf{u}_{ui} := \mathrm{Im}\{\mathbf{u}_u\} = \frac{1}{2j}(\mathbf{u}_u - \mathbf{u}_u{}^*) \tag{4.2-46}$$

transformiert werden. Aus (4.2-36) bis (4.2-46) folgt bei Berücksichtigung von (4.2-34):

$$\mathbf{x}_{gr} := \frac{1}{2}(\mathbf{x}_g + \mathbf{x}_g{}^*) = \frac{1}{2}(\mathbf{W}\mathbf{u}_g + \mathbf{W}^*\mathbf{u}_g{}^*) =$$

$$= \frac{1}{2}(\mathbf{W}\mathbf{u}_g + \mathbf{W}^3\mathbf{u}_g{}^*) = \frac{1}{2}\mathbf{W}(\mathbf{u}_g + \mathbf{u}_g{}^*) = \mathbf{W}\mathbf{u}_{gr}. \tag{4.2-47}$$

$$\mathbf{x}_{gi} := \frac{1}{2j}(\mathbf{x}_g - \mathbf{x}_g{}^*) = \frac{1}{2j}\mathbf{W}(\mathbf{u}_g - \mathbf{u}_g{}^*) = \mathbf{W}\mathbf{u}_{gi}. \tag{4.2-48}$$

Für den ungeraden Anteil gilt

$$\mathbf{x}_{ur} := \frac{1}{2}(\mathbf{x}_u + \mathbf{x}_u{}^*) = \frac{1}{2}(\mathbf{W}\mathbf{u}_u + \mathbf{W}^*\mathbf{u}_u{}^*) =$$

$$= \frac{1}{2}(\mathbf{W}\mathbf{u}_u + \mathbf{W}^3\mathbf{u}_u{}^*) = \frac{1}{2}\mathbf{W}(\mathbf{u}_u - \mathbf{u}_u{}^*) = j\mathbf{W}\mathbf{u}_{ui} \tag{4.2-49}$$

und entsprechend

$$\mathbf{x}_{ui} := \frac{1}{2j}(\mathbf{x}_u - \mathbf{x}_u{}^*) = \frac{1}{2j}(\mathbf{W}\mathbf{u}_u - \mathbf{W}^*\mathbf{u}_u{}^*) =$$

$$= \frac{1}{2j}(\mathbf{W}\mathbf{u}_u - \mathbf{W}^3\mathbf{u}_u{}^*) = \frac{1}{2j}\mathbf{W}(\mathbf{u}_u + \mathbf{u}_u{}^*) = -j\mathbf{W}\mathbf{u}_{ur}. \tag{4.2-50}$$

Die Verknüpfung der einzelnen Anteile durch die diskrete Fourier-Transformation läßt sich symbolisch folgendermaßen darstellen:

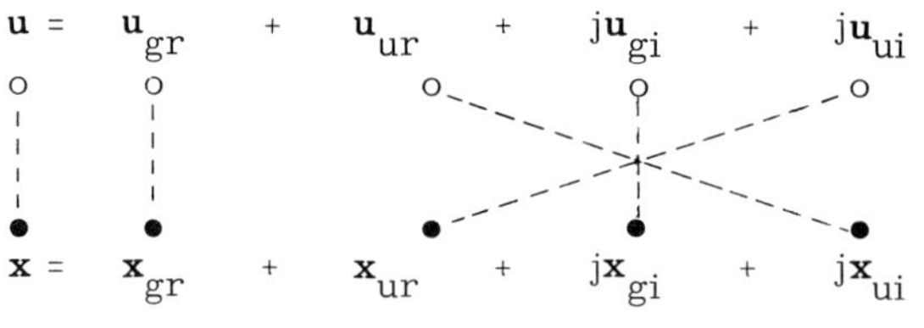

(4.2-51)

Auch hier findet man Übereinstimmung mit entsprechenden Eigenschaften der Fourier-Transformation kontinuierlicher Funktionen (z.B. [4.7]).

Schließlich kann man noch einen dem Faltungssatz der Fourier-Transformation entsprechenden Satz für die diskrete Fourier-Transformation angeben.

Die zyklische diskrete Faltung zweier Wertefolgen $\{\alpha_\nu\}$ und $\{\beta_\nu\}$ gleicher Länge ($\nu = 0, 1, \ldots N - 1$) führt auf eine Wertefolge $\{\gamma_\nu\}$, die ebenfalls aus N Werten besteht. Die Operation, welche diese Wertefolgen verknüpft, läßt sich in Matrizenform darstellen:

$$\begin{bmatrix} \gamma_0 \\ \gamma_1 \\ \gamma_2 \\ \cdot \\ \cdot \\ \cdot \\ \gamma_{N-2} \\ \gamma_{N-1} \end{bmatrix} = \begin{bmatrix} \alpha_0 & \alpha_{N-1} & \alpha_{N-2} & \cdots & \alpha_2 & \alpha_1 \\ \alpha_1 & \alpha_0 & \alpha_{N-1} & \cdots & \alpha_3 & \alpha_2 \\ \alpha_2 & \alpha_1 & \alpha_0 & \cdots & \alpha_4 & \alpha_3 \\ \cdot & \cdot & \cdot & & \cdot & \cdot \\ \cdot & \cdot & \cdot & & \cdot & \cdot \\ \cdot & \cdot & \cdot & & \cdot & \cdot \\ \alpha_{N-2} & \alpha_{N-3} & \alpha_{N-4} & \cdots & \alpha_0 & \alpha_{N-1} \\ \alpha_{N-1} & \alpha_{N-2} & \alpha_{N-3} & \cdots & \alpha_1 & \alpha_0 \end{bmatrix} \begin{bmatrix} \beta_0 \\ \beta_1 \\ \beta_2 \\ \cdot \\ \cdot \\ \cdot \\ \beta_{N-2} \\ \beta_{N-1} \end{bmatrix} \qquad (4.2\text{-}52)$$

Wir kennzeichnen diesen Zusammenhang symbolisch durch

$$\{\gamma_\nu\} = \{\alpha_\nu\} \tilde{*} \{\beta_\nu\}. \qquad (4.2\text{-}53)$$

Da die sinngemäße Vertauschung der Wertefolgen $\{\alpha_\nu\}$ und $\{\beta_\nu\}$ in (4.2-52) offensichtlich das Ergebnis der Faltungsoperation nicht ändert, gilt

$$\{\alpha_\nu\} \tilde{*} \{\beta_\nu\} = \{\beta_\nu\} \tilde{*} \{\alpha_\nu\}. \qquad (4.2\text{-}54)$$

Der für das folgende überaus wichtige Faltungssatz der diskreten Fourier-Transformation besagt nun, daß die diskrete Fourier-Transformierte einer Folge $\{\gamma_\nu\}$, die durch zyklische diskrete Faltung aus zwei Folgen $\{\alpha_\nu\}$ und $\{\beta_\nu\}$ hervorgeht, einer Folge entspricht, welche durch Multiplikation entsprechender Elemente der diskreten Fourier-Transformierten von $\{\alpha_\nu\}$ und $\{\beta_\nu\}$ entsteht ([4.1] bis [4.3], [4.11] bis [4.16]):

$$\{A_\nu\} := \text{DFT}\{\alpha_\nu\}, \qquad (4.2\text{-}55)$$

$$\{B_\nu\} := \text{DFT}\{\beta_\nu\}, \qquad (4.2\text{-}56)$$

$$\{\gamma_\nu\} = \text{IDFT}\{A_\nu B_\nu\}. \qquad (4.2\text{-}57)$$

Dieser Zusammenhang läßt sich unmittelbar aus den speziellen Eigenschaften der Matrix in (4.2-52), einer sogenannten Zirkulanten [4.5]

$$\mathbf{F} := \begin{bmatrix} \alpha_0 & \alpha_{N-1} & \alpha_{N-2} & \cdots & \alpha_2 & \alpha_1 \\ \alpha_1 & \alpha_0 & \alpha_{N-1} & \cdots & \alpha_3 & \alpha_2 \\ \alpha_2 & \alpha_1 & \alpha_0 & \cdots & \alpha_4 & \alpha_3 \\ \cdot & \cdot & \cdot & \cdots & \cdot & \cdot \\ \alpha_{N-2} & \alpha_{N-3} & \alpha_{N-4} & \cdots & \alpha_0 & \alpha_{N-1} \\ \alpha_{N-1} & \alpha_{N-2} & \alpha_{N-3} & \cdots & \alpha_1 & \alpha_0 \end{bmatrix} \qquad (4.2\text{-}58)$$

herleiten. Es handelt sich hier um eine Matrix zyklischer Bauart (z.B. [4.6]), die dadurch gekennzeichnet ist, daß alle Zeilen sukzessive durch zyklische Vertauschung der Elemente aus der ersten Zeile hervorgehen. So sind alle Diagonalen jeweils mit gleichen Elementen besetzt, und das erste Element einer Zeile stimmt mit dem letzten Element der vorhergehenden Zeile überein. Matrizen dieser Art sind diagonalisierbar und dadurch ausgezeichnet, daß man ihre Eigenvektoren und Eigenwerte generell angeben kann [4.6]. Die Eigenvektoren $\mathbf{a}_k$ sind in normierter Form

$$\mathbf{a}_k = \frac{1}{\sqrt{N}} \begin{bmatrix} 1 \\ e^{jk2\pi/N} \\ e^{j2k2\pi/N} \\ \cdot \\ \cdot \\ \cdot \\ e^{j(N-1)k2\pi/N} \end{bmatrix} = \frac{1}{\sqrt{N}} \begin{bmatrix} \varepsilon^{0} \\ \varepsilon^{-k} \\ \varepsilon^{-2k} \\ \cdot \\ \cdot \\ \cdot \\ \varepsilon^{-(N-1)k} \end{bmatrix} \qquad (4.2\text{-}59)$$

mit k = 0, 1, ... N - 1. Die Definition von ε ist durch (4.2-17) gegeben. Für die Eigenwerte λ_k gilt

$$\lambda_k = \sum_{\nu=1}^{N} \alpha_{N-\nu} e^{jk\nu 2\pi/N} = \sum_{\nu=1}^{N} \alpha_{N-\nu} \varepsilon^{-k\nu}. \qquad (4.2\text{-}60)$$

Daß die $\mathbf{a}_k$ und λ_k tatsächlich Lösungen des Eigenwertproblems

$$\mathbf{F}\,\mathbf{a}_k = \lambda_k \mathbf{a}_k \qquad (4.2\text{-}61)$$

sind, kann man zeilenweise leicht nachprüfen:

$$(\alpha_\mu, \alpha_{\mu-1}, \alpha_{\mu-2}, \dots, \alpha_0, \alpha_{N-1}, \dots, \alpha_{\mu+1})\,\mathbf{a}_k =$$

$$= \frac{1}{\sqrt{N}} \sum_{\nu=0}^{\mu} \alpha_{\mu-\nu} e^{j\nu k2\pi/N} + \frac{1}{\sqrt{N}} \sum_{\nu=\mu+1}^{N-1} \alpha_{N-\nu+\mu} e^{j\nu k2\pi/N} =$$

$$= \frac{1}{\sqrt{N}} \sum_{\nu=N-\mu}^{N} \alpha_{N-\nu} e^{j(\nu+\mu-N)k2\pi/N} + \frac{1}{\sqrt{N}} \sum_{\nu=1}^{N-\mu-1} \alpha_{N-\nu} e^{j(\nu+\mu)k2\pi/N} =$$

$$= \frac{1}{\sqrt{N}} \sum_{\nu=1}^{N} \alpha_{N-\nu} e^{j(\nu+\mu)k2\pi/N} = \frac{1}{\sqrt{N}}\, e^{j\mu k2\pi/N} \lambda_k .$$

Wir fassen die Eigenvektoren $\mathbf{a}_k$ spaltenweise zur Modalmatrix

$$\mathbf{M} = [\mathbf{a}_0, \mathbf{a}_1, \ldots \mathbf{a}_{N-1}] \qquad (4.2\text{-}62)$$

zusammen und ersehen aus dem Vergleich von (4.2-59) mit (4.2-16), daß $\mathbf{M}$ der Matrix $\mathbf{W}^{-1}$ der inversen Fourier-Transformation entspricht. Die Matrix $\mathbf{F}$ der zyklischen Faltung läßt sich also durch eine Ähnlichkeitstransformation mit der unitären Matrix $\mathbf{W}^{-1}$ diagonalisieren:

$$\mathbf{M}^{-1}\mathbf{F}\mathbf{M} = \mathbf{W}\mathbf{F}\mathbf{W}^{-1} = \boldsymbol{\Lambda} = \mathrm{Diag}(\lambda_k). \qquad (4.2\text{-}63)$$

Aus (4.2-60) folgt weiterhin, daß die Eigenwerte λ_k der diskreten Fourier-Transformierten der Folge $\{\alpha_\nu\}$ entsprechen:

$$\lambda_k = \sum_{\nu=1}^{N} \alpha_{N-\nu} e^{jk\nu 2\pi/N} = \sum_{\nu=0}^{N-1} \alpha_\nu e^{jk(N-\nu)2\pi/N} =$$

$$= \sum_{\nu=0}^{N-1} \alpha_\nu e^{-jk\nu 2\pi/N} = \sum_{\nu=0}^{N-1} \alpha_\nu \varepsilon^{k\nu}. \qquad (4.2\text{-}64)$$

Wir interpretieren nun die Folgen $\{\alpha_\nu\}$, $\{\beta_\nu\}$ und $\{\gamma_\nu\}$ als Elemente der Spaltenvektoren $\boldsymbol{\alpha}$, $\boldsymbol{\beta}$ bzw. $\boldsymbol{\gamma}$ und fassen weiterhin die Eigenwerte λ_k zum Spaltenvektor $\boldsymbol{\lambda}$ zusammen. Die zyklische diskrete Faltung (4.2-52) läßt sich dann in der Vektorgleichung

$$\boldsymbol{\gamma} = \mathbf{F}\boldsymbol{\beta} \qquad (4.2\text{-}65)$$

darstellen, und aus (4.2-63) folgt

$$\boldsymbol{\gamma} = \mathbf{F}\boldsymbol{\beta} = \mathbf{W}^{-1}\boldsymbol{\Lambda}\mathbf{W}\boldsymbol{\beta}, \qquad (4.2\text{-}66)$$

wobei die Hauptdiagonale von $\boldsymbol{\Lambda}$ durch die Elemente des Spaltenvektors

$$\lambda = \sqrt{N}\,\mathbf{W}\boldsymbol{\alpha} \qquad (4.2\text{-}67)$$

in der gleichen Reihenfolge besetzt ist. Beachtet man, daß entsprechend den in Abschnitt 4.2 gegebenen Definitionen die Operationen der diskreten und der inversen diskreten Fourier-Transformation äquivalent sind zur Multiplikation mit $\sqrt{N}\,\mathbf{W}$ bzw. $(1/\sqrt{N})\,\mathbf{W}^{-1}$, so folgen aus (4.2-66) und (4.2-67) die Beziehungen (4.2-55) bis (4.2-57).

4.2.3. Trigonometrische Interpolation

Die der diskreten Fourier-Transformation ursprünglich zugrundeliegende Aufgabenstellung war die numerische Durchführung der harmonischen Analyse. Beim Problem der harmonischen Analyse handelt es sich darum, eine i.a. komplexe, periodische Funktion

$$g(t) = g(t + \tau) \tag{4.2-68}$$

einer reellen Variablen t durch eine endliche Summe von harmonischen Funktionen im Sinne der mittleren Approximation anzunähern:

$$\int_0^{\tau} \left\{ g(t) - \sum_{\mu} c_{\mu} e^{j\mu 2\pi t/\tau} \right\}^2 dt \overset{!}{=} \text{Min.} \tag{4.2-69}$$

Dieses Problem wird bekanntlich (z.B. [4.8]) unabhängig von der Anzahl der Summenglieder gelöst durch die entsprechenden Koeffizienten

$$c_{\mu} = \frac{1}{\tau} \int_0^{\tau} g(t) e^{-j\mu 2\pi t/\tau} dt \tag{4.2-70}$$

der Fourierschen Reihenentwicklung von $g(t)$.

Die numerische Behandlung des Problems erfordert zunächst die Beschränkung auf eine endliche Anzahl N von diskreten Funktionswerten

$$g_{\nu} = g(t_{\nu}), \tag{4.2-71}$$

die man dem Periodizitätsintervall $[0, \tau)$ zweckmäßigerweise in äquidistanten Abständen T

$$t_{\nu} = \nu T = \nu\tau/N, \qquad \nu = 0, 1, \ldots N - 1 \tag{4.2-72}$$

entnimmt. Eine solche Diskretisierung der Funktion $g(t)$ wird jedoch nicht erst beim Ergebnis (4.2-70) der harmonischen Analyse, etwa durch Anwendung eines numerischen Integrationsverfahrens, sondern bereits bei der Problemstellung (4.2-69) vorgenommen, die nun im Sinne einer diskreten Approximation abgeändert wird:

$$Q = \sum_{\nu=0}^{N-1} \left\{ g(t_{\nu}) - \sum_{\mu} \tilde{c}_{\mu} e^{j\mu 2\pi\nu/N} \right\}^2 \overset{!}{=} \text{Min.} \tag{4.2-73}$$

Die sich hieraus ergebenden notwendigen Bedingungen

$$\frac{\partial Q}{\partial \tilde{c}_m} = 2 \sum_{\nu=0}^{N-1} \left\{ g_\nu - \sum_\mu \tilde{c}_\mu e^{j2\pi\mu\nu/N} \right\} e^{j2\pi m\nu/N} = 0 \qquad (4.2\text{-}74)$$

sind die Bestimmungsgleichungen für die Koeffizienten $\tilde{c}_\mu$. Man sieht jedoch, daß (4.2-74) wegen

$$\frac{\partial Q}{\partial \tilde{c}_m} = \frac{\partial Q}{\partial \tilde{c}_{m+N}} \qquad (4.2\text{-}75)$$

nur N unabhängige Gleichungen enthalten kann. Es sind daher nur N der Koeffizienten $\tilde{c}_m$ bestimmbar, deren Indizes (mod N)-verschieden sein müssen. Wir wählen die kleinsten nicht-negativen Ordnungszahlen

$$m = 0, 1, \ldots N - 1 \qquad (4.2\text{-}76)$$

und erhalten aus (4.2-74) das lineare Gleichungssystem

$$\sum_{\mu=0}^{N-1} \tilde{c}_\mu \sum_{\nu=0}^{N-1} e^{j2\pi(\mu+m)\nu/N} = \sum_{\nu=0}^{N-1} g_\nu e^{j2\pi m\nu/N}. \qquad (4.2\text{-}77)$$

Wegen der Summenorthogonalität (4.2-7) ergibt die innere Summe auf der linken Seite nur für

$$\mu + m = kN, \quad k \text{ ganzzahlig} \qquad (4.2\text{-}78)$$

den Wert N und verschwindet im übrigen. Die Bedingung (4.2-78) ist hier für $k = 0$ und $k = 1$ erfüllbar. Im ersten Fall erhält man

$$N\tilde{c}_0 = \sum_{\nu=0}^{N-1} g_\nu. \qquad (4.2\text{-}79)$$

Für $k = 1$ gilt $\mu = N - m$. (4.2-77) reduziert sich dann auf

$$\begin{aligned} N\tilde{c}_\mu &= \sum_{\nu=0}^{N-1} g_\nu e^{j2\pi(N-\mu)\nu/N} = \\ &= \sum_{\nu=0}^{N-1} g_\nu e^{-j2\pi\mu\nu/N}, \quad \mu = 1, 2, \ldots N - 1. \end{aligned} \qquad (4.2\text{-}80)$$

Faßt man (4.2-79) und (4.2-80) zusammen, so gilt

$$\tilde{c}_\mu = \frac{1}{N}\sum_{\nu=0}^{N-1} g_\nu e^{-j2\pi\mu\nu/N}, \quad \mu = 0,1,\ldots N-1. \tag{4.2-81}$$

Durch Einsetzen dieses Ergebnisses in die Gleichungen (4.2-74) läßt sich bei Beachtung der Summen-Orthogonalität leicht zeigen, daß die Approximation (4.2-73) zur exakten Interpolation wird:

$$g_\nu = \sum_{\mu=0}^{N-1} \tilde{c}_\mu e^{j2\pi\mu\nu/N}, \quad \nu = 0,1,\ldots N-1. \tag{4.2-82}$$

Man spricht deshalb von trigonometrischer Interpolation [4.8]. Ein Vergleich mit (4.2-2) und (4.2-4) zeigt, daß die Folgen $\{\tilde{c}_\mu\}$ und $\{g_\nu\}$ einander im Sinne der diskreten Fourier-Transformation zugeordnet sind, wenn die Konstante $\varkappa$ durch (4.2-8) festgelegt wird.

Die Periodizität (4.2-75) läßt mit

$$\tilde{c}_\mu = \tilde{c}_{\mu+kN}, \quad k \text{ ganzzahlig}, \tag{4.2-83}$$

eine Erweiterung des Definitionsbereiches der Koeffizienten $\tilde{c}_\mu$ zu. Diese Erweiterung ist hinsichtlich des Approximationsproblems (4.2-73) bedeutungslos, da es bereits exakt durch das Interpolationspolynom (4.2-82) gelöst wird und durch Hinzufügen weiterer Interpolationspolynome keine Verbesserung mehr erreicht werden kann. Sie ist jedoch aus physikalischen Gründen sinnvoll, wenn man die Gesamtheit der Koeffizienten $\tilde{c}_\mu$ als das numerisch gewonnene Spektrum einer periodischen Funktion $g(t)$ interpretiert, weil dann ein Vergleich mit dem durch die Fourier-Koeffizienten c_μ repräsentierten exakten Spektrum im gesamten Spektralbereich möglich ist.

4.2.4. Beziehungen zur Fourier-Transformation stetiger Funktionen

Zunächst soll der Zusammenhang zwischen den Fourier-Koeffizienten c_μ einer stetigen periodischen Funktion $g(t) = g(t+\tau)$ und den Koeffizienten $\tilde{c}_\mu$ der trigonometrischen Interpolation von N äquidistanten Stützwerten der gleichen Funktion untersucht werden. Neben der Stetigkeit fordern wir zur vollständigen Erfüllung der Dirichletschen Bedingungen (z.B. [4.9]) die Zerlegbarkeit des

Periodizitätsintervalls von g(t) in endlich viele Teilintervalle, derart, daß g(t) in jedem Teilintervall monoton ist. Die Fourier-Reihe von g(t) konvergiert unter diesen Voraussetzungen absolut, und es gilt

$$g(t) = \sum_{\mu=-\infty}^{\infty} c_\mu e^{j\mu \frac{2\pi}{T} t}, \tag{4.2-84}$$

wobei die Fourier-Koeffizienten durch (4.2-70) definiert sind. Für die bei der trigonometrischen Interpolation zu verwendenden N äquidistanten Stützwerte gilt dann entsprechend

$$g_\nu = g(\nu T/N) = \sum_{\mu=-\infty}^{\infty} c_\mu e^{j2\pi\mu\nu/N}, \quad \nu = 0, 1, \dots N-1. \tag{4.2-85}$$

Wir bilden nun nach (4.2-81) die Koeffizienten der trigonometrischen Interpolation und erhalten mit (4.2-85)

$$\tilde{c}_n = \frac{1}{N} \sum_{\nu=0}^{N-1} g_\nu e^{-j2\pi n\nu/N} =$$

$$= \frac{1}{N} \sum_{\nu=0}^{N-1} \sum_{\mu=-\infty}^{+\infty} c_\mu e^{j2\pi\nu(\mu-n)/N} =$$

$$= \frac{1}{N} \sum_{\mu=-\infty}^{\infty} c_\mu \sum_{\nu=0}^{N-1} e^{j2\pi\nu(\mu-n)/N}. \tag{4.2-86}$$

Wegen der Summen-Orthogonalität (4.2-7) folgt hieraus die gesuchte Beziehung zwischen den Fourier-Koeffizienten und den Koeffizienten der trigonometrischen Interpolation

$$\tilde{c}_n = \sum_{k=-\infty}^{\infty} c_{n+kN}. \tag{4.2-87}$$

Hiernach ergeben sich die Koeffizienten $\tilde{c}_n$ aus der Überlagerung von i.a. unendlich vielen Fourier-Koeffizienten, deren Ordnungszahl um ganzzahlige Vielfache von N gegenüber n verschoben ist. Die trigonometrische Interpolation liefert also nur solche Fourier-Koeffizienten c_n exakt, für die alle c_{n+kN} $(k \neq 0$, ganzzahlig) verschwinden. Das ist beispielsweise bei spektral begrenzten periodischen Funktionen mit

$$c_m = 0 \quad \text{für} \quad |m| \geqslant N/2 \tag{4.2-88}$$

der Fall.

Der Zusammenhang zwischen der Fourier-Transformierten $G(f)$ einer nichtperiodischen Funktion $g(t)$

$$g(t) \circ\!\!-\!\!\bullet\, G(f) = \int_{-\infty}^{\infty} g(t)\, e^{-j2\pi ft} dt \tag{4.2-89}$$

und der diskreten Fourier-Transformierten einer durch äquidistante Abtastung von $g(t)$ gewonnenen Zahlenfolge $g(\nu T)$ läßt sich durch eine zu (2.4-28) ähnliche Beziehung beschreiben. Wir betrachten zunächst eine durch äquidistante Abtastung von $g(t)$ entstandene Stützfunktion

$$g_*(t) := T\, g(t) \sum_{\nu=-\infty}^{\infty} \delta_0(t - \nu T) = T \sum_{\nu=-\infty}^{\infty} g(\nu T)\, \delta_0(t - \nu T), \tag{4.2-90}$$

die sich von (2.4-26) bzw. von der Betrachtung im Abschnitt 3.1 dadurch unterscheidet, daß $g(t)$ nicht notwendig kausal sein muß. Nach den Regeln der Fourier-Transformation von Distributionen (z.B. [4.7], [4.27]) gilt für die Delta-Distribution einerseits

$$\delta_0(t - \nu T) \circ\!\!-\!\!\bullet\, e^{-j2\pi f\nu T} \tag{4.2-91}$$

und für den "Impulskamm" andererseits

$$T \sum_{\nu=-\infty}^{\infty} \delta_0(t - \nu T) \circ\!\!-\!\!\bullet \sum_{\mu=-\infty}^{\infty} \delta_0(f - \mu/T). \tag{4.2-92}$$

Die Fourier-Transformierte von $g_*(t)$ läßt sich somit auf zwei verschiedene Arten gewinnen, einmal durch direkte Anwendungen von (4.2-91) auf (4.2-90):

$$g_*(t) \circ\!\!-\!\!\bullet\, \tilde{G}(f) = T \sum_{\nu=-\infty}^{\infty} g(\nu T)\, e^{-j2\pi f\nu T}, \tag{4.2-93}$$

und zum anderen als Faltungsprodukt der Fourier-Transformierten von g(t) und des Impulskammes:

$$\tilde{G}(f) = G(f) * \sum_{\mu=-\infty}^{\infty} \delta_0(f - \mu/T) = \sum_{\mu=-\infty}^{\infty} G(f - \mu/T). \qquad (4.2\text{-}94)$$

Diese letztere Beziehung, die als Überlagerungssatz der Fourier-Transformation bekannt ist und eine Verallgemeinerung von (4.2-87) darstellt [4.10], beschreibt den Zusammenhang zwischen den Fourier-Transformierten einer nicht-periodischen Funktion g(t) und der durch äquidistante Abtastung aus g(t) entstandenen Stützfunktion. Wenn g(t) entsprechend

$$|G(f)| \equiv 0 \quad \text{für} \quad |f| \geqslant f_g \qquad (4.2\text{-}95)$$

spektral begrenzt ist und die Abtastung mit

$$T \leqslant 1/2 f_g \qquad (4.2\text{-}96)$$

hinreichend dicht, d.h. unter Beachtung des Abtasttheorems vorgenommen wird, sind G(f) und $\tilde{G}(f)$ im Spektralbereich $|f| < f_g$ identisch (siehe auch Abschnitt 3.1). Im allgemeinen aber ist mit einem Überlagerungseffekt (englisch: aliasing) im Sinne von (4.2-94) zu rechnen. Das gilt insbesondere für die numerische Fourier-Transformation (z.B. [4.11]).

Bei bestimmten Funktionenklassen kann der Überlagerungseffekt rechnerisch in geschlossener Form eliminiert werden [4.10]. Das ist beispielsweise für Polynome der Fall. Im Hinblick darauf sind wiederholt numerische Verfahren zur Fourier-Transformation vorgeschlagen worden, die in einem ersten Schritt eine Interpolation der vorgegebenen Stützwerte durch Polynome vorsehen ([4.17] bis [4.21]). Wir erläutern das Verfahren zunächst am Beispiel der Interpolation durch einen Polygonzug.

Es sollen N äquidistante Stützwerte

$$g_\nu := g(\nu T), \qquad \nu = 0, 1, \ldots N - 1 \qquad (4.2\text{-}97)$$

durch einen stetigen Polygonzug $p_1(t)$ interpoliert werden. Die Stetigkeitsforderung können wir entweder durch periodische Fortsetzung

$$g_\nu = g_{\nu+N} \qquad (4.2\text{-}98a)$$

oder durch die Randbedingung

$$g_0 = g_{N-1} = 0 \tag{4.2-98b}$$

erzwingen. Im letzteren Fall, den wir im folgenden betrachten, sollen außerdem natürlich alle Stützwerte für $\nu < 0$ und $\nu \geqslant N$ verschwinden. Der Polygonzug hat die Form

$$p_1(t) = \frac{g_{\nu+1} - g_\nu}{T}(t - \nu T) + g_\nu \quad \text{für} \quad \nu T \leqslant t \leqslant (\nu + 1)T. \tag{4.2-99}$$

Die erste Ableitung von $p_1(t)$ ist eine Stufenfunktion und die zweite eine Impulsfolge

$$\frac{d^2 p_1(t)}{dt^2} = \sum_{\nu=0}^{N-1} a_\nu \delta_0(t - \nu T). \tag{4.2-100}$$

Die jeweilige Impulsstärke a_ν entspricht der Höhe des zugehörigen Treppensprunges oder der Anstiegsänderung des Polygonzuges an der Stelle νT:

$$a_\nu = \frac{1}{T}(g_{\nu+1} - 2g_\nu + g_{\nu-1}). \tag{4.2-101}$$

Die Bestimmung der Fourier-Transformierten von $p_1(t)$ läßt sich nun mit Hilfe der sogenannten Impulsmethode (z.B. [4.27]) auf die diskrete Fourier-Transformation zurückführen: Nach (4.2-100) und (4.2-91) gilt

$$\frac{d^2 p_1(t)}{dt^2} \circ\!\!-\!\!\bullet \sum_{\nu=0}^{N-1} a_\nu e^{-j2\pi f \nu T}, \tag{4.2-102}$$

und mit Hilfe des Integrationssatzes der Fourier-Transformation (z.B. [4.7], [4.27]) kann man hieraus unmittelbar auf die Fourier-Transformierte von $p_1(t)$ schließen:

$$p_1(t) \circ\!\!-\!\!\bullet P_1(f) = -\frac{1}{(2\pi f)^2} \sum_{\nu=0}^{N-1} a_\nu e^{-j2\pi f \nu T}. \tag{4.2-103}$$

Das geschilderte Verfahren läßt sich ohne Schwierigkeit auf Polynome höheren Grades erweitern, die die ursprüngliche Funktion $g(t)$ im Sinne einer Spline-Interpolation (z.B. [4.28]) intervallweise approximieren. Hierbei werden die Stützwerte von $g(t)$ durch Polynome m-ten Grades (m ungerade) interpoliert. Die restlichen Bedingungen zur Festlegung der Polynomkoeffizienten ergeben sich aus Stetigkeitsforderungen, die an alle Ableitungen der Polynome einschließlich der (m-1)-ten (Polygonzug) hinsichtlich der Stützstellen gestellt werden. Die m-te Ableitung ist dann eine Treppenfunktion und die (m+1)-te ein Impulszug, dessen Fourier-Transformierte wie in (4.2-102) unmittelbar angegeben werden kann, wenn man die Impulsstärken kennt. Die Fourier-Transformierte des interpolierenden Polynomzuges ergibt sich dann wieder aus dem Integrationssatz der Fourier-Transformation. Die Impulsstärken der (m+1)-ten Ableitung sind mit den vorgegebenen Stützwerten g_ν über ein lineares Gleichungssystem verknüpft, das numerisch ohne prinzipielle Schwierigkeiten gelöst werden kann ([4.19], [4.28]).

Eine geschlossene Lösung des Interpolationsproblems ist auf implizite Weise im Frequenzbereich möglich. Eine entsprechende Methode wurde 1938 von Quade und Collatz für periodische Funktionen angegeben [4.18]. Eine allgemeinere Darstellung von Bauer und Stetter zeigt, daß dieses Verfahren auch auf nichtperiodische Funktionen anwendbar ist [4.10]. Wir erläutern das hier zugrundeliegende Prinzip zunächst am Beispiel des interpolierenden Polygonzuges $p_1(t)$, dessen Spektrum $P_1(f)$ an N äquidistanten Frequenzpunkten

$$f_\mu := \mu/(NT), \quad \mu = 0, 1, \ldots N-1, \tag{4.2-104}$$

berechnet werden soll. Nach (4.2-103) und (4.2-101) gilt

$$P_1(f_\mu) = -\left(\frac{N}{2\pi\mu}\right)^2 T \sum_{\nu=0}^{N-1} (g_{\nu+1} - 2g_\nu + g_{\nu-1}) e^{-j2\pi\mu\nu/N} =$$

$$= -\left(\frac{N}{2\pi\mu}\right)^2 T \left\{ \sum_{\nu=1}^{N} g_\nu e^{-j2\pi\mu(\nu-1)/N} - 2 \sum_{\nu=0}^{N-1} g_\nu e^{-j2\pi\mu\nu/N} + \right.$$

$$\left. + \sum_{\nu=-1}^{N-2} g_\nu e^{-j2\pi\mu(\nu+1)/N} \right\}$$

$$= -\left(\frac{N}{2\pi\mu}\right)^2 T \left\{ \sum_{\nu=0}^{N-1} g_\nu e^{-j2\pi\mu(\nu-1)/N} + g_N e^{-j2\pi\mu(N-1)/N} - \right.$$

$$- g_0 e^{j2\pi\mu/N} - 2 \sum_{\nu=0}^{N-1} g_\nu e^{-j2\pi\mu\nu/N} +$$

$$\left. + \sum_{\nu=0}^{N-1} g_\nu e^{-j2\pi\mu(\nu+1)/N} + g_{-1} - g_{N-1} \right\}. \tag{4.2-105}$$

Es ist nun im Prinzip gleichgültig, ob man von der periodischen Fortsetzung der Stützwerte nach (4.2-98a) oder von der Randbedingung (4.2-98b) ausgeht. In beiden Fällen verschwinden in (4.2-105) die nicht unter den Summen stehenden Einzelglieder, und wir erhalten

$$P_1(f_\mu) = -\left(\frac{N}{2\pi\mu}\right)^2 T\left\{e^{j2\pi\mu/N} - 2 + e^{-j2\pi\mu/N}\right\}\sum_{\nu=0}^{N-1} g_\nu e^{-j2\pi\mu\nu/N}$$

$$= NT\left\{\frac{\sin \pi\mu/N}{\pi\mu/N}\right\}^2 \frac{1}{N}\sum_{\nu=0}^{N-1} g_\nu e^{-j2\pi\mu\nu/N}. \qquad (4.2\text{-}106)$$

Durch Bewertung der diskreten Fourier-Transformierten der Stützwerte g_ν mit bestimmten Gewichtsfaktoren, den sogenannten Abminderungsfaktoren [4.18], erhält man also die entsprechenden Werte der Fourier-Transformierten des Polygonzuges exakt. Gegenüber (4.2-103) ist die Bestimmung der Impulsstärken a_ν hier nicht explizit erforderlich. Die Verallgemeinerung dieser Methode auf Spline-Funktionen $p_m(t)$ vom Grade $m = 2n + 1$ $(n = 1, 2, \ldots)$ soll in Anlehnung an [4.10] im folgenden kurz skizziert werden. Die Funktion $p_m(t)$ ist $(m-1)$-mal stetig differenzierbar, die m-te Ableitung sei eine Stufenfunktion mit N äquidistanten Sprungstellen νT und die $(m+1)$-te Ableitung eine Impulsfolge mit einer Fourier-Transformierten der Form

$$P_m^{(m+1)}(f) = \sum_{\nu=0}^{N-1} a_\nu e^{-j2\pi f\nu T} \bullet\!\!-\!\!\circ \left(\frac{d}{dt}\right)^{m+1} p_m(t). \qquad (4.2\text{-}107)$$

Hieraus läßt sich die Fourier-Transformierte von $p_m(t)$ mit Hilfe des Integrationssatzes gewinnen:

$$p_m(t) \circ\!\!-\!\!\bullet P_m(f) = \frac{1}{(j2\pi f)^{m+1}} P_m^{(m+1)}(f). \qquad (4.2\text{-}108)$$

Andererseits besitzt die aus den Werten $g_\nu = p_m(\nu T)$ gebildete Stützfunktion

$$p_{m_*}(t) := T\sum_{\nu=0}^{N-1} p_m(\nu T)\,\delta_0(t-\nu T) \qquad (4.2\text{-}109)$$

die Fourier-Transformierte

$$\tilde{P}_m(f) := T\sum_{\nu=0}^{N-1} p_m(\nu T)\, e^{-j2\pi f\nu T}. \qquad (4.2\text{-}110)$$

Aus dem Überlagerungssatz (4.2-94) ergibt sich nun mit (4.2-108) der Zusammenhang

$$\tilde{P}_m(f) = \sum_{k=-\infty}^{\infty} P_m(f - k/T) = \frac{1}{(j2\pi)^{m+1}} \sum_{k=-\infty}^{\infty} \frac{P_m^{(m+1)}(f - k/T)}{(f - k/T)^{m+1}} . \tag{4.2-111}$$

Da $P_m^{(m+1)}(f)$ nach (4.2-107) die Periode 1/T besitzt, folgt aus (4.2-111) und (4.2-108)

$$\tilde{P}_m(f) = \frac{P_m^{(m+1)}(f)}{(j2\pi)^{m+1}} \sum_{k=-\infty}^{\infty} \frac{1}{(f - k/T)^{m+1}}$$

$$= f^{m+1} P_m(f) \sum_{k=-\infty}^{\infty} \frac{1}{(f - k/T)^{m+1}} . \tag{4.2-112}$$

Die unendliche Summe hierin läßt sich geschlossen auswerten, indem man beispielsweise auf den bereits explizit behandelten Fall der Interpolation durch einen Polygonzug (m = 1) zurückgeht. Zunächst gilt allgemein

$$\sum_{k=-\infty}^{\infty} \frac{1}{(f - k/T)^{m+1}} = \frac{(-1)^m}{m!} \frac{d^m}{df^m} \sum_{k=-\infty}^{\infty} \frac{1}{f - k/T} . \tag{4.2-113}$$

Für m = 1 liefert ein Vergleich mit (4.2-106), wenn wir dort μ/N entsprechend (4.2-104) wieder durch fT ersetzen, unter Beachtung von (4.2-110) und (4.2-112)

$$\frac{d}{df} \sum_{k=-\infty}^{\infty} \frac{1}{f - k/T} = - \left\{ \frac{\pi T}{\sin \pi f T} \right\}^2 = \pi T \frac{d}{df} \cot(\pi f T) . \tag{4.2-114}$$

Hieraus folgt

$$f^{m+1} \sum_{k=-\infty}^{\infty} \frac{1}{(f - k/T)^{m+1}} = \pi T f^{m+1} \frac{(-1)^m}{m!} \left(\frac{d}{df}\right)^m \cot(\pi f T)$$

$$= \pi T \frac{\left(\frac{d}{df}\right)^m \cot(\pi f T)}{\left(\frac{d}{df}\right)^m (1/f)} . \tag{4.2-115}$$

Mit (4.2-112) ergibt sich dann die gesuchte Beziehung

$$P_m(f) = A_m(f)\,\tilde{P}_m(f), \qquad (4.2\text{-}116)$$

wobei der Abminderungsfaktor durch

$$A_m(f) = \frac{\left(\frac{d}{df}\right)^m (1/f)}{\pi T \left(\frac{d}{df}\right)^m \cot(\pi f T)} \qquad (4.2\text{-}117)$$

definiert ist. Da sich die Funktion $\cot x$ für $x \to 0$ wie $1/x$ verhält, gilt

$$\lim_{f \to 0} A_m(f) = 1. \qquad (4.2\text{-}118)$$

Für $f = \mu/(NT)$ und $\mu = 0, 1, \ldots N - 1$ beschreibt (4.2-116) den Zusammenhang zwischen der diskreten Fourier-Transformierten $(1/(NT))\,\tilde{P}_m(\mu/(NT))$ und entsprechenden diskreten Werten $P_m(\mu/(NT))$ der Fourier-Transformierten. Speziell für $m = 3$ ergibt sich aus (4.2-117) der Abminderungsfaktor

$$A_3(\mu/(NT)) = \frac{3}{2 + \cos 2\pi\mu/N} \left\{ \frac{\sin \pi\mu/N}{\pi\mu/N} \right\}^4 \qquad (4.2\text{-}119)$$

Die Abminderungsfaktoren für Spline-Funktionen höheren Grades lassen sich aus (4.2-117) leicht ermitteln. Es ist jedoch zu beachten, daß Spline-Interpolationen höherer Ordnung $(m > 3)$ wegen der verstärkt auftretenden Oszillationen i.a. nicht so gute Ergebnisse liefern wie die Spline-Interpolation dritter Ordnung (z.B. [4.28]).

4.2.5. Überlagerungssatz und Abtasttheorem

Wie im Abschnitt 4.2.4 gezeigt wurde, besteht zwischen den Koeffizienten c_n der Fourier-Reihenentwicklung einer stetigen periodischen Funktion $g(t)$ und den Koeffizienten $\tilde{c}_n$ der trigonometrischen Interpolation von N Stützwerten g_ν, die durch äquidistante Abtastung einer Periode von $g(t)$ gewonnen werden können, ein Zusammenhang in der Form (4.2-87) des Überlagerungssatzes. Die Koeffizienten $\tilde{c}_n$ der trigonometrischen Interpolation sind danach auch das Ergebnis einer durch Überlagerung vollzogenen Periodisierung der Fourier-Koeffizienten. Dieses Prinzip kennzeichnet nun nicht nur den Zusammenhang zwischen Fourier-Reihenentwicklung und trigonometrischer Interpolation, es gilt in ähnlicher Form auch innerhalb des Bereiches der diskreten Fourier-Transformation. Der dabei zugrundeliegende Überlagerungssatz der diskreten Fourier-Transformation [4.31] wird im folgenden erläutert.

Wir betrachten eine Folge von N komplexen Zahlen $\{u_\nu\}$, $\nu = 0, 1, \ldots N-1$, und setzen voraus, daß N keine Primzahl sein soll. Für N läßt sich dann mindestens eine Darstellung der Form

$$N = pq \quad \text{mit} \quad p, q > 1 \quad \text{ganzzahlig} \tag{4.2-120}$$

angeben. Aus den N Werten der Folge $\{u_\nu\}$ bilden wir nun q Folgen $\{u_{\nu_1 q}\}$, $\{u_{\nu_1 q+1}\}, \ldots \{u_{\nu_1 q+q-1}\}$ zu je p Zahlenwerten entsprechend der Indexaufspaltung

$$\nu = \nu_1 q + \nu_0, \quad \nu_1 = 0, 1, \ldots p-1, \quad \nu_0 = 0, 1, \ldots q-1. \tag{4.2-121}$$

Wir wollen diesen Prozeß der Folgenbildung als Abtastung im weiteren Sinne auffassen. Die ν_0-te Folge entsteht dann dadurch, daß wir - beginnend bei u_{ν_0} - jeden q-ten Wert der ursprünglichen Folge $\{u_\nu\}$ abtasten, wie es am Beispiel einer reellen Zahlenfolge in Bild 4.1 gezeigt wird.

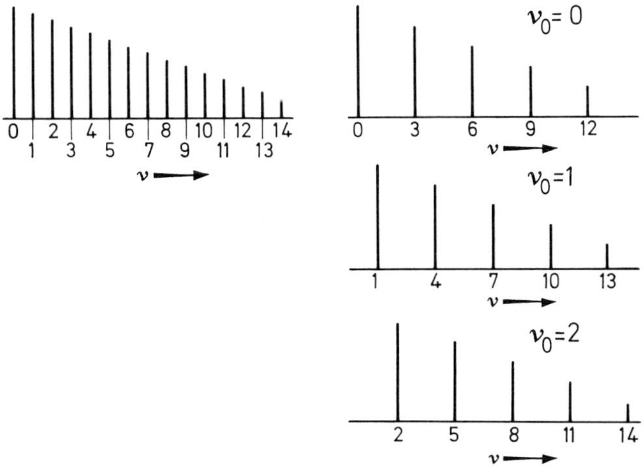

Bild 4.1. Zur "Abtastung" einer Folge (N = 15, q = 3, p = 5)

Wir bilden nun die diskreten Fourier-Transformierten dieser Folgen in der Form

$$x^{(p)}_{\mu_0,\nu_0} := \frac{1}{p} \sum_{\nu_1=0}^{p-1} u_{\nu_1 q+\nu_0} e^{-j2\pi\nu_1\mu_0/p}, \qquad (4.2\text{-}122)$$

$$\mu_0 = 0, 1, \ldots p - 1.$$

Die Anwendung der diskreten Fourier-Transformation auf die Gesamtfolge ergibt andererseits

$$x^{(N)}_{\mu} := \frac{1}{N} \sum_{\nu=0}^{N-1} u_{\nu} e^{-j2\pi\nu\mu/N}, \quad \mu = 0, 1, \ldots N - 1, \qquad (4.2\text{-}123)$$

und die hierzu inverse Beziehung lautet

$$u_{\nu} = \sum_{\mu=0}^{N-1} x^{(N)}_{\mu} e^{j2\pi\nu\mu/N}. \qquad (4.2\text{-}124)$$

Wir wollen nun eine unmittelbare Beziehung zwischen den Fourier-Transformierten der Teilfolgen einerseits und der Gesamtfolge andererseits herleiten. (4.2-124) wird dazu umgeformt

$$u_{\nu_1 q+\nu_0} - \sum_{m=0}^{N-1} x^{(N)}_{m} e^{j2\pi(\nu_1 q+\nu_0)m/N} = 0 \qquad (4.2\text{-}125)$$

und folgendermaßen erweitert

$$\sum_{\nu_1=0}^{p-1} \left\{ u_{\nu_1 q+\nu_0} - \sum_{m=0}^{N-1} x^{(N)}_{m} e^{j2\pi(\nu_1 q+\nu_0)m/N} \right\} e^{-j2\pi\nu_1\mu_0/p} = 0. \qquad (4.2\text{-}126)$$

Hieraus folgt mit (4.2-122) zunächst

$$x^{(p)}_{\mu_0,\nu_0} = \frac{1}{p} \sum_{\nu_1=0}^{p-1} \sum_{m=0}^{N-1} x^{(N)}_{m} e^{j2\pi(\nu_1 q+\nu_0)m/N-j2\pi\nu_1\mu_0/p}$$

$$= \frac{1}{p} \sum_{m=0}^{N-1} x^{(N)}_{m} e^{j2\pi\nu_0 m/N} \sum_{\nu_1=0}^{p-1} e^{j2\pi(m-\mu_0)\nu_1/p} \qquad (4.2\text{-}127)$$

und bei Beachtung der Summen-Orthogonalität (4.2-7) der harmonischen Funktionen schließlich der Überlagerungssatz der diskreten Fourier-Transformation [4.31]:

$$x^{(p)}_{\mu_0,\nu_0} = \sum_{k=0}^{N-1} x^{(N)}_{\mu_0+kp}\, e^{j2\pi\nu_0(\mu_0+kp)/N} \qquad (4.2\text{-}128)$$

Speziell für $\nu_0 = 0$ gilt die Beziehung

$$x^{(p)}_{\mu_0,0} = \sum_{k=0}^{q-1} x^{(N)}_{\mu_0+kp}, \qquad (4.2\text{-}129)$$

d.h. einer Abtastung der ursprünglichen Folge $\{u_\nu\}$ in der Weise, daß - beginnend bei u_0 - jeder q-te Wert dieser Folge herausgegriffen wird, entspricht eine weitergehende Periodisierung der diskreten Fourier-Transformierten: Die ursprüngliche Periodenlänge von N Werten wird entsprechend der Überlagerung (4.2-129) auf $p = N/q$ Werte reduziert.

Gilt nun speziell

$$x^{(N)}_{\mu} = 0 \quad \text{für} \quad p \leqslant \mu \leqslant N-1, \qquad (4.2\text{-}130)$$

so folgt aus (4.2-129)

$$x^{(N)}_{\mu} = x^{(p)}_{\mu_0,0} \quad \text{für} \quad \mu = \mu_0 = 0,1,\ldots p-1. \qquad (4.2\text{-}131)$$

Die Werte der Gesamtfolge $\{u_\nu\}$ sind dann nach (4.2-124) und (4.2-122) bestimmt durch

$$u_\nu = \sum_{\mu=0}^{N-1} x^{(N)}_{\mu} e^{j2\pi\nu\mu/N} = \sum_{\mu_0=0}^{p-1} x^{(p)}_{\mu_0,0} e^{j2\pi\nu\mu_0/N}$$

$$= \frac{1}{p} \sum_{\mu_0=0}^{p-1} \sum_{\nu_1=0}^{p-1} u_{\nu_1 q} e^{-j2\pi\nu_1\mu_0/p + j2\pi\nu\mu_0/N}$$

$$= \frac{1}{p} \sum_{\nu_1=0}^{p-1} u_{\nu_1 q} \sum_{\mu_0=0}^{p-1} e^{j2\pi(\nu-\nu_1 q)\mu_0/N} \qquad (4.2\text{-}132)$$

Die zweite Summe hierin läßt sich mit Hilfe der geometrischen Summenformel berechnen, und es folgt schließlich die Beziehung

$$u_\nu = \frac{1}{p} \sum_{\nu_1=0}^{p-1} u_{\nu_1 q} \frac{e^{j2\pi(\nu/q-\nu_1)} - 1}{e^{j2\pi(\nu/q-\nu_1)/p} - 1} , \qquad (4.2\text{-}133)$$

die als das Abtasttheorem der diskreten Fourier-Transformation bezeichnet wird [4.1]: Wenn die Werte $x_\mu^{(N)}$ der diskreten Fourier-Transformierten einer Folge $\{u_\nu\}$ der Länge N von einer gewissen Ordnungszahl $p = N/q$ ab, die ein Teiler von N sein muß, verschwindet, so ist die Folge $\{u_\nu\}$ durch die p Abtastwerte $u_{\nu_1 q}$ vollständig bestimmt und nach (4.2-133) zu berechnen.

Die Umkehrung des Überlagerungssatzes (4.2-128) ergibt sich zu

$$x_\mu^{(N)} = \frac{1}{q} \sum_{\nu_0=0}^{q-1} x_{\mu_0, \nu_0}^{(p)} e^{-j2\pi\nu_0\mu/N} , \qquad (4.2\text{-}134)$$

wie man durch Einsetzen von (4.2-122) und bei Beachtung von (4.2-121) leicht anhand von (4.2-123) verifizieren kann. Hiernach läßt sich die diskrete Fourier-Transformation einer Folge von N Werten dadurch bilden, daß man zunächst die diskreten Fourier-Transformierten $x_{\mu_0, \nu_0}^{(p)}$ der entsprechenden Teilfolgen berechnet und dann in einem zweiten Schritt entsprechend (4.2-134) die gesuchten Werte $x_\mu^{(N)}$ bestimmt. Ein Prozeß dieser oder ähnlicher Form bildet die Basis der sogenannten schnellen Fourier-Transformation, mit der wir uns im Abschnitt 4.3 ausführlicher beschäftigen werden.

4.3. Numerische Ausführung der diskreten Fourier-Transformation

4.3.1. Kurzer Überblick

Die klassischen Verfahren zur trigonometrischen Interpolation (z.B. [4.32]) waren darauf ausgerichtet, dem Anwender eine für relativ kleine Stützwertanzahlen ($N < 100$) geeignete Rechenvorschrift - möglichst übersichtlich (gegebenenfalls unter Verwendung von Schablonen) in Einzelschritte aufgelöst - an die Hand zu geben. Ein bevorzugter Algorithmus war beispielsweise die Rungesche Faltung [4.33], die bei einer durch 4 teilbaren Stützwertanzahl N die Symmetrien in den harmonischen Funktionen ausnutzt und für die Transformation einer Folge von N reellen Zahlen etwa $N^2/4$ reelle Multiplikationen erfordert (z.B. [4.8]).

Seitdem elektronische Digitalrechner zur Verfügung stehen, ist es möglich und von vielen Anwendungen her auch erforderlich, wesentlich längere Zahlenfolgen der diskreten Fourier-Transformation zu unterwerfen. Die meisten der klassischen Algorithmen, bei denen der Gesamtaufwand, gemessen an der Anzahl der erforderlichen elementaren Operationen (Multiplikationen, Additionen), proportional zu N^2 wächst, erweisen sich hier als höchst ineffektiv, wenn man sie mit Algorithmen vergleicht, die in den letzten Jahren als schnelle Fourier-Transformation bekannt geworden sind. Hierbei handelt es sich um besonders leistungsfähige Algorithmen, die auf die numerische Ausführung der diskreten Fourier-Transformation dann anwendbar sind, wenn die Stützstellenanzahl N in ganzzahlige Faktoren $p_i > 1$ zerlegbar ist. Wesentlich ist dabei, daß die zu transformierenden Zahlen, wie schon im Abschnitt 4.2.5 angedeutet wurde, in bestimmte Gruppen unterteilt werden und die diskrete Fourier-Transformation gruppenweise vorgenommen wird.

Das hier zugrundeliegende Prinzip ist an sich nicht neu, sondern schon früher, in allerdings jeweils spezieller Form, wiederholt auch von Autoren klassischer Verfahren vorgeschlagen worden [4.34]. Bei Runge und König (1925) findet man beispielsweise die kurze Beschreibung einer Methode, welche die diskrete Fourier-Transformation von N Zahlen (N gerade) in zwei Transformationen von je N/2 Zahlen aufzuspalten gestattet [4.35]. Diese Methode wurde später von Danielson und Lanczos (1942) aufgegriffen und weiterentwickelt [4.36]. Weniger bekannt ist, daß Pollak schon 1926 auch für andere spezielle Faktorisierungen von N das Prinzip der schnellen Fourier-Transformation, die Stützwerte in "einander durchschlingende Gruppen" einzuteilen und die diskreten Fourier-Transformierten der einzelnen Gruppen zu bilden, in einem Schablonenverfahren verwendet und besonders auf die Eignung dieses Verfahrens für eine große Zahl von Stützwerten hingewiesen hat [4.37].

Die erste allgemeinere Darstellung der schnellen Fourier-Transformation wurde 1958 von Good angegeben [4.38]. Hiernach haben Cooley und Tukey (1965) den bekannten, später nach ihnen benannten Algorithmus entwickelt und mit großem Erfolg zur Berechnung der diskreten Fourier-Transformation angewendet [4.39]. Das Erscheinen dieser Arbeit löste eine intensive Aktivität in der Anwendung und Weiterentwicklung der schnellen Fourier-Transformation aus. Hierauf im einzelnen einzugehen, ist wegen der großen Zahl der seitdem zu diesem Thema erschienenen Publikationen (z.B. [4.40], [4.41]) nicht möglich.

Unter den angegebenen Algorithmen zur Ausführung der diskreten Fourier-Transformation zeichnet sich nur der von Bluestein [4.48] durch ein grundsätzlich neues Prinzip aus. Hier wurde in Analogie zur Technik der Impulskompression, die nach Papoulis [4.49] im Prinzip auch zur apparativen Fourier-Transformation kontinuierlicher Funktionen geeignet ist, ein Verfahren zur sogenannten semischnellen Fourier-Transformation [4.50] diskreter Wertefolgen entwickelt, das auch zur numerischen Ausführung der Z-Transformation verwendet werden kann [4.51].

Die übrigen Algorithmen zur schnellen Fourier-Transformation ([4.43] bis [4.47]) basieren auf dem Cooley-Tukey-Algorithmus bzw. auf dem im Prinzip ähnlichen und im Aufwand äquivalenten Algorithmus von Gentleman und Sande [4.14]. Die meisten Spezialrechner zur Ausführung der schnellen Fourier-Transformation ([4.52], [4.53]) arbeiten im Prinzip nach dem Cooley-Tukey-Algorithmus, wobei i.a. die Länge der zu verarbeitenden Wertefolgen auf Zweierpotenzen beschränkt ist [4.40].

Im folgenden wird das Prinzip der schnellen Fourier-Transformation am Beispiel des Cooley-Tukey-Algorithmus etwas eingehender erläutert.

4.3.2. Prinzip der schnellen Fourier-Transformation

Um die diskrete Fourier-Transformierte einer Folge $\{u_\nu\}$ von N komplexen Zahlen zu bilden, müssen alle N Elemente der Folge $\{x_0, x_1, \ldots x_{N-1}\}$ etwa nach

$$x_\mu = \frac{1}{N} \sum_{\nu=0}^{N-1} u_\nu e^{-j\mu\nu 2\pi/N} \qquad (4.3\text{-}1)$$

berechnet werden. Wir untersuchen im folgenden das Problem, die Ausführung von (4.3-1) für alle Werte von $\mu = 0, 1, \ldots N-1$ auf einem Allzweck-Digitalrechner mit möglichst geringem Rechenzeitaufwand zu bewerkstelligen. Dabei wird vorausgesetzt, daß alle zur Transformation benötigten Zahlenwerte von $\exp(-j\mu\nu 2\pi/N)$ zur Verfügung stehen, entweder in Form einer Datenbank oder als spezielle, für diese Anwendung geeignete Subroutine (z.B. [4.43]). Im wesentlichen sind dann nur noch Multiplikationen und Additionen bzw. Subtraktionen komplexer Zahlen auszuführen.

Die komplexe Multiplikation entspricht vier reellen Multiplikationen und zwei reellen Additionen; sie ist i.a. eine im Vergleich zur Addition relativ aufwendige Operation. Man kann deshalb davon ausgehen, daß die für die gesamte Transformation benötigte Rechenzeit etwa der Anzahl der insgesamt erforderlichen komplexen Multiplikationen proportional ist [4.43]. Diese Zahl stellt somit auch ein geeignetes Maß für die Leistungsfähigkeit von Algorithmen zur numerischen Ausführung der diskreten Fourier-Transformation dar. Wird in diesem Zusammenhang im folgenden nur noch von Multiplikationen gesprochen, so verstehen wir darunter die Produkte jeweils zweier komplexer Zahlen.

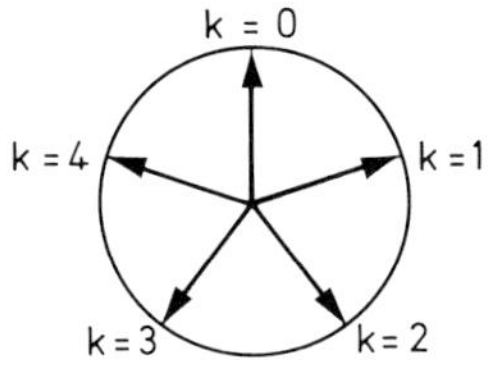

$k = (\mu \cdot \nu) \bmod 5$

$\mu \backslash \nu$	0	1	2	3	4
0	0	0	0	0	0
1	0	1	2	3	4
2	0	2	4	1	3
3	0	3	1	4	2
4	0	4	3	2	1

Bild 4.2. Exponenten der Koeffizienten einer diskreten Fourier-Transformation für $N = 5$

Wenn N eine Primzahl ist, so hat man jeden Wert der Folge $\{u_\nu\}$ nach (4.3-1) entsprechend den N Werten von μ mit N verschiedenen Faktoren, die durch die N Werte von $\sqrt[N]{1}$ gegeben sind, zu multiplizieren, wie es für das Beispiel $N = 5$ in Bild 4.2 gezeigt wird. Berücksichtigt man, daß die Multiplikation mit 1 bei $\mu = 0$ und $\nu = 0$ nicht ausgeführt werden muß, so sind noch insgesamt $(N - 1)^2$ Produkte jeweils zweier komplexer Zahlen zu berechnen.

Wenn N dagegen in der Form

$$N = pq \quad \text{mit} \quad p, q > 1 \quad \text{ganzzahlig} \tag{4.3-2}$$

darstellbar ist, so wird für die Werte von ν und μ, die p bzw. q als Faktor enthalten, die Kreisteilung von N auf q bzw. p Sektoren reduziert (Bild 4.3). Durch Elimination der Periodizitäten im Faktor $\exp(-j\mu\nu 2\pi/N)$ und durch bestimmte Gruppierungen der Werte u_ν kann dann eine gewisse Anzahl von Multiplikationen eingespart werden. Das läßt sich nach Cooley und Tukey [4.39] sehr anschaulich zeigen, indem man die Laufvariablen ν und μ folgendermaßen aufspaltet:

$$\nu = \nu_1 q + \nu_0 \quad \text{mit} \quad \nu_1 = 0, 1, \ldots p - 1, \quad \nu_0 = 0, 1, \ldots q - 1, \tag{4.3-3}$$

$$\mu = \mu_1 p + \mu_0 \quad \text{mit} \quad \mu_1 = 0, 1, \ldots q - 1, \quad \mu_0 = 0, 1, \ldots p - 1. \tag{4.3-4}$$

Hiernach ist für das Produkt $\mu\nu$ folgende Zerlegung möglich:

$$\mu\nu = (\mu_1 p + \mu_0)(\nu_1 q + \nu_0) = \mu_1\nu_1 N + \mu_1\nu_0 p + \mu_0\nu_1 q + \mu_0\nu_0 . \qquad (4.3\text{-}5)$$

Dem entspricht eine Zerlegung von $\exp(-j\mu\nu 2\pi/N)$ in vier Faktoren, wobei jedoch der sich aus dem ersten Summanden auf der rechten Seite von (4.3-5) er-

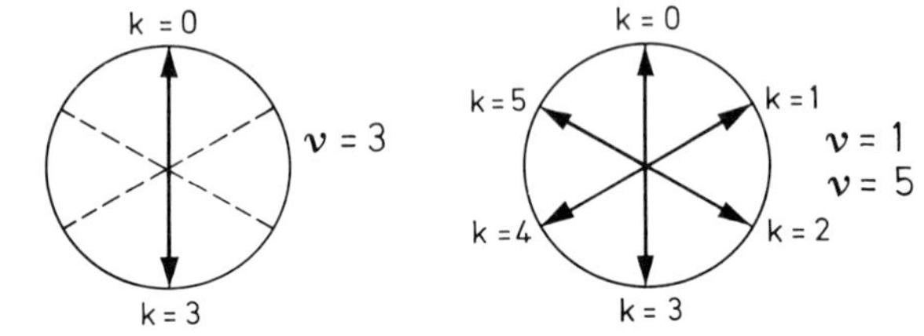

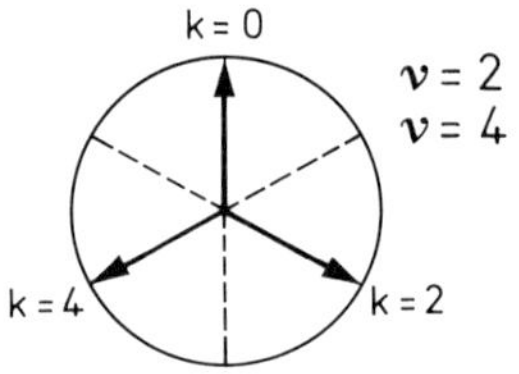

k = (μ·ν) mod 6

μ \ ν	0	1	2	3	4	5
0	0	0	0	0	0	0
1	0	1	2	3	4	5
2	0	2	4	0	2	4
3	0	3	0	3	0	3
4	0	4	2	0	4	2
5	0	5	4	3	2	1

Bild 4.3. Exponenten der Koeffizienten einer diskreten Fourier-Transformation für N = 6

gebende Faktor gleich 1 ist und weggelassen werden kann (Elimination der Periodizität):

$$e^{-j\mu\nu 2\pi/N} = e^{-j\mu_1\nu_0 2\pi/q}\, e^{-j\mu_0\nu_0 2\pi/N}\, e^{-j\mu_0\nu_1 2\pi/p} \qquad (4.3\text{-}6)$$

Beim Cooley-Tukey-Algorithmus wird nun die Summation in (4.3-1) entsprechend der nach (4.3-6) möglichen Aufspaltung

$$x_\mu = x_{\mu_1 p+\mu_0} = \frac{1}{N}\sum_{\nu_0=0}^{q-1} e^{-j\mu\nu_0 2\pi/N} \sum_{\nu_1=0}^{p-1} u_{\nu_1 q+\nu_0}\, e^{-j\mu_0\nu_1 2\pi/p} \qquad (4.3\text{-}7)$$

folgendermaßen ausgeführt: Zuerst werden die den verschiedenen möglichen Kombinationen von μ_0 und ν_0 entsprechenden N Werte der inneren Summe in (4.3-7)

$$U(\mu_0, \nu_0) := \sum_{\nu_1=0}^{p-1} u_{\nu_1 q+\nu_0}\, e^{-j\mu_0\nu_1 2\pi/p} \qquad (4.3\text{-}8)$$

berechnet. Dazu sind Np Multiplikationen notwendig, wenn wir zunächst davon absehen, daß die Multiplikationen mit dem Faktor 1 jeweils bei den Gliedern mit $\mu_0 = 0$ und $\nu_1 = 0$ nicht ausgeführt werden müssen. In einem zweiten Schritt sind dann die Werte der Folge $\{x_\mu\}$ nach

$$x_\mu = x_{\mu_1 p+\mu_0} = \frac{1}{N} \sum_{\nu_0=0}^{q-1} U(\mu_0, \nu_0) e^{-j\mu\nu_0 2\pi/N} \tag{4.3-9}$$

zu bestimmen, wobei weitere Nq Multiplikationen ausgeführt werden müssen. Insgesamt ist somit zur Bestimmung von $\{x_\mu\}$ ein Aufwand von $N(p + q)$ Multiplikationen erforderlich.

Das geschilderte Prinzip läßt sich, wie in Abschnitt 4.2.5 schon angedeutet wurde, auch so interpretieren, daß zunächst die diskrete Fourier-Transformation für die q Teilfolgen $\{u_{\nu_1 q}\}$, $\{u_{\nu_1 q+1}\}$, $\ldots\{u_{\nu_1 q+q-1}\}$ von je p Zahlen ausgeführt wird. Das entspricht der Bestimmung der in (4.2-122) definierten Größen

$$x^{(p)}_{\mu_0,\nu_0} = \frac{1}{p} U(\mu_0, \nu_0) . \tag{4.3-10}$$

Der zweite Schritt besteht dann nach (4.3-9) darin, die diskreten Fourier-Transformierten der p Folgen

$$\left\{x^{(p)}_{\mu_0,0}, x^{(p)}_{\mu_0,1} e^{-j\mu_0 2\pi/N}, \ldots x^{(p)}_{\mu_0,q-1} e^{-j\mu_0 (q-1) 2\pi/N}\right\},$$

$$\mu_0 = 0, 1, \ldots p - 1 \tag{4.3-11}$$

zu berechnen:

$$x_{\mu_1 p+\mu_0} = \frac{1}{q} \sum_{\nu_0=0}^{q-1} x^{(p)}_{\mu_0,\nu_0} e^{-j\mu_0\nu_0 2\pi/N} e^{-j\mu_1\nu_0 2\pi/q} \tag{4.3-12}$$

Die hierzu erforderliche Multiplikation der Größe $x^{(p)}_{\mu_0,\nu_0}$ mit dem sogenannten twiddle factor [4.14] oder Drehfaktor [4.42] $\exp(-j\mu_0\nu_0 2\pi/N)$ ist nur in dem Sonderfall teilerfremder Zahlen p und q vermeidbar, indem man nach Good [4.38] gegenüber (4.3-3) bzw. (4.3-4) eine andere spezielle Aufspaltung der Laufvariablen ν und μ wählt.

Wenn N in mehr als zwei ganzzahlige Faktoren, die größer als 1 sind, zerlegt werden kann, so läßt sich das geschilderte Prinzip wiederholt anwenden. Beispielsweise sei p in der Form

$$p = rs \quad \text{mit} \quad r, s > 1 \quad \text{ganzzahlig} \tag{4.3-13}$$

darstellbar. Die q diskreten Fourier-Transformationen nach (4.3-8) lassen sich dann ihrerseits in je r(bzw. s) diskrete Fourier-Transformationen jeweils s(bzw. r) komplexer Zahlen unterteilen, wobei jede dieser Transformationen p(r + s) Multiplikationen erfordert. Der Gesamtaufwand bei der schnellen Fourier-Transformation einer Folge von N = qrs Zahlen entspricht dann der Ausführung von

$$Nq + qp(r + s) = N(q + r + s) \tag{4.3-14}$$

Multiplikationen.

Dieses Prinzip läßt sich beliebig fortsetzen. Es ist leicht einzusehen, daß die diskrete Fourier-Transformation einer nach

$$N = \prod_{i=1}^{n} p_i, \quad p_i > 1 \quad \text{ganzzahlig,}^{*} \tag{4.3-15}$$

faktorisierbaren Anzahl von N komplexen Zahlen dann die Ausführung von

$$M = N \sum_{i=1}^{n} p_i \tag{4.3-16}$$

Multiplikationen erfordert. Dieser Aufwand läßt sich noch dadurch reduzieren, daß man die Ausführung von Multiplikationen mit dem Faktor 1 vermeidet. Darüber hinaus sind durch Anwendung des Überlagerungssatzes der diskreten Fourier-Transformation weitere Einsparungen an Multiplikationen möglich, wie im folgenden gezeigt wird.

---

* In den übrigen Abschnitten des Buches wird mit n die Ordnung der das System beschreibenden Differenzengleichung bezeichnet. Die hier angegebene, nur im Abschnitt 4.3 verwendete abweichende Bedeutung dürfte zu keinen Verwechslungen Anlaß geben.

4.3.3. Anwendung des Überlagerungssatzes

Der im Abschnitt 4.2.5 erläuterte Zusammenhang zwischen dem Überlagerungssatz der diskreten Fourier-Transformation einerseits und dem Prinzip der schnellen Fourier-Transformation andererseits ermöglicht eine vorteilhafte Modifikation des beschriebenen Algorithmus [4.31]. Zur Erläuterung der dabei zugrundeliegenden Methode gehen wir zunächst wieder von der Faktorisierung $N = pq$ aus. Der Überlagerungssatz gilt dann in der Form (4.2-128), die speziell für $\nu_0 = 0$ in die Beziehung (4.2-129) übergeht. Beachten wir die Identität von u_μ und $u_\mu^{(N)}$ sowie den Zusammenhang (4.3-10), so lautet (4.2-129) auch

$$U(\mu_0, 0) = p \sum_{k=0}^{q-1} x_{\mu_0 + kp}. \tag{4.3-17}$$

Da μ_0 hierin die Werte $0, 1, \ldots p - 1$ annehmen kann, ist (4.3-17) gleichbedeutend mit den p Gleichungen

$$\begin{aligned} qU(0,0) &= N[x_0 + x_p + x_{2p} + \ldots + x_{(q-1)p}], \\ qU(1,0) &= N[x_1 + x_{p+1} + x_{2p+1} + \ldots + x_{(q-1)p+1}], \\ &\vdots \\ qU(p-1,0) &= N[x_{p-1} + x_{2p-1} + x_{3p-1} + \ldots + x_{qp-1}]. \end{aligned} \tag{4.3-18}$$

In diesem Gleichungssystem tritt jeder Wert der Folge $\{x_\mu\}$ genau einmal auf. Aus (4.3-18) können somit p der Werte x_μ ohne Multiplikationen bestimmt werden, wenn die übrigen Werte der Folge $\{x_\mu\}$ bekannt sind. Nach diesem Prinzip läßt sich nun u.a. der oben beschriebene Cooley-Tukey-Algorithmus, der bei $N = pq$ im wesentlichen aus den Operationen (4.3-8) und (4.3-9) besteht, folgendermaßen abwandeln [4.31]:

Zuerst werden wie beim ursprünglichen Algorithmus alle N Werte von $U(\mu_0, \nu_0)$ nach (4.3-8) berechnet. Das erfordert, wenn wir nun auch beachten, daß die Ausführung der Multiplikationen mit dem Faktor 1 jeweils bei den Gliedern mit $\nu_1 = 0$ bzw. $\mu_0 = 0$ vermieden werden kann, insgesamt $q(p - 1)^2$ Multiplikationen.

Im zweiten Schritt werden nun nicht mehr alle Werte der Folge $\{x_\mu\}$ nach (4.3-9), sondern nur noch $N - p$ dieser Werte, beispielsweise die für $\mu = 0, 1, 2, \ldots N-p-1$, berechnet, wobei die Multiplikation mit dem Faktor $1/N$ noch zurückgestellt wird.

Die Durchführung dieser Operation

$$Nx_{\mu} = \sum_{\nu_0=0}^{q-1} U(\mu_0, \nu_0) e^{-j\mu\nu_0 2\pi/N} \tag{4.3-19}$$

für $\mu = 0, 1, \ldots N - p - 1$ erfordert

$$(N - p - 1)(q - 1) = N(q - 2) + p - q + 1 \tag{4.3-20}$$

Multiplikationen, wenn man berücksichtigt, daß für $\mu = 0$ bzw. $\nu_0 = 0$ die Multiplikationen nicht ausgeführt werden. Die letzten p Werte von x_{μ} lassen sich nun aus (4.3-18) durch reine Additionen gewinnen:

$$Nx_{(q-1)p+\mu_0} = qU(\mu_0, 0) - N \sum_{k=0}^{q-2} x_{\mu_0+kp}, \quad \mu_0 = 0, 1, \ldots p - 1. \tag{4.3-21}$$

Insgesamt müssen also nur noch

$$q(p - 1)^2 + N(q - 2) + p - q + 1 = N(p + q - 4) + p + 1 = N\left(p + q - 4 + \frac{1}{q}\right) + 1 \tag{4.3-22}$$

Multiplikationen ausgeführt werden. Der Aufwand hängt nunmehr im Gegensatz zum Cooley-Tukey-Algorithmus i.a. von der Art der Aufspaltung ab. Wenn p und q nicht gleich groß sind, ist bei der hier vorgenommenen Aufspaltung der Fall $q > p$ nach (4.3-22) bezüglich des Aufwandes günstiger als der umgekehrte Fall.

Läßt sich p weiter in der Form $p = r \cdot s$ darstellen, so kann man das beschriebene Prinzip auch auf die Berechnung der $U(\mu_0, \nu_0)$ nach (4.3-8) anwenden. Man hat dann nur noch insgesamt

$$\begin{aligned} &N(q - 2) + p - q + 1 + q[p(r + s - 4) + r + 1] \\ &= N(q + r + s - 6) + qr + p + 1 \\ &= N\left(q + r + s - 6 + \frac{1}{q} + \frac{1}{s}\right) + 1 \end{aligned} \tag{4.3-23}$$

Multiplikationen vorzunehmen. Dabei ist es bei verschieden großen Faktoren q, r und s wiederum am günstigsten, die Aufspaltung so zu wählen, daß r der kleinste der drei Faktoren ist.

Die fortgesetzte Anwendung dieses Prinzips führt bei einer nach (4.3-15) in n Faktoren zerlegbaren Zahl N auf einen Aufwand, der der Ausführung von

$$M_n(N) = N \sum_{i=1}^{n} (p_i - 2) + N \sum_{i=1}^{n-1} \frac{1}{p_i} + 1 \qquad (4.3\text{-}24)$$

Multiplikationen entspricht. Bei verschieden großen Faktoren p_i ist es dann zweckmäßig, die Gruppierungen so vorzunehmen, daß p_n der kleinste Faktor ist. Im Falle gleicher Faktoren $p_i = a$ ist N durch

$$N = a^n \qquad (4.3\text{-}25)$$

gegeben, und aus (4.3-24) folgt

$$M_n(N = a^n) = Nn(a - 2) + \frac{N}{a}(n - 1) + 1. \qquad (4.3\text{-}26)$$

Für verschiedene Werte der Basis a ist die Anzahl M_n der erforderlichen Multiplikationen in Abhängigkeit von n in Bild 4.4 dargestellt. Der Optimalfall liegt hiernach bei der Basis a = 2, wo

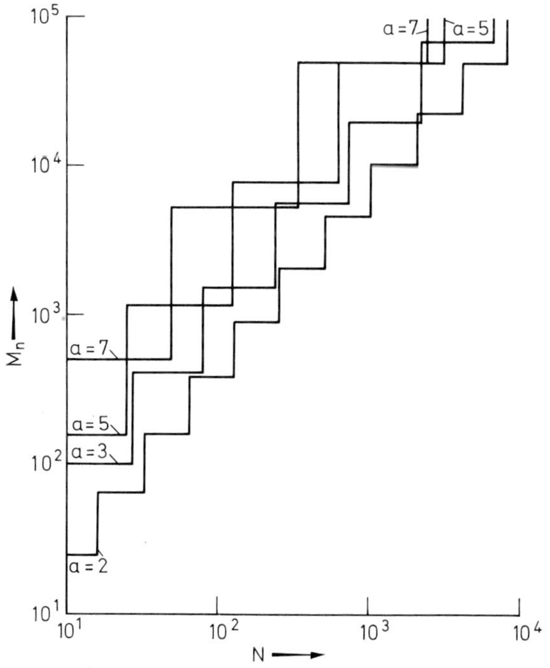

Bild 4.4. Anzahl M_n der erforderlichen Multiplikationen bei der schnellen Fourier-Transformation für $N = a^n$

$$M_n(N = 2^n) = \frac{N}{2}(n-1) + 1 \approx \frac{N}{2}(n-1) = \frac{N}{2}\,\mathrm{ld}(N/2) \qquad (4.3\text{-}27)$$

Multiplikationen erforderlich sind.

Der Bereich zwischen den Fällen $N = 2^n$ und $N = 3^n$ wird zu einem großen Teil durch Faktorisierungen der Form $N = 3^m 2^{n-m}$ bzw. $N = 5^m 2^{n-m}$ ausgefüllt. Einige Beispiele dieser Art sind in Bild 4.5 dargestellt.

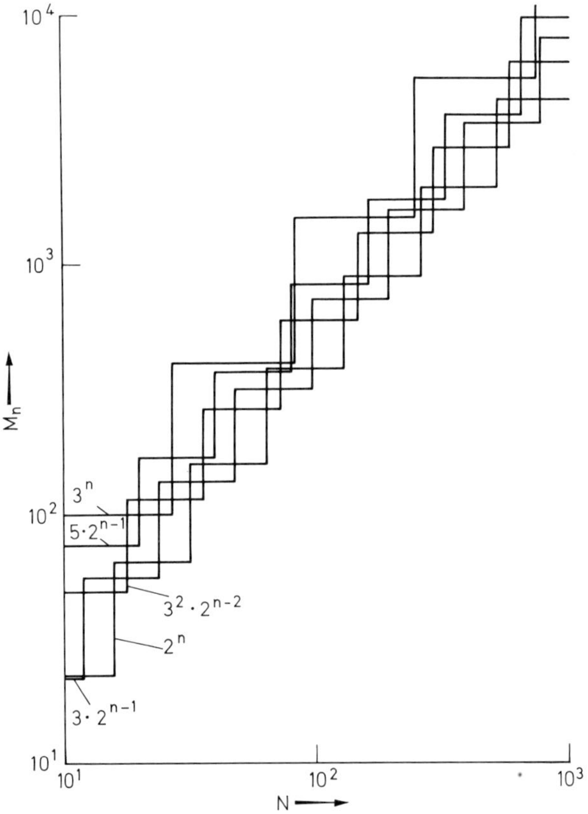

Bild 4.5. Anzahl M_n der erforderlichen Multiplikationen bei der schnellen Fourier-Transformation für $N = 3^m 2^{n-m}$ bzw. $N = 5^1 2^{n-1}$

Nach dieser Darstellung der wesentlichen Grundprinzipien der schnellen Fourier-Transformation sei noch auf weitere spezielle Möglichkeiten zur Reduzierung des Gesamtaufwandes hingewiesen, die hier nicht im Detail erörtert werden können ([4.14], [4.29], [4.30]). Diese Möglichkeiten bestehen im wesentlichen in der Ausnutzung bestimmter Symmetrien der trigonometrischen Funktionen, wenn N eine durch 4 teilbare Zahl ist. Betrachtet man beispielsweise die Matrix **W** der diskreten Fourier-Transformation in (4.2-15), so erkennt man unmittelbar, daß eine diskrete Fourier-Transformation von N = 4

Werten keine Multiplikation, eine solche von N = 8 Werten nur 2 komplexe Multiplikationen erfordert. Es erweist sich daher bei einer als Zweierpotenz darstellbaren Zahl N als günstiger, die Wertefolge $\{u_\nu\}$ nicht vollständig in Zweiergruppen aufzuteilen, sondern jeweils Gruppen von 8 bzw. 4 Werten als Block der diskreten Fourier-Transformation zu unterwerfen. Hierdurch kann eine weitere Aufwandsreduzierung bis zu 40 % erreicht werden [4.40].

4.4. Schnelle Faltung

4.4.1. Prinzipielle Wirkungsweise

Im folgenden werden diskontinuierliche Systeme betrachtet, die sich durch eine lineare Differenzengleichung der Form

$$\sum_{\nu=0}^{n} c_\nu y(k+\nu) = \sum_{\mu=0}^{m} b_\mu u(k+\mu), \qquad m \leqslant n, \tag{2.2-3}$$

mit konstanten Koeffizienten c_ν und b_μ beschreiben lassen. Die Systeme sind damit als linear, zeitinvariant und kausal vorausgesetzt (Abschn. 2). Ist u(k) eine kausale Folge mit

$$u(k) \equiv 0 \quad \text{für} \quad k < 0, \tag{4.4-1}$$

so folgt nach (2.1-7), wenn die Speicher des Systems für $k < 0$ leer sind,

$$y(k) \equiv 0 \quad \text{für} \quad k < 0. \tag{4.4-2}$$

Die ersten L Werte der Systemreaktion auf eine Eingangsfolge $\{u(k)\}$ endlicher Länge L sind in diesem Fall besonders einfach durch reine Rekursion aus der Differenzengleichung (2.2-3) zu ermitteln. Charakteristisch für das zugehörige lineare Gleichungssystem ist die Dreiecksform der Koeffizientenmatrizen:

$$\begin{bmatrix} c_n & 0 & \cdots & & 0 \\ c_{n-1} & c_n & 0 & & \vdots \\ c_{n-2} & c_{n-1} & c_n & \ddots & \vdots \\ \vdots & & & \ddots & 0 \\ \underbrace{0 \;\cdots\; 0}_{L-n-1 \text{ Nullelemente}} & c_0 & c_1 & \cdots & c_n \end{bmatrix} \begin{bmatrix} y(0) \\ y(1) \\ y(2) \\ \vdots \\ y(L-1) \end{bmatrix} =$$

$$= \begin{bmatrix} b_n & 0 & \cdots & \cdots & 0 \\ b_{n-1} & b_n & 0 & & \vdots \\ b_{n-2} & b_{n-1} & b_n & & \vdots \\ \vdots & & & \ddots & 0 \\ \underbrace{0 \; \cdots \; 0}_{L-n-1 \text{ Nullelemente}} & & b_0 & b_1 \cdots & b_n \end{bmatrix} \begin{bmatrix} u(0) \\ u(1) \\ u(2) \\ \vdots \\ u(L-1) \end{bmatrix} \tag{4.4-3}$$

Im Fall $m < n$ sind hier die Koeffizienten b_μ mit $\mu > m$ gleich Null zu setzen.

Wir bezeichnen die Matrizen der Koeffizienten c_ν und b_μ mit $\mathbf{Q}$ bzw. $\mathbf{P}$ und die Spaltenvektoren mit $\mathbf{y}$ bzw. $\mathbf{u}$. Das Gleichungssystem (4.4-3) läßt sich dann durch

$$\mathbf{Q}\mathbf{y} = \mathbf{P}\mathbf{u} \tag{4.4-4}$$

zusammenfassen. Wenn wir $c_n \neq 0$ voraussetzen, ist $\mathbf{Q}$ regulär und (4.4-4) nach $\mathbf{y}$ auflösbar

$$\mathbf{y} = \mathbf{Q}^{-1}\mathbf{P}\mathbf{u}. \tag{4.4-5}$$

Die Matrix $\mathbf{Q}^{-1}\mathbf{P}$ besitzt ebenfalls die untere Dreiecksform, da die Inverse einer (unteren) Dreiecksmatrix und das Produkt zweier (unterer) Dreiecksmatrizen wiederum (untere) Dreiecksmatrizen sind (z.B. [4.5]). Aus der Eindeutigkeit der Darstellung (4.4-5) für ein gegebenes System folgt weiterhin nach (2.1-14a) und (2.1-14b), daß $\mathbf{Q}^{-1}\mathbf{P}$ mit der entsprechenden L-reihigen quadratischen Untermatrix der Faltungsmatrix $\mathbf{S}$ des Systems identisch sein muß:

$$\mathbf{Q}^{-1}\mathbf{P} = \begin{bmatrix} h_0(0) & 0 & 0 & 0 & 0 \\ h_0(1) & h_0(0) & 0 & 0 & 0 \\ h_0(2) & h_0(1) & h_0(0) & 0 \; \cdots & 0 \\ \vdots & & & \ddots & \vdots \\ h_0(L-1) & \cdots & h_0(2) & h_0(1) & h_0(0) \end{bmatrix}. \tag{4.4-6}$$

(4.4-5) entspricht somit den ersten L Werten der diskreten Faltung der Eingangsfolge $\{u(k)\}$ mit der Impulsantwort $\{h_0(k)\}$ des betrachteten Systems

$$y(k) = u(k) * h_0(k) = \sum_{\mu=0}^{L-1} u(\mu) h_0(k-\mu), \quad k = 0,1 \ldots L-1 . \tag{4.4-7}$$

Hieraus läßt sich nun auf verschiedene Weisen eine zyklische diskrete Faltung bilden, indem man die Matrix $\mathbf{Q}^{-1}\mathbf{P}$ zu einer zirkulanten Matrix erweitert und den Spaltenvektor $\mathbf{u}$ um L Nullelemente verlängert. Beispielsweise ist die folgende Form möglich, in der die ersten L Gleichungen dem Gleichungssystem (4.4-5) entsprechen:

$$\begin{bmatrix} y(0) \\ y(1) \\ \vdots \\ y(L-1) \\ \eta(L) \\ \vdots \\ \eta(2L-1) \end{bmatrix} = \begin{bmatrix} h_0(0) & \overbrace{0 \;\cdots\cdots\; 0}^{\text{L Nullelemente}} & h_0(L-1) & h_0(L-2) \;\cdots & h_0(1) \\ h_0(1) & h_0(0) \;\; 0 \;\cdots\; 0 & & h_0(L-1) \;\cdots & h_0(2) \\ \vdots & \ddots & & & \vdots \\ h_0(L-1) & \cdots\cdots & h_0(0) & 0 \;\cdots\cdots & 0 \\ 0 & h_0(L-1) \;\cdots\cdots & & h_0(0) \;\; 0 \;\cdots & 0 \\ \vdots & \ddots & & \ddots & \vdots \\ 0 & \cdots\cdots\; 0 & h_0(L-1) & \cdots\cdots & h_0(0) \end{bmatrix} \begin{bmatrix} u(0) \\ u(1) \\ \vdots \\ u(L-1) \\ 0 \\ \vdots \\ 0 \end{bmatrix} \tag{4.4-8}$$

Die letzten L Gleichungen hierin liefern zusätzlich L Größen $\eta(L)$ bis $\eta(2L-1)$, die nur Fragmente der weiteren Ausgangswerte $y(L)$ bis $y(2L-1)$ darstellen und nicht ohne weiteres verwendet werden können. Diese Aufblähung des Gleichungssystems bei einer gleichbleibenden Anzahl von Ergebniswerten muß den für die Lösung erforderlichen numerischen Aufwand nicht notwendig vergrößern, denn (4.4-8) ist nun von der Art des Gleichungssystems (4.2-52) und kann somit durch einen Algorithmus gelöst werden, der den Operationen (4.2-55) bis (4.2-57) entspricht. Bei Anwendung der schnellen Fourier-Transformation ist dann eine sehr effektive Bestimmung der Ausgangsfolge $\{y(k)\}$ auf einem Allzweck-Digitalrechner möglich. Wir müssen dazu voraussetzen, daß

$$N = 2L \tag{4.4-9}$$

in einer für die schnelle Fourier-Transformation günstigen Weise faktorisierbar ist, werden uns aber bei dem folgenden Aufwandsvergleich zwischen der mittelbaren Lösung der Differenzengleichung (2.2-3) über die schnelle Faltung und einer direkten Lösung auf den Fall beschränken, daß N eine reine Zweierpotenz ist. Mit gegenüber (4.3-27) geänderter Bezeichnung sei

$$N = 2^p, \quad p > 1 \quad \text{ganzzahlig.} \tag{4.4-10}$$

Als Vergleichsbasis für den numerischen Aufwand wählen wir wieder die Anzahl der erforderlichen Multiplikationen jeweils zweier komplexer Zahlen (Abschn. 4.3.2). Dabei betrachten wir zunächst den allgemeinen Fall komplexer Zahlenfolgen $\{u(k)\}$, $\{y(k)\}$ und $\{h_0(k)\}$.

Die schnelle Fourier-Transformation von N komplexen Zahlen erfordert nach (4.3-27) ungefähr (N/2)ld(N/2) komplexe Multiplikationen, wenn N eine Zweierpotenz ist. Da nach (4.2-55) bis (4.2-57) insgesamt drei vollständige Operationen dieser Art und zusätzlich N komplexe Multiplikationen ausgeführt werden müssen, sind für die schnelle Faltung

$$M_{SF} = \frac{3}{2} N \,\mathrm{ld}\left(\frac{N}{2}\right) + N = \frac{N}{2}(3p - 1) \tag{4.4-11}$$

komplexe Multiplikationen erforderlich.

Als Alternative für den Aufwandsvergleich wählen wir nun nicht die direkte Ausführung der diskreten Faltung nach (4.4-7), denn bei Systemen mit unendlich langer Impulsantwort kann diese Darstellung redundant werden (Abschn. 2.5.2) und somit einen unnötig hohen Aufwand verursachen. Wir gehen statt dessen von einer rekursiven Lösung des Gleichungssystems (4.4-3) aus, die sich unmittelbar anbietet. Mit $c_n = 1$ gilt

$$\begin{aligned}
y(0) &= b_n u(0),\\
y(1) &= b_n u(1) + b_{n-1} u(0) - c_{n-1} y(0),\\
y(2) &= b_n u(2) + b_{n-1} u(1) + b_{n-2} u(0) - c_{n-2} y(0) - c_{n-1} y(1),\\
&\;\vdots\\
y(L-1) &= \sum_{\mu=0}^{n} b_\mu u(L + n - 1 - \mu) - \sum_{\nu=0}^{n-1} c_\nu y(L + n - 3 - \nu).
\end{aligned} \tag{4.4-12}$$

Hierbei würde die Bestimmung der L Werte von $\{y(k)\}$ rund $(2n + 1)L$ bzw. für $m \leqslant n$ rund

$$M_{DG} = (m + n + 1)L \tag{4.4-13}$$

Multiplikationen erfordern, und zwar komplexe oder reelle, je nachdem, ob wir komplexe Zahlenfolgen in einem komplexen System oder reelle Zahlenfolgen in einem reellwertigen System verarbeiten. Im ersteren Fall würde sich ein Aufwandsverhältnis von

$$\frac{M_{SF}}{M_{DG}} = \frac{\frac{N}{2}(3p - 1)}{L(m + n + 1)} = \frac{3p - 1}{m + n + 1} \tag{4.4-14}$$

ergeben. Es sei hier noch einmal darauf hingewiesen, daß dieser Aufwandsvergleich ebenso wie die weiteren Betrachtungen im 4. Abschnitt sich ausschließlich auf die digitale Verarbeitung in einem Allzweckrechner beziehen.

Bei der schnellen Faltung reeller Zahlenfolgen ist nach Stockham [4.12] eine Reduzierung des Aufwandes auf rund die Hälfte möglich, indem man jeweils zwei reelle Werte einer Zahlenfolge zu einem komplexen Wert zusammenfaßt. Eine reelle Zahlenfolge der Länge N wird so in eine komplexe Zahlenfolge der Länge N/2 umgewandelt. Wegen der Linearität der Faltungsoperation läßt sich die gesuchte reelle Ausgangsfolge eindeutig aus dem Ergebnis der komplexen Faltung ermitteln. Da die Anzahl der komplexen Multiplikationen somit nur noch $(1/2)M_{SF}$ beträgt, jede komplexe Multiplikation jedoch vier reelle Multiplikationen erfordert, verschiebt sich in diesem Fall das Aufwandsverhältnis zwischen der schnellen Faltung und der rekursiven Lösung der Differenzengleichung, nun gemessen an der Anzahl der reellen Multiplikationen, um rund einen Faktor 2 zugunsten der letzteren Methode.

Unabhängig davon, ob reelle oder komplexe Zahlenfolgen verarbeitet werden, erkennt man jedoch an (4.4-14), daß die schnelle Faltung bei längeren Zahlenfolgen (entsprechend großes p) der rekursiven Lösung der Differenzengleichung unterlegen sein wird, sofern man an der bisher beschriebenen unsegmentierten Form der Ausführung festhält. Hinzu kommen in diesem Fall zwei weitere Nachteile, nämlich einmal der mit der Länge der Zahlenfolge wachsende Speicheraufwand und zum anderen die entsprechend lange Wartezeit, denn hier muß der letzte Wert der Eingangsfolge bereits bekannt sein, bevor der erste Wert der Ausgangsfolge berechnet werden kann. Gewisse Anwendungen, wie beispielsweise die fortlaufende Filterung seismischer Signale, schließen dieses Verfahren somit von vornherein aus.

Die eigentliche Effektivität der schnellen Faltung wird erst in der segmentierten Form ihrer Ausführung erreicht. Hier werden die miteinander zu faltenden Folgen in Blöcken optimaler Länge verarbeitet. Für nichtrekursive und für rekursive Systeme müssen unterschiedliche Verfahren verwendet werden. Wir beschreiben im folgenden zunächst die Verfahren für nichtrekursive Systeme.

4.4.2. Segmentierung bei nichtrekursiven Systemen

Nichtrekursive Systeme sind durch Übertragungsfunktionen gekennzeichnet, deren Polstellen sämtlich im Nullpunkt der z-Ebene liegen (Abschn.2.6.5.3). Da somit

$$c_n = 1, \quad c_\nu = 0 \quad \text{für} \quad \nu \neq n \tag{4.4-15}$$

gilt, ist (4.4-3) bereits nach den Werten $y(k)$ der Ausgangsfolge aufgelöst:

$$\begin{bmatrix} y(0) \\ y(1) \\ y(2) \\ \vdots \\ y(L-1) \end{bmatrix} = \begin{bmatrix} b_n & 0 & \cdots & \cdots & 0 \\ b_{n-1} & b_n & 0 & & \vdots \\ b_{n-2} & b_{n-1} & b_n & & \vdots \\ \vdots & & & \ddots & 0 \\ \underbrace{0 \quad 0}_{L-n-1 \text{ Nullelemente}} & b_0 & \cdots & b_{n-1} & b_n \end{bmatrix} \begin{bmatrix} u(0) \\ u(1) \\ u(2) \\ \vdots \\ u(L-1) \end{bmatrix} . \tag{4.4-16}$$

Die Impulsantwort besitzt nur $n + 1$ nichtverschwindende Werte, die mit den Koeffizienten b_μ folgendermaßen zusammenhängen:

$$h_0(\mu) = b_{n-\mu}, \quad \mu = 0, 1, \ldots n. \tag{4.4-17}$$

Die Erweiterung von (4.4-16) zur zyklischen Faltung ist auf verschiedene Weise möglich. Wir wählen die folgende Form, bei der jede Zeile der zirkulanten Matrix nur $n + 1$ nichtverschwindende Elemente enthält und die Eingangsfolge dementsprechend nur um n vorangestellte Nullelemente verlängert werden muß:

$$\begin{bmatrix} y(0) \\ y(1) \\ \vdots \\ y(L-1) \\ \eta(L) \\ \vdots \\ \eta(L+n-1) \end{bmatrix} = \begin{bmatrix} b_0 & b_1 & & b_n & 0 \cdots 0 & \\ 0 & b_0 & b_1 \cdots & b_n & 0 \cdots 0 & \\ \vdots & & \ddots & & & \\ 0 & & 0 & b_0 & b_1 \cdots & b_n \\ b_n & 0 \cdots 0 & & b_0 & \cdots & b_{n-1} \\ \vdots & & & & \ddots & \vdots \\ b_1 & \cdots & b_n & \underbrace{0 \cdots 0}_{L-1 \text{ Nullelemente}} & & b_0 \end{bmatrix} \begin{bmatrix} 0 \\ \vdots \\ u(0) \\ \vdots \\ u(L-n-1) \\ u(L-n) \\ \vdots \\ u(L-1) \end{bmatrix} \tag{4.4-18}$$

Die mit wachsender Länge L der Eingangsfolge zunehmende Ineffektivität der schnellen Faltung in dieser unsegmentierten Form (4.4-18) läßt sich von der Anschauung her auch folgendermaßen interpretieren: Für $L \gg n$ sind die nichtverschwindenden Elemente der zirkulanten Matrix in (4.4-18) im wesentlichen auf einen relativ schmalen Bereich in der Umgebung der Hauptdiagonalen konzentriert, so daß der Gewinn bei der Diagonalisierung durch den für die Ausführung der schnellen Fourier-Transformation erforderlichen zusätzlichen Aufwand überkompensiert wird. Diese Vorstellung legt auch sogleich den Gedanken nahe, die nichtverschwindenden Elemente der zirkulanten Matrix in (4.4-18) auf Untermatrizen eines noch genauer festzulegenden Formates aufzuteilen und die gesamte Operation (4.4-18) segmentweise vorzunehmen. Hierzu sind zwei Methoden angegeben worden.

Die erste, unabhängig von Stockham [4.3] und Helms [4.16] entwickelt, wird overlap-save- oder auch select-save-Methode genannt. Hier wird der auf der rechten Seite von (4.4-18) stehende Spaltenvektor in Segmente von je N Werten unterteilt, die sich um jeweils n Werte überlappen. Das erste Segment enthält n Nullelemente und die Werte u(0) bis u(K - 1), wobei

$$K = N - n > n \qquad (4.4\text{-}19)$$

sein soll. Im zweiten Segment befinden sich die Werte u(K - n) bis u(2K - 1) usw. Die Segmentlänge N soll eine für die schnelle Fourier-Transformation günstige Zahl, beispielsweise eine Zweierpotenz sein. Wir gehen außerdem davon aus, daß die Gesamtzahl L + n der Ausgangswerte als ganzzahliges Vielfaches von K darstellbar ist,

$$n + L = r_{os}K = r_{os}(N - n), \quad r_{os} \geq 1 \quad \text{ganzzahlig}, \qquad (4.4\text{-}20)$$

was nötigenfalls durch Abschneiden der Eingangsfolge oder durch Anhängen von Nullelementen stets erreichbar ist. Im ersten Fall wird der Rest getrennt verarbeitet, im zweiten Fall ergibt sich ein zusätzlicher Mehraufwand, der aber gegenüber der Gesamtersparnis im Aufwand, die durch das Verfahren erreicht werden kann, i.a. nicht ins Gewicht fällt. Für den bei der Signalverarbeitung meistens vorliegenden Fall $L \gg N$ ist dieses Problem ohnehin irrelevant.

Jedes der so gebildeten Segmente liefert unmittelbar K Werte der Ausgangsfolge. Im ρ-ten Segment ($\rho = 0, 1, \ldots r_{os} - 1$) werden beispielsweise die Werte $y(\rho K)$ bis $y[(\rho + 1)K - 1]$ berechnet. Das Faltungsschema dazu sieht folgendermaßen aus:

$$\begin{bmatrix} y(\rho K) \\ y(\rho K+1) \\ \vdots \\ y(\rho K+K-1) \end{bmatrix} = \begin{bmatrix} b_0 & b_1 \cdots b_n & 0 & 0 \cdots 0 \\ 0 & b_0 & b_1 \cdots b_n & 0 \cdots 0 \\ \vdots & \ddots & & \ddots \;\vdots \\ \underbrace{0 \cdots\cdots 0}_{K-1 \text{ Nullelemente}} & b_0 & \cdots\cdots & b_n \end{bmatrix} \begin{bmatrix} u(\rho K-n) \\ u(\rho K-n+1) \\ \vdots \\ u(\rho K+K-n-1) \\ \vdots \\ u(\rho K+K-1) \end{bmatrix} . \qquad (4.4\text{-}21)$$

Die Rechteckmatrix hierin besitzt K Zeilen und N Spalten, und die für $\rho = 0$ auftretenden Werte $u(-n)$ bis $u(-1)$ sind in Übereinstimmung mit (4.4-18) gleich Null zu setzen. Man überzeugt sich leicht, daß die Aneinanderreihung der Segmente (4.4-21) für $\rho = 0$ bis $\rho = r_{os} - 1$ wieder das gesamte Faltungsschema (4.4-18) liefert. Jedes Segment (4.4-21) läßt sich nun als schnelle Faltung ausführen, wenn man die Rechteckmatrix zu einer zirkulanten Matrix durch Anhängen von n entsprechenden Zeilen erweitert:

$$\begin{bmatrix} y(\rho K) \\ y(\rho K+1) \\ \vdots \\ y(\rho K+K-1) \\ \eta(\rho K+K) \\ \vdots \\ \eta(\rho K+K+n) \end{bmatrix} = \begin{bmatrix} b_0 & b_1 \cdots b_n & 0 & 0 \cdots 0 \\ 0 & b_0 & b_1 \cdots b_n & 0 \cdots 0 \\ \vdots & \ddots & & \ddots \;\vdots \\ 0 \cdots 0 & b_0 & \cdots\cdots & b_n \\ \vdots & & \ddots & \vdots \\ b_1 \cdots b_n & \underbrace{0 \cdots 0}_{K-1 \text{ Nullelemente}} & & b_0 \end{bmatrix} \begin{bmatrix} u(\rho K-n) \\ u(\rho K-n+1) \\ \vdots \\ u(\rho K+K-n-1) \\ \vdots \\ u(\rho K+K-1) \end{bmatrix} . \qquad (4.4\text{-}22)$$

Der Ergebnisvektor enthält die gesuchten Ausgangswerte $y(\rho K)$ bis $y(\rho K+K-1)$, die aufgehoben (saved) werden. Die übrigen Werte $\eta(\rho K+K)$ bis $\eta(\rho K+K+n)$ werden bei der overlap-save-Methode nicht verwendet. Das Gesamtschema der Segmentierung ist in Bild 4.6 veranschaulicht.

Die zweite Methode zur segmentweisen Ausführung der schnellen Faltung stammt von Stockham [4.12] und wird overlap-add-Methode genannt [4.3]. Der Unterschied zur overlap-save-Methode besteht darin, daß die hier gebildeten Segmente sich nunmehr in der Ausgangsfolge um jeweils n Werte überlappen, während die

Eingangsfolge zu jedem Segment nur K Werte beisteuert. Diese K Werte und weitere n Nullelemente bilden den N-zeiligen Vektor, auf den die zur Zirku-

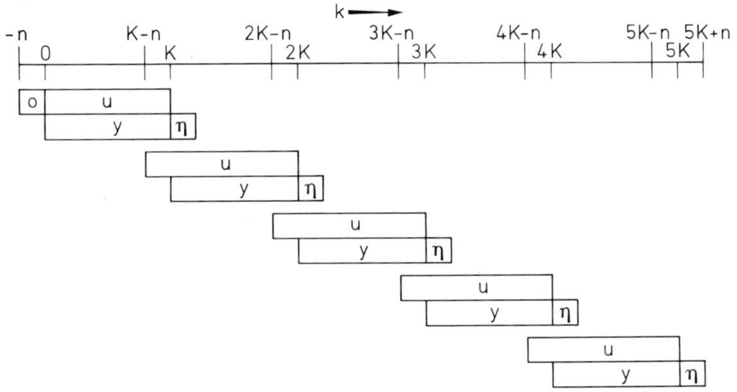

Bild 4.6. Segmentierung bei der overlap-save-Methode

lanten ergänzte Faltungsmatrix angewendet wird. Das ρ-te Segment hat dann die Form

$$\begin{bmatrix} g_\rho(0) \\ g_\rho(1) \\ \vdots \\ \vdots \\ g_\rho(N-1) \end{bmatrix} = \begin{bmatrix} b_0 & b_1 \cdots b_n & 0 & 0 \cdots 0 \\ 0 & b_0 \quad b_1 \cdots b_n & & 0 \cdots 0 \\ \vdots & & \ddots & \vdots \\ b_1 \cdots b_n & \underbrace{0 \cdots 0}_{K-1 \text{ Nullelemente}} & & b_0 \end{bmatrix} \begin{bmatrix} 0 \\ \vdots \\ 0 \\ u(\rho K) \\ u(\rho K+1) \\ \vdots \\ u(\rho K+K-1) \end{bmatrix} . \tag{4.4-23}$$

Das Ergebnis dieser Operation, ein N-zeiliger Vektor mit den Elementen $g_\rho(\nu)$, stimmt in seinem mittleren Teil mit den entsprechenden Elementen der Ausgangsfolge überein:

$$g_\rho(\nu) = y(\rho K + \nu) \quad \text{für} \quad \nu = n, n+1, \ldots K-1. \tag{4.4-24}$$

Die ersten n und die letzten n Elemente $g_\rho(\nu)$ sind i.a. nur Teilsummen entsprechender Elemente der Ausgangsfolge. Benachbarte Segmente sind jedoch bezüglich dieser Teilsummen komplementär: Die Überlappung ihrer Ergebnisse um jeweils n Werte liefert die entsprechenden Elemente der Ausgangsfolge als Summe der zur Deckung kommenden Elemente:

$$y(\rho K + K + \nu) = g_\rho(K + \nu) + g_{\rho+1}(\nu) \quad \text{für} \quad \nu = 0, 1, \ldots n - 1. \qquad (4.4\text{-}25)$$

Gehen wir bei der overlap-add-Methode davon aus, daß hier die Länge L der Eingangsfolge als ganzzahliges Vielfaches von K darstellbar ist, also

$$L = r_{oa} K = r_{oa}(N - n), \quad r_{oa} \geqslant 1 \quad \text{ganzzahlig,} \qquad (4.4\text{-}26)$$

so ergeben sich die ersten n Elemente der Ausgangsfolge aus

$$y(\mu) = g_0(\mu), \qquad (4.4\text{-}27)$$

die letzten n Elemente aus

$$y(r_{oa} K + \mu) = g_{r_{oa}-1}(K + \mu) \qquad (4.4\text{-}28)$$

für $\mu = 0, 1, \ldots n - 1$ und die übrigen Elemente aus (4.4-24) bzw. (4.4-25) für $\rho = 0, 1, \ldots r_{oa} - 1$. Das Gesamtschema der Segmentierung bei der overlap-add-Methode ist in Bild 4.7 veranschaulicht.

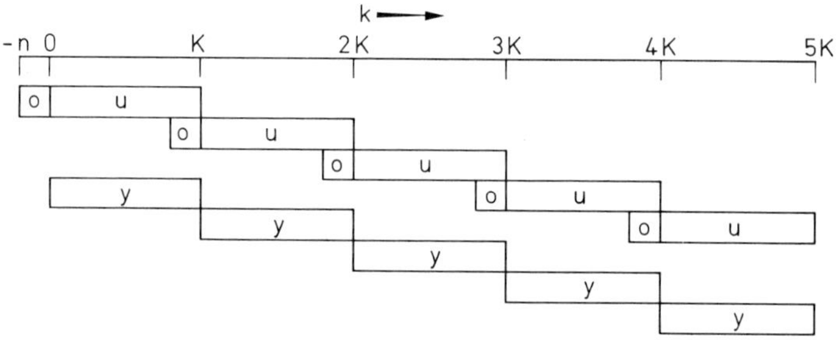

Bild 4.7. Segmentierung bei der overlap-add-Methode

Die overlap-add-Methode erfordert im wesentlichen den gleichen Aufwand wie die overlap-save-Methode. Sie bringt einige zusätzliche Additionen mit sich, kann aber andererseits, wenn die Erfüllung der Bedingung (4.4-26) durch Kürzen bzw. Verlängern der Eingangsfolge erzwungen wird, etwas günstiger abschneiden als die overlap-save-Methode [4.3]. Sehen wir von diesen i.a. geringfügigen Unterschieden ab, so erfordern beide Methoden bei r Segmenten zu je $N = 2^p$ Zeilen die Ausführung von rund

$$M_{SSF} = \frac{N}{2}(p-1) + rN(p-1) + rN = \frac{N}{2}(p-1) + rNp \qquad (4.4\text{-}29)$$

komplexen Multiplikationen. Dabei ist berücksichtigt, daß die diskrete Fourier-Transformation der Impulsantwort nur einmal ausgeführt wird, pro Segment eine solche und eine inverse Transformation von je N Werten vorzunehmen ist und die diskreten Fourier-Transformierten der Eingangsfolge und der Impulsantwort miteinander multipliziert werden müssen. Die am Schluß des Abschnittes 4.3.3 erwähnten speziellen Verfahren zur schnellen Fourier-Transformation, die gegenüber (4.4-29) eine weitere Aufwandsreduzierung ermöglichen, sind hier zugunsten einer geschlossenen Darstellung nicht berücksichtigt worden, zumal die Auswirkung auf die optimale Segmentlänge, die im folgenden bestimmt wird, vernachlässigbar ist.

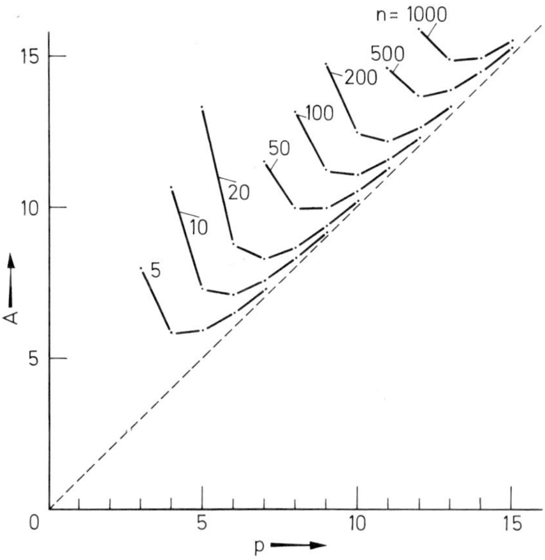

Bild 4.8. Mittlerer Aufwand für die Berechnung eines Ausgangswertes bei der segmentierten schnellen Faltung für nichtrekursive Systeme vom Grad n (2^p = Segmentlänge)

Die Segmentlänge N ist optimal, wenn der im Mittel für einen einzelnen Ausgangswert erforderliche Aufwand minimal ist. Jedes Segment liefert N - n Ausgangswerte bei einem Aufwand von rund Np Multiplikationen. Der im Mittel pro Ausgangswert erforderliche Aufwand ist dann

$$A = \frac{Np}{N-n} = \frac{p}{1-n/N} = \frac{p}{1-n2^{-p}} . \qquad (4.4\text{-}30)$$

Die optimale Segmentlänge N_{opt} ergibt sich aus dem ganzzahligen Wert $p = p_{opt}$, für den A minimal ist. Ein Schätzwert für p_{opt} läßt sich dadurch gewinnen, daß man zunächst das Minimum von A bezüglich einer kontinuierlich veränderbaren Variablen p bestimmt. Man erhält die transzendente Gleichung

$$2^p = n(1 + p\ln 2), \tag{4.4-31}$$

die für positives p und $n > 1$ genau eine Lösung besitzt. Die Berechnung der zweiten Ableitung von A zeigt, daß diese Lösung immer auf ein Minimum von A führt.

In Bild 4.8 ist der mittlere Aufwand A in der Umgebung der optimalen Segmentlänge für verschiedene Werte von n dargestellt. In allen Fällen ist p_{opt} gleich demjenigen ganzzahligen Wert von p, der die Lösung der transzendenten Gleichung (4.4-31) im Sinne von

$$|2^p - n(1 + p\ln 2)| \stackrel{!}{=} \min \tag{4.4-32}$$

approximiert. Tabelle 4.1 gibt die optimalen Segmentlängen

$$N_{opt} = 2^{p_{opt}} \tag{4.4-33}$$

und den zugehörigen minimalen Aufwand

$$A_{min} = \frac{p_{opt}}{1 - n2^{-p_{opt}}} \tag{4.4-34}$$

für verschiedene Werte von n an.

Tabelle 4.1. Optimale Segmentlängen

n	p_{opt}	N_{opt}	A_{min}
5	4	16	5,82
10	6	64	7,11
20	7	128	8,30
50	8	256	9,94
100	10	1024	11,08
200	11	2048	12,19
500	12	4096	13,67
1000	13	8192	14,81

Der Vergleich zwischen der schnellen Faltung und der direkten Ausführung der Faltung fällt nun wesentlich günstiger für die schnelle Faltung aus, wenn man in optimaler Weise segmentiert. Wir betrachten zunächst wieder den allgemeinen Fall der Faltung komplexer Zahlenfolgen. Dabei nehmen wir an, daß die Gesamtlänge L der Eingangsfolge so beschaffen ist, daß die Segmentierung bei der overlap-save-Methode entsprechend (4.4-20) ohne Rest aufgeht:

$$L = r(N - n) - n, \quad r > 0 \text{ ganzzahlig.} \tag{4.4-35}$$

Durch diese Annahme wird die schnelle Faltung bei dem Vergleich etwas begünstigt, was jedoch bei einer großen Anzahl r von Segmenten nicht ins Gewicht fällt. Die direkte Ausführung von (4.4-12) erfordert bei nichtrekursiven Systemen nach (4.4-13) insgesamt $(n + 1)L$ Multiplikationen. Das Aufwandsverhältnis zwischen der schnellen Faltung komplexer Zahlenfolgen und der direkten Ausführung nach (4.4-12) ist also gegeben durch

$$q := \frac{M_{SSF}}{M_{DG}} = \frac{\frac{N}{2}(p - 1) + r\,Np}{(n + 1)[r(N - n) - n]} \,. \tag{4.4-36}$$

Bild 4.9 zeigt, daß dabei beträchtliche Gewinne insbesondere für hochgradige Systeme erzielt werden können. Bei sehr langen Eingangsfolgen hängt q praktisch nur noch von n ab:

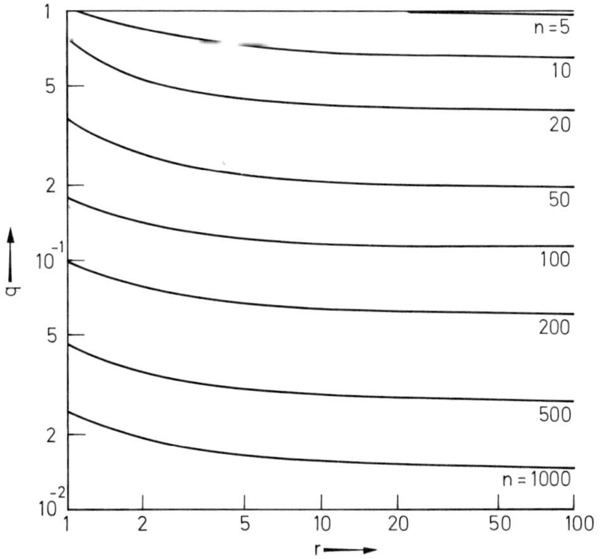

Bild 4.9. Aufwandsverhältnis q von schneller zu direkter Faltung komplexer Folgen endlicher Länge in Abhängigkeit von der Anzahl r der Segmente

$$\lim_{r \to \infty} q = \frac{Np}{(n+1)(N-n)} = \frac{A_{min}}{n+1} \,. \qquad (4.4\text{-}37)$$

Der wichtige Sonderfall der Faltung reeller Zahlenfolgen unterscheidet sich von dem allgemeinen Fall nur dahingehend, daß das Aufwandsverhältnis zwischen schneller und direkter Faltung im wesentlichen um einen Faktor 2 zugunsten der letzteren verschoben wird, wie im einzelnen bereits im Abschnitt 4.41 erläutert wurde. Das Aufwandsverhältnis ist hier also durch 2q gegeben.

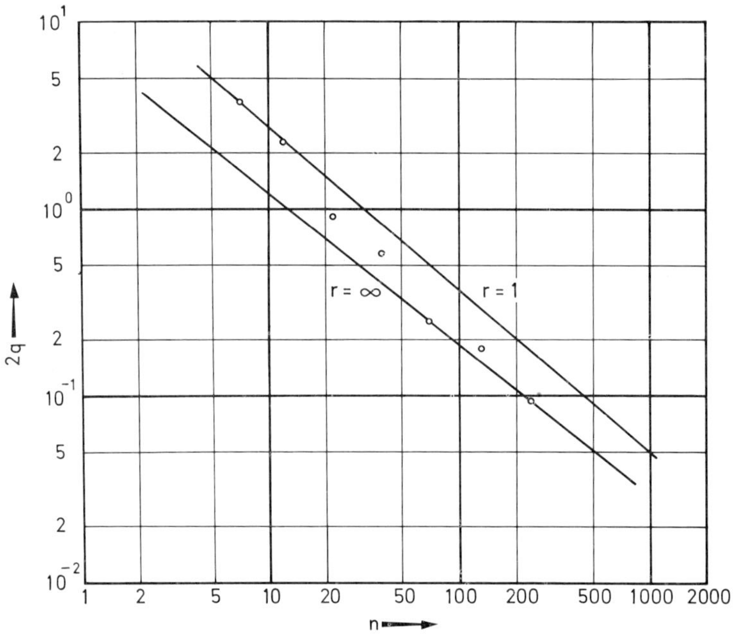

Bild 4.10. Aufwandsvergleich zwischen schneller und direkter Faltung bei nichtrekursiven Systemen. – theoretische Werte für $r = 1$ und $r = \infty$; ∘ experimentelle Werte für $r = 1$

Bild 4.10 zeigt den Verlauf dieser Größe in Abhängigkeit vom Systemgrad n, wobei jeweils die optimale Segmentlänge eingesetzt wurde. Dargestellt sind die Grenzfälle für ein einziges Segment $(r = 1)$ und für unendlich viele Segmente $(r = \infty)$, die sich entsprechend (4.4-29) um den von r unabhängigen, nur einmal bei der schnellen Faltung zu leistenden Aufwandsanteil unterscheiden. Hiernach liegt bei der schnellen Faltung reeller Zahlenfolgen die Effektivitätsgrenze im Systemgrad je nach Anzahl der zu verarbeitenden Segmente etwa zwischen $n = 12$ und $n = 32$.

Diese theoretischen Untersuchungen werden durch die praktischen Erfahrungen in etwa bestätigt. Die Ergebnisse eines experimentellen Rechenzeitvergleiches zwischen schneller und direkter Faltung reeller Zahlenfolgen sind ebenfalls in Bild 4.10 dargestellt. Verwendet wurde dabei ein Fortran-FFT-Programm von Brenner [4.47]. Das gegenüber der theoretischen Vorhersage noch günstigere Abschneiden der schnellen Faltung ist zu einem großen Teil darauf zurückzuführen, daß in dem genannten Programm weitere Möglichkeiten zur Aufwandsreduzierung ausgenutzt werden (Abschn. 4.3.3), die wir bei der Aufwandsabschätzung nicht berücksichtigt haben.

4.4.3. Segmentierung bei rekursiven Systemen

Grundsätzlich besteht immer die Möglichkeit, ein rekursives System mit Hilfe der schnellen Faltung näherungsweise zu realisieren, indem man nach einem Vorschlag von Helms [4.16] nur den signifikanten Verlauf der Impulsantwort berücksichtigt, d.h. $h_0(k)$ außerhalb eines hinreichend groß gewählten, aber endlichen Zeitintervalls gleich Null setzt. Man approximiert damit indirekt das rekursive System durch ein nichtrekursives und kann dann die schnelle Faltung segmentweise unter Anwendung der im vorigen Abschnitt beschriebenen Methoden ausführen.

Es gibt jedoch noch eine andere Methode, die auch rekursive Systeme durch eine segmentierte schnelle Faltung auf exakte Weise zu realisieren gestattet. Diese Methode geht auf einen Vorschlag von Gold und Jordan [4.22] zurück und wurde von Chanoux [4.23] sowie von Voelcker und Hartquist [4.24] untersucht. Wir wollen sie im folgendenden kurz im Rahmen der hier gewählten Darstellungsform erörtern.

Das zentrale Problem besteht darin, einen endlichen Ausschnitt der i.a. zeitlich nicht begrenzten Systemreaktion durch endliche Faltungsprodukte zu beschreiben. Gesucht seien beispielsweise die L aufeinanderfolgenden Ausgangswerte $y(k_0)$ bis $y(k_0 + L - 1)$, wobei k_0 der Anfangszeitpunkt des betrachteten Ausschnittes sein soll. Die entsprechenden Eingangswerte seien $u(k_0)$ bis $u(k_0 + L - 1)$. Wenn zusätzlich die vor dem betrachteten Zeitabschnitt anliegenden Eingangswerte $u(k_0 - 1)$ bis $u(k_0 - n)$ und Ausgangswerte $y(k_0 - 1)$ bis $y(k_0 - n)$ bekannt sind, lassen sich die gesuchten Ausgangswerte eindeutig aus der Differenzengleichung (2.2-3) ermitteln. Die Berechnung des ersten Segments dieser Art wäre zunächst mit der Lösung von (4.4-4) identisch. Im zweiten Segment werden die Spaltenvektoren $\mathbf{y}$ und $\mathbf{u}$ durch die Ausgangswerte $y(L)$ bis $y(2L-1)$ bzw. $u(L)$ bis $u(2L-1)$ gebildet. Weiterhin sind bei der Berechnung des zweiten Segments die vorhergehenden Ausgangswerte $y(L-1)$ bis

$y(L-n)$ und Eingangswerte $u(L-1)$ bis $u(L-n)$ zu berücksichtigen. Die nunmehr zwischen Eingangs- und Ausgangsfolge bestehende Beziehung

$$\mathbf{Q}\mathbf{y} + \mathbf{a}_2 = \mathbf{P}\mathbf{u} + \mathbf{a}_1 \tag{4.4-38}$$

ist gegenüber (4.4-4) um zwei additiv hinzukommende L-zeilige Spaltenvektoren erweitert, die sich für das zweite Segment wie folgt ergeben:

$$\mathbf{a}_2 := \left[\begin{array}{cccc:c} c_0 & c_1 & \cdots & c_{n-1} & \\ 0 & c_0 & \cdots & c_{n-2} & \\ \vdots & & \ddots & \vdots & 0 \\ 0 & \cdots & 0 & c_0 & \\ \hdashline & & & & \\ & 0 & & & 0 \\ & & & & \end{array}\right] \left[\begin{array}{l} y(L-n) \\ y(L-n+1) \\ \vdots \\ y(L-1) \\ \left.\begin{array}{c} 0 \\ \vdots \\ 0 \end{array}\right\} \; L-n \end{array}\right], \tag{4.4-39}$$

$$\mathbf{a}_1 := \left[\begin{array}{cccc:c} b_0 & b_1 & \cdots & b_{n-1} & \\ 0 & b_0 & \cdots & b_{n-2} & \\ \vdots & & \ddots & \vdots & 0 \\ 0 & \cdots & 0 & b_0 & \\ \hdashline & & & & \\ & 0 & & & 0 \\ & & & & \end{array}\right] \left[\begin{array}{l} u(L-n) \\ u(L-n+1) \\ \vdots \\ u(L-1) \\ \left.\begin{array}{c} 0 \\ \vdots \\ 0 \end{array}\right\} \; L-n \end{array}\right], \tag{4.4-40}$$

Die Bildung der Vektoren $\mathbf{a}_1$ und $\mathbf{a}_2$ für die weiteren Segmente ist entsprechend vorzunehmen.

Die Bestimmung der Vektoren $\mathbf{a}_1$ und $\mathbf{a}_2$ kann wegen der Bauart der Matrizen in (4.4-39) bzw. (4.4-40) über die schnelle Faltung erfolgen. Bei kleineren Werten von n wird man $\mathbf{a}_1$ und $\mathbf{a}_2$ direkt berechnen.

Wir fassen $\mathbf{a}_1$ und $\mathbf{a}_2$ in

$$\mathbf{a} = \mathbf{a}_1 - \mathbf{a}_2 \tag{4.4-41}$$

zusammen und lösen die Gleichung (4.4-38) nach $\mathbf{y}$ auf:

$$\mathbf{y} = \mathbf{Q}^{-1}\mathbf{P}\mathbf{u} + \mathbf{Q}^{-1}\mathbf{a}. \qquad (4.4\text{-}42)$$

Die Matrix $\mathbf{Q}^{-1}\mathbf{P}$ läßt sich zu einer Matrix zyklischer Bauart erweitern, wie (4.4-8) zeigt. Ähnliches kann man für $\mathbf{Q}^{-1}$ zeigen, indem man einfach von dem in (4.4-6) eingeschlossenen Sonderfall $\mathbf{P} = \mathbf{E}$ ausgeht. Daraus folgt, daß (4.4-42) sich durch Anwendung der schnellen Faltung ausrechnen läßt.

Damit ist bewiesen, daß auch rekursive Systeme segmentweise durch endliche Faltungsprodukte realisiert werden können. Die nach wie vor gegebene Rekursivität des Systems trägt der Anteil $\mathbf{Q}^{-1}\mathbf{a}$ in (4.4-42) in der Form einer sogenannten Block-Rekursion [4.24]: Die Ausgangswerte wirken nun nicht mehr unmittelbar auf den Eingang zurück, sondern die letzten n Ausgangswerte eines Segments gehen als Anfangswerte in das darauffolgende Segment ein.

Wir wollen nun den für dieses Verfahren erforderlichen Gesamtaufwand abschätzen, wobei wir zunächst wieder den allgemeinen Fall komplexer Zahlenfolgen betrachten. Mehrere Faktoren erhöhen den Aufwand gegenüber der Realisierung nichtrekursiver Systeme durch schnelle Faltung. Zunächst sind nach (4.4-42) zwei Faltungen auszuführen. Dann führt die Erweiterung der Matrizen $\mathbf{Q}^{-1}\mathbf{P}$ und $\mathbf{Q}^{-1}$ zu Matrizen zyklischer Bauart entsprechend (4.4-8) praktisch auf eine Verdoppelung der Reihenzahl, und schließlich sind die für die Anfangswerte erforderlichen Operationen (4.4-39) und (4.4-40) auszuführen.

Wir wollen zunächst untersuchen, auf welche Art diese Anfangswerte zweckmäßigerweise zu berechnen sind. Die direkte Ausmultiplikation von (4.4-39) und (4.4-40) erfordert $n(n+1)/2$ bzw. $m(m+1)/2$ Multiplikationen. Andererseits setzt die Anwendung der schnellen Faltung voraus, daß Matrizen zyklischer Bauart zu bilden sind, deren Reihenzahl eine für die schnelle Fourier-Transformation günstige Zahl, mindestens aber gleich 2n bzw. 2m sein muß. Wir wollen den bei der schnellen Faltung zu erwartenden Aufwand nach unten hin abschätzen und nehmen deshalb an, daß 2n und 2m Zweierpotenzen sein sollen. Die Berechnung von $\mathbf{a}_2$ und $\mathbf{a}_1$ über die schnelle Faltung erfordert nach (4.4-11) dann $n(3\,\mathrm{ld}(2n) - 1)$ bzw. $m(3\,\mathrm{ld}(2m) - 1)$ Multiplikationen. Hieraus folgt, daß die direkte Ausmultiplikation von (4.4-39) und (4.4-40) für $n \leq 32$ in jedem Fall günstiger ist als die schnelle Faltung. Für diesen Bereich ergibt sich der bei der Berechnung eines Segments erforderliche Gesamtaufwand aus Tabelle 4.2.

Tabelle 4.2. Aufwand für die Berechnung eines Segments bei der Realisierung rekursiver Systeme durch schnelle Faltung für $L = 2^{p-1}$

Operation	Anzahl der Multiplikationen
diskrete Fourier-Transformation von **u** und Multiplikation mit Diagonalmatrix	$L(p+1)$
diskrete Fourier-Transformation von **a** und Multiplikation mit Diagonalmatrix	$L(p+1)$
Berechnung von $\mathbf{a}_2$ nach (4.4-42)	$n(n+1)/2$
Berechnung von $\mathbf{a}_1$ nach (4.4-43)	$m(m+1)/2$
inverse diskrete Fourier-Transformation zur Bestimmung von **y**	$L(p-1)$
Gesamtaufwand	$L(3p+1) + \frac{n}{2}(n+1) + \frac{m}{2}(m+1)$

Da jedes Segment L Ausgangswerte liefert, ist der im Mittel pro Ausgangswert erforderliche Aufwand durch

$$A = 3p + 1 + \frac{1}{2L}\{n(n+1) + m(m+1)\} \qquad (4.4\text{-}43)$$

gegeben. Dabei wurde der einmalige Aufwand zur Bestimmung der Matrizen $\mathbf{Q}^{-1}\mathbf{P}$ und $\mathbf{Q}^{-1}$ sowie der Eigenwerte ihrer erweiterten Formen nicht berücksichtigt. Wie in Abschnitt 4.4.2 wollen wir nun die optimale Segmentlänge L_{opt} abschätzen, indem wir zunächst das Minimum von A bezüglich einer kontinuierlich veränderbaren Variablen p bestimmen:

$$\frac{dA}{dp} = 3 - \frac{\ln 2}{2^p}\{n(n+1) + m(m+1)\} \stackrel{!}{=} 0. \qquad (4.4\text{-}44)$$

Wie man leicht zeigen kann, führt die Lösung

$$p_{opt} = \mathrm{ld}\left\{\frac{\ln 2}{3}[n(n+1) + m(m+1)]\right\} \qquad (4.4\text{-}45)$$

auf ein Minimum von A. Tabelle 4.3 gibt p_{opt} für verschiedene Werte von $n = m$ an. Ein Vergleich mit Bild 4.11 zeigt, daß in allen Beispielen die durch Rundung von p_{opt} erhaltene ganze Zahl auf die jeweils optimale Segmentlänge führt.

Tabelle 4.3. Optimale Segmentlänge, minimaler Aufwand und Reduktionsfaktor R

n = m	p_{opt} nach (4.4-48)	p_{opt} (gerundet)	A_{min}	$\lim_{r \to \infty} R$
5	3,8	4	16,75	1,2
10	5,7	6	22,5	0,9
15	6,8	7	25,75	0,71
20	7,6	8	28,3	0,61
25	8,2	8	30,1	0,49
30	8,7	9	31,6	0,46

Wir vergleichen nun die segmentierte Ausführung der schnellen Faltung bezüglich des Aufwandes mit der direkten Lösung der Differenzengleichung und nehmen

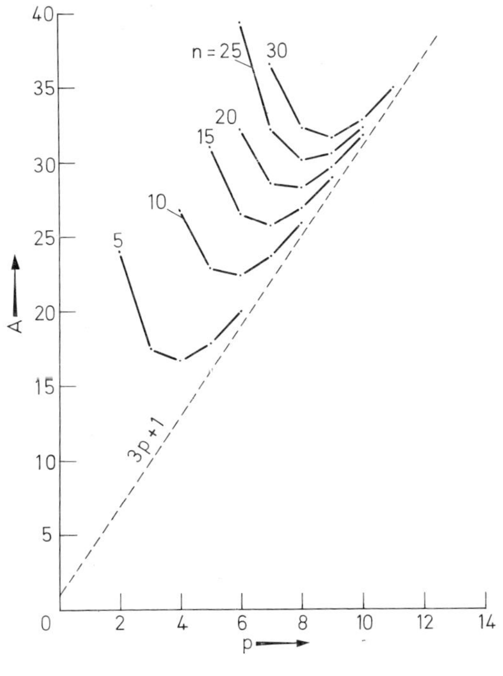

Bild 4.11. Mittlerer Aufwand für die Berechnung eines Ausgangswertes durch segmentierte schnelle Faltung bei rekursiven Systemen ($n = m$, 2^p = Segmentlänge)

dazu an, daß r Segmente gebildet werden, die je L Ausgangswerte liefern. Für den Gesamtaufwand bei der schnellen Faltung gilt dann

$$A_{ges} = r\,L\,A + A_0, \qquad (4.4\text{-}46)$$

wobei A_0 dem einmaligen Aufwand entspricht, der bei der Bestimmung der Matrizen $\mathbf{Q}^{-1}\mathbf{P}$ und $\mathbf{Q}^{-1}$, sowie der Eigenwerte ihrer erweiterten Formen zu leisten ist. Der Aufwand

$$A_{DG} = r L(m + n + 1) \qquad (4.4\text{-}47)$$

ist andererseits nach (4.4-13) zur direkten Lösung der Differenzengleichung erforderlich. Das Aufwandsverhältnis

$$R := \frac{A_{ges}}{A_{DG}} = \frac{r L A + A_0}{r L(m + n + 1)} \qquad (4.4\text{-}48)$$

konvergiert mit zunehmender Länge der Eingangsfolge gegen

$$\lim_{r \to \infty} R = \frac{A}{m + n + 1}. \qquad (4.4\text{-}49)$$

Für einige Werte von $n = m$ ist dieser Grenzwert in Tabelle 4.3 angegeben. Man sieht, daß die schnelle Faltung in dem von der Anwendung her primär interessierenden Bereich $n \leqslant 30$ nur sehr mäßigen Gewinn bringt. Insbesondere ist darüber hinaus zu beachten, daß bei der Verarbeitung reeller Zahlenfolgen das Aufwandsverhältnis R sich praktisch verdoppelt, wie im einzelnen bereits in den vorigen Abschnitten erläutert wurde.

Zusammenfassend stellen wir fest, daß auch rekursive Systeme durch eine segmentweise ausführbare schnelle Faltung realisiert werden können. Ähnlich wie bei der Realisierung nichtrekursiver Systeme fällt der zur Berechnung eines Ausgangswertes erforderliche Aufwand monoton mit zunehmendem Systemgrad ab. Wesentliche Gewinne sind aber nur für entsprechend hochgradige Systeme zu erwarten.

4.5. Literatur

4.1 Cooley, J.W.; Lewis, P.A.W.; Welch, P.D.: The Finite Fourier Transform. IEEE Transactions on Audio- and Electroacoustics AU-17 (1969), S. 77-85.

4.2 Gold, B.; Rader, C.M.: Digital Processing of Signals. New York: McGraw Hill Book Company 1969.

4.3 Stockham jr., T.G.: High-Speed Convolution and Correlation with Applications to Digital Filtering. In [4.2], S. 203-232.

4.4 Cochran, W.T.; Cooley, J.W. et al: What is the Fast Fourier Transform? IEEE Transactions on Audio- and Electroacoustics AU-15 (1967), S. 45-55.

4.5 Gantmacher, F.R.: Matrizenrechnung, 2. Aufl. Berlin: VEB Deutscher Verlag der Wissenschaften 1966.

4.6 Zurmühl, R.: Matrizen und ihre technischen Anwendungen, 4. Aufl. Berlin: Springer-Verlag 1964.

4.7 Doetsch, G.: Funktionaltransformationen. In: Mathematische Hilfsmittel des Ingenieurs, Teil I, herausgegeben von R. Sauer und I. Szabó. Berlin: Springer-Verlag 1967.

4.8. Zurmühl, R.: Praktische Mathematik für Ingenieure und Physiker, 5. Aufl. Berlin: Springer-Verlag, 1965.

4.9 Smirnow, W.I.: Lehrgang der höheren Mathematik, Teil II, 7. Aufl. Berlin: Deutscher Verlag der Wissenschaften 1966.

4.10 Bauer, F.L.; Stetter, H.J.: Zur numerischen Fourier-Transformation, Numer. Math. 1 (1959), S. 208-220.

4.11 Cooley, J.W.; Lewis, P.A.W.; Welch, P.D.: Application of the Fast Fourier Transform to Computation of Fourier Integrals, Fourier Series, and Convolution Integrals. IEEE Transact. on Audio- and Electroacoustics AU-15 (1967), S. 79-84.

4.12 Stockham jr., T.G.: High-Speed Convolution and Correlation. Spring Joint Computer Conference 1966, AFIPS Proc. 28 (1966), S. 229-233.

4.13 Cooley, J.W.; Lewis, P.A.W.; Welch, P.D.: The Fast Fourier Transform and Its Applications. IEEE Transact. on Education 12 (1969), S. 27-34.

4.14 Gentleman, W.M.; Sande, G.: Fast Fourier Transforms - for Fun and Profit. Fall Joint Computer Conference 1966, AFIPS Proc. 29 (1966), S. 563-578.

4.15 Achilles, D.: Über die diskrete Fourier-Transformation und ihre Anwendungen auf lineare zeitinvariante Systeme. Habilitationsschrift, Universität Erlangen-Nürnberg 1971.

4.16 Helms, H.D.: Fast Fourier Transform Method of Computing Difference Equations and Simulating Filters. IEEE Transact. on Audio- and Electroacoustics AU-15 (1967), S. 85-90.

4.17 Dällenbach, W.: Verschärftes rechnerisches Verfahren der harmonischen Analyse. Arch. Elektrotechn. 10 (1922).

4.18 Quade, W.; Collatz, L.: Zur Interpolationstheorie der reellen periodischen Funktionen. Sitzungsber. der preuß. Akad. der Wissensch. phys.-math. Klasse, 30 (1938).

4.19 Gaißmaier, B.: Schnelle und genaue Berechnung von Fourierintegralen durch Kombination von Spline-Interpolation und schneller Fourier-Transformation. Nachrichtentechn. Z. 24 (1971), S. 601-605.

4.20 Ostrander, L.E.: The Fourier Transform of Spline-Function Approximations to Continuous Data. IEEE Transact. on Audio- and Electroacoustics AU-19 (1971), S. 103-104.

4.21 Aronson, E.A.: Fast Fourier Integration of Piecewise Polynomial Functions. Proc. IEEE 57 (1969), S. 691-692.

4.22 Gold, B.; Jordan, K.L.: A Note on Digital Filter Synthesis. Proc. IEEE 56 (1968), S. 1717-1718.

4.23 Chanoux, D.: Synthesis of Recursive Digital Filters Using the FFT. IEEE Transact. on Audio- and Electroacoustics AU-18 (1970), S, 211-212.

4.24 Voelcker, H.B.; Hartquist, E.E.: Digital Filtering Via Block Recursion. IEEE Transact. on Audio- and Electroacoustics AU-18 (1970), S. 169-176.

4.25 Crystal, T.H.; Ehrmann, L.: The Design and Applications of Digital Filters with Complex Coefficients. IEEE Transact. on Audio- and Electroacoustics AU-16 (1968), S. 315-320.

4.26 Blackman, R.B.; Tukey, J.W.: The Measurement of Power Spectra from the Point of View of Communications Engineering. Bell Syst. Techn. J. 37 (1958), S. 185-282, S. 485-569.

4.27 Unbehauen, R.: Systemtheorie, München: Oldenbourg-Verlag 1969.

4.28 Bulirsch, R.; Rutishauser, H.: Interpolation und genäherte Quadratur. In: Mathematische Hilfsmittel des Ingenieurs, Teil III, herausgegeben von R. Sauer und I. Szabó. Berlin: Springer-Verlag 1968.

4.29 Bergland, G.D.: A Fast Fourier Transform Algorithm Using Base 8 Iterations. Math. Computation 22 (1968), S. 275-279.

4.30 Bergland, G.D.: A Radix-Eight Fast Fourier Transform Subroutine for Real-Valued Series. IEEE Transact. on Audio- and Electroacoustics AU-17 (1969), S. 138-140.

4.31 Achilles, D.: Der Überlagerungssatz der diskreten Fourier-Transformation und seine Anwendung auf die schnelle Fourier-Transformation. Arch. elektr. Übertrag. 25 (1971), S. 251-254.

4.32 Willers, F.A.: Methoden der praktischen Analysis, 3. Aufl. Berlin: de Gruyter & Co.

4.33 Runge, C.: Über die Zerlegung empirisch gegebener periodischer Funktionen in Sinuswellen. Z. Math. u. Phys. 48 (1903), S. 443-456.

4.34 Cooley, J.W.; Lewis, P.A.W.; Welch, P.D.: Historical Notes on the Fast Fourier Transform. IEEE Transact. on Audio- and Electroacoustics AU-15 (1967), S. 76-79.

4.35 Runge, C.; König, H.: Vorlesungen über Numerisches Rechnen, Bd. II. Berlin: Springer-Verlag 1924.

4.36 Danielson, G.C.; Lanczos, C.: Some Improvements in Practical Fourier Analysis and Their Application to X-Ray Scattering from Liquids. J. Franklin Inst. 233 (1942), S. 365-380, S. 435-452.

4.37 Pollak, L.W.: Zur harmonischen Analyse empirischer, durch eine große Zahl gegebener Ordinaten definierter Funktionen. Ann. Hydrograph. u. Maritim.Meteorolog. (1926) S. 311-315, S. 344-349, S. 378-384.

4.38 Good, I.J.: The Interaction Algorithm and Practical Fourier Analysis. J. Roy. Stat. Soc., Ser. B, 20 (1958), S. 361-372.

4.39 Cooley, J.W.; Tukey, J.W.: An Algorithm for the Machine Calculation of Complex Fourier Series. Math Computation 19 (1965), S. 279-301.

4.40 Bergland, G.D.: A Guided Tour of the Fast Fourier Transform. IEEE Spectrum, July 1969, S. 41-52.

4.41 Singleton, R.C.: A Short Bibliography on the Fast Fourier Transform. IEEE Transact. on Audio- and Electroacoustics AU-17 (1969), S. 166-169.

4.42 Günther, G.: Neuere Fortschritte bei der Fourier-Transformation. Elektron. Datenverarb. 6 (1969), S. 275-280.

4.43 Singleton, R.C.: An Algorithm for Computing the Mixed Radix Fast Fourier Transform. IEEE Transact. on Audio- and Electroacoustics AU-17 (1969), S. 93-103.

4.44 Singleton, R.C.: On Computing the Fast Fourier Transform. Comm. ACM 10 (1967), S. 647-654.

4.45 Bergland, G.D.: The Fast Fourier Transform Recursive Equations for Arbitrary Length Records. Math. Computation 21 (1967), S. 236-238.

4.46 Bergland, G. D.: A Fast Fourier Transform Algorithm for Real-Valued Series Comm. ACM 11 (1968), S. 703-710.

4.47 Brenner, N.M.: Three FORTRAN Programms that Perform the Cooley-Tukey Fourier Transform. M.I.T. Lincoln Lab., Lexington/Mass., Tech. Note 1967-2, July 1967.

4.48 Bluestein, L.I.: A Linear Filtering Approach to the Computation of the Discrete Fourier Transform. NEREM-Record 1968, S. 218-219.

4.49 Papoulis, A.: Real Time Scaling. Proc. of the 5th Allerton Conference on Circuit and System Theory, Oktober 1967, S. 87-96.

4.50 Pease, M.C.: Semi-Fast Transforms. IEEE Arden House Workshop on Digital Filtering, New York, Januar 1970.

4.51 Rabiner, L.R.; Schafer, R.W.; Rader, C.M.: The Chirp z-Transform Algorithm, IEEE Transact. on Audio- and Electroacoustics AU-17 (1969), S. 86-92.

4.52 Bergland, G.D.: Fast Fourier Transform Hardware Implementations - an Overview. IEEE Transact. on Audio- and Electroacoustics AU-17 (1969), S. 104-108.

4.53 Bergland, G.D.: Fast Fourier Transform Hardware Implementations - a Survey. IEEE Transact. on Audio- and Electroacoustics AU-17 (1969), S. 109-119.

4.54 Larson, A.G.; Singleton, R.C.: Real-Time Spectral Analysis on a Small General-Purpose Computer. Fall Joint Computer Conference 1967, S. 665-674.

4.55 Weinstein, C.J.: Roundoff Noise in Floating Point Fast Fourier Transform Computation. IEEE Transact. on Audio- and Electroacoustics AU-17 (1969), S. 209-215.

4.56 Whelchel, J.E.; Guinn, D.F.: FFT Organizations for High-Speed Digital Filtering. IEEE Transact. on Audio- and Electroacoustics AU-18 (1970), S. 159-168.

4.57 Welch, P.D.: A Fixed-Point Fast Fourier Transform Error Analysis. IEEE Transact. on Audio- and Electroacoustics AU-17 (1969), S. 151-157.

4.58 Glisson, T.H.; Black, C.I.; Sage, A.P.: The Digital Computation of Discrete Spectra Using the Fast Fourier Transform. IEEE Transact. on Audio- and Electroacoustics AU-18 (1970), S. 271-287.

4.59 Cooley, J.W.; Lewis, P.A.W.; Welch, P.D.: The Fast Fourier Transform Algorithm: Programming Considerations in the Calculation of Sine, Cosine and Laplace Transforms. J. Sound and Vibration 12 (1970), S. 315-337.

4.60 Kaneko, T.; Liu, B.: Accumulation of Round-Off Error in Fast Fourier Transforms. J. Ass. Comp. Mach. 17 (1970), S. 637-654.

5. Verhalten realer digitaler Systeme

5.1. Einführung

Die bisherigen Untersuchungen gingen stets von einem linearen System aus, dessen Eigenschaften in Abschnitt 2.1 beschrieben worden sind. Bei der vorgesehenen digitalen Realisierung eines solchen Systems müssen die zu verarbeitenden Zahlenwerte nun stets in geeigneter Weise durch Schaltelemente dargestellt werden. Der zwangsläufig begrenzte Aufwand führt dazu, daß nur noch endlich viele unterschiedliche reelle Zahlen verarbeitet werden können. Wir werden uns auf den praktisch vor allem interessanten Fall einer Zahlendarstellung in Festkommaform beschränken. Dabei erscheint der Betrag einer Zahl a als

$$|a| = \sum_{i=i_2}^{i_1} \alpha_i \beta^i , \qquad (5.1\text{-}1)$$

wobei $\beta \geqslant 2$ ganzzahlig, α_i ganzzahlig in $[0, \beta - 1]$ und $i = i_1(1)i_2$ mit i_1, i_2 ganzzahlig, $i_2 > i_1$ ist. In der Regel wird die Dualform, also $\beta = 2$ gewählt.

Allgemein gibt es unter Berücksichtigung des zusätzlich anzugebenden Vorzeichens $(2\beta^{i_2 + 1 - i_1} - 1)$ verschiedene Zahlen im Bereich

$$-\beta^{i_2 + 1} < a < \beta^{i_2 + 1} , \qquad (5.1\text{-}2)$$

wobei aufeinanderfolgende Zahlen sich um die Quantisierungsstufe

$$Q = \beta^{i_1} \qquad (5.1\text{-}3)$$

unterscheiden. Als Maß für den erforderlichen Aufwand sei noch die Wortlänge eingeführt, die einschließlich Vorzeichen durch

$$w = i_2 - i_1 + 2 \qquad (5.1\text{-}4)$$

gegeben ist*.

Die Beschränkung auf endlich viele diskrete Zahlen hat wesentliche Konsequenzen, die zunächst an der das System beschreibenden Differenzengleichung (2.2-3) erläutert seien. Sie geht über in die Form

$$\left[\sum_{\nu=0}^{n} \left[[c_\nu]_Q [y(k+\nu)]_Q\right]_Q\right]_Q = \left[\sum_{\mu=0}^{m} \left[[b_\mu]_Q [u(k+\mu)]_Q\right]_Q\right]_Q . \qquad (5.1\text{-}5)$$

Die Schreibweise $[\cdot]_Q$ beschreibt dabei sowohl die Quantisierung mit der Stufenhöhe β^{i_1}, falls die Darstellung entsprechend (5.1-1) gewählt wird, als auch die Einschränkung des Wertebereiches. Z.B. möge bei Übersteuerung gelten

$$[u(k)]_Q = \beta^{i_2+1} - \beta^{i_1}, \quad \forall u(k) \geq \beta^{i_2+1} - \beta^{i_1} .$$

Offenbar sind nur endlich viele Werte für die Koeffizienten b_μ und c_ν möglich. Weiterhin ist sowohl das Ergebnis einer Multiplikation von Koeffizient und Variabler als auch das Ergebnis der erforderlichen Addition in der Wortlänge z.B. durch Rundung zu beschränken, wobei das Vorgehen im einzelnen noch Gegenstand des Detailentwurfes ist.

Das durch (5.1-5) beschriebene System ist sicher nichtlinear. Wie schon in Abschnitt 1 ausgeführt wurde, können die in Abschnitt 2 entwickelten Verfahren zur Systembeschreibung daher höchstens als Näherung verwendet werden. Dabei ist zu erwarten, daß die Genauigkeit der Beschreibung durch Vergrößerung von w im Prinzip beliebig gesteigert werden kann. Eine Konsequenz der Nichtlinearität ist, daß die Stabilität nicht mehr durch die Erfüllung der Bedingung (2.6-4) sichergestellt werden kann. Hier ist eine neue Untersuchung erforderlich. Weiterhin werden sich durch die Rundung bedingte Abweichungen der Ausgangsfunktion von der eines entsprechenden linearen Systems ergeben, was bereits in Abschnitt 1 in einem Beispiel gezeigt wurde. Schließlich lassen sich die Systemparameter, die beim Entwurf eines Systems mit vorgeschriebenem Frequenz- oder Zeitverhalten nach einem der in Abschnitt 3 beschriebenen Verfahren gefunden werden, wegen der Quantisierung nicht exakt einstellen, so daß selbst

---

* Da in diesem Kapitel der Buchstabe w nur in der durch (5.1-4) definierten Bedeutung verwendet wird, erscheint eine Verwechslung mit der durch (3.4-1b) definierten komplexen Variablen ausgeschlossen.

dann Abweichungen vom gewünschten Verhalten zu erwarten sind, wenn die Ergebnisse der arithmetischen Operationen nicht in der Wortlänge beschränkt werden.

Diese hier getrennt aufgeführten Konsequenzen aus der Zahlendarstellung mit begrenzter Wortlänge treten selbstverständlich miteinander verbunden auf. Die isolierte Untersuchung dieser Erscheinungen kann daher wieder nur zu einer allerdings wesentlich genaueren näherungsweisen Beschreibung des Systems führen. Einer analytischen Betrachtung der Phänomene muß sich darüber hinaus eine Darstellung der Konsequenzen für den praktischen Entwurf eines Systems mit möglichst niedrigem Aufwand anschließen. Das führt auf die Aufgabe, Verfahren zu entwickeln, mit denen Systeme minimaler Wortlänge für Zustandsvariable und Koeffizienten so gefunden werden können, daß die Fehler einen vorgeschriebenen Höchstwert nicht überschreiten.

Im folgenden werden die erwähnten Phänomene getrennt untersucht. Ihre Berücksichtigung beim Systementwurf wird insbesondere am Beispiel rekursiver selektiver Filter gezeigt. Diese Aufgabe ist zur Zeit noch nicht abschließend gelöst.

5.2. Begrenzte Wortlänge der Koeffizienten

5.2.1. Problemstellung

Es wird ein System betrachtet, das z.B. durch die lineare Differenzengleichung

$$\sum_{\nu=0}^{n} [c_\nu]_Q y(k+\nu) = \sum_{\mu=0}^{m} [b_\mu]_Q u(k+\mu)$$

beschrieben wird. Wird nicht die dieser Darstellung entsprechende direkte Struktur nach Bild 2.17 oder 2.18 gewählt, sondern eine andere, so sollen auch die dort auftretenden Parameter quantisiert und beschränkt sein, die arithmetischen Operationen aber fehlerfrei ausgeführt werden. Diese Voraussetzung bedeutet, daß die durch die begrenzte Wortlänge bei der Arithmetik entstehende Nichtlinearität zunächst unberücksichtigt bleibt. Gegenüber der Differenzengleichung (2.2-3) liegt nur ein Unterschied bezüglich der möglichen Koeffizienten vor. Ein durch ein Approximationsverfahren nach Abschnitt 3 gefundener Satz von Koeffizienten kann also nur mit begrenzter Genauigkeit eingestellt werden. Das wird nicht nur zu einer Abweichung z.B. des Frequenzganges von dem ursprünglich angestrebten Verlauf führen, sondern kann auch eine Verletzung der Stabilitätsbedingung (2.6-4) zur Folge haben [5.1].

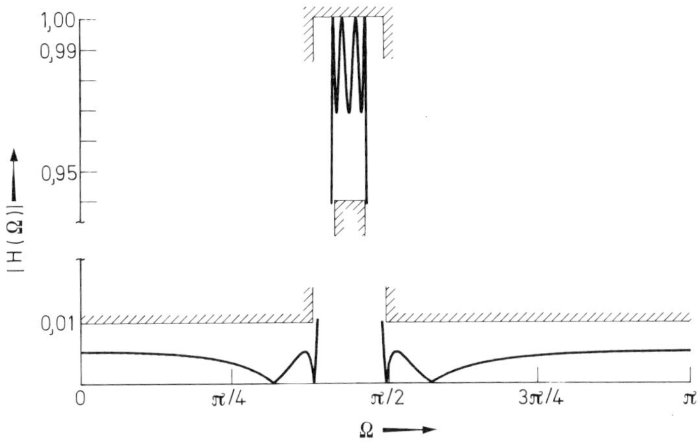

Bild 5.1. Toleranzschema und Frequenzgang $|H(\Omega)|$ eines Bandpasses achten Grades

Das Problem sei an einem Beipiel erläutert, das auch in [5.2] verwendet wurde. Das Bandpaßtoleranzschema nach Bild 5.1 läßt sich durch ein Filter mindestens 8. Grades befriedigen. Wie das Bild zeigt, bleibt dabei sowohl im Durchlaß- wie im Sperrbereich ein gewisser Spielraum, der zur Verkürzung der Koeffizienten ausgenutzt werden kann. Im vorliegenden Fall wurde dieser Spielraum auf Durchlaß- und Sperrbereich gleichmäßig verteilt. Durch schrittweise Verkürzung der Wortlänge der Koeffizienten läßt sich jetzt die obere Grenze für die Quantisierungsstufe Q ermitteln, mit der das Toleranzschema gerade noch befriedigt werden kann. Wir betrachten das Problem für die Kaskadenschaltung nach Bild 2.19. Ein Teilsystem zweiten Grades wird dabei entsprechend (2.7-4) durch die Übertragungsfunktion

$$H_{2\lambda}(z) = \frac{[b_{2\lambda}]_Q z^2 + [b_{1\lambda}]_Q z + [b_{0\lambda}]_Q}{z^2 + [c_{1\lambda}]_Q z + [c_{0\lambda}]_Q}$$

beschrieben. Eine Quantisierung und Begrenzung der Koeffizienten führt offenbar dazu, daß nur endlich viele Pol- und Nullstellenlagen möglich sind. Bild 5.2 zeigt diese Punkte im ersten Quadranten des Einheitskreises für $Q = 2^{-5}$. Man erkennt, daß das entstehende Gitter unterschiedlich dicht ist. Offenbar wird sich die Rundung besonders stark auswirken, wenn eine Pol- oder Nullstelle mit kleinem Imaginärteil darzustellen ist.

Im Beispiel von Bild 5.1 führt die Rundung der Koeffizienten bei $Q = 2^{-9}$ zu einer Lösung, die das Toleranzschema noch erfüllt. Da hier alle bei dieser Struktur auftretenden Koeffizienten kleiner als zwei sind, erhält man mit $i_2 = 0$ aus

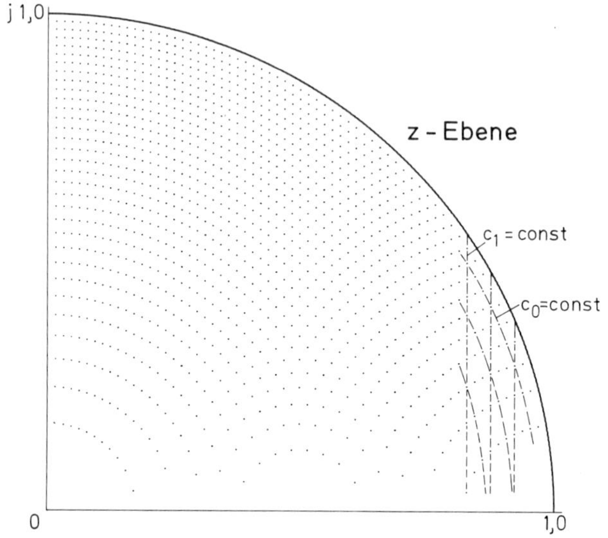

Bild 5.2. Gitter der möglichen Polstellenlagen eines Systems zweiten Grades im ersten Quadranten bei $Q = 2^{-5}$

(5.1-4) $w = 11$. Dabei treten im Sperrbereich praktisch keine Veränderungen des Frequenzganges auf. Das Verhalten im Durchlaßbereich zeigt Bild 5.3. Dort wurde bei geändertem Frequenzmaßstab in Bild 5.3b der Frequenzgang für die Kaskadenstruktur bei $w = 11$ im Vergleich zu dem in Bild 5.3a dargestellten Ver-

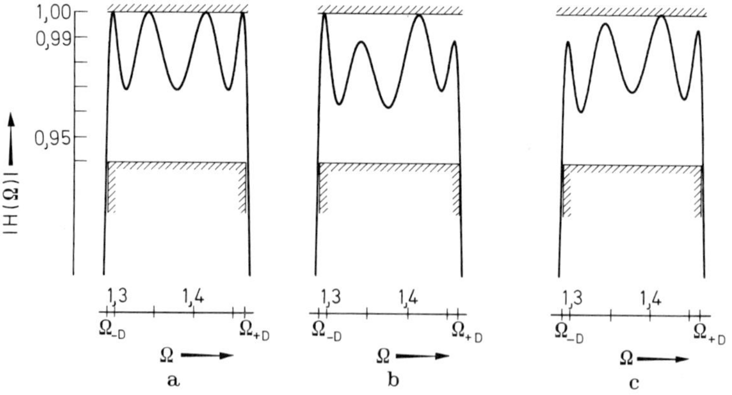

Bild 5.3. Frequenzgang des Bandpasses im Durchlaßbereich. a) nicht gerundete Koeffizienten, b) Kaskadenstruktur, gerundete Koeffizienten der Wortlänge $w = 11$, c) direkte Struktur, gerundete Koeffizienten der Wortlänge $w = 22$

lauf bei unverkürzter Wortlänge gezeigt. Wählt man die direkte Struktur entsprechend Bild 2.17 oder 2.18, so erhält man bei diesem Filter erst für $w = 22$ eine das Toleranzschema befriedigende Lösung (Bild 5.3c).

Das Beispiel läßt erkennen, daß eine Verkürzung der Wortlänge der Koeffizienten einen gewissen Spielraum im Toleranzschema voraussetzt. Eine Vergrößerung dieses Spielraums wird eine stärkere Verkürzung der Wortlänge gestatten. Die bei der Kaskadenschaltung festgestellte Unempfindlichkeit im Sperrbereich läßt sich bei dieser Struktur leicht erklären. Bei selektiven Filtern werden die Nullstellen auf dem Einheitskreis bei $e^{\pm j\psi}$ liegen, wobei vor allem der Fall $\psi \neq 0, \pi$ interessiert. Die dafür notwendige Bedingung $b_{2\lambda} = b_{0\lambda}$ wird natürlich auch nach Rundung erfüllt bleiben, so daß die Nullstellen von $H_{2\lambda}(z)$ sich nur auf dem Einheitskreis verschieben können, solange nur $|[b_{1\lambda}]_Q/[b_{2\lambda}]_Q| < 2$ bleibt. Dadurch ergibt sich die beobachtete geringe Veränderung im Sperrbereich.

Schließlich wird deutlich, daß die möglichen Strukturen sich in ihrer Empfindlichkeit gegen Rundung der Koeffizienten erheblich unterscheiden. Dabei ist besonders zu beachten, daß die Gefahr einer Verletzung der Stabilitätsbedingung durch Rundung der Koeffizienten bei der Kaskaden- oder Parallelstruktur besonders leicht vermieden werden kann, weil lediglich die Einhaltung der Bedingung (2.6-5a) für jedes Teilsystem nachzuprüfen ist. Bei der direkten Form ist die Kontrolle wesentlich schwieriger. Hier kann die erforderliche Wortlänge von der nötigen Stabilität her bestimmt werden [5.1].

Für den Entwurf eines Filters mit durch ein Toleranzschema vorgeschriebenen Eigenschaften ergeben sich aus der erforderlichen Rundung der Koeffizienten die folgenden zu behandelnden Probleme:

a) Es ist eine Struktur mit geringer Koeffizientenempfindlichkeit zu suchen. Diese Aufgabe ist zwar nicht generell, sondern nur für den Einzelfall zu lösen. Man kann aber Aussagen darüber machen, welche Struktur sich in einer großen Zahl von Fällen als vorteilhaft erweist.

b) Im konkreten Fall ist bei gegebener Struktur die mindestens erforderliche Wortlänge der Koeffizienten zu ermitteln. Dabei kann man ausgehend von einer in einem Approximationsverfahren gefundenen Lösung durch fortgesetzte Rundung zunächst die erforderliche Wortlänge zur Erfüllung des Toleranzschemas bestimmen. Man kann darüber hinaus entweder versuchen, mit einer anderen Ausgangslösung auf einen Koeffizientensatz zu kommen, der mit noch kürzerer Wortlänge das Toleranzschema erfüllt oder in einem anschließenden Optimierungsverfahren eine weitere Verkürzung der Wortlänge zu erreichen.

5.2.2. Auswahl einer günstigen Struktur

Die Untersuchung der verschiedenen möglichen Strukturen bezüglich der für die Koeffizienten erforderlichen Wortlänge kann prinzipiell zu keiner allgemeinen Aussage führen. Es gibt Übertragungsfunktionen, die in einer bestimmten Struktur, z.B. der direkten Form, mit Koeffizienten bestimmter Wortlänge exakt darstellbar sind. In der Regel ist dann eine Darstellung in einer anderen Struktur nur näherungsweise möglich. Jede Untersuchung über günstige Strukturen und über die mindestens erforderliche Wortlänge muß daher für jedes Beispiel neu durchgeführt werden.

Es sind verschiedene Untersuchungsmethoden entwickelt worden, die hier nur kurz skizziert seien. Von Knowles und Olcayto [5.3] sowie später Mildenberger [5.4] und Avenhaus ([5.2], [5.5]) werden die Koeffizientenfehler als Zufallsgrößen aufgefaßt. Man kommt so zu Aussagen über den Variationsbereich der Übertragungseigenschaften eines Ensembles verschiedener Filter. Dieses Ergebnis läßt sich im konkreten Beispiel bis zur Ermittlung einer Funktion $w_s(\Omega)$ führen, mit der angegeben wird, welche Wortlänge für mindestens 95 % der Filter des Ensembles hinreichend ist ([5.2], [5.5]). Für eine Reihe von Beispielen ergab sich, daß die Kaskaden- und die Parallelform nach Bild 2.19 und 2.20 wesentliche Vorteile gegenüber der direkten Form aufweisen. In [5.6] untersucht Mantey die Empfindlichkeit der Eigenwerte eines Systems bei Parameteränderungen. Auch hier werden die Nachteile der direkten Form herausgestellt. In [5.2], [5.5] werden obere Schranken für die Änderungen des Betrages der Übertragungsfunktion bestimmt. Daraus wird im konkreten Fall die hinreichende Wortlänge $w_h(\Omega)$ mit einem iterativen Verfahren ermittelt. $w_h(\Omega)$ sowohl wie $w_s(\Omega)$ gestatten einmal die für die Dimensionierung nötige Aussage über die erforderliche Wortlänge. Sie geben darüber hinaus einen Eindruck von der im Durchlaß- und Sperrbereich stark differierenden Empfindlichkeit der einzelnen Strukturen.

Die von verschiedenen Autoren mit unterschiedlichen Methoden behandelten Beispiele zeigten stets die Vorteile der Kaskaden- und der Parallelform gegenüber der direkten Form. Bei selektiven Filtern sind diese beiden Strukturen im Durchlaßbereich etwa gleichwertig, während im Sperrbereich die Kaskadenform häufig günstiger ist. Am Beispiel eines Bandpasses wurde diese sich aus der Struktur ergebende Eigenschaft bereits erläutert. Die folgenden Schritte beschränken sich weitgehend auf die Untersuchung dieser Anordnung.

Für eine weitergehende Verbesserung kann man versuchen, die Struktur des der Kaskaden- und auch der Parallelform zugrundeliegenden Teilsystems zweiten Grades so zu variieren, daß das Gitter der möglichen Pollagen in bestimmten Bereichen wesentlich dichter wird als in dem in Bild 5.2 vorgestellten Fall. In [5.7] wurde gezeigt, daß derartige gezielte Veränderungen möglich sind. Sie führen allerdings meist zu einer Erhöhung der Zahl der arithmetischen Operationen.

Im Zusammenhang mit Strukturen geringer Koeffizientenempfindlichkeit seien schließlich noch die erwähnt, die von Fettweis in Anlehnung an kontinuierliche Systeme entwickelt worden sind, die als beidseitig ohmisch abgeschlossene verlustfreie Abzweigschaltungen aufgebaut werden können. Speziell für den Fall einer Tschebyscheffschen Approximation der Dämpfung Null im Durchlaßbereich ist bei dieser Struktur eine geringe Empfindlichkeit zu erwarten ([2.21], [2.22]).

5.2.3. Ermittlung der erforderlichen Wortlänge bei Rundung der Koeffizienten

Für konkrete Beispiele läßt sich bei vorgegebener Struktur die erforderliche Wortlänge bei Rundung der Koeffizienten durch Probieren bestimmen. Dazu wird zunächst eine Fehlerfunktion eingeführt, die die Beschreibung der Relation zwischen dem gegebenen Toleranzschema und einer gewählten Übertragungsfunktion gestattet. Es sei angenommen, daß für eine im Frequenzbereich definierte Eigenschaft des Übertragungssystems ein Wunschverlauf vorgegeben ist, der so angenähert werden soll, daß eine ebenfalls vorgegebene Abweichung $\delta(\Omega)$ nicht überschritten wird. Die folgende Definition beschränkt sich auf den Fall, daß Vorschriften für den Betrag der Übertragungsfunktion gemacht werden. Bei Vorschriften z.B. bezüglich der Phase oder der Gruppenlaufzeit kann man analog vorgehen.

Ist $|H_W(\Omega)|$ die gewünschte Betragsfunktion und $\delta(\Omega) > 0$ die tolerierte Abweichung, so muß gelten

$$\big||H(\Omega)| - |H_W(\Omega)|\big| \leqslant \delta(\Omega) \quad \forall\, \Omega \tag{5.2-1}$$

oder

$$\varepsilon(\Omega) = \frac{1}{\delta(\Omega)}\big||H(\Omega)| - |H_W(\Omega)|\big| \leqslant 1 \quad \forall\, \Omega . \tag{5.2-2}$$

Wir behandeln im folgenden ausschließlich selektive Filter, bei denen wir im Durchlaßbereich $|H_W(\Omega)| = 1$, im Sperrbereich $|H_W(\Omega)| = 0$ annehmen. Weiterhin seien die in den beiden Bereichen tolerierten Abweichungen δ_D und δ_S konstant. Setzen wir noch voraus, daß das System eine obere Aussteuerungsgrenze von 1 hat und schreiben wir daher $|H(\Omega)| \leqslant 1$ vor, so erhält man z.B. für das im Abschnitt 3.1 behandelte Toleranzschema eines Bandpasses die Fehlerfunktion

$$\varepsilon(\Omega)=\begin{cases}\frac{1}{\delta_D}(1-|H(\Omega)|), & \Omega_{-D}\leqslant\Omega\leqslant\Omega_{+D},\\ \frac{1}{\delta_S}|H(\Omega)|, & 0\leqslant\Omega\leqslant\Omega_{-S},\ \Omega_{+S}\leqslant\Omega\leqslant\pi.\end{cases} \qquad (5.2\text{-}3)$$

Entsprechende Beziehungen für andere Toleranzschemata lassen sich leicht angeben.

Das Maximum der durch (5.2-2) definierten Fehlerfunktion $\varepsilon(\Omega)$ wird im folgenden zur Kennzeichnung eines Filters benutzt. Ist $\max\varepsilon_0$ dieser Maximalwert für ein in einem Approximationsverfahren gefundenes Filter mit nicht begrenzter Wortlänge, so ist $1-\max\varepsilon_0$ ein Maß für den Spielraum, den diese Ausgangslösung für die Rundung der Koeffizienten läßt. Im Beispiel von Bild 5.1 war $\max\varepsilon_0 = 0{,}52605$.

Schließlich sei noch ein aus $\max\varepsilon$ abgeleitetes Maß für die Erfüllung des Toleranzschemas eingeführt, das sich als zweckmäßig erwiesen hat. In Abhängigkeit von der Wortlänge w ist

$$\eta(w) = \mathrm{ld}\frac{\max\varepsilon(w) - \max\varepsilon_0}{1-\max\varepsilon_0}. \qquad (5.2\text{-}4)$$

Offenbar geht die Bedingung (5.2-1) des Toleranzschemas über in

$$\eta(w)\leqslant 0. \qquad (5.2\text{-}5)$$

Zur Bestimmung der notwendigen Wortlänge werden nun die Koeffizienten fortgesetzt gerundet und für jeden Wert w $\max\varepsilon(w)$ bzw. $\eta(w)$ errechnet.

Die Anwendung sei an zwei Beispielen gezeigt. In Bild 5.4 ist $\eta(w)$ für den Bandpaß von Bild 5.1 bei verschiedenen Strukturen angegeben. Kaskadenform und Parallelform unterscheiden sich in diesem Fall bezüglich der erforderlichen Wortlänge um 1, während die direkte Form, wie schon angegeben, eine doppelt so große Wortlänge der Koeffizienten benötigt. Daß durch eine Erhöhung des Grades und damit Vergrößerung des Spielraumes unter Umständen eine erhebliche Reduzierung der Wortlänge erzielt werden kann, sei an dem Beispiel von Bild 5.5 gezeigt. Das vorgelegte Tiefpaßtoleranzschema läßt sich mit der Übertragungsfunktion eines Cauer-Filters 8. Grades bei einer Wortlänge von $w = 16$ befriedigen. Hier ist $\max\varepsilon_0 = 0{,}9860$, der Spielraum ist also sehr klein. Wählt man dagegen ein Filter 9. Grades, so reicht bei $\max\varepsilon_0 = 0{,}4312$ bereits eine Wortlänge von $w = 11$ für die Befriedigung des Toleranzschemas aus. Bild 5.5 zeigt die Frequenzgänge für die Lösungen vor der Rundung. Sie wurden so gewählt, daß im Durchlaß- und Sperrbereich derselbe Spielraum bleibt. Die im Abschnitt 5.2.1 bereits erwähnte geringe Empfindlichkeit der Kaskadenstruktur im Sperrbereich wurde also nicht ausgenutzt. Tatsächlich zeigt eine getrennte Untersuchung beider Bereiche, daß bei dem Filter 9. Grades sogar bei w = 6 das Toleranzschema im Sperrbereich noch eingehalten wird.

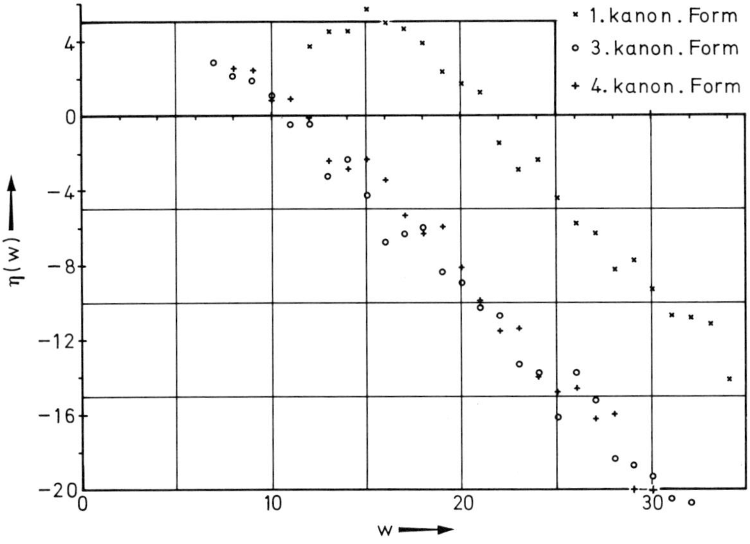

Bild 5.4. Zur Bestimmung der erforderlichen Wortlänge bei verschiedenen Strukturen

Der Versuch liegt nahe, durch Variation der Entwurfskonstanten C des Cauer-Filters die Ausgangslösung so zu verändern, daß im Durchlaß- und Sperrbereich etwa die gleiche Wort-

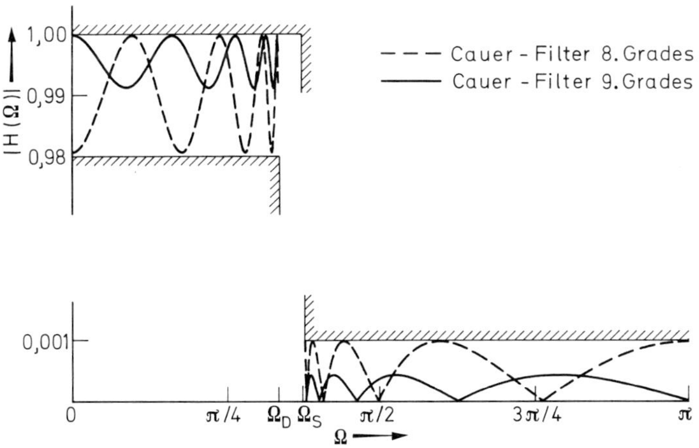

Bild 5.5. Frequenzgänge $|H(\Omega)|$ von Cauer-Tiefpässen 8. und 9. Grades zur Befriedigung desselben Toleranzschemas. Erforderliche Wortlängen der Koeffizienten w = 16 (Grad 8) und w = 11 (Grad 9), Kaskadenschaltung

länge erforderlich ist (Abschn. 3.4.2.4, speziell (3.4-41c)). Im vorliegenden Fall gilt für C: $7,525 \leq C \leq 26,983$. Die in Bild 5.5 gezeigte Lösung gehörte zu $C = 17,452$. Mit $C = 8,277$ wurde eine Lösung gefunden, bei der im Durchlaßbereich $\max \varepsilon_{0D} = 0,0967$, im Sperrbereich $\max \varepsilon_{0S} = 0,9092$ ist und eine Rundung auf $w = 9$ zu einer das Toleranzschema befriedigenden Lösung führt. Bild 5.6 zeigt die Frequenzgänge vor und nach der Rundung, wobei die Unterschiede im Sperrbereich im gewählten Zeichenmaßstab nicht darstellbar sind.

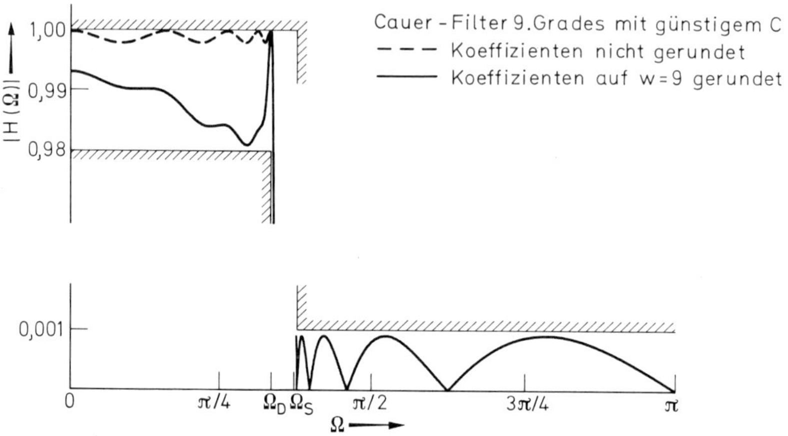

Bild 5.6. Frequenzgang $|H(\Omega)|$ eines Cauer-Tiefpasses neunten Grades mit günstig gewählter Konstanten C, gezeichnet für ungerundete und auf $w = 9$ gerundete Koeffizienten, Kaskadenschaltung

Die in Bild 5.4 angegebenen Werte $\eta(w)$ lassen erkennen, daß eine Vergrößerung der Wortlänge nicht notwendig zu einer Verkleinerung von $\eta(w)$ führt. Diese Erscheinung sei mit Hilfe der Prinzipskizze von Bild 5.7 erläutert. Hier sind Kur-

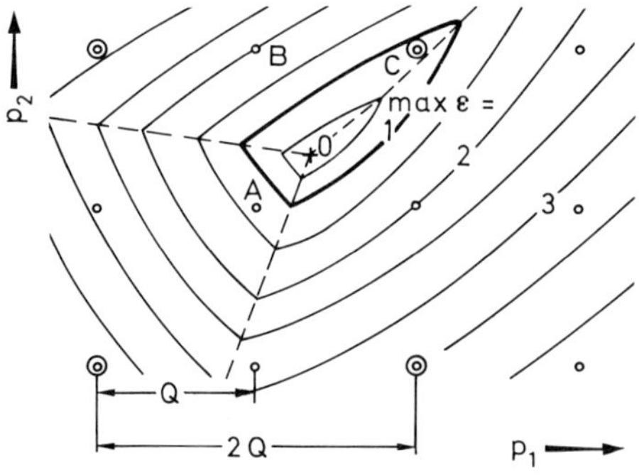

Bild 5.7. Zur Erläuterung des Verlaufs von $\eta(w)$

ven mit gleichem $\max \varepsilon$ in Abhängigkeit von zwei stetig veränderbaren Koeffizienten p_1 und p_2 skizziert. Weiterhin ist das Gitter der bei Quantisierung möglichen Koeffizientenwerte für Q und 2Q eingezeichnet. Man erkennt, daß eine Rundung der durch den Punkt 0 gekennzeichneten Ausgangslösung im Gitter mit der Kantenlänge 2Q zu einer Lösung mit $\max \varepsilon < 1$ führt, eine Rundung im engeren Gitter dagegen nicht.

Die durch Bild 5.7 erläuterten Zusammenhänge lassen es möglich erscheinen, in konkreten Fällen eine weitere Reduzierung der Wortlänge zu erreichen, wenn eine Optimierung mit diskreten Parametern vorgenommen wird [5.8]. Ein von Avenhaus entwickeltes mögliches Verfahren wird im nächsten Abschnitt beschrieben [5.2], [5.5]. Das dabei gezeigte Beispiel ist diesen Arbeiten entnommen.

5.2.4. Optimierung mit diskreten Parametern

Eine Übertragungsfunktion H(z), dargestellt z.B. entsprechend (2.6-1), hat unter Berücksichtigung der erforderlichen Normierung m + n freie Parameter. Im speziellen Fall selektiver Filter werden die Nullstellen auf dem Einheitskreis liegen. Das führt bei der im folgenden ausschließlich betrachteten Kaskadenschaltung für alle Blöcke zweiten Grades zu der Bedingung $b_{2\lambda} = b_{0\lambda}$ bei $|b_{1\lambda}/b_{2\lambda}| \leq 2$ oder $b_{2\lambda} = -b_{0\lambda}$ bei $b_{1\lambda} = 0$ und zu $b_{1\lambda} = \pm b_{0\lambda}$, wenn durch einen Block ersten Grades eine Nullstelle bei $z = \mp 1$ realisiert werden soll. Damit reduziert sich die Zahl der freien Parameter auf

$$l = \begin{cases} n + \frac{m}{2} & \text{, wenn } m \text{ gerade ,} \\ n + \frac{m-1}{2}, & \text{wenn } m \text{ ungerade .} \end{cases}$$

Diese freien Parameter seien als Vektor $\mathbf{p}$ aufgefaßt. Im vorliegenden Fall dürfen seine Komponenten nur diskrete Werte annehmen, die sich als Vielfache der Quantisierungsstufe Q ergeben. Der Vektor sei daher dann mit $[\mathbf{p}]_Q$ bezeichnet. Es gilt, einen Parametervektor $[\mathbf{p}]_Q$ so zu finden, daß $\max \varepsilon < 1$ ist. Dabei wird eine Wortlänge angestrebt, die kleiner ist als die, die bei fortgesetzter Rundung der Koeffizienten sich als notwendig erwiesen hat.

Zunächst sei festgestellt, daß Verfahren, die auf der Bestimmung des Gradienten basieren, für die Optimierung im diskreten Parameterraum nicht geeignet sind. Insbesondere ist der als Funktion stetig veränderlicher Parameter zu ermittelnde Gradient in dem durch die gerundeten Werte $[p_\nu]_Q^0$ bestimmten Punkt $[\mathbf{p}]_Q^0$ auf den bereits bekannten Optimalpunkt $\mathbf{p}_0$ des kontinuierlichen Parameterraumes gerichtet.

Im folgenden werden drei Verfahren kurz beschrieben. Andere Methoden sind in [5.9] bis [5.11] vorgeschlagen worden.

Die Globalsuche

Das Minimum von max ε kann mit Sicherheit gefunden werden, wenn in einem hinreichend großen Raum um $\mathbf{p}_0$ für alle diskreten Gitterpunkte der Wert max ε errechnet wird. Wählt man als Raum einen l-dimensionalen Würfel der Kantenlänge Q, der den Punkt $\mathbf{p}_0$ umschließt, so muß max ε für 2^l Sätze von Parametern untersucht werden. Da hier ein Würfel mit der kleinstmöglichen Kantenlänge Q gewählt wurde, kann dabei nicht einmal sichergestellt werden, daß das Optimum gefunden wird. Eine Vergrößerung des Würfels würde die Zahl der nötigen Rechnungen vervielfachen. Das Verfahren ist daher aus Aufwandsgründen nicht geeignet.

Gauß-Seidel-Verfahren

Ausgehend von einem durch Rundung von $\mathbf{p}_0$ gewonnenen Anfangsvektor $[\mathbf{p}]_Q^0$ mit max ε^0 wird bei jedem Suchschritt nur eine Komponente $[p_\nu]_Q^0$ zunächst um $+Q$, dann um $-Q$ verändert. Ist der bei einer Parameteränderung berechnete Wert max $\varepsilon <$ max ε^0, so wird der in einer Komponente geänderte Parametervektor als Ausgangslösung für den nächsten Schritt verwendet. Der Algorithmus

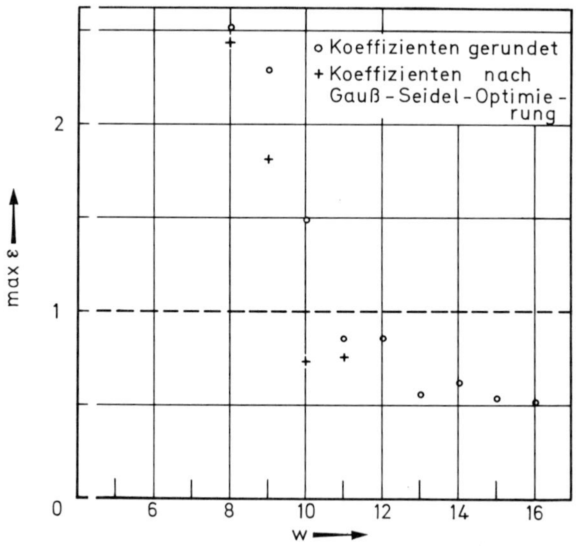

Bild 5.8. Ergebnisse einer Gauß-Seidel-Optimierung beim Bandpass von Bild 5.1

wird mit einem Vektor $[\mathbf{p}]_Q^1$ beendet, wenn nacheinander alle l Komponenten von $[\mathbf{p}]_Q^1$ in der angegebenen Weise variiert worden sind, ohne daß eine Verbesserung des Wertes max ε erzielt wurde.

Bild 5.8 zeigt das Ergebnis der Anwendung des Verfahrens auf den schon vorher behandelten Bandpaß 8. Grades. Für die vier untersuchten Wortlängen w konnte eine Verbesserung gegenüber den Systemen mit gerundeten Koeffizienten erreicht werden, wobei jetzt auch mit $w = 10$ die Bedingung $\max\varepsilon < 1$ erfüllt werden kann.

Modifikation des Gauß-Seidel-Verfahrens

In dem in Bild 5.8 behandelten Beispiel ergab sich nach Anwendung des Algorithmus $\max\varepsilon(10) < \max\varepsilon(11)$, obwohl $[\mathbf{p}]_Q^1$ für $w = 10$ auch Gitterpunkt in dem Raster für $w = 11$ ist, dieser günstigere Wert also auch bei der Optimierung

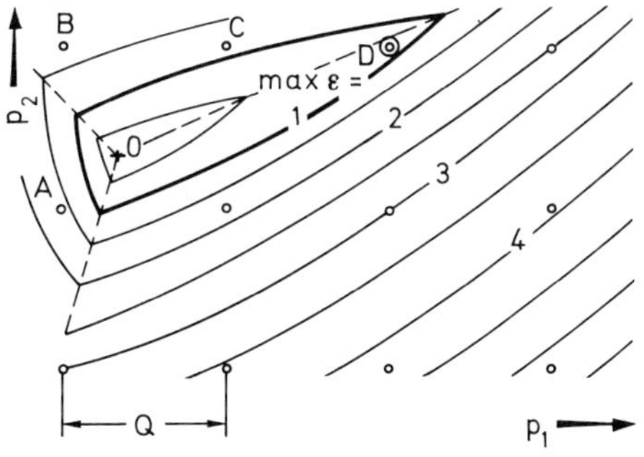

Bild 5.9. Zur Erläuterung der Schwierigkeiten bei der Gauß-Seidel-Optimierung

mit der kleineren Stufe zugänglich gewesen ist. Zur Erläuterung diene Bild 5.9, in dem wieder Linien gleichen $\max\varepsilon$ in Abhängigkeit von zwei Variablen gezeichnet sind. Durch Rundung im Gitter mit der Kantenlänge Q kommt man zum Punkt A, von dem aus beim Gauß-Seidel-Verfahren nur ungünstige Punkte unter-

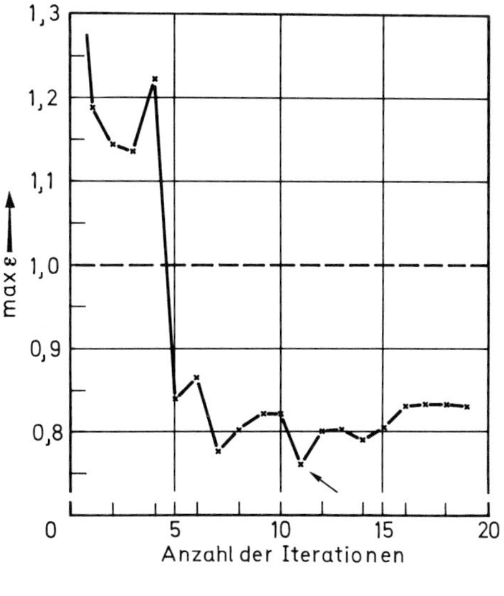

Bild 5.10. Verlauf von max ε während der modifizierten Gauß-Seidel-Optimierung

sucht werden. Der optimale Punkt D wird ebensowenig erreicht wie mit der Globalsuche, wenn diese in einem Quadrat der Kantenlänge Q durchgeführt wird. Eine Rundung im Gitter der Kantenlänge 2Q führt dagegen zum Startpunkt B, von dem aus das Optimum erreicht werden kann.

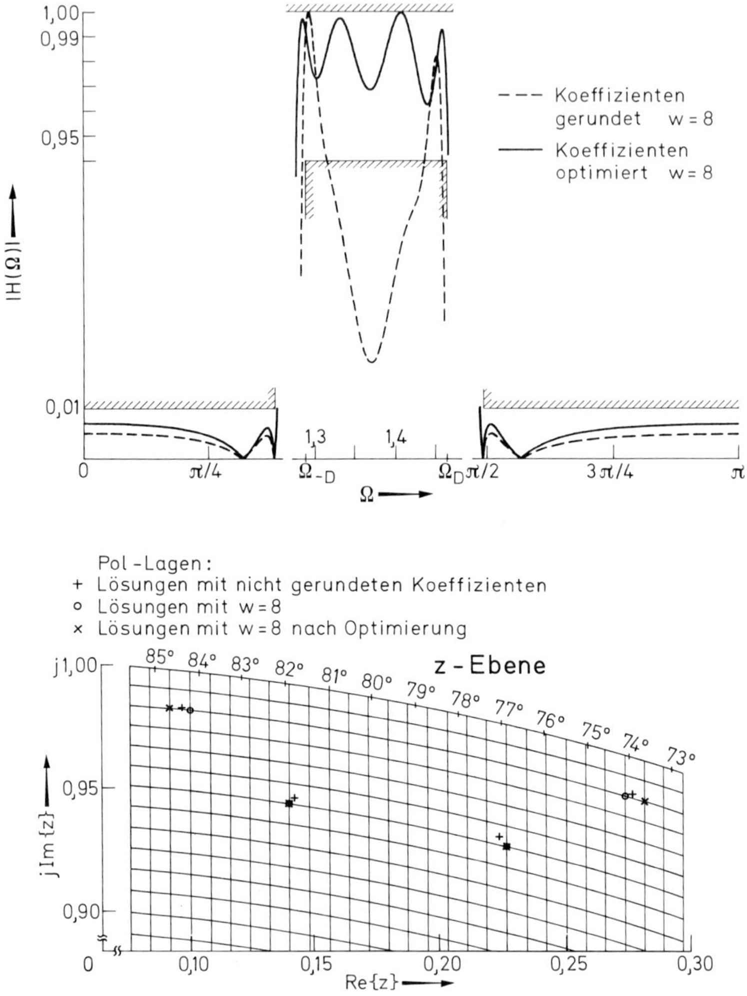

Bild 5.11. Frequenzgang $|H(\Omega)|$ des Bandpasses vor und nach der Optimierung. Wortlänge der Koeffizienten w = 8. Veränderung der Pollagen durch Rundung und Optimierung

Der gesuchte Algorithmus auf der Grundlage des Gauß-Seidel-Verfahrens muß also Punkte im Gitter überwinden können, für die $\max \varepsilon > \max \varepsilon^0$ ist. Er muß also im Beispiel von Bild 5.9 in der Lage sein, im Gitter der Kantenlänge Q von A über B und C nach D zu kommen.

Das Gauß-Seidel-Verfahren wurde nun so abgewandelt, daß neben den gerade untersuchten $[\mathbf{p}]_Q^i$ weitere Parametervektoren $[\mathbf{p}]_Q^j$ mit den nächst ungünstigeren Werten $\max \varepsilon^j$ gespeichert werden, die bis dahin nicht Ausgangslösung gewesen sind. Wenn die Variation der Komponenten von $[\mathbf{p}]_Q^i$ keine Verbesserung erbringt, wird statt eines Abbruchs des Verfahrens der Vektor $[\mathbf{p}]_Q^j$ mit dem nächst ungünstigeren $\max \varepsilon^j$ als neue Ausgangslösung verwendet. Dadurch lassen sich auf dem Weg zum Optimum Punkte mit höheren Werten für $\max \varepsilon$ überwinden. Da das Abbruchkriterium der Gauß-Seidel-Suche in diesem Fall unwirksam wird, muß jetzt willkürlich eine Schranke für die Anzahl der zu untersuchenden Ausgangslösungen vorgegeben werden. Im Bild 5.10 ist ein typischer Verlauf von $\max \varepsilon$ als Funktion aufeinanderfolgender Ausgangslösungen gezeigt.

Durch eine Kombination mit einer partiellen Globalsuche läßt sich das Verfahren noch leistungsfähiger machen. Dazu bestimmt man die Elemente von $[\mathbf{p}]_Q^i$, die den stärksten Einfluß auf $\max \varepsilon$ haben. Dann führt man für diese sehr stark verringerte Anzahl von Parametern eine Globalsuche z.B. im Würfel der Kantenlänge $2Q$ durch. Für Einzelheiten sei auf [5.2] und [5.5] verwiesen. Wesentlich ist, daß auch die mitgeteilten Modifikationen des Verfahrens nicht garantieren, daß das Optimum gefunden wird.

In dem Bild 5.11 wird ein Ergebnis vorgestellt. Es zeigt sich, daß bei dem schon vorher behandelten Bandpaß nach Optimierung das Toleranzschema mit $Q = 2^{-6}$, d.h. $w = 8$, erfüllt werden kann. Das Bild zeigt den Frequenzgang für diese Wortlänge vor und nach der Optimierung sowie die Veränderung der Pollagen.

5.3. Stabilitätsprobleme bei begrenzter Wortlänge der Zustandsvariablen

5.3.1. Problemstellung und Stabilitätsdefinition

Während die ausschließliche Begrenzung der Wortlänge der Koeffizienten die Linearität des Systems nicht beeinträchtigt, werden mit einer Begrenzung der Wortlänge der Zustandsvariablen Nichtlinearitäten eingeführt. Das ist schematisch dadurch vorstellbar, daß man einen realen Addierer oder Multiplizierer durch ein entsprechendes ideales Element mit nachgeschalteter Nichtlinearität ersetzt. Wir beschränken uns im folgenden auf den vor allem interessanten Fall der Festkommaarithmetik bei dualer Zahlendarstellung ($\beta = 2$), bei der der Betrag einer Zahl a in der Form

$$|a| = \sum_{i=i_2}^{i_1} \alpha_i 2^i, \quad \alpha_i = 0,1 \tag{5.3-1}$$

erscheint.

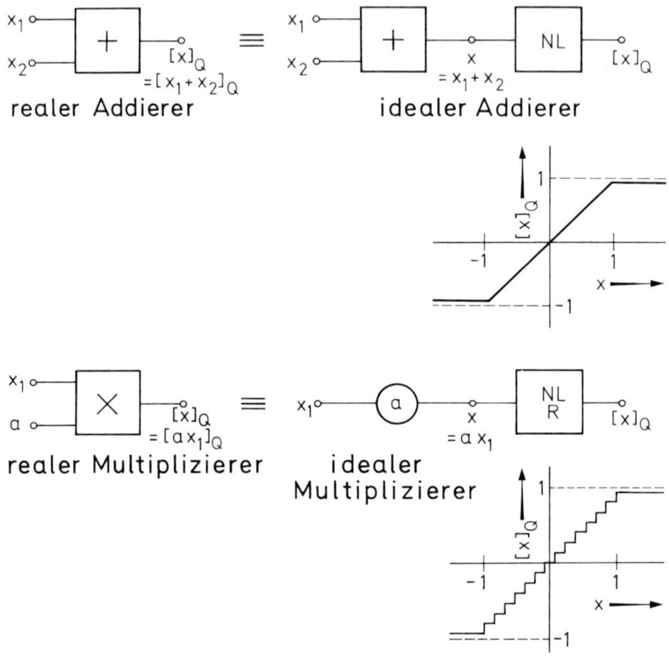

Bild 5.12. Kennlinien realer Addierer und Multiplizierer bei begrenzter Wortlänge

Es treten dann folgende Fehlermöglichkeiten auf (Bild 5.12): Beim Addieren wird eine Übersteuerung erfolgen, wenn für den Betrag der Summe gilt

$$|x| \geq 2^{i_2+1} .$$

In Bild 5.12 wurde zur Vereinfachung der Darstellung willkürlich angenommen, daß $i_2 = -1$ ist und die erforderliche Begrenzung der Wortlänge so erfolgt, daß

$$[x]_Q = 1 - 2^{i_1}, \quad \forall |x| \geq 1 - 2^{i_1}, \quad i_1 < -1 \tag{5.3-2}$$

ist, wobei in dem Bild $i_1 = -3$ gewählt wurde.

Das Produkt zweier in Festkommadarstellung gegebener Zahlen x_1 und a wird

$$|x| = |x_1 a| = \sum_{i=i_2}^{i_1} \alpha_i 2^i \sum_{j=j_2}^{j_1} \alpha_j 2^j = \sum_{l=i_2+j_2+1}^{i_1+j_1} \alpha_l 2^l .$$

Es sei angenommen, daß eine Begrenzung auf den Zahlenbereich von $|x_1|$ vorgenommen werden soll. Dann können im allgemeinen, d.h. für entsprechende Werte von α_i und α_j, zwei Effekte auftreten. Eine Übersteuerung liegt vor, wenn $j_2 > -1$ ist. Darüber hinaus wird eine Rundung oder ein Abschneiden zusätzlicher Stellen nötig sein, wenn $j_1 < 0$ ist (Abschn.5.3.3). In Bild 5.12 wurde angenommen, daß die Begrenzung bei Übersteuerung wieder so wie bei der Addition erfolgt. Darüber hinaus wurde die sich für eine Rundung ergebende Feinstufung der Kennlinie für den Fall $i_1 = -3$ angedeutet.

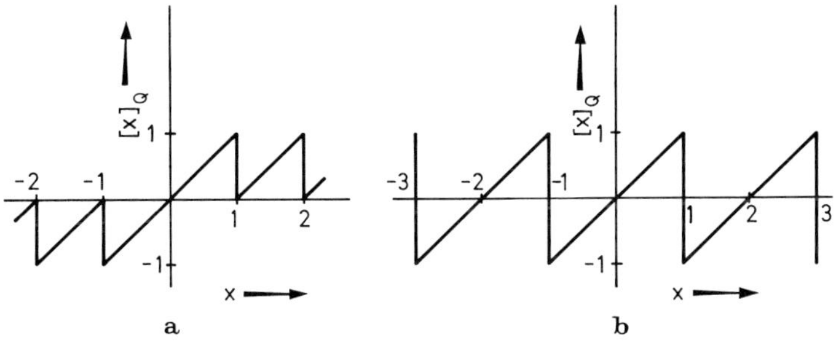

Bild 5.13. Überlaufcharakteristiken. a) Betrag und Vorzeichen, b) im Zweierkomplement

Der Vollständigkeit wegen seien noch zwei andere Übersteuerungscharakteristiken angegeben, die sich bei Wahl einer bestimmten Zahlendarstellung unmittelbar ergeben, wenn keine zusätzlichen Maßnahmen getroffen werden. Dabei wird wieder zur Vereinfachung angenommen, daß $i_2 = -1$ ist, daß also die Grenzen des Bereiches der darstellbaren Zahlen bei ± 1 liegen. Innerhalb dieses Bereiches sind alle Übersteuerungscharakteristiken abgesehen von der Rundung linear.

Werden die Zahlen durch Angabe von Betrag und Vorzeichen dargestellt, wobei der Betrag wie in (5.3-1) und das Vorzeichen durch eine zusätzliche Stelle ausgeführt werden, so wird bei einem Überlauf der Betrag springen, wie das in Bild 5.13a angedeutet ist. Sehr häufig wird die Darstellung im Zweierkomplement angewendet. Für eine Zahl x im Bereich $-1 \leq x < 1$ wird dabei gesetzt

$$\xi = \begin{cases} x, & x \geqslant 0, \\ x + 2, & x < 0. \end{cases} \tag{5.3-3}$$

Offenbar gilt $0 \leqslant \xi < 2$. Mit

$$\xi = \sum_{i=0}^{i_1} \alpha_i 2^i, \quad \alpha_i = 0,1, \quad i_1 < 0 \text{ ganz},$$

ist die Zuordnung bei Rückumwandlung

$$x = \begin{cases} \xi, & 0 \leqslant \xi < 1, \quad \text{d.h. } x \geqslant 0, \text{ wenn } \alpha_0 = 0, \\ \xi - 2, & 1 \leqslant \xi < 2, \quad \text{d.h. } x < 0, \text{ wenn } \alpha_0 = 1. \end{cases} \tag{5.3-4}$$

Bei dieser Zahlendarstellung erhält man die in Bild 5.13b dargestellte Überlaufcharakteristik. Sie läßt auch den Vorteil dieser Codierung erkennen. Hier wird die Addition mehrerer Summanden auch dann fehlerfrei möglich, wenn auftretende Zwischensummen den Zahlenbereich überschreiten.

Im folgenden wird gezeigt, daß Übersteuerung und Rundung zu einem instabilen Verhalten selbst dann führen können, wenn das lineare System der Stabilitätsbedingung (2.1-15) bzw. (2.6-4) genügt. Da in einem nichtlinearen System die Faltungsgleichung (2.1-13), die der Bedingung (2.1-15) für die Impulsantwort des Systems zugrundeliegt, nicht gilt, ist eine andere Definition der Stabilität heranzuziehen. Dazu sei die zunächst für nicht erregte kontinuierliche Systeme angegebene Stabilitätsbedingung von Lyapunov [5.12] für zeitdiskrete Systeme entsprechend formuliert.

Ein System mit einem Eingang sei durch die allgemeine Zustandsgleichung

$$\mathbf{x}(k+1) = \mathbf{f}(\mathbf{x}(k), u(k)) \tag{5.3-5}$$

beschrieben. Wie im Abschnitt 2.2 sind die $x_\nu(k)$ die am Ausgang der Speicher auftretenden Werte, während $\{u(k)\}$ die Folge der Eingangswerte bezeichnet. Die Funktion $\mathbf{f}$ wird dabei durch die Übersteuerungs- und Rundungsvorschrift der Arithmetik mitbestimmt. Mit $u(k) = 0$ für $k \geqslant k_0$ beschreibt (5.3-5) ein für $k \geqslant k_0$ nicht erregtes System. Sein Zustand im Augenblick k_0 sei $\mathbf{x}(k_0)$. Die Zustandsgleichung hat dann eine von k und $\mathbf{x}(k_0)$ abhängige Lösung $\mathbf{x}(k, \mathbf{x}(k_0))$. Weiterhin sei ein Gleichgewichtszustand $\mathbf{x}_g$ definiert, der durch

$$\mathbf{f}(\mathbf{x}_g, 0) = \mathbf{x}_g, \quad \forall k \tag{5.3-6}$$

beschrieben ist. Nach Lyapunov ist ein stabiles System nun dadurch gekennzeichnet, daß es bei hinreichend kleiner Auslenkung aus dem Gleichgewichtszustand $\mathbf{x}_g$ eine vorgeschriebene Umgebung von $\mathbf{x}_g$ nicht verläßt. Das bedeutet für zeitdiskrete Systeme mit quantisierten Werten für die $x_\nu(k)$, daß für beliebige ganzzahlige Werte k_0 und mit gewissen Einschränkungen beliebige Werte ε eine Schranke $\delta(k_0, \varepsilon) > 0$ so angegeben werden kann, daß

$$\|\mathbf{x}(k, \mathbf{x}(k_0)) - \mathbf{x}_g\| < \varepsilon, \quad \forall k \geq k_0,$$

wenn (5.3-7)

$$\|\mathbf{x}(k_0) - \mathbf{x}_g\| < \delta$$

bleibt. Hier ist

$$\|\mathbf{x}(k)\| = \sqrt{\sum_\nu x_\nu^2(k)} \tag{5.3-8}$$

die Norm des Vektors $\mathbf{x}(k)$. Da in (5.3-7) die Komponenten der auftretenden Vektoren Vielfache der Quantisierungsstufe Q sein müssen, kann die Norm des Vektors nur diskrete Werte annehmen. Daraus ergeben sich die erwähnten Einschränkungen in den Wahlmöglichkeiten für ε.

Ist weiter bei einem im obigen Sinne stabilen System und

$$\|\mathbf{x}(k_0) - \mathbf{x}_g\| < \delta, \tag{5.3-9}$$

$$\lim_{k \to \infty} \|\mathbf{x}(k, \mathbf{x}(k_0)) - \mathbf{x}_g\| = 0,$$

so wird das System asymptotisch stabil und δ der Einzugsbereich genannt. Schließlich nennt man das System global asymptotisch stabil, wenn der Einzugsbereich den ganzen - hier begrenzten - Zustandsraum umfaßt.

Nachfolgend werden Systeme erster und zweiter Ordnung auf ihre Stabilitätseigenschaften bei Übersteuerung und Rundung bzw. Abschneiden untersucht. Sie werden sich in vielen Fällen als nicht global asymptotisch stabil erweisen. Vielmehr sind sowohl Oszillationen als auch die Annahme einer neuen Ruhelage möglich.

5.3.2. Stabilitätsprobleme in Folge einer Übersteuerung

Die hier gegebene Darstellung folgt im wesentlichen der von Ebert, Mazo und Taylor [5.13]. Es wird dabei zunächst ausschließlich der Einfluß der Übersteuerung bei einem nichterregten System zweiten Grades nach Bild 5.14 untersucht. Die Wirkung der Rundung wird später getrennt betrachtet. Das System wird durch die Zustandsgleichung

$$x_1(k+1) = x_2(k),$$
$$x_2(k+1) = f(-c_0 x_1(k) - c_1 x_2(k)) \qquad (5.3\text{-}10)$$

beschrieben. Dabei wird die Funktion f durch die Übersteuerungscharakteristik bestimmt, für die in den Bilder 5.12 und 5.13 Beispiele angegeben wurden. Ent-

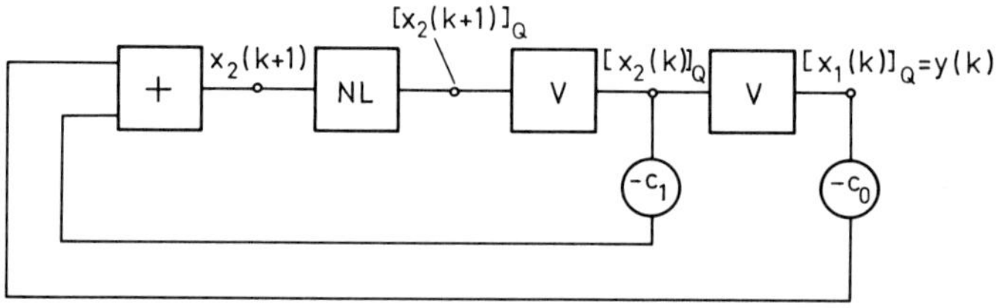

Bild 5.14. System zweiten Grades mit Überlauf

sprechend (2.6-5a) ist das System im linearen Fall stabil, wenn die Koeffizienten die Bedingungen

$$|c_0| < 1, \quad |c_1| < 1 + c_0 \qquad (2.6\text{-}5a)$$

erfüllen. Gemäß (5.3-6) hat es den Gleichgewichtszustand

$$\mathbf{x}_g = \mathbf{0}$$

Es wird, immer abgesehen von dem Rundungsfehler, asymptotisch stabil sein, wenn

$$|-c_0 x_1(k_0) - c_1 x_2(k_0)| < 1$$

ist. Wegen $|x_\nu(k)| < 1$ gilt das offenbar für

$$|c_0| + |c_1| < 1. \qquad (5.3\text{-}11)$$

Bild 5.15 veranschaulicht diese Bedingung und die starke Einschränkung, die sich daraus für die möglichen Pollagen ergibt. Daß die hier als hinreichend erkannte Bedingung (5.3-11) z.B. im Falle der Zweierkomplementarithmetik auch notwendig ist, erkennt man wie folgt. Zunächst wird sich eine Gleichgewichtslage mit $x_\nu(k) = a,\ \nu = 1,2,\ \forall k > k_1,\ 0 < |a| < 1$ einstellen, wenn

$$a = f(-(c_1 + c_0)a)$$

erfüllt werden kann. Da wegen (2.6-5a) sicher $c_0 + c_1 < 3$ gilt, muß im Übersteuerungsfall für das Argument von f gelten $1 \leq |(c_1 + c_0)a| < 3$. Es ergibt sich also bei der Charakteristik von Bild 5.13b eine neue Gleichgewichtslage, wenn

$$a = -a(c_1 + c_0) \pm 2 \tag{5.3-12}$$

mit $|a| < 1$ gilt. Daraus folgt mit

$$a = \frac{\pm 2}{1 + c_0 + c_1} \tag{5.3-13}$$

die Koeffizientenbedingung $c_1 + c_0 > 1$ (Gebiet I in Bild 5.15). Man überlegt sich ebenso, daß eine Oszillation der Form $x_\nu(k) = (-1)^k a$ mit $|a| < 1$ möglich ist, wenn für die Koeffizienten $c_0 - c_1 > 1$ gilt (Gebiet II in Bild 5.15).

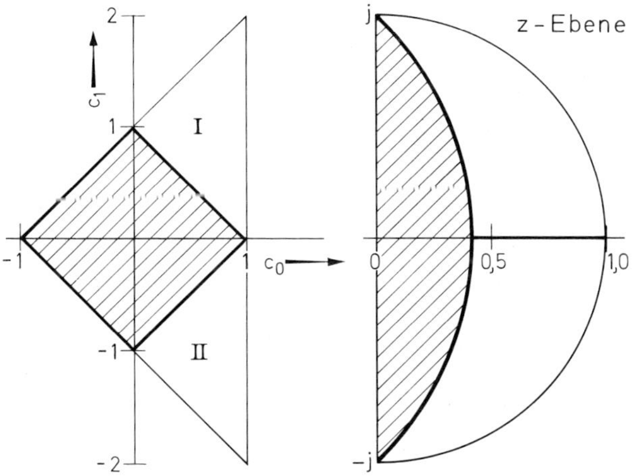

Bild 5.15. Koeffizienten- und Polstellenbereiche von Systemen zweiten Grades, die bei Überlauf stabil sind

Abgesehen von einer unwesentlichen Verzögerung erhält man ein System ersten Grades als Spezialfall eines Systems zweiten Grades, wenn man $c_0 = 0$ setzt. Der Vergleich von (2.6-5a) und (5.3-11) läßt erkennen, daß ein lineares stabiles System ersten Grades auch bei Übersteuerung stabil bleibt.

Die Berechnung von Eigenschwingungen mit anderen Perioden als 1 oder 2 wird nach [5.13] in folgender Weise vorgenommen. Man geht aus von der inhomogenen Zustandsgleichung für das System von Bild 5.14

$$\begin{aligned} x_1(k+1) &= x_2(k), \\ x_2(k+1) &= f(-c_0x_1(k) - c_1x_2(k) + u(k)). \end{aligned} \qquad (5.3\text{-}14)$$

Die Eingangsfolge $\{u(k)\}$ wird nun abhängig von der Summe $-c_0x_1(k) - c_1x_2(k)$ und der durch f bestimmten Übersteuerungskennlinie so gewählt, daß das Argument von f im linearen Bereich der Kennlinie bleibt. Im Falle einer Zweierkomplementarithmetik kommen wegen $|x_\nu(k)| < 1$ und $c_0 + c_1 < 3$ für die $u(k)$ nur die Werte +2, -2 und 0 in Frage. Durch die Wahl der Folge $\{u(k)\}$ wird also letztlich die Wirkung der Übersteuerungskennlinie f beschrieben. Damit wird das Problem auf die Lösung einer linearen inhomogenen Differenzengleichung zurückgeführt, deren Ausgangsfunktion sich hier mit

$$y(k) = Z^{-1}\left\{U(z)\,\frac{1}{z^2 + c_1z + c_0}\right\} \qquad (5.3\text{-}15)$$

angeben läßt. Dabei ist $U(z) = Z\{u(k)\}$ die Z-Transformierte der zunächst noch unbekannten Folge $\{u(k)\}$. Die Ausgangsfolge muß der Bedingung $|y(k)| < 1 \;\; \forall k$ genügen. Von der Folge $\{u(k)\}$ ist zunächst nur bekannt, daß sie periodisch sein muß, da wir an periodischen Lösungen von (5.3-14) interessiert sind und daß ihre Elemente nur bestimmte, durch die Übersteuerungskennlinie festgelegte Werte annehmen können. Durch systematisches Probieren lassen sich jetzt Eigenschwingungen finden:

a) Man wählt eine periodische Folge $\{u_p(k)\}$ mit einer vorgegebenen Periode k_p.

b) Aus (5.3-15) bestimmt man die Folge $\{y(k)\}$ und spaltet daraus den periodischen Anteil $\{y_p(k)\}$ ab. Dazu verwendet man

$$Z\{u_p(k)\} = \frac{z^{k_p}}{z^{k_p} - 1}\, Z\{u_0(k)\}, \qquad (5.3\text{-}16)$$

wobei $\{u_0(k)\}$ die Folge innerhalb einer Periode von $\{u_p(k)\}$ und $Z\{u_0(k)\}$ daher ein Polynom $(k_p - 1)$-ten Grades in z^{-1} ist. $Z\{y_p(k)\}$ ist von entsprechender Form. Die zugehörige Transformierte $Z\{y_0(k)\}$ gewinnt man aus einer

Partialbruchzerlegung von $Y(z)$ und der Zusammenfassung der Partialbrüche, die zu den auf dem Einheitskreis liegenden Polen von $Y(z)$ gehören.

c) Man untersucht, ob es Bereiche für die Koeffizienten c_1 und c_0 gibt, bei denen $|y_p(k)| < 1$ gilt. Ist das möglich, so können für solche Werte c_1 und c_0 Eigenschwingungen der Periode k_p auftreten, die durch die zunächst willkürlich gewählte Folge $\{u_p(k)\}$ mit bestimmt sind. Eine vollständige Übersicht über die möglichen Eigenschwingungen dieser Periode erfordert die Überprüfung aller möglichen Folgen $\{u_p(k)\}$ der Periode k_p, wobei eine zyklische Vertauschung der Werte einer Periode zu keiner neuen Lösung führen kann.

Die Anwendung des Verfahrens auf andere Übersteuerungscharakteristiken erfordert lediglich, daß für die Elemente von $\{u_p(k)\}$ entsprechende Werte gewählt werden.

Für den praktischen Entwurf von digitalen Systemen ist es nun von entscheidender Bedeutung, daß Überlaufcharakteristiken angegeben werden können, mit denen sich periodische Eigenschwingungen mit Sicherheit vermeiden lassen. Die Darstellung folgt im wesentlichen wieder der in [5.13].

Wir betrachten ein lineares System zweiten Grades für den speziellen Fall, daß seine Übertragungsfunktion ein Paar von zueinander konjugiert komplexen Polen besitzt, die der Stabilitätsbedingung $|z_\infty| < 1$ genügen. Es ist

$$H(z) = \frac{1}{z^2 + c_1 z + c_0} = \frac{1}{(z - z_\infty)(z - z_\infty^*)} .$$

Der Anfangszustand des Systems in einem Punkt $k = k_0$ wird durch die Werte $x_1(k_0)$ und $x_2(k_0)$ bzw. bei der Konfiguration von Bild 5.14 durch $y(k_0)$ und $y(k_0 + 1)$ gekennzeichnet. Die Eigenschwingung des unerregten Systems ist von der Form

$$y(k) = \mathrm{Re}\{R_0 z_\infty^k\}, \qquad k \geq 0,$$

bzw. in bezug auf einen Punkt $k = k_0$

$$y(k) = \mathrm{Re}\{R_{k_0} z_\infty^{(k - k_0)}\}, \quad k \geq k_0, \tag{5.3-17}$$

mit

$$R_{k_0} = R_0 z_\infty^{k_0} .$$

Offenbar ist

$$y^2(k) \leq |R_{k_0}|^2, \qquad k \geq k_0. \tag{5.3-18}$$

Wie man leicht bestätigt, ergibt sich diese obere Schranke aus $y(k_0)$, $y(k_0 + 1)$ und z_∞ als

$$|R_{k_0}|^2 = y^2(k_0) + \frac{(y(k_0 + 1) - y(k_0)\mathrm{Re}\{z_\infty\})^2}{(\mathrm{Im}\{z_\infty\})^2}. \tag{5.3-19}$$

Wegen $|R_{k_0+1}| \leq |R_{k_0}|\,|z_\infty|$ sinkt diese Schranke bei linearen stabilen Systemen mit wachsendem k_0 monoton.

Wir gehen jetzt zur Betrachtung des nichtlinearen Systems von Bild 5.14 über. Dazu nehmen wir an, daß $y(k_0)$ noch im Zahlenbereich lag, mit $y(k_0 + 1)$ dagegen eine Übersteuerung erfolgt. Im entsprechenden linearen System sei also $|y^L(k_0 + 1)| > 1$; die nach (5.3-19) berechnete Schranke sei mit $|R^L_{k_0}|^2$ bezeichnet. Das nichtlineare System wird nun sicher dann stabil sein, wenn durch die Übersteuerungscharakteristik dem Wert $|y^L(k_0 + 1)| > 1$ ein Wert $y^N(k_0 + 1)$ mit $|y^N(k_0 + 1)| < 1$ so zugeordnet wird, daß für die aus (5.3-19) errechnete Schranke $|R^N_{k_0}|^2$ gilt

$$|R^N_{k_0}|^2 \leq |R^L_{k_0}|^2. \tag{5.3-20}$$

Hieraus folgt zunächst mit (5.3-19)

$$[y^L(k_0 + 1) - \mathrm{Re}\{z_\infty\}y(k_0)]^2 - [y^N(k_0 + 1) - \mathrm{Re}\{z_\infty\}y(k_0)]^2 \geq 0$$

und dann

$$[y^L(k_0 + 1) - y^N(k_0 + 1)][y^L(k_0 + 1) + y^N(k_0 + 1) - 2\,\mathrm{Re}\{z_\infty\}y(k_0)] \geq 0. \tag{5.3-21}$$

Nehmen wir zunächst den Fall $y^L(k_0 + 1) \geq 1$ an, so kann wegen $|y^N| < 1$ der erste Klammerausdruck in (5.3-21) nicht negativ werden. Wegen $|y(k_0)| < 1$ und $|\mathrm{Re}\{z_\infty\}| < 1$ wird die Bedingung dann mit

$$y^L(k_0 + 1) + y^N(k_0 + 1) \geq 2, \quad \forall y^L(k_0 + 1) \geq 1 \tag{5.3-22}$$

erfüllt. Die entsprechende Überlegung für $y^L(k_0+1) \leqslant -1$ führt dann insgesamt zu der hinreichenden Bedingung für ein stabiles System

$$|y^L(k_0+1) + y^N(k_0+1)| \geqslant 2, \quad \forall\, |y^L(k_0+1)| \geqslant 1. \qquad (5.3\text{-}23)$$

In [5.13] wird gezeigt, daß diese Beziehung auch dann gilt, wenn die Polstellen des Systems nicht komplex, sondern reell sind. Auf die Herleitung sei hier verzichtet.

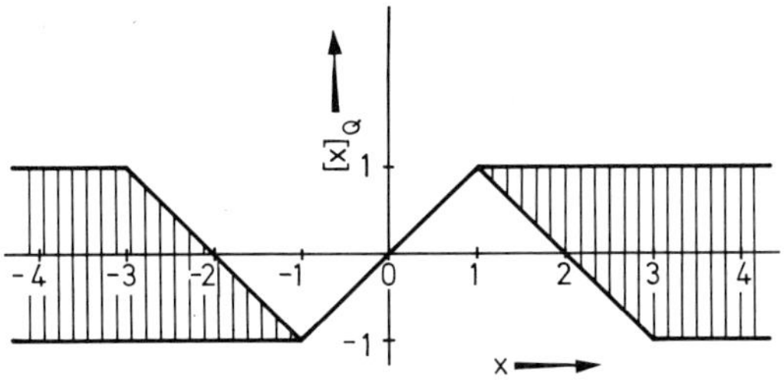

Bild 5.16. Bereich für die Überlaufscharakteristik stabiler Systeme zweiten Grades

Bild 5.16 veranschaulicht die Bedingung (5.3-23). Mit einer Übersteuerungscharakteristik, die im Intervall $-1 + Q < x < 1 - Q$ mit $Q = 2^{1-1}$ linear ist und darüber hinaus beliebig innerhalb des schraffierten Bereiches verläuft, erhält man ein stabiles System zweiten Grades. Dabei ist außerhalb des Linearitätsintervalles weder eine Symmetrie zum Nullpunkt noch eine zeitliche Invarianz zu fordern.

Der Vergleich mit den Bildern 5.12 und 5.13 zeigt, daß die durch (5.3-2) beschriebene Sättigungscharakteristik zu einem stabilen System führt. Bei den beiden Kennlinien von Bild 5.13 sind dagegen ungedämpfte Eigenschwingungen möglich, deren Existenz im Falle der Zweierkomplement-Arithmetik ja vorher schon gezeigt wurde.

Die vorstehenden Überlegungen gestatten den Entwurf eines digitalen Systems, das trotz einer möglichen Übersteuerung stabil bleibt. Das System muß dabei aus Teilsystemen ersten und zweiten Grades aufgebaut werden, deren einzige Nichtlinearität durch eine Übersteuerungscharakteristik entsprechend Bild 5.16 beschrieben wird. Untersuchungen über die Stabilitätseigenschaften von Systemen höheren Grades mit anderen Strukturen liegen bisher nicht vor.

5.3.3. Stabilitätsprobleme durch Rundung oder Abschneiden

Die nach einer Multiplikation in der Regel erforderliche Rundung, die in Bild 5.12 durch eine Feinstruktur der entsprechenden Kennlinie angedeutet ist, sei für die in Abschnitt 5.3.1 beschriebene Festkommamultiplikation erläutert. Dabei nehmen wir an, daß jetzt keine Übersteuerung erfolgt. Dann ist das Ergebnis einer Multiplikation dem Betrage nach

$$|x| = \sum_{l=i_2}^{i_1+j_1} \alpha_l 2^l .$$

Bei $j_1 < 0$ ist eine Veränderung des Ergebnisses nötig, wenn die Quantisierungsstufe $Q = 2^{i_1}$ erreicht werden soll. Die Rundung führt auf

$$[|x|]_R = \begin{cases} \sum_{l=i_2}^{i_1} \alpha_l 2^l + 2^{i_1}, & \text{wenn } \alpha_{i_1-1} = 1 , \\ \sum_{l=i_2}^{i_1} \alpha_l 2^l , & \text{wenn } \alpha_{i_1-1} = 0 . \end{cases} \tag{5.3-24a}$$

In anderer Formulierung ist das

$$[|x|]_R = Q[Q^{-1}(|x| + 0{,}5Q)] , \tag{5.3-24b}$$

wobei $[a]$ die größte ganze Zahl bedeutet, die a nicht übertrifft.

Für den bei der Rundung gemachten Fehler $\Delta_R = |x| - [|x|]_R$ gilt

$$-0{,}5Q \leqslant \Delta_R < 0{,}5Q . \tag{5.3-25}$$

Bild 5.17a zeigt $[x]_R$ und Δ_R.

Möglich ist auch das einfache Abschneiden der weiteren Stellen, das durch

$$[|x|]_A = \sum_{l=i_2}^{i_1} \alpha_l 2^l \tag{5.3-26a}$$

oder

$$[|x|]_A = Q[Q^{-1}|x|] \tag{5.3-26b}$$

beschrieben wird. Hier gilt für den Fehler $\Delta_A = |x| - [|x|]_A$

$$0 \leqslant \Delta_A < Q, \qquad (5.3\text{-}27)$$

(Bild 5.17b).

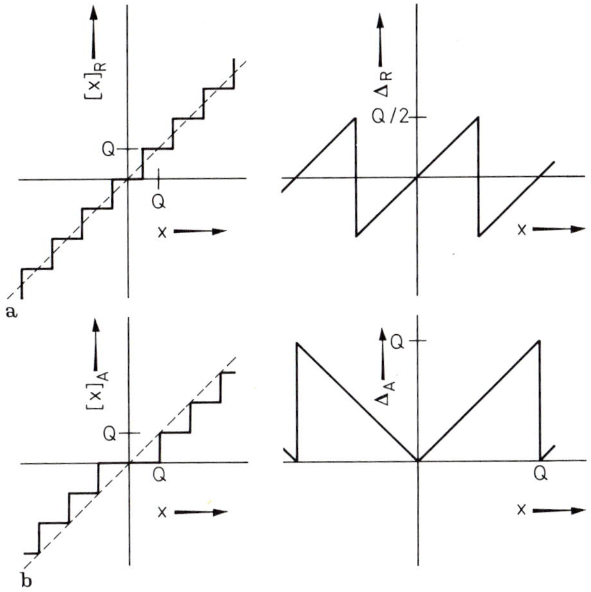

Bild 5.17. Kennlinien $[x]_Q$ und Fehler ΔQ. a) Rundung, b) Abschneiden

Es sei zunächst ein nicht erregtes System ersten Grades nach Bild 5.18 untersucht, das durch

$$[x(k+1)]_Q = -c_0[x(k)]_Q \pm \Delta(k) \qquad (5.3\text{-}28)$$

beschrieben wird. Hier sind die $[x(k+1)]_Q$ und $[x(k)]_Q$ ganzzahlige Vielfache von Q. Es gilt das positive Vorzeichen, wenn $-c_0[x(k)]_Q < 0$, sonst das nega-

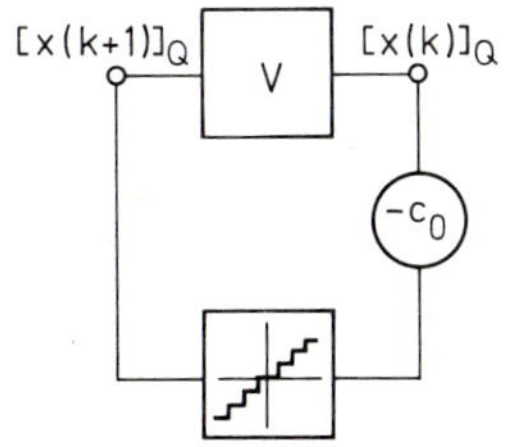

Bild 5.18. System ersten Grades mit Rundung

tive Vorzeichen. $\Delta(k)$ ist so zu wählen, daß diese Gleichung erfüllt ist, wobei je nach Realisierung (5.3-25) oder (5.3-27) für die möglichen Werte von $\Delta(k)$ einzusetzen ist.

Ein Gleichgewichtszustand liegt sicher bei $x_g = 0$ vor. Daß weitere Gleichgewichtslagen möglich sind wurde zuerst von Blackman [5.14] festgestellt. Neuere Untersuchungen stammen von Jackson ([5.15], [5.16]) von Hess und Parker ([5.17], [5.18]) sowie von Kao [5.19].

Es sei zunächst der Fall $c_0 < 0$ betrachtet. Für einen möglichen neuen Gleichgewichtszustand ist $x_g = NQ$ mit $N \neq 0$ ganzzahlig und damit

$$NQ = |c_0| NQ \pm \Delta. \tag{5.3-29}$$

Hier gilt bei $N < 0$ das positive, sonst das negative Vorzeichen. Man erkennt sofort, daß bei $|c_0| < 1$, d.h. bei einem System, das im linearen Fall stabil ist, diese Beziehung nur für $N = 0$ erfüllt werden kann, wenn $\Delta = \Delta_A$ gemäß (5.3-27) ist. Ein System ersten Grades mit einer Begrenzung der Wortlänge des Multiplikationsergebnisses durch Abschneiden ist also asymptotisch stabil im Sinne von (5.3-9). Im Falle der Rundung ergibt sich dagegen aus (5.3-29)

$$|N| \leqslant \left[\frac{0,5}{1 - |c_0|}\right]. \tag{5.3-30}$$

Hier ist im Stabilitätsbereich $|c_0| < 1$ des linearen Systems nur für

$$0,5 \leqslant |c_0| < 1 \tag{5.3-31}$$

ein Wert $|N| \neq 0$ möglich. Man prüft leicht nach, daß zu dem Intervall

$$\frac{2N_1 - 1}{2N_1} \leqslant |c_0| < \frac{2N_1 + 1}{2(N_1 + 1)} \tag{5.3-32}$$

jeweils ein möglicher Maximalwert $N = N_1$ gehört. Bei einem Anfangswert $x(0) = NQ$ mit $N \leqslant N_1$ verbleibt das System in diesem Zustand. Ist $x(0) = NQ$ mit $N > N_1$, so wird nach höchstens $N - N_1$ Schritten der Gleichgewichtszustand $N_1 Q$ erreicht.

Die als notwendig erkannte Bedingung (5.3-31) für einen neuen Gleichgewichtszustand bei Rundung ist auch hinreichend. Nehmen wir nämlich an, daß $[x(k)]_Q = Q$, aber $[x(k+1)]_Q = 0$ ist, so läßt sich die Gleichung (5.3-28) nicht erfüllen, wenn für c_0 (5.3-31) gilt und für Δ das bei Rundung durch (5.3-25) festgelegte Intervall vorgeschrieben wird. Damit ist gezeigt, daß ein System ersten Grades mit Rundung nicht asymptotisch stabil im Sinne von (5.3-9) ist, wenn $0,5 \leqslant$ $\leqslant |c_0| < 1$ ist.

Für den Fall $c_0 > 0$ ergibt die entsprechende Untersuchung, daß eine periodische Folge mit den Werten

$$[x(k)]_Q = (-1)^k NQ$$

auftritt, wenn für c_0 wieder (5.3-31) gilt. Für N und die Teilintervalle von c_0 gelten dabei wieder (5.3-30) und (5.3-32). Die eben gemachte Aussage über die Stabilität des Systems ersten Grades mit Rundung gilt also auch für positive Koeffizienten.

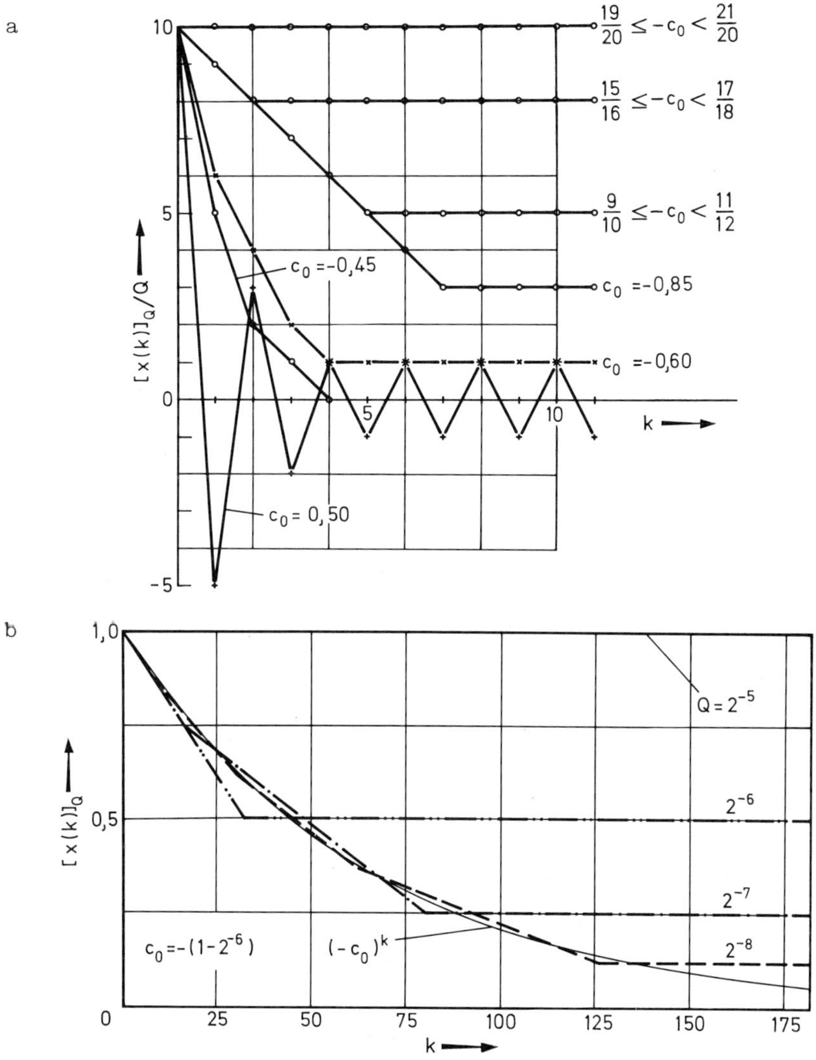

Bild 5.19. Zum instabilen Verhalten eines Systems ersten Grades mit Rundung. a) $[x(k)]_Q$ für verschiedene Werte von c_0; b) $[x(k)]_Q$ für verschiedene Werte von Q bei $c_0 = -(1-2^{-6})$

Es sei noch angemerkt, daß ein neuer Gleichgewichtszustand NQ oder eine periodische Folge $(-1)^k NQ$ mit $N \neq 0$ auch dann möglich ist, wenn $1 < |c_0| < 1,5$ ist, das entsprechende lineare System also instabil ist. Dabei muß $x(0) = NQ$ mit $|N| \leq N_1$ und $(2N_1 + 1)/(2N_1) > |c_0|$ sein. Dagegen tritt bei $|c_0| = 1$ keine Rundung auf, das System bleibt linear und ist im übrigen bedingt stabil.

Zusammenfassend ist festzustellen, daß bei einem System ersten Grades bei Rundung periodische Ausgangsfolgen, d.h. Grenzzyklen auftreten. Sie haben die Periodenlänge 1, bilden also einen neuen Gleichgewichtszustand bei $-0,5 \geq c_0 > -1$; sie haben die Periodenlänge 2 bei $0,5 \leq c_0 < 1$.

In Bild 5.19a ist der Verlauf der Ausgangsfolge $x(k)$, ausgehend von einem Anfangswert $x(0) = 10\,Q$, für verschiedene Werte bzw. Wertebereiche von c_0 aufgezeichnet. Bild 5.19b zeigt $x(k)$ für $x(0) = 1,0$, $c_0 = -(1 - 2^{-6})$ bei verschiedenen Werten von Q. Hier ist die Abweichung vom Verhalten des linearen Systems bereits vor Erreichen des neuen Gleichgewichtszustandes zu erkennen.

Nach Jackson ([5.15], [5.16]) kann man die festgestellte Instabilität des Systems ersten Grades durch Angabe eines bedingt stabilen linearen Modellsystems beschreiben, das einen Pol bei $z_\infty = \pm 1$ hat. Der ursprünglich bei $z_\infty = -c_0$ liegende Pol des Ausgangssystems wird also im Falle $0,5 \leq |c_0| < 1$ bei Rundung nach $+1$ verschoben, wenn $c_0 < 0$ und nach -1, wenn $c_0 > 0$ war.

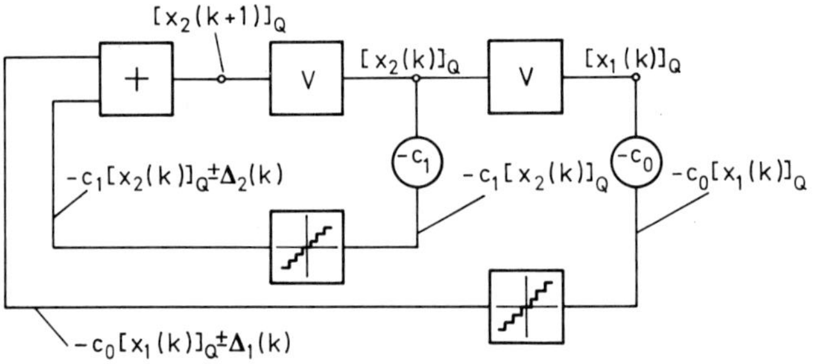

Bild 5.20. System zweiten Grades mit Rundung nach den Multiplikationen

Bei Systemen höheren Grades sind die Verhältnisse komplizierter. Sie wurden bisher insbesondere für ein nichterregtes System zweiten Grades untersucht, auf das sich auch die folgenden Überlegungen beschränken. Der Betrachtung sei die Struktur nach Bild 5.20 zugrunde gelegt, bei der angenommen wird, daß nach jeder Multiplikation eine Rundung bzw. ein Abschneiden erfolgt. Die Zustandsgleichungen für die Werte $[x_\nu(k)]_Q$ lauten dann

$$
\begin{aligned}
[x_1(k+1)]_Q &= [x_2(k)]_Q, \\
[x_2(k+1)]_Q &= -c_0[x_1(k)]_Q \pm \Delta_1(k) - c_1[x_2(k)]_Q \pm \Delta_2(k).
\end{aligned}
\tag{5.3-33}
$$

Für die $\Delta_\nu(k)$ ist je nach Realisierung wieder Δ_R oder Δ_A einzusetzen. Auch hier gilt jeweils das positive Vorzeichen, wenn das zu verändernde Produkt negativ ist, sonst das negative Vorzeichen.

Zunächst ist festzustellen, daß $\mathbf{x}_g = \mathbf{0}$ sicher ein Gleichgewichtszustand ist. Daß das System bei Rundung instabil werden kann und dabei auch Grenzzyklen höherer Perioden als 2 auftreten können, sei zur Einführung an einem Beispiel veranschaulicht. Es sei $c_0 = 0{,}75$, $c_1 = -0{,}75$, $[x_1(0)]_Q = [x_2(0)]_Q = 3Q$. Bei einer Arithmetik mit unbegrenzter Wortlänge wäre das System sicher stabil, wie die Kontrolle mit Hilfe von (2.6-5) zeigt. Das Verhalten des Systems läßt sich in der Ebene der Zustandsvariablen $[x_1(k)]_Q$ und $[x_2(k)]_Q$ veranschaulichen, indem man die erreichten diskreten Punkte markiert und zur Darstellung der zeitlichen Reihenfolge verbindet. Das ist in Bild 5.21 für dieses Beispiel geschehen. Man erkennt, daß das System ausgehend von dem gegebenen Anfangszustand in einen Grenzzyklus der Periode 6 einmündet. Angedeutet ist außerdem, daß zwei weitere Grenzzyklen möglich sind, die von anderen Anfangsbedingungen aus erreicht werden.

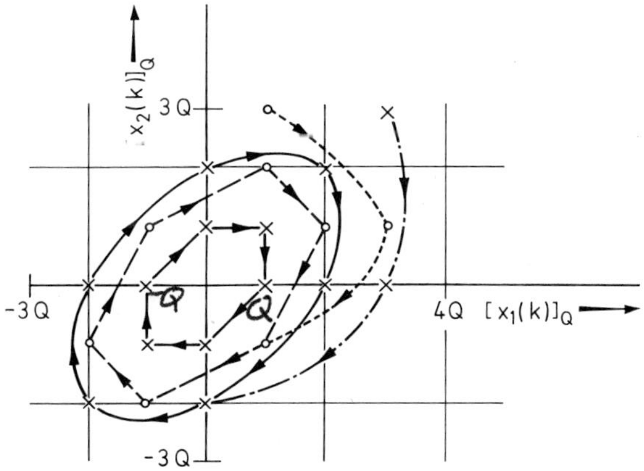

Bild 5.21. Beispiel von Grenzzyklen bei einem System zweiten Grades ($c_0 = 0{,}75$, $c_1 = -0{,}75$)

Entsprechend seinem Vorgehen bei einem System ersten Grades stellt Jackson die Wirkung der Rundung bei einem System zweiten Grades mit komplexen Polen, d.h. mit $(c_1/2)^2 < c_0$ durch die Angabe eines linearen bedingt stabilen Modellsystems dar, das einfache Pole auf dem Einheitskreis hat. Aus (5.3-33) folgt

$$[-c_0[x_1(k)]_Q]_Q = [-c_0[x_2(k-1)]_Q]_Q = -c_0[x_2(k-1)]_Q \pm \Delta_1(k)$$

$$= -c_0'[x_2(k-1)]_Q. \qquad (5.3\text{-}34)$$

Ein Grenzzyklus kommt unter dieser Annahme dann zustande, wenn der effektive Wert $c_0' = 1$ ist. Damit folgt mit $[x_2(k-1)]_Q = NQ$

$$NQ = c_0 NQ \mp \Delta_1(k),$$

eine Beziehung, die als (5.3-29) für ein System ersten Grades aus einer ganz anderen Überlegung gefunden wurde. Unter der Voraussetzung, daß das verwendete Modell die Verhältnisse richtig beschreibt, gelten daher die eben angegebenen Ergebnisse entsprechend. Ein System zweiten Grades mit komplexen Polstellen ist also asymptotisch stabil, wenn nach der Multiplikation die Wortlänge durch Abschneiden begrenzt wird. Bei Rundung gilt dagegen die (5.3-30) entsprechende Beziehung

$$|N| \leqslant \left[\frac{0,5}{1-c_0}\right], \qquad (5.3\text{-}35)$$

die für

$$0,5 \leqslant c_0 < 1 \qquad (5.3\text{-}36)$$

bei einem stabilen System mit $|N| \neq 0$ erfüllbar ist.

Vor einer näheren Betrachtung dieses Ergebnisses sei zunächst gezeigt, daß sogar die Bedingung $0,5 \leqslant |c_0| < 1$ hinreichend für die Instabilität ist, wenn gerundet wird. Dazu wird wieder gezeigt, daß die gegenteilige Annahme zu einem Widerspruch führt. Das System möge bei $k = k_1$ in die Gleichgewichtslage $\mathbf{x}_g = \mathbf{0}$ zurückkehren, es sei also $[x_2(k_1-1)]_Q \neq 0$, aber $[x_2(k)]_Q = 0$, $\forall k \geqslant k_1$. Dann ergibt sich aus (5.3-33) bei Rundung

$$c_0[x_2(k_1-1)]_Q = \pm \Delta_R(k),$$

wobei das positive Vorzeichen gilt, wenn die linke Seite positiv ist, sonst das negative Vorzeichen. Wegen $-0,5\,Q \leqslant \Delta_R < 0,5\,Q$ und $|c_0||[x_2(k_1-1)]_Q| \geqslant 0,5\,Q$ für $|c_0| \geqslant 0,5$ kann diese Beziehung nicht erfüllt werden. Das System ist also bei Rundung und $0,5 \leqslant |c_0| < 1$ nicht asymptotisch stabil.

Mit Hilfe von (5.3-35) ist eine angenäherte Aussage über die Maximalamplitude eines Grenzzyklus möglich. Bei praktischen Versuchen haben Jackson und Hess

([5.15], [5.17]) festgestellt, daß diese Beziehung in den meisten Fällen gültig ist. Da die Überlegung aber auf der nicht beweisbaren Annahme einer im wesentlichen sinusförmigen Grenzschwingung beruht, ist das Ergebnis sicher nicht exakt. Tatsächlich hat Hess Beispiele von Grenzzyklen gefunden, bei denen ein höherer Maximalwert auftrat. Aus einer Betrachtung der in diesen Fällen gefundenen Werte $\Delta_1(k)$ schließt er, daß ein gegenüber (5.3-35) um den Faktor 3 erhöhter Wert sinnvoll ist. Aber auch diese Herleitung ist nicht exakt und gibt keine sichere obere Schranke.

Eine allerdings nicht leicht auswertbare exakte Beziehung für die obere Schranke der Grenzzyklen bei Rundung findet Hess aus folgender Überlegung [5.17]. Bei einem Grenzzyklus der Periode k_p ist $[x_\nu(k+k_p)]_Q = [x_\nu(k)]_Q$. Faßt man weiter in (5.3-33) die Rundungsfehler entsprechend $\Delta(k) = \pm\Delta_1(k) \pm \Delta_2(k)$ mit $|\Delta(k)| \leq Q$ zusammen, so gilt

$$[x_2(k+\varkappa)]_Q + c_1[x_2(k+\varkappa-1)]_Q + c_0[x_2(k+\varkappa-2)]_Q = \Delta(k+\varkappa-1)$$

für k ganzzahlig, $\varkappa = 1(1)k_p$. Hier ist neben $x_2(k)$ auch $\Delta(k)$ periodisch. Unter Berücksichtigung der Periodizität gilt dann

$$\mathbf{T}[\mathbf{x}_2(k)]_Q = \mathbf{\Delta}(k) \tag{5.3-37a}$$

mit

$$\mathbf{T} = \begin{bmatrix} 1 & 0 & . & . & . & 0 & c_0 & c_1 \\ c_1 & 1 & 0 & . & . & 0 & 0 & c_0 \\ c_0 & c_1 & 1 & 0 & \dots & 0 & 0 & 0 \\ \vdots & & & & & & & \vdots \\ 0 & \dots & c_0 & c_1 & & 1 & 0 & 0 \\ 0 & \dots & 0 & c_0 & & c_1 & 1 & 0 \\ 0 & \dots & 0 & 0 & & c_0 & c_1 & 1 \end{bmatrix}, \tag{5.3-37b}$$

$$[\mathbf{x}_2(k)]_Q = [[x_2(k+1)]_Q, [x_2(k+2)]_Q \dots [x_2(k+k_p)]_Q]^T,$$

$$\mathbf{\Delta}(k) = [\Delta(k), \Delta(k+1), \dots \Delta(k+k_p-1)]^T.$$

Bei vorgegebener Periode k_p findet man eine obere Schranke für $[x_2(k)]_Q$, wenn man in die Lösung

$$[\mathbf{x}_2(k)]_Q = \mathbf{T}^{-1}\boldsymbol{\Delta}(k) = \mathbf{V}\boldsymbol{\Delta}(k)$$

die jeweils ungünstigsten Werte für die $\Delta(k)$ einsetzt. Es gilt

$$[x_2(k+\varkappa)]_Q \leqslant \sum_{i=1}^{k_p} |v_{i\varkappa}|Q = \frac{\sum_{i=1}^{k_p} \left| |\mathbf{T}|_{i\varkappa} \right|}{|\mathbf{T}|} Q, \tag{5.3-38}$$

wobei $|\mathbf{T}|$ die Determinante der Matrix $\mathbf{T}$ und $|\mathbf{T}|_{i\varkappa}$ die Adjunkte dieser Determinanten zur i-ten Zeile und $\varkappa$-ten Spalte ist. Man kann zeigen, daß wegen der zyklischen Struktur von $\mathbf{T}$ diese Schranke unabhängig von $\varkappa$ gilt. Beispiele für die Auswertung dieses Ausdruckes für verschiedene Werte von k_p, c_0 und c_1 finden sich in [5.17] und [5.18].

Der Fall von Grenzzyklen der Periode 1 oder 2 sei noch gesondert behandelt. Hier lassen sich exakte Aussagen gewinnen. Beim System zweiten Grades muß gelten

$$[x_\nu(k+1)]_Q = [x_\nu(k-1)]_Q = \pm [x_\nu(k)]_Q = NQ,$$

wobei das obere Vorzeichen für $k_p = 1$, das untere bei $k_p = 2$ zu wählen ist. Damit ergibt sich aus (5.3-33)

$$NQ = -[c_0 NQ]_Q \mp [c_1 NQ]_Q$$

und

$$N = -Nc_0{}' \mp Nc_1{}' \tag{5.3-39}$$

mit den "effektiven" Werten $c_0{}'$ und $c_1{}'$. Diese Bedingung für Grenzzyklen der Periode 1 oder 2 gilt allgemein. Die Art der Begrenzung der Wortlänge wirkt sich erst in der Zuordnung der Intervalle von c_0 und c_1 zu $c_0{}'$ und $c_1{}'$ aus. Für die Werte $N = 1$ und $N = 2$ gibt die Tabelle 5.1 diese Bereiche sowohl für Abschneiden wie für die Rundung an. Im allgemeinen ist $k_p = 1$, wenn $c_1 < 0$ und $k_p = 2$ für $c_1 > 0$. Eine Ausnahme bildet das Intervall von c_1, das den Nullpunkt einschließt ($c_1{}' = 0$). Die angegebenen Intervalle für c_0 und c_1 gelten auch für $N = -1$ bzw. $N = -2$. Es ändern sich lediglich die Zuordnungen zu den Werten $c_0{}'$ und $c_1{}'$.

Tabelle 5.1.

N	$-Nc_0'$	c_0 Abschneiden	c_0 Runden	$\mp Nc_1'$	c_1 Abschneiden	c_1 Runden
	-1	-	$0,5 \leqslant c_0 < 1$	2	-	$1,5 \leqslant \|c_1\| < 1 + c_0$
1	0	$0 \leqslant c_0 < 1$	$\|c_0\| < 0,5$	1	$1 \leqslant \|c_1\| < 1 + c_0$	$0,5 \leqslant \|c_1\| < 1 + c_0$
	1	-	$-1 < c_0 \leqslant -0,5$	0	-	$\|c_1\| < 1 + c_0$
	-2	-	$0,75 \leqslant c_0 < 1$	4	-	$1,75 \leqslant \|c_1\| < 1 + c_0$
	-1	$0,5 \leqslant c_0 < 1$	$0,25 \leqslant c_0 < 0,75$	3	$1,5 \leqslant \|c_1\| < 1 + c_0$	$1,25 \leqslant \|c_1\| < 1 + c_0$
2	0	$0 \leqslant c_0 < 0,5$	$\|c_0\| < 0,25$	2	$1 \leqslant \|c_1\| < 1 + c_0$	$0,75 \leqslant \|c_1\| < 1 + c_0$
	1	-	$-0,75 < c_0 \leqslant -0,25$	1	-	$0,25 \leqslant \|c_1\| < 1 + c_0$
	2	-	$-1 < c_0 \leqslant -0,75$	0	-	$\|c_1\| < 1 + c_0$

Koeffizientenbereiche für Grenzzyklen der Periode 1 oder 2 bei Abschneiden und Runden

Von Interesse ist noch die obere Schranke für diese Grenzzyklen. Mit Hilfe von (5.3-37) findet man

$$|N| \leqslant \frac{1}{1 + c_0 - |c_1|} \quad . \tag{5.3-40}$$

Bild 5.22 veranschaulicht die Bereiche der Parameter c_0 und c_1, für die beim System zweiten Grades beim Abschneiden und Runden Grenzzyklen der Perioden $k_p = 1$ oder 2 mit $N = \pm 1$ und $N = \pm 2$ möglich sind. Doppelt schraffiert sind außerdem die Bereiche angegeben, in denen bei Rundung Grenzzyklen mit $N = \pm 1$ oder $N = \pm 2$ möglich sind, die aber jetzt eine Periode $k_p > 2$ haben müssen, da sie von (5.3-39) nicht erfaßt werden. Für Koeffizienten innerhalb der einfach schraffierten Bereiche treten keine Grenzzyklen auf. Die sich aus (5.3-40) ergebende notwendige Bedingung

$$|c_1| \geqslant \frac{|N| - 1}{|N|} + c_0$$

ist für $|N| = 2$ strichpunktiert in Bild 5.22 eingetragen. Das Bild läßt erkennen, daß Grenzzyklen auftreten, die bei der Modellbetrachtung nach Jackson nicht erfaßt wurden.

Die bisherige Untersuchung betraf insofern einen Sonderfall, als nur Systeme maximal zweiten Grades untersucht wurden, die eingangsseitig nicht erregt wurden. Bei Systemen höheren Grades, die nicht in der Parallelform aufgebaut werden,sowie bei Erregung mit beliebigen Eingangsfunktionen werden die Verhältnisse wesentlich komplizierter. Dieser Fall liegt z.B. schon dann vor, wenn in einer Kaskadenanordnung mindestens zwei Teilsysteme ersten oder zweiten Grades zu einem am Eingang nicht erregten Gesamtsystem zusammengeschaltet werden.

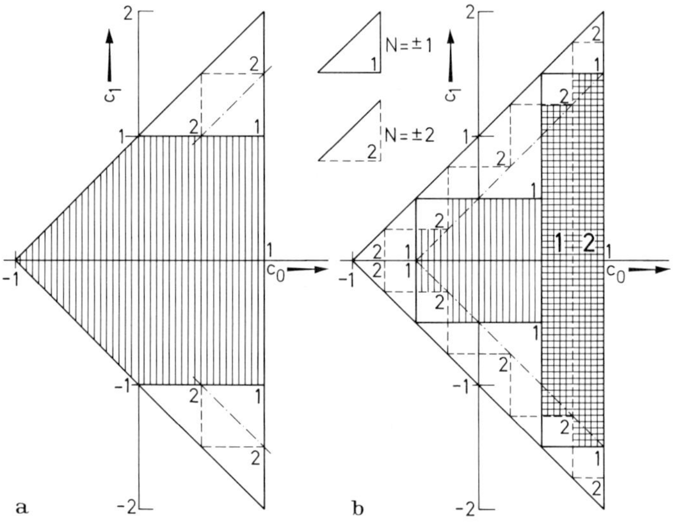

Bild 5.22. Bereiche der Parameter c_0 und c_1, für die beim System zweiten Grades Grenzzyklen mit $N = \pm 1, \pm 2$ und $k_p = 1,2$ auftreten (doppelt schraffiert: $k_p > 2$). a) Abschneiden, b) Runden.

Der Fall eines mit einer Folge konstanter Eingangswerte $|u(k)| = U > Q$ erregten Systems zweiten Grades läßt sich im wesentlichen auf den bisher betrachteten Fall zurückführen. Ein Beispiel wurde schon in Bild 1.3 in der Einleitung vorgestellt. Abgesehen von einem möglichen durch die Diskretisierung bedingten Fehler wird sich ein Grenzzyklus einstellen, der um den Wert der durch $H(z = 1)$ bestimmten Gleichantwort oszilliert. Bei Begrenzung der Wortlänge durch Abschneiden gibt es allerdings eine wesentliche Abweichung. Sie ergibt sich aus dem Verlauf der in Bild 5.17b gezeigten Kennlinie, die ja bei $[x]_A = 0$ eine doppelt so große Stufenbreite aufweist wie in anderen Bereichen. Das führt dazu, daß bei $u(k) = U > Q$ auch bei Abschneiden Grenzzyklen für Systeme möglich sind, die sich im unerregten Zustand bei dieser Art der Begrenzung der Wortlänge als stabil erwiesen haben. Die auftretenden Grenzzyklen können dabei sogar größer sein als bei Rundung. Daher gilt die bei Betrachtung der Ergebnisse für nichterregte Systeme zunächst naheliegende Feststellung, daß eine Begrenzung der Wortlänge durch Abschneiden Vorteile gegenüber Rundung bietet, bei erregten Systemen sicher nicht. Da weiterhin, wie eben gezeigt wurde, bei Abschneiden ein Grenzzyklus der Periode 1 möglich ist, kann dieser Fall bei der Kaskadenstruktur auch bei einem vom Eingang her nicht erregten System auftreten.

Neben den hier dargestellten Untersuchungen über die aus Rundung oder Abschneiden sich ergebenden Stabilitätsprobleme gibt es weitere Arbeiten über andere obere Schranken der Grenzzyklen ([5.17], [5.20]). Weiterhin wurden die Frequenz der Grenzzyklen [5.16] und ihre Symmetrieeigenschaften näher untersucht [5.17]. Besonderes Interesse hat auch der digitale Sinusgenerator gefunden, der in praktischen und theoretischen Arbeiten behandelt wurde ([5.17], [5.21]). Auch hier ergeben sich Grenzzyklen, die in ihrem Verlauf und ihrer Frequenz von der gewünschten Oszillation abweichen. Auf die Darstellung all dieser Ergebnisse wird hier verzichtet.

Die Analyse der bei rekursiven Systemen auftretenden Grenzzyklen ist noch nicht abgeschlossen. Methoden zu ihrer Vermeidung sind bisher nicht bekannt. Ihr Einfluß läßt sich allerdings im Vergleich zum Nutzsignal durch Vergrößern der Wortlänge der Zustandsvariablen stets beliebig klein machen.

5.4. Rauschartige Fehler

5.4.1. Analyse

Für die Untersuchung des Fehlers, der bei einem mit stochastischem Eingangssignal erregten digitalen System durch die Begrenzung der Wortlänge entsteht, hat sich eine statistische Betrachtungsweise eingeführt ([5.22] bis [5.26]), die hier wieder für den Fall der Festkomma-Multiplikation näher geschildert wird. Dabei ist jetzt auch der Fehler zu berücksichtigen, der bei der Umwandlung eines zunächst kontinuierlichen Signals $u(t)$ in eine Folge diskreter Werte endlicher Wortlänge $\{[u(k)]_Q\}$ im Analog-Digital-Wandler vor dem Eingang des eigentlichen digitalen Systems entsteht. Der dabei auftretende Fehler $\Delta_e(k) = u(k) - [u(k)]_Q$ kann als stochastische Größe aufgefaßt werden. Innerhalb eines durch die Quantisierungsstufe Q_e bestimmten Intervalls nimmt $\Delta_e(k)$ alle Werte mit einer gewissen Wahrscheinlichkeit $p(\Delta_e)$ an, wenn die Eingangsfunktion $u(k)$ zwischen den Quantisierungsstufen alle Werte annehmen kann. Der bereits vor dem Eingang eines digitalen Systems entstehende Fehler läßt sich daher durch eine Rauschquelle darstellen, die gerade die stochastische Folge $\Delta_e(k)$, das sogenannte Quantisierungsrauschen, abgibt (Bild 5.23). Unter der Voraussetzung, daß die Abtastwerte $u(k)$ und damit die Werte der Fehlerfunktion $\Delta_e(k)$ voneinander statistisch unabhängig sind und den Mittelwert Null haben, gilt für die Varianz der Rauschquelle

$$\sigma_e^2 = \int_{-Q_e/2}^{Q_e/2} \Delta_e^2(k)\, p(\Delta_e)\, d\Delta_e .$$

Setzt man Gleichverteilung der Fehlerfunktion voraus, so ist mit

$$p(\Delta_e) = \frac{1}{Q_e} \quad \text{für} \quad |\Delta_e| \leq \frac{Q_e}{2}, \quad p(\Delta_e) = 0 \quad \text{für} \quad |\Delta_e| > \frac{Q_e}{2},$$

$$\sigma_e^2 = \frac{Q_e^2}{12} . \qquad (5.4\text{-}1)$$

Ebenso kann man den im allgemeinen nach einer Multiplikation durch die Begrenzung der Wortlänge entstehenden Fehler als eine stochastische Größe auffassen, die innerhalb des für $\Delta_i(k)$ angegebenen Intervalls jetzt allerdings nur endlich viele diskrete Werte annehmen kann. Die im Innern des Filters geltende

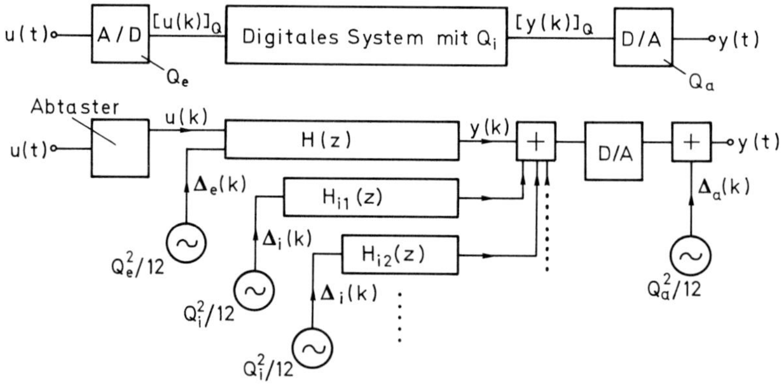

Bild 5.23. Zur Herleitung eines Modellsystems für die Berücksichtigung des Quantisierungsrauschens

Quantisierungsstufe sei zur Unterscheidung mit Q_i bezeichnet. Auch die nach den Multiplikationen auftretenden Fehlerfunktionen lassen sich durch je eine Rauschquelle symbolisieren. Vernachlässigt man, daß $\Delta_i(k)$ nur diskrete Werte annehmen kann und setzt außerdem wieder statistische Unabhängigkeit der Fehlerwerte und Gleichverteilung voraus, so gilt bei Rundung (5.4-1) entsprechend. Bei Abschneiden liegen die Verhältnisse komplizierter [5.27]. Im allgemeinen werden die Fehler aber größer. Die folgende Untersuchung beschränkt sich daher auf den Fall, daß die Begrenzung der Wortlänge durch Runden vorgenommen wird. In Bild 5.23 ist das entstehende Modellsystem gezeichnet, bei dem eine Rauschquelle überall dort angenommen wurde, wo eine Begrenzung der Wortlänge durch Rundung erfolgt. Im folgenden wird zusätzlich angenommen, daß alle Fehlerfunktionen und damit alle Rauschquellen statistisch unabhängig voneinander sind. Schließlich ist am Ausgang für die nötige Digital-Analogwandlung eine Quantisierungsstufe Q_a zu wählen, die im allgemeinen von Q_i abweicht. Auch der hier gemachte Fehler läßt sich durch eine Rauschquelle mit entsprechender Varianz darstellen.

Das digitale System begrenzter Wortlänge einschließlich der am Ein- und Ausgang nötigen Wandlungen wird also durch ein streng lineares Modellsystem ersetzt, bei dem an jeder Rundungsstelle eine Rauschquelle eingefügt wird. Die im realen System auftretende Ausgangsfolge wird damit im Modellsystem näherungsweise als Überlagerung der fehlerfreien Folge $\{y(k)\}$, die sich bei Rechnung mit unbegrenzter Wortlänge ergibt, und der Reaktion des Systems auf die verschiedenen Rauschquellen dargestellt.

Theoretische und praktische Untersuchungen haben gezeigt, daß die hier für die Herleitung des Modells gemachten Annahmen in weiten Grenzen gültig sind (z.B. [5.28], [5.15], [5.22], [5.29]). Sie gelten z.B. dann nicht mehr, wenn das Abtastintervall so klein und die Quantisierungsstufe so groß ist, daß das Eingangssignal sich zwischen zwei Abtastungen nur mit geringer Wahrscheinlichkeit um mehr als eine Quantisierungsstufe ändern kann. Die Gültigkeit der Annahmen hängt offenbar mit der größtmöglichen Steigung im Eingangssignal bzw. seiner oberen Grenzfrequenz zusammen.

Für die Varianz der durch die Rauschquellen bestimmten Fehlerfunktion gilt bei der vorausgesetzten Unabhängigkeit der einzelnen Quellen

$$\sigma_y^2(k) = \sum_j \sigma_{y_j}^{\;2}(k). \tag{5.4-2}$$

Hier ist $\sigma_{y_j}^{\;2}(k)$ die Varianz der Reaktion auf die j-te Rauschquelle, die sich wie folgt errechnet. Zunächst ist

$$\Delta y_j(k) = \sum_{\varkappa=0}^{k} \Delta_j(\varkappa) h_{0j}(k-\varkappa)$$

die Reaktion am Ausgang auf die an der j-ten Rundungsstelle eingespeiste Fehlerfunktion $\Delta_j(k)$, wenn mit $h_{0j}(k)$ die Impulsantwort des Systems bei Einspeisung an der Stelle j bezeichnet wird. Unter den bei der Herleitung von (5.4-1) genannten Voraussetzungen erhält man dann

$$\sigma_{y_j}^2(k) = \frac{Q_j^2}{12} \sum_{\varkappa=0}^{k} h_{0j}^2(k-\varkappa).$$

Offenbar wächst $\sigma_{y_j}^2(k)$ monoton mit k. Als kennzeichnende Größe für den Fehler läßt sich vorteilhaft

$$\sigma_{y_j}^2(\infty) = \lim_{k\to\infty} \sigma_{y_j}^2(k) = \frac{Q_j^2}{12} \lim_{k\to\infty} \sum_{\varkappa=0}^{k} h_{0j}^2(k-\varkappa)$$

$$= \frac{Q_j^2}{12} \sum_{k=0}^{\infty} h_{0j}^2(k)$$

verwenden. $\sigma_{y_j}^2(\infty)$ ist gleich der mittleren Störleistung $\overline{N}_{sj}$ am Ausgang, die durch die j-te Störquelle verursacht wird. Mit Hilfe von (2.4-25) erhält man

$$\overline{N}_{sj} = \frac{Q_j^2}{12} \frac{1}{2\pi j} \oint_\Gamma H_j(z) H_j(z^{-1}) z^{-1} dz, \tag{5.4-3}$$

wobei die Integration über den Einheitskreis Γ zu erfolgen hat und mit der Residuenrechnung durchgeführt werden kann. Unter Verwendung der verschiedenen Werte für die Q_j erhält man schließlich mit Hilfe von (5.4-2) für die Gesamtstörleistung

$$\overline{N}_s = \frac{1}{12}(R_e Q_e^2 + R_i Q_i^2 + Q_a^2) \tag{5.4-4a}$$

mit den Rauschkennzahlen

$$R_e = \frac{1}{2\pi j} \oint_\Gamma H(z) H(z^{-1}) z^{-1} dz, \tag{5.4-4b}$$

$$R_i = \frac{1}{2\pi j} \sum_j \oint_\Gamma H_{ij}(z) H_{ij}(z^{-1}) z^{-1} dz. \tag{5.4-4c}$$

Hier ist $H(z)$ die Gesamtübertragungsfunktion, während mit $H_{ij}(z)$ die j-te Übertragungsfunktion im Innern von der j-ten Begrenzungsstelle zum Ausgang bezeichnet ist. Zur Bestimmung von R_i sind alle "inneren" Begrenzungsstellen zu berücksichtigen. Mit (2.4-43) erhält man noch für das Leistungsdichtespektrum der Störung am Ausgang für $z = e^{j\Omega}$

$$\Phi_s(\Omega) = \frac{1}{12}\left(\Phi_e(\Omega)Q_e^{\,2} + \Phi_i(\Omega)Q_i^{\,2} + Q_a^{\,2}\right) \tag{5.4-5a}$$

mit

$$\begin{aligned}\Phi_e(\Omega) &= |H(\Omega)|^2,\\ \Phi_i(\Omega) &= \sum_j |H_{ij}(\Omega)|^2.\end{aligned} \tag{5.4-5b}$$

Dabei gilt

$$\overline{N}_s = \frac{1}{\pi}\int_0^{\pi} \Phi_s(\Omega)\,d\Omega \quad \text{und} \quad R_e = \frac{1}{\pi}\int_0^{\pi} \Phi_e(\Omega)\,d\Omega. \tag{5.4-5c}$$

Es ist zu erwarten, daß die Struktur des Filters wesentlichen Einfluß auf die Größe von R_i hat. Die Bestimmung sei am Beispiel der vier kanonischen Strukturen gezeigt, von denen die ersten drei, um die auftretenden Rauschquellen ergänzt, in Bild 5.24 noch einmal dargestellt sind. Es wurde dabei angenommen, daß nach jeder Multiplikation eine Begrenzung der Wortlänge erfolgt. Nicht berücksichtigt wurde also, daß sich eine Reduzierung der Zahl der Fehlerquellen erreichen läßt, wenn man, soweit das möglich ist, ungerundete Multiplikationsergebnisse zunächst addiert und erst danach die nötige Rundung vornimmt.

Bei der ersten kanonischen Form ergibt sich bis auf einen hier unwesentlichen Faktor z^ν für alle $m + n + 1$ Rauschquellen im Innern die Übertragungsfunktion

$$H_{ij} = \frac{1}{\sum_{\nu=0}^{n} c_\nu z^\nu} \quad \text{mit } c_n = 1.$$

Damit hat man

$$R_i = \frac{m+n+1}{2\pi j}\oint_\Gamma \frac{z^{-1}}{\sum_{\nu=0}^{n} c_\nu z^\nu \sum_{\nu=0}^{n} c_\nu z^{-\nu}}\,dz. \tag{5.4-6}$$

Die Zahl der Fehlerquellen läßt sich bei Rundung nach der Addition von Multiplikationsergebnissen auf n + 1 reduzieren. Im Spezialfall eines nichtrekursiven Systems mit $c_n = 1$, $c_\nu = 0 \;\forall \nu = 0(1)(n-1)$ wird $R_i = n + 1$.

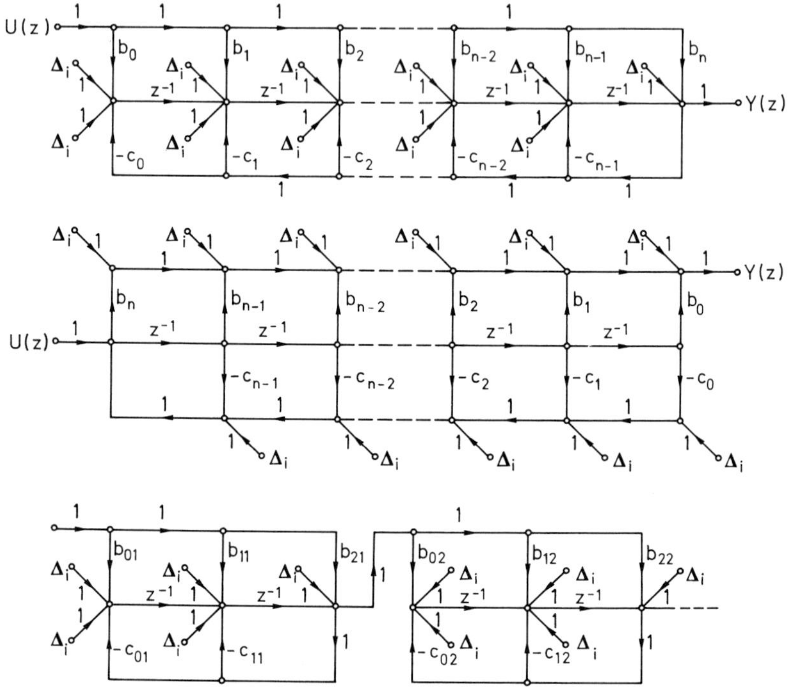

Bild 5.24. Signalflußgraphen der ersten, zweiten und dritten kanonischen Struktur mit zugehörigen Rauschquellen

Bei der zweiten kanonischen Struktur wirken die durch die Koeffizienten des Zählers verursachten Rauschquellen nicht im Rückkopplungsweg, sondern nur bei der letzten Summierung am Ausgang. Da weiterhin die den Nennerkoeffizienten zuzuordnenden Rauschquellen auf den Systemeingang wirken, gilt

$$R_i = m + 1 + \frac{n}{2\pi j} \oint_\Gamma H(z)H(z^{-1})z^{-1}dz \tag{5.4-7}$$

$$= m + 1 + nR_e.$$

Wenn, wie beschrieben, erst nach den Additionen am Eingang und am Ausgang gerundet wird, ergibt sich $R_i = R_e + 1$, wenn nur $Q_i \leq Q_a$ ist. Im nichtrekursiven Fall wird dann sogar $R_i = 0$.

Bei der dritten kanonischen Struktur (Kaskadenform) ist jedes Teilsystem zunächst so zu behandeln wie eben das Gesamtsystem. Alle nachfolgenden Teilsysteme gehören aber jetzt zum entsprechenden $H_j(z)$. Wenn man wie in Bild 5.24c die l Teilsysteme in der ersten kanonischen Form darstellt, erhält man

$$R_i = \frac{5}{2\pi j} \sum_{j=1}^{l} \oint_{\Gamma} \frac{z^{-1}}{\sum\limits_{\nu=0}^{2} c_{\nu j} z^{\nu} \sum\limits_{\nu=0}^{2} c_{\nu j} z^{-\nu}} \prod_{\lambda=j+1}^{l} H_\lambda(z) H_\lambda(z^{-1})\, dz \qquad (5.4\text{-}8a)$$

mit

$$H_\lambda(z) = \frac{\sum\limits_{\mu=0}^{2} b_{\mu\lambda} z^{\mu}}{\sum\limits_{\nu=0}^{2} c_{\nu\lambda} z^{\nu}}, \qquad c_{2\lambda} = c_{2j} = 1.$$

Wird für die Teilsysteme die zweite kanonische Struktur verwendet, so ergibt sich

$$R_i = \frac{1}{2\pi j} \sum_{j=1}^{l} \oint_{\Gamma} (2H_j(z)H_j(z^{-1}) + 3)\, \frac{1}{z} \prod_{\lambda=j+1}^{l} H_\lambda(z) H_\lambda(z^{-1})\, dz. \qquad (5.4\text{-}8b)$$

Auch bei der Kaskadenform läßt sich die Zahl der Fehlerquellen in der beschriebenen Weise reduzieren. Die Spezialisierung auf nichtrekursive Systeme liefert hier nur eine geringe Vereinfachung.

Schließlich erhält man für die vierte kanonische Form, die Parallelstruktur, wenn angenommen wird, daß die l Teilsysteme alle den Grad 2 haben und entsprechend der ersten kanonischen Form aufgebaut sind,

$$R_i = \frac{1}{2\pi j} \sum_{\lambda=1}^{l} \oint_{\Gamma} \frac{4\, z^{-1}}{\sum\limits_{\nu=0}^{2} c_{\nu\lambda} z^{\nu} \sum\limits_{\nu=0}^{2} c_{\nu\lambda} z^{-\nu}}\, dz + 1, \quad c_{2\lambda} = 1 \quad \forall\lambda, \qquad (5.4\text{-}9)$$

Wenn die Teilsysteme in der zweiten kanonischen Form aufgebaut werden, erhält man R_i entsprechend durch Spezialisierung von (5.4-7). Auch hier kann man noch die Zahl der Fehlerstellen in der oben angegebenen Weise reduzieren.

Für Dimensionierung und Betrieb eines digitalen Systems ist nicht so sehr die mittlere Störleistung selbst als vielmehr ihr Verhältnis zur Nutzleistung am Ausgang von Bedeutung. Man wird daher bestrebt sein, bei Vermeidung eines Überlaufs im Innern des Systems den maximalen Ausgangswert möglichst groß zu machen. Offenbar werden die Verhältnisse sehr stark von der Klasse der Eingangssignale bestimmt. Erfüllen sie nur die wegen der A/D-Wandlung am Eingang selbstverständliche Bedingung, beschränkt zu sein, ist also $|u(k)| < M_1 < \infty \; \forall k$, und wird verlangt, daß an allen Punkten j im Innern des Filters, an denen ein Überlauf vorkommen kann, $|y_{ij}(k)| < M_2$ ist, so ergibt sich als notwendige und hinreichende Bedingung aus (2.1-15), daß alle Teilimpulsantworten $h_{oj}(k)$ der Vorschrift

$$\sum_{k=0}^{\infty} |h_{0j}(k)| \leq \frac{M_2}{M_1}, \quad \forall j \tag{5.4-10}$$

genügen müssen. Diese Bedingung ist sehr schwer zu handhaben und im übrigen für die üblicherweise auftretenden Eingangssignale zu einschränkend. Jackson hat andere im Frequenzbereich definierte Vorschriften diskutiert ([5.15],[5.26]). Im folgenden wird hier nur die rechnerisch und auch meßtechnisch leichter zu handhabende Vorschrift

$$|H_j(\Omega)| \leq M, \quad \forall j \tag{5.4-11}$$

dem Entwurf der Systeme zugrundegelegt, die auch schon in [5.30] benutzt wurde. Der Entwurf wird also auf die Verarbeitung eines sinusförmigen Signals zugeschnitten. Ohne Einschränkung der Allgemeingültigkeit kann man dabei annehmen, daß die im Innern und am Eingang und Ausgang möglichen Maximalwerte gleich groß sind. Damit kann in (5.4-11) $M = 1$ vorgeschrieben werden.

Ist $\max|y(k)|$ der bei Vermeidung eines Überlaufs im Innern mögliche Maximalwert am Ausgang, so ist bei sinusförmiger Erregung die Ausgangsleistung proportional zu $(1/2)\max|y(k)|^2$. Damit läßt sich ein Bewertungsmaß

$$\overline{N'} = 2\,\frac{\overline{N}_s}{\max|y(k)|^2} \tag{5.4-12}$$

einführen, wobei ein Minimum für $\overline{N'}$ anzustreben ist.

Prinzipiell lassen sich die Vorschriften (5.4-10) oder (5.4-11) durch entsprechende Skalierung immer erfüllen. Zur Erreichung eines minimalen Wertes für $\overline{N'}$ muß dabei aber das Nutzsignal nicht nur am Ausgang, sondern auch an möglichst vielen inneren Punkten maximal werden. Anzustreben ist also, daß

$$|H(\Omega_0)| = 1 \tag{5.4-13a}$$

und

$$|H_j(\Omega_j)| = 1 \tag{5.4-13b}$$

bei jeder Übertragungsfunktion wenigstens für eine im allgemeinen unterschiedliche Frequenz Ω_0 bzw. Ω_j erfüllt sind.

Bei den bisherigen Untersuchungen haben sich die erste und zweite kanonische Form aus unterschiedlichen Gründen als sehr ungünstig erwiesen. Im Fall der ersten kanonischen Form wird R_i entsprechend (5.4-6) sehr groß, während die Erfüllung der Aussteuerungsbedingung bei Verwendung von Zweierkomplementarithmetik keine Schwierigkeiten bereitet. Umgekehrt ist es bei der zweiten kanonischen Form, bei der die notwendige Vermeidung eines Überlaufs zu einem schlechten Signalrauschverhältnis führt, obwohl R_i vergleichsweise klein ist. Als wesentlich besser erwiesen sich die Kaskaden- und die Parallelform (z.B. [5.22], [5.23]). Bei der Kaskadenschaltung hat man durch die Wahl der Zuordnung der Null- und Polstellen zu Teilsystemen, die Wahl der Reihenfolge der Teilsysteme und konstanter Faktoren in den Teilübertragungsfunktionen eine Vielzahl von Variationsmöglichkeiten, die zum Entwurf eines günstigen Systems ausgenutzt werden können. Daher wird den Überlegungen für rekursive Systeme diese Struktur im nächsten Abschnitt zugrundegelegt.

Bei nichtrekursiven Systemen liegen die Verhältnisse anders. Tatsächlich wird hier bei der direkten Struktur die Bedingung (5.4-13b) sogar unabhängig von Ω erfüllt. Daß in diesem Fall R_i nur von der Zahl der Störquellen bestimmt wird und bei der zweiten kanonischen Form sogar zum Verschwinden gebracht werden kann, wurde schon früher bemerkt. Die Realisierung in der Kaskadenform führt dagegen im wesentlichen auf dieselben Probleme wie für rekursive Systeme.

5.4.2. Entwurf eines digitalen Systems mit günstigem Signal-Störverhältnis

Die im letzten Abschnitt gefundenen Ergebnisse, insbesondere die Beziehung (5.4-4) und die Forderung (5.4-13), bilden die Basis für den Entwurf eines Systems so, daß das Signal-Störverhältnis maximal wird. Zunächst sei (5.4-4) näher betrachtet. Hier liegt R_e durch die gewünschte Übertragungsfunktion

H(z) fest. Weiterhin lassen sich Q_e und Q_a nicht beliebig klein machen, da die in einem A/D- oder D/A-Wandler erreichbare Genauigkeit im wesentlichen durch Elemente der analogen Schaltungstechnik bestimmt ist. Übliche Werte für die Wortlänge handelsüblicher Wandler sind zur Zeit 8 bis 12 Bit (maximal 16 Bit) einschließlich Vorzeichen, was einer Toleranz der Schaltelemente von etwa $0{,}5 \cdot 10^{-2}$ bis $0{,}25 \cdot 10^{-3}$ (bzw. 10^{-5}) entspricht. Der erforderliche Aufwand steigt dabei mit der Wortlänge und auch der Abtastfrequenz sehr schnell an. Aus (5.1-4) und (5.1-3) folgt noch für die Quantisierungsstufe mit $i_2 = -1$ $Q_e = Q_a = = 2^{-7} \ldots 2^{-11}$.

Da die übrigen Terme praktisch festliegen, ist die mittlere Störleistung am Ausgang nur noch durch die Struktur des Filters, d.h. durch R_i, und durch die Quantisierungsstufe Q_i im Innern zu beeinflussen. Es ist die Aufgabe der Synthese, eine Struktur so zu wählen, daß bei dem zu realisierenden Filter R_i minimal wird und dann Q_i so festzulegen, daß die Wortlänge nicht größer als erforderlich wird.

Diese Aufgabenstellung sei zunächst an einem Beispiel erläutert. Verwendet wird dazu der bereits in Abschnitt 5.2 betrachtete Tiefpaß 8. Grades, dessen Frequenzgang in Bild 5.5 gezeigt wurde. Einem Vorschlag von Anderson [5.31] folgend, wurde in Bild 5.25 $\overline{N}_s$ in Abhängigkeit von der Wortlänge im Innern $w_i = -\mathrm{ld}\, Q_i + 1$ in dB aufgezeichnet. Es wurde die

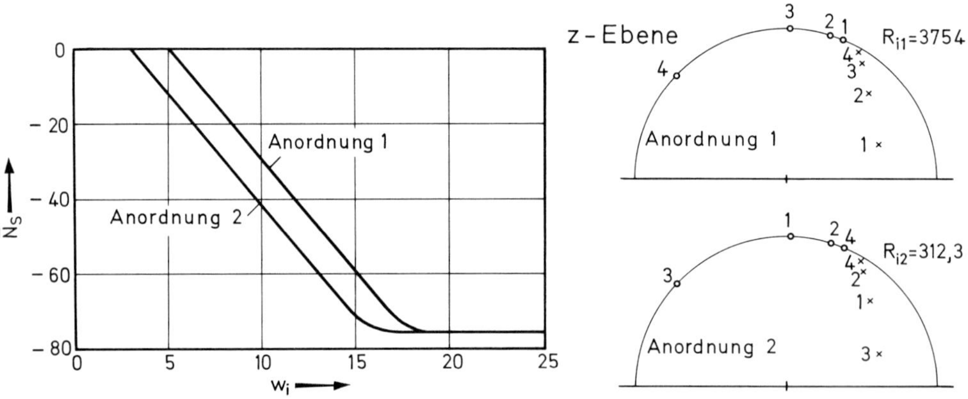

Bild 5.25. Ausgangsstörleistung eines Tiefpasses achten Grades in Abhängigkeit von der Wortlänge im Innern des Systems. Kaskadenschaltung bei verschiedenen Anordnungen

Kaskadenform betrachtet, wobei die Teilsysteme in der ersten kanonischen Form dargestellt wurden, so daß für R_i (5.4-8a) gilt. Bei der Untersuchung wurden die beiden skizzierten Zuordnungen von Null- und Polstellen zu Teilsystemen verwendet, für die die gewählte Reihenfolge ebenfalls angegeben wurde. Weiterhin wurde in den Übertragungsfunktionen der Teilsysteme der freie konstante Faktor des Zählerpolynoms so gewählt, daß am Ausgang jeden Blocks einschließlich des letzten (5.4-13b) für wenigstens eine Frequenz erfüllt ist. Dann ist auch am Ausgang $\max|y(k)| = 1$, und man erhält $\overline{N'} = 2\overline{N_s}$. Schließlich wurde $w_e = w_a = 12$ bit, d.h. $Q_e = Q_a = 2^{-11}$ verwendet.

Zunächst erkennt man, daß die Auswahl der Teilsysteme und ihrer Reihenfolge starken Einfluß auf R_i und damit auf die Störleistung hat. Bei Systemen höheren Grades ist dieser Einfluß in der Regel noch wesentlich stärker. Beispiele dafür finden sich in [5.30].

Weiterhin zeigt sich, daß $\overline{N_s}$ nur bis zu einer gewissen Grenze bei wachsender Wortlänge w_i mit den zu erwartenden 6 dB/Bit abfällt. Offenbar ist es bei $Q_e = Q_a$ und $R_i > R_e + 1$ allgemein sinnvoll, Q_i so zu wählen, daß

$$R_i Q_i^2 \leq (R_e + 1) Q_e^2$$

wird. Daraus folgt für die erforderliche Vergrößerung der Wortlänge im Innern

$$\Delta w = w_i - w_e = \mathrm{ld}\,\frac{Q_e}{Q_i} \geq \frac{1}{2}\,\mathrm{ld}\,\frac{R_i}{1 + R_e}\,, \qquad (5.4\text{-}14)$$

wobei Δw ganzzahlig zu wählen ist. Im Beispiel von Bild 5.25 wird $\Delta w = 4$. Das Rausch-Signalverhältnis wird mit (5.4-14) aus (5.4-4a) und (5.4-12)

$$\overline{N'} \lessdot \frac{1}{3}(1 + R_e) Q_e^2. \qquad (5.4\text{-}15)$$

Diese Beziehung gibt unabhängig von der Struktur das erreichbare Rausch-Signalverhältnis bei vorgeschriebenem $H(z)$ und damit festgelegtem R_e sowie bei gewähltem Q_e an. Bei der gemachten Annahme $|H(\Omega)| \leq 1$ gilt noch $0 < R_e \leq 1$. Die Wahl der Struktur geht lediglich in R_i und damit gemäß (5.4-14) in die erforderliche Vergrößerung der Wortlänge im Innern des Systems ein. Zur Minimierung des Aufwandes ist also jetzt die Struktur so zu wählen, daß R_i und damit Δw minimal wird. Da, wie schon erwähnt, die Kaskadenform vielfältige Variationsmöglichkeiten bietet, wird im folgenden ein von Avenhaus angegebenes Verfahren beschrieben, mit dem eine günstige Anordnung in dieser Struktur gefunden werden kann [5.30].

Es sei davon ausgegangen, daß die darzustellende Übertragungsfunktion l komplexe Pol- und Nullstellenpaare hat. Dann gibt es l! verschiedene Gruppen von Pol-Nullstellen-Zuordnungen und damit von Teilsystemen mit reellen Koeffizienten. Bei jeder dieser Gruppen kann die Reihenfolge durchvariiert werden, so daß insgesamt $(l!)^2$ verschiedene Anordnungen möglich sind. Das ergibt bei dem eben betrachteten Tiefpaß $l = n/2 = 4$ bereits 576 Möglichkeiten. Sind einige oder alle der Pol- und Nullstellen reell, so erhöht sich die Zahl der Varianten weiter. Die Aufgabe ist nun, unter diesen Möglichkeiten diejenige zu finden, bei der R_i minimal wird. Dabei wird unterstellt, daß die einzelnen Teilsysteme so skaliert werden, daß (5.4-13) erfüllt ist, von daher also das für die jeweilige Anordnung minimale R_i erreicht wird. Diese Voraussetzung und das zu ihrer Erfüllung nötige Verfahren wird zunächst erläutert. Es ist

$$H(z) = \prod_{\lambda=1}^{l} H_\lambda(z),$$

wobei gilt:

$$H_\lambda(z) = \frac{b_{2\lambda}z^2 + b_{1\lambda}z + b_{0\lambda}}{z^2 + c_{1\lambda}z + c_{0\lambda}} = b_{2\lambda} H_\lambda'(z)$$

mit

$$H_\lambda'(z) = \frac{z^2 + b_{1\lambda}'z + b_{0\lambda}'}{z^2 + c_{1\lambda}z + c_{0\lambda}} .$$

Mit $H(z)$ liegen die Pol- und Nullstellen und damit die $c_{1\lambda}$, $c_{0\lambda}$ sowie die $b_{1\lambda}'$, $b_{0\lambda}'$ fest, ohne daß über die Zuordnung zu Teilsystemen und die Reihenfolge schon entschieden ist. Darüber hinaus ist

$$b_n = \prod_{\lambda=1}^{l} b_{2\lambda}$$

vorgeschrieben, nicht dagegen der einzelne Faktor $b_{2\lambda}$. Für eine bestimmte Zuordnung und Reihenfolge wird $b_{2\lambda}$ so gewählt, daß gilt

$$b_{2\lambda} \max\left|H_\lambda'(\Omega) \prod_{j=1}^{\lambda-1} H_j(\Omega)\right| = 1. \qquad (5.4\text{-}16)$$

Die Betrachtung des Einflusses der $b_{2\lambda}$ liefert noch den Schlüssel für die Wahl einer zweckmäßigen Zuordnung. Zunächst erhält man bei Beschränkung auf die erste kanonische Form für die Teilsysteme aus (5.4-8a)

$$R_i = \frac{5}{2\pi j} \sum_{j=1}^{l} \oint_{\Gamma} \frac{b_n}{\prod_{\lambda=1}^{j} b_{2\lambda}} \frac{z^{-1}}{\sum_{\nu=0}^{2} c_{\nu j} z^{\nu} \sum_{\nu=0}^{2} c_{\nu j} z^{-\nu}} \prod_{\lambda=j+1}^{l} H'_{\lambda}(z) H'_{\lambda}(z^{-1}) dz \qquad (5.4\text{-}17)$$

Offenbar muß man einen großen Wert für $\prod_{\lambda=1}^{j} b_{2\lambda}$ anstreben, wenn der Beitrag des j-ten Teilsystems zur Gesamtstörleistung minimal werden soll. Ein großer Wert für einen einzelnen Faktor $b_{2\lambda}$ ist aber nur möglich, wenn $\max|H'_{\lambda}(\Omega)|$ klein ist. Da das für alle Teilsysteme gilt, ergibt sich die Regel, daß man die Zuordnung von Pol- und Nullstellen so wählen muß, daß das Produkt der Maximalwerte von $|H'_{\lambda}(\Omega)|$ minimal wird. Zur Erfüllung dieser Bedingung werden bei dem in [5.30] geschilderten Verfahren für alle l^2 möglichen Pol-Nullstellenkombinationen die entsprechenden Werte $\max|H'_{\lambda}(\Omega)|$ errechnet und dann die Zuordnung gesucht, bei der das Produkt minimal wird. Eine detaillierte Beschreibung findet sich in [5.2]. Praktische Versuche haben bei selektiven Filtern, deren Nullstellen auf dem Einheitskreis liegen, die folgende Faustregel ergeben:

Man beginne mit dem Polstellenpaar

$$z_{\infty\nu,\nu+1} = \rho_{\infty\nu} e^{\pm j\psi_{\infty\nu}},$$

dessen $\rho_{\infty\nu}$ maximal ist. Dem ordne man das Nullstellenpaar

$$z_{0\mu,\mu+1} = e^{\pm j\psi_{0\mu}}$$

zu, für das $|\psi_{\infty\nu} - \psi_{0\mu}|$ minimal ist. Mit den restlichen Polen und Nullstellen verfahre man ebenso.

Es bleibt noch die Aufgabe, eine Reihenfolge für die jetzt bestimmten Teilsysteme so zu finden, daß R_i minimal wird. Eine Prüfung sämtlicher $l!$ möglichen Anordnungen ist nur bei kleinen Werten von l praktisch durchführbar. Daher wurde in [5.30] ein Verfahren beschrieben, mit dem eine günstige, aber nicht notwendig optimale Reihenfolge gefunden werden kann. In einer Vorsuche wird dabei eine mögliche Reihenfolge so bestimmt, daß der Beitrag des einzelnen Teilsystems zur Gesamtstörung minimal wird. Kriterium bei der Vorsuche ist also der j-te Summand in (5.4-17). Bei der anschließenden Hauptsuche wird dann R_i selbst zur Beurteilung verwendet. Bei festgehaltener Reihenfolge der übrigen Blöcke wird für das j-te Teilsystem der Platz in der Kaskade bestimmt, für den R_i minimal wird. Ergibt sich eine günstigere Reihenfolge, so wird diese beibehalten und die Hauptsuche beginnt erneut. Die Suche ist beendet, wenn alle Blöcke so behandelt worden sind, ohne daß eine Anordnung mit geringerem R_i gefunden wurde. Mit diesem Verfahren wurde die günstige Anordnung gefunden, die in Bild 5.25 mit angegeben ist.

Bei dem Entwurf nichtrekursiver Filter, die in der Kaskadenform aufgebaut werden sollen, geht man entsprechend vor. Soll dabei ein streng linearer Verlauf für die Phase garantiert werden, so ist allerdings zu beachten, daß zu jedem Teilsystem mit der Übertragungsfunktion

$$H_{\lambda 1}(z) = \frac{1}{z^2}\left(b_{2\lambda}z^2 + b_{1\lambda}z + b_{0\lambda}\right) \text{ und } b_{2\lambda} \neq b_{0\lambda}$$

ein spiegelbildliches mit

$$H_{\lambda 2}(z) = \frac{1}{z^2}\left(b_{0\lambda}z^2 + b_{1\lambda}z + b_{2\lambda}\right)$$

gehört [5.32]. Die Wahl der $b_{2\lambda}$ kann daher nicht überall entsprechend (5.4-16) erfolgen. Während die Zuordnung von Polen und Nullstellen zu Teilsystemen natürlich entfällt, kann die Ermittlung einer günstigen Reihenfolge wie oben beschrieben erfolgen.

5.5. Verlauf des Entwurfs eines digitalen Systems

Abschließend sei das Verfahren beim Entwurf eines digitalen Systems zur Signalverarbeitung unter Berücksichtigung der endlichen Wortlänge noch einmal skizziert. Dabei sei angenommen, daß die Forderungen an das System durch die Angabe eines Toleranzschemas im Frequenzbereich und durch ein gefordertes Rausch-Signalverhältnis $\overline{N'}$ beschrieben werden und daß die Kaskadenstruktur gewählt werden soll.

a) Entsprechend dem in den Abschnitten 3.3, 3.4 und 5.2.3 geschilderten Verfahren wird die Übertragungsfunktion $H(z)$ möglichst geringen Grades bestimmt, mit der ein vorgegebenes Toleranzschema bei minimaler Wortlänge der Koeffizienten erfüllt werden kann. Gegebenenfalls ist unter Beachtung praktischer Gesichtspunkte zu prüfen, ob die mit einer Graderhöhung eventuell erzielbare Verkürzung der Wortlänge insgesamt zu einer Verringerung des Aufwandes führt.

b) Aus der jetzt bekannten Übertragungsfunktion H(z) wird R_e mit (5.4-4b) bestimmt und daraus mit Hilfe von (5.4-15) unter Verwendung des geforderten $\overline{N'}$ die Quantisierungsstufe Q_e und damit die Anforderungen an die A/D- und D/A-Wandler.

c) Mit dem im Abschnitt 5.4.2 beschriebenen Verfahren werden eine optimale Zuordnung von Polen und Nullstellen zu Teilsystemen, eine günstige Reihenfolge dieser Teilsysteme und die Koeffizienten $b_{2\lambda}$ bestimmt. Dabei werden noch die nicht gerundeten Koeffizienten verwendet.

d) Ausgehend von den jetzt festliegenden noch nicht gerundeten Koeffizienten wird die zur Erfüllung des Toleranzschemas nötige Wortlänge ermittelt. Dabei kann häufig mit dem in Abschnitt 5.2.4 geschilderten Optimierungsverfahren eine weitere Verringerung der Wortlänge der Koeffizienten erzielt werden.

e) Für den so gefundenen Koeffizientensatz wird R_i nach (5.4-8a) oder (5.4-8b) bestimmt und daraus mit (5.4-14) die erforderliche Wortlänge der Zustandsvariablen im Innern des Systems.

f) Die Größe der Grenzzyklen ist mit Hilfe von (5.3-35) abzuschätzen und gegebenenfalls die Wortlänge im Innern über den mit (5.4-14) bestimmten Wert hinaus zu vergrößern.

5.6. Literatur

5.1 Kaiser, J.F.: Some Practical Considerations in the Realization of Linear Digital Filters. Proc. of the 3rd Allerton Conference on Circuit and System Theory (1965), S. 621-633.

5.2 Avenhaus, E.: Zum Entwurf digitaler Filter mit minimaler Speicherwortlänge für Koeffizienten und Zustandsgrößen. Ausgewählte Arbeiten über Nachrichtensysteme Nr. 13, herausgegeben von W. Schüßler. Universität Erlangen-Nürnberg 1971.

5.3 Knowles, J.B.; Olcayto, E.M.: Coefficient Accuracy and Digital Filter Response. IEEE Transact. on Circuit Theory CT-15 (1968), S. 31-41.

5.4 Mildenberger, O.: Die Genauigkeit der Lösung von Differenzengleichungen in Abhängigkeit von der Stellenzahl des verwendeten Rechners. Arch. elektr. Übertrag. 25 (1971), S. 90-100.

5.5 Avenhaus, E.: On the Design of Digital Filters with Coefficients of Limited Word-Length. IEEE Transact. on Audio and Electroacoustics AU-20 (1972), S. 206-212.

5.6 Mantey, P.E.: Eigenvalue Sensitivity and State-Variable Selection. IEEE Transact. on Automatic Control AC-13 (1968), S. 263-269.

5.7 Avenhaus: E.: A Proposal to Find Suitable Canonical Structures for the Implementation of Digital Filters with Small Coefficient Wordlength. Nachrichtentechn. Z., 25 (1972), S. 377-382.

5.8 Avenhaus, E.; Schüßler, W.: On the Approximation Problem in the Design of Digital Filters with Limited Wordlength. Arch. elektr. Übertrag. 24 (1970), S. 571-572.

5.9 Steiglitz, K.: Designing Short-Word Recursive Digital Filters, Proc. of the 9th Allerton Conference on Circuit and System Theory 1971, S. 778-788.

5.10 Suk, M.; Mitra, S.K.: Computer-Aided Design of Digital Filters with Finite Word-Lengths. IEEE Transact. on Audio and Electroacoustics AU-20 (1972), S. 356-363.

5.11 Cardwell, R.E.: Order vs Coefficient Precision in Digital Filter Synthesis. IEEE Workshop on Digital Signal Processing, Arden House, Harriman, N.Y., 1972.

5.12 Unbehauen, R.: Systemtheorie, Eine Einführung für Ingenieure. 2. Aufl. München: Oldenbourg Verlag 1971.

5.13 Ebert, P.M.; Mazo, J.E.; Taylor, M.G.: Overflow Oscillations in Digital Filters. Bell System Techn. Journ. 48 (1969), S. 2999-3020.

5.14 Blackman, R.B.: Linear Data-Smoothing and Prediction in Theory and Practice. New York: Addison-Wesley Publishing Company 1965.

5.15 Jackson, L.B.: An Analysis of Roundoff Noise in Digital Filters. Sc. O. Dissertation, Stevens Institute of Technology, Hoboken, N.J. 1969.

5.16 Jackson, L.B.: An Analysis of Limit Cycles Due to Multiplication Rounding in Recursive Digital (sub) Filters. Proc. of the 7th Allerton Conference on Circuit and System Theory 1969, S. 69-78.

5.17 Hess, S.: A Deterministic Analysis of Limit Cycle Oscillations in Recursive Digital Filters Due to Quantization. Ph. D. Dissertation, Naval Postgraduate School, Monterey, Cal. 1970.

5.18 Parker, S.R.; Hess, S.F.: Limit Cycle Oscillations in Digital Filters. IEEE Transact. on Circuit Theory CT-18 (1971), S. 687-697.

5.19 Chih-yu Kao: An Analysis of Limit Cycles Due to Sign-Magnitude Truncation in Multiplication in Recursive Digital Filters. 5th Asimolar Conf. on Circuits and Systems, Pacific Grove 1971.

5.20 Sandberg, I.W.; Kaiser, J.F.: A Bound on Limit Cycles in Fixed-Point Implementations of Digital Filters. IEEE Transact. on Audio and Electroacoustics AU-20 (1972), S. 110-112.

5.21 Tödtli, T.; Pfund, J.: Digitaler Oszillator. AGEN-Mitteilungen, Institut für Technische Physik, ETH Zürich, Nr. 11/1970.

5.22 Knowles, J.B.; Edwards, L.: Effect of Finite Wordlength Computer in a Sampled-Data Feedback System. Proc. IEE 112 (1965), S. 1197-1207.

5.23 Edwards, R.; Bradley, J.; Knowles, J.B.: Comparison of Noise Performances of Programming Methods in the Realization of Digital Filters. Proc. of the Symp. on Computer Processing in Communications. XIX (1969), S. 295-311.

5.24 Gold, B.; Rader, Ch.: Digital Processing of Signals. New York: McGraw-Hill Book Company 1969.

5.25 Jackson, L.B.: Roundoff-Noise Analysis for Fixed-Point Digital Filters Realized in Cascade or Parallel Form. IEEE Transact. on Audio and Electroacoustics AU-18 (1970), S. 107-122.

5.26 Jackson, L.B.: On the Interaction of Roundoff Noise and Dynamic Range in Digital Filters. Bell Syst. Techn. Journ. 49 (1970), S. 159-184.

5.27 Liu, B.; van Valkenburg, M.E.: On Round-Off Error for Fixed-Point Digital Filters Using Sign-Magnitude Truncation. IEEE Transact. on Circuit Theory CT-19 (1972), S. 536-537.

5.28 Knowles, J.B.; Edwards, R.: Autocorrelation Function of the Quantization Error Process for a Sinusoid. Electr. Letters 4 (1968), S. 180-182.

5.29 Day, T.L.; Durling, A.E.: On the Correlation of Errors in Digital Filters. 3th Southestern Symp. on System Theory, Atlanta, Georgia 1971.

5.30 Avenhaus, E.: Zur Realisierung digitaler Filter mit günstigem Nutz-Störsignalverhältnis. Nachrichtentechn. Z. 23 (1970), S. 217-219.

5.31 Anderson, E.: A Digital Filter Implemented in Parallel Form. Symp. on Digital Filtering, Imperial College of Science and Technologie, London 1971.

5.32 Schüßler, W.: On Structures for Nonrecursive Digital Filters. Arch. elektr. Übertrag. 26 (1972), S. 255-258.

6. Realisierung digitaler Filter

6.1. Einleitung

Nachfolgend wird die schaltungstechnische Realisierung digitaler Filter behandelt, die durch eine Übertragungsfunktion nach (2.3-6) beschrieben werden. Diese Filter sind gegenwärtig vornehmlich von Interesse. Andererseits bringt der Übergang zu zeitvarianten oder mehrdimensionalen Filtern für die Realisierung keine prinzipiell neuen Aspekte, so daß auch für diese ein Großteil der folgenden Ausführungen gültig bleibt.

Es soll ausschließlich die Realisierung mit digitalen Mitteln betrachtet werden. Das bedeutet, daß die Filter nur unter Vernachlässigung der im Abschnitt 5 untersuchten Fehler als linear bezeichnet werden können. Insbesondere ist die mögliche Existenz stabiler Selbstschwingungen aufgrund der Überlaufkennlinien zu berücksichtigen; die im Abschnitt 5 angegebenen zulässigen Überlaufkennlinien müssen schaltungstechnisch realisiert werden.

Es ist selbstverständlich, daß das aufzubauende System stets kausal sein muß. Die in Abschnitt 2.1 formulierte Kausalitätsbedingung (2.1-7) muß sogar noch verschärft werden: Da jede arithmetische Operation Zeit kostet, sind Systeme, deren Übertragungsfunktion im Zähler und Nenner von gleichem Grad ist ($m = n$ in (2.3-6)), deren Impulsantwort $h_0(k)$ also an der Stelle $k = 0$ nicht identisch Null ist, nur in dem trivialen Fall $b_m = c_n$, d.h. $h_0(0) = 1$, realisierbar. Alle anderen Systeme mit $m = n$ müssen wegen der erforderlichen arithmetischen Operation eine zusätzliche Verzögerung enthalten.

Wenn die Eingangsfolge $\{u(k)\}$ und die Ausgangsfolge $\{y(k)\}$ in demselben Zeitraster liegen sollen, also Zeitverschiebungen um $\Delta\tau$ zwischen $\{u(k)\}$ und $\{y(k)\}$ mit $\Delta\tau \neq \lambda T$, λ ganzzahlig, T = Abtastperiode, unzulässig sind, so sind nur Systeme mit Übertragungsfunktionen $H(z)$ realisierbar, bei denen $m < n$ oder (für $m = n$) $b_m = c_n$ ist. In den meisten Anwendungsfällen ist die Ergänzung um einen zusätzlichen Faktor z^{-1} nicht störend. Die hier zu besprechenden Filter sind so ausgeführt. In speziellen Fällen, etwa bei Prädiktoren, wird man von obiger Forderung abgehen und versuchen, die unvermeidliche Verzögerung so klein wie möglich zu halten.

Abgesehen von dieser Einschränkung können für den Aufbau linearer, zeitinvarianter, eindimensionaler Filter unmittelbar die in Abschnitt 2.7 angegebenen Strukturen herangezogen werden. Sie enthalten Verzögerungsspeicher für den Zustandsvektor $\mathbf{x}(k)$ sowie Rechenwerke für die Multiplikation und Addition. Diese Rechenwerke wurden dort als ideal angenommen, d.h. sie benötigen keine Verarbeitungszeit. Reale Rechenwerke benötigen aber nicht nur eine endliche Zeit für die arithmetische Operation, sondern enthalten vielfach auch bereits Speicherelemente. Die Schaltung für ein digitales Filter ist daher im allgemeinen nicht eine Zusammenschaltung der Bausteine des Strukturbildes, sondern Teile der Rechenwerke und Speicher können zu einer Einheit verschmelzen.

Nachfolgend werden zunächst Rechenwerke entwickelt, die auf die Anforderungen in digitalen Filtern zugeschnitten sind. Diese Rechenwerke werden dann mit weiteren Elementen zu einer Schaltung verknüpft, deren Funktion, bis auf die oben erwähnte zusätzliche Verzögerung, identisch ist mit der einer Struktur nach Abschnitt 2.7.

Naturgemäß sind Überlegungen zu Fragen der Realisierung eng verknüpft mit dem zur Verfügung stehenden Angebot an Bauelementen. Aussagen über Schaltungsdetails sind daher im allgemeinen nur von temporärer Bedeutung und werden wertlos, wenn sich die technologischen Voraussetzungen ändern. Es werden deshalb hier keine vollständigen Schaltungen mit den Typnummern der Bauelemente angegeben, sondern alle für ein digitales Filter erforderlichen Bausteine werden nur bis zum Blockschaltbild entwickelt.

6.2. Zur Auswahl der Zahlendarstellung und der Arithmetik

Bereits im Abschnitt 5 war im Zusammenhang mit der Untersuchung der in digitalen Filtern vorhandenen Nichtlinearitäten auf die erforderliche Codierung der Koeffizienten und Zustandsgrößen hingewiesen worden. Als Beispiele möglicher Codes waren die Zahlendarstellungen im Dualcode nach Betrag und Vorzeichen sowie im Zweierkomplementcode erwähnt worden. Die Frage nach einem geeigneten Code soll hier etwas umfassender behandelt werden.

Die Anforderungen an den Code sind:

a) binäre Zeichendarstellung, um mit handelsüblichen Digitalschaltkreisen arbeiten zu können;

b) redundanzfreie Zahlendarstellung, um bei gegebener Wortlänge den größten Dynamikbereich zu erzielen;

c) gute Recheneigenschaften.

Durch b werden alle die Codes ausgeschieden, die auf dem Dezimal- oder Duodezimalsystem beruhen (BCD = Binary Coded Decimal u.ä.). Dasselbe gilt für Restklassensysteme [6.1]. Allerdings muß man hier einschränkend sagen, daß durch geschickte Wahl der Basisvektoren v_i (möglichst viele knapp unter einer Zweierpotenz, z.B. 15, 31, 61, 127) die Redundanz ziemlich klein gehalten werden kann. Restklassensysteme zeichnen sich dadurch aus, daß bei der Addition alle Stellen modulo v_i behandelt werden, ohne Übertrag in die nächst höhere Stelle. Bei paralleler Signalverarbeitung sind daher hohe Rechengeschwindigkeiten möglich. Es müssen jedoch auch die v_i mehrstellig binär dargestellt und innerhalb dieser Binärstellen selbstverständlich Überträge berücksichtigt werden. Die Basisvektoren v_i dürfen also nicht zu groß sein. Eine Verlängerung oder Verkürzung der Wortlänge, die eventuell zur Einhaltung eines geforderten Signal-Geräusch-Abstandes angezeigt erscheint, bedeutet den Übergang zu einem neuen System von Basisvektoren, d.h. eine Umstellung der gesamten Arithmetik. Außerdem ist die Rückwandlung von Zahlen im Restklassensystem in eine polyadische Zahlendarstellung ziemlich kompliziert. Aus den genannten Gründen erscheinen die Restklassensysteme für die Anwendung in digitalen Filtern ungeeignet.

In Frage kommt daher nur noch einer der folgenden Binärcodes [6.2]: Dualcode nach Betrag und Vorzeichen, Einerkomplement-Code, Zweierkomplement-Code. Beim Vergleich zwischen Einer- und Zweierkomplement-Code muß man letzteren eindeutig als vorteilhafter bezeichnen, da die beim Einerkomplement häufig erforderliche Korrekturaddition (+ 1 in der letzten Stelle, wenn in der Vorzeichenstelle ein Überlauf auftritt) wegfällt.

Die Entscheidung zwischen dem Dualcode und dem Zweierkomplement-Code ist nicht so klar zu fällen. Ersterer hat Vorteile bei der Multiplikation, da hier eine reine Betragsmultiplikation mit getrennter Vorzeichenentscheidung möglich ist. Der Zweierkomplement-Code ist für die Addition günstiger, da die Rechenvorschrift für positive und negative Summanden gleich ist. Es kann daher durchaus vorteilhaft sein, für die Multiplikation und die Addition verschiedene Codes zu verwenden; die Umwandlung ist einfach. Man kann sich auch diese Umwandlung sparen und dafür eine gewisse Verkomplizierung der Multiplikation in Kauf nehmen. Beide Wege sind bereits beschritten worden ([6.3] bis [6.5]).

Neben der Zifferncodierung ist noch die Zahlendarstellung festzulegen: Gleitkommadarstellung mit Mantisse und Exponent oder Festkommadarstellung, wobei dann eine bestimmte Betragswertigkeit, d.h. eine bestimmte Kommastellung, für alle Elemente des Zustandsvektors unveränderbar festgelegt ist. Die Gleitkomma-Zahlendarstellung ist nicht ganz redundanzfrei, da z.B. $0{,}5 \cdot 2 = 0{,}25 \cdot 4$ ist. Dafür ist der bei vorgegebener Wortlänge darstellbare Zahlenbereich größer. Jedoch sind Rechenwerke für Gleitkomma-Zahlendarstellung komplizierter als Festkomma-Rechenwerke. Alle bisher bekannt gewordenen praktisch aufgebauten digitalen Filter arbeiten in Festkommaarithmetik; es erscheint gegenwärtig ökonomischer, die Wortlänge nach Bedarf zu erhöhen, als zur Gleitkommarechnung überzugehen. Auch die theoretischen Untersuchungen über die als Folge der endlichen Wortlänge auftretenden Nichtlinearitäten sind bisher für Gleitkommaarithmetik noch weniger intensiv vorangetrieben worden. Die in diesem Abschnitt erläuterten Realisierungsbeispiele sind in Festkommaarithmetik ausgeführt.

Rechenwerke können für bitweise serielle Verarbeitung der Eingangsgrößen oder für Parallelverarbeitung, bei der also das ganze Eingangswort gleichzeitig parallel anliegen muß, ausgelegt werden. Auch Mischformen sind möglich, entweder derart, daß ein Teil der Eingangsgrößen seriell, ein Teil parallel verarbeitet wird, oder derart, daß die Eingangsgrößen in seriellen Blöcken einlaufen, die in sich parallel verarbeitet werden. Mit parallelen Rechenwerken können höhere Rechengeschwindigkeiten erreicht werden als mit seriellen, allerdings steigt der Aufwand auch beträchtlich. Die Entscheidung für die eine oder andere Form kann nur für ein spezielles Filter gefällt werden. Ausschlaggebend sind dabei die geforderte Rechengeschwindigkeit, d.h. die geforderte Abtastfrequenz f_A einerseits, sowie die Laufzeiten und die möglichen Taktfrequenzen der verwendeten Baulemente andererseits. Die nachfolgend behandelten Beispiele sind durchweg so ausgeführt, daß mindestens an den Ausgängen der Rechenwerke die Ergebnisse seriell auftreten. Es soll dafür der Begriff "serielle Arithmetik" verwendet werden, obwohl die Eingänge der Rechenwerke zum Teil Paralleleingänge sind.

6.3. Die Komponenten eines digitalen Filters bei serieller Verarbeitung, Festkommaarithmetik und Zweierkomplement-Codierung

6.3.1. Allgemeine Entwurfsbetrachtungen

Die Komponenten eines digitalen Filters (Multiplizierer, Addierer und Speicher) sind Bausteine, die aus der Technik digitaler Rechengeräte [6.2] hinreichend bekannt sind. Man kann daher auf ein weites Feld von Erfahrungen zurückgreifen. Jedoch ist wegen der speziellen Anforderungen im digitalen Filter eine Besonderheit zu beachten, auf die im folgenden eingegangen werden soll.

Ein eindimensionales digitales Filter, das eine Folge von in zeitlich äquidistanten Abständen auftretenden Zahlenwerten - die etwa die quantisierten Abtastwerte eines kontinuierlichen Signals sein können - zu einer ebensolchen Folge von Ausgangswerten verarbeitet, wird von einem zentralen Takt der Frequenz f_A gesteuert. Innerhalb einer Abtastperiode $T = 1/f_A$ müssen alle durch die Differenzengleichung vorgeschriebenen Rechenoperationen abgewickelt sein. Die Rechenwerke müssen daher so ausgelegt werden, daß sie unabhängig von der gerade anliegenden Eingangskombination in der zur Verfügung stehenden Zeit das Ergebnis liefern. Die häufig als Qualitätsmaß für arithmetische Einheiten herangezogene mittlere Rechengeschwindigkeit ist hier uninteressant. Ein auf dieses Maß hin optimiertes Rechenwerk ist zum Einsatz in digitalen Filtern der beschriebenen Art dann unbrauchbar, wenn es Eingangskombinationen gibt, bei denen die Rechnung nicht innerhalb der Zeit T abgeschlossen werden kann.

6.3.2. Multiplizierer

Wir beschränken uns zunächst auf die Multiplikation zweier durch q- bzw. r-stellige Dualzahlen dargestellter Beträge $|a|$ und $|x|$, das Produkt sei $|p|$ mit $(q + r)$ Stellen. Ohne Einschränkung der Allgemeingültigkeit wird angenommen, daß alle drei Beträge kleiner als 1 sind, andere Wertigkeiten bedeuten lediglich eine Stellenverschiebung. Man erhält nach (5.1-1) mit $\beta = 2$, $i_2 = -1$

$$|a| = \sum_{i=-1}^{-q} \alpha_i 2^i,$$

$$|x| = \sum_{i=-1}^{-r} \xi_i 2^i, \qquad (6.3\text{-}1)$$

$$|p| = \sum_{i=-1}^{-(q+r)} p_i 2^i.$$

Das Multiplikationsschema ist im Bild 6.1 dargestellt. Es treten $q \cdot r$ Partialprodukte $(\alpha_i \cdot \xi_j)$ auf, die durch logische UND-Funktionen gebildet werden.

Ein rein serielles Rechenwerk, das in jedem Schritt nur eine Addition ausführen kann, benötigt daher $q \cdot r$ Schritte zur Bildung eines Produktes. Das bedeutet lange Rechenzeiten auch für den Fall, daß der Einzelschritt sehr schnell durchgeführt werden kann. Die übrigen Komponenten des digitalen Filters müssen die Ziffern ξ_i, α_i, p_i mit der hohen Einzelschrittgeschwindigkeit anliefern bzw. übernehmen können, liegen aber andererseits während längerer Pausen still, da das Rechenwerk in $q \cdot r$ Schritten ein $(q + r)$-stelliges Ergebnis errechnet. Diese Lösung erscheint daher unwirtschaftlich und soll nicht näher untersucht werden.

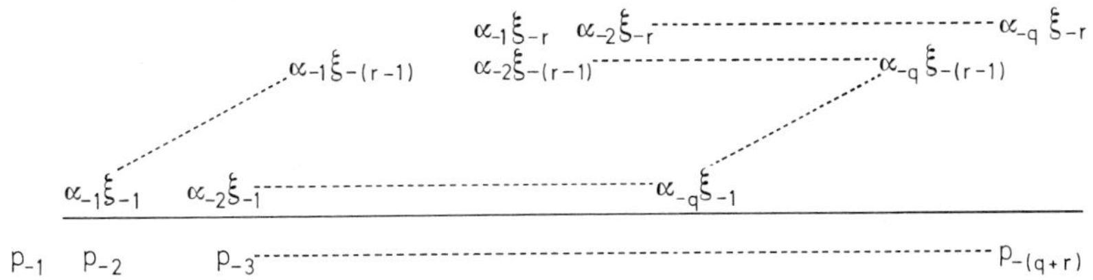

Bild 6.1. Schema für die Multiplikation $|x| \cdot |a|$

Wir betrachten deshalb einen Serien-Parallelmultiplizierer, bei dem nur der Faktor $|x|$ (Zustandsvariable) seriell einläuft, während der zweite Faktor $|a|$ (Koeffizient) parallel anliegt. Das Produkt $|p|$ läuft ebenfalls seriell aus. Man kann zwei Typen von Multiplizierern angeben (Bilder 6.2 und 6.3). Die Blöcke τ bedeuten hier Flipflops, die Blöcke + duale Volladdierer*. In beiden Fällen läuft die Zustandsvariable mit der Stelle kleinster Wertigkeit, d.h. ξ_{-r} zuerst ein, ebenso erscheint vom Produkt p zuerst die Stelle p_{-q-r}, zuletzt p_{-1}.

Die Funktion ist aus den Schaltbildern ersichtlich: In der Schaltung nach Bild 6.2 wird in den ersten r Takten jeweils eine ganze Zeile $\xi_i \cdot |a|$ gebildet und stellenwertrichtig zu der bereits bestehenden Partialsumme aufaddiert, in den weiteren q Takten werden die Überträge abgearbeitet. Hierzu muß am Eingang während dieser q Takte eine Null anliegen. In der Schaltung nach Bild 6.3 wird in jedem Takt eine Spalte aus dem Multiplikationsschema nach Bild 6.1 gebildet und zu der bereits bestehenden Partialsumme aufaddiert. Der Aufwand für den

* Es erscheint an dieser Stelle zweckmäßig, auf eine Besonderheit dualer Volladdierer hinzuweisen. Während ein UND-Gatter zum ODER-Gatter wird, wenn man die Logikdefinition ändert (von positiver Logik auf negative oder umgekehrt), behält der Volladdierer seine logische Funktion bei. Man kann daher statt der UND-Gatter zur Bildung der Partialprodukte auch invertierende UND-(=NAND-)Gatter einsetzen. Es ist dann lediglich das Produkt am Ausgang noch einmal zu invertieren, was häufig ohne Mehraufwand in der Schaltung außerhalb des Multiplizierers möglich ist, indem man an einem ohnehin vorhandenen Flipflop den invertierenden Ausgang statt des normalen verwendet. Diese Variante ist dann vorteilhaft, wenn die NAND-Gatter in der gewählten Bausteinfamilie billiger oder schneller sind als UND-Gatter (bzw. invertierende ODER-(= NOR-)Gatter, die man nach der de Morganschen Regel $\overline{\alpha_i \,\&\, \xi_i} = \bar{\alpha}_i \vee \bar{\xi}_i$ auch benützen kann, wenn a und x bitweise invertiert werden).

Multiplizierer ist in beiden Fällen exakt derselbe. Die gesamte Multiplikation ist nach q + r Taktschritten beendet, ebenso beträgt die Verzögerungszeit bis zum Auftreten von p_{-r} (das nach Rundung zum Bit kleinster Wertigkeit des gerundeten Produktes wird) in beiden Fällen q Taktschritte. Dennoch bestehen erhebliche Unterschiede, die im folgenden diskutiert werden sollen.

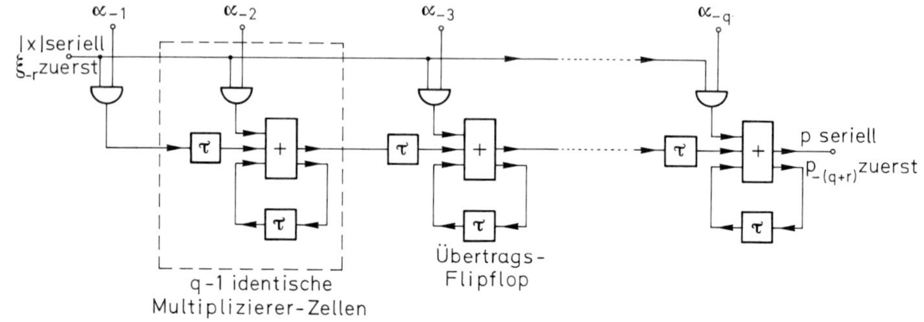

Bild 6.2. Erste Schaltung für die Multiplikation nach dem Schema von Bild 6.1 (Takt- und Setzeingänge der Flipflops nicht gezeichnet)

Die mögliche Taktfrequenz wird in der Schaltung nach Bild 6.2 (Multiplizierer 1) bestimmt durch die Signallaufzeit durch ein UND-Gatter und einen Addierer, in der Schaltung nach Bild 6.3 (Multiplizierer 2) durch die Laufzeit durch ein UND-Gatter und (q - 1) Addierer. Der Multiplizierer 2 ist daher in dieser Form unbrauchbar. Er ist bei Verwendung gleichartiger Bauelemente wesentlich langsamer als der Multiplizierer 1.

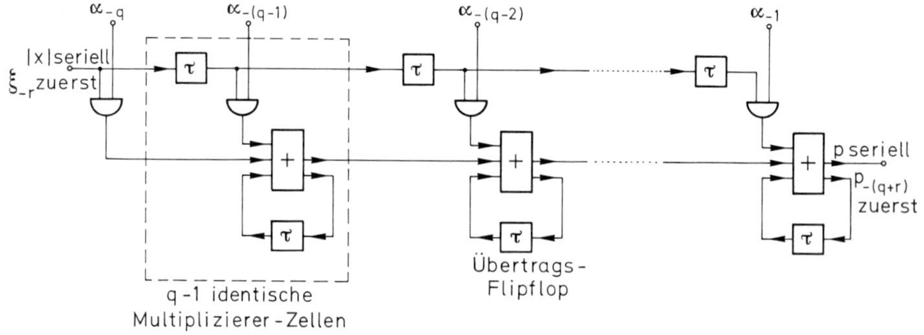

Bild 6.3. Zweite Schaltung für die Multiplikation nach dem Schema von Bild 6.1 (Takt- und Setzeingänge der Flipflops nicht gezeichnet)

Durch andere Anordnung der (q - 1) Addierer läßt sich die Additionszeit auf ld(q) (bzw. die nächstgrößere ganze Zahl, wenn q keine Zweierpotenz ist) Addiererlaufzeiten reduzieren. Auch in dieser Form ist der Multiplizierer 2 noch langsamer als der Typ 1. Man kann jedoch durch Hinzufügen zweier zusätzlicher Flipflops die Multipliziererzelle so modifizieren, daß dieselbe Taktfrequenz wie beim Multiplizierer 1 erreicht wird, Bild 6.4. Die Verzögerung bis zum Auftreten von p_{-r} beträgt jetzt 2q - 1 Taktzeiten.

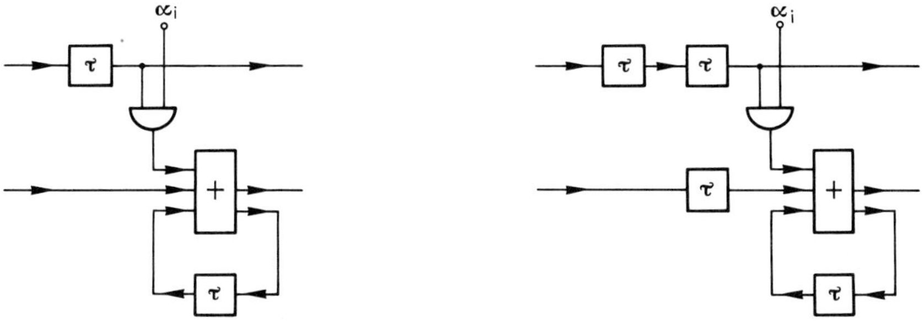

Bild 6.4. Modifizierung der Multipliziererzelle aus Bild 6.3 zur Vermeidung der Akkumulation der Addiererlaufzeiten

Soweit ist noch kein Vorteil für den Multiplizierer 2 erkennbar. Man benötigt im Gegenteil 2(q - 1) Flipflops zusätzlich, um dieselbe Taktfrequenz zu erreichen wie mit dem Multiplizierer 1. Will man jedoch einen Multiplizierer bauen, der gleichzeitig rundet, an dessen Ausgang also unmittelbar das gerundete Produkt mit nur r Bit Wortlänge auftritt, und fordert man zusätzlich, daß sowohl die Eingangs- als auch die Ausgangsgröße ausschließlich informative Bits enthält, also keine Pausenzeiten zwischen zwei Worten auftreten, so läßt sich das mit einer weiteren Modifikation der Zellen des Multiplizierers 2 erreichen,

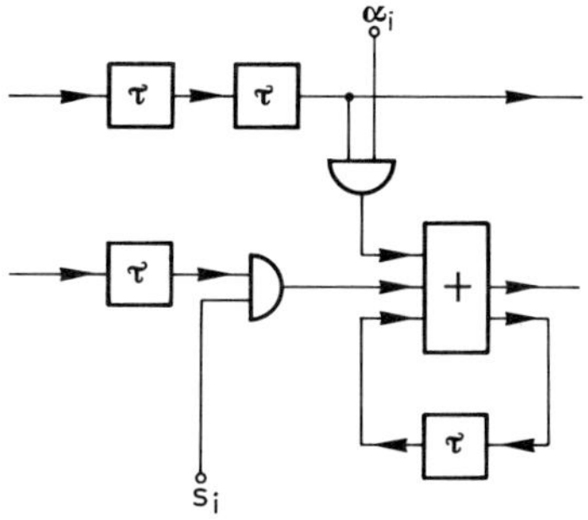

Bild 6.5. Erweiterung der Multiplizierer-zelle nach Bild 6.4 zur unmittelbaren Berechnung des gerundeten Produkts

Bild 6.5. Durch einen geeigneten Takt an s_i wird jeweils die letzte Stelle jeder Partialsumme fallengelassen. Wie man aus dem Schema von Bild 6.1 entnehmen kann, hat diese Stelle keine Einfluß auf die ersten r Stellen der folgenden Partialsumme. Lediglich bei der Endsumme muß die (r + 1)-te Stelle für die Rundung berücksichtigt werden. In dem solcherart modifizierten Multiplizierer 2 können die Eingangszahlen $|x|$ mit nur einer Leerstelle Abstand aufeinander folgen. Diese Leerstelle muß mit Null belegt sein. Es wird dadurch sichergestellt, daß zu Beginn einer neuen Multiplikation nicht noch ein Übertrag aus der vorangegangenen in den Übertragsflipflops steht. Ein Löschen bereits im Takt vorher ist nicht möglich, da die Überträge zur Bildung des Produktes benötigt werden (z.B. die Stelle p_{-1} in Bild 6.1). Eine sonstige gegenseitige Beeinflussung der beiden zeitlich aufeinander folgenden Multiplikationen wird durch die UND-Gatter mit den Takten s_i verhindert. Es wird später gezeigt werden, daß die Leerstelle günstig für das Vorzeichen ausgenutzt werden kann, so daß dann überhaupt keine Pause mehr zwischen zwei aufeinander folgenden Worten auftritt.

Beim Multiplizierer 1 ist entsprechendes nicht möglich, da über die UND-Verknüpfung mit α_{-q} eine neue Eingangsgröße unmittelbar auf den Ausgang einwirkt, d.h. bei diesem Multiplizierer muß nach dem Einlaufen der r Stellen ξ_i während q Takten am x-Eingang die Null anliegen, bis der Multiplizierer leergelaufen ist.

Wird der Multiplizierer 2 mit einer Zelle entsprechend Bild 6.5 ausgeführt, so ist er also um den Faktor $(q + r)/(r + 1)$ schneller als der Multiplizierer 1. Das bedeutet für übliche Werte von q und r (etwa 12 bis 24) und $q \approx r$ etwa eine Verdopplung der Geschwindigkeit. Jedoch ist dieser Gewinn nicht immer ausnutzbar, wie die folgende Überlegung zeigt.

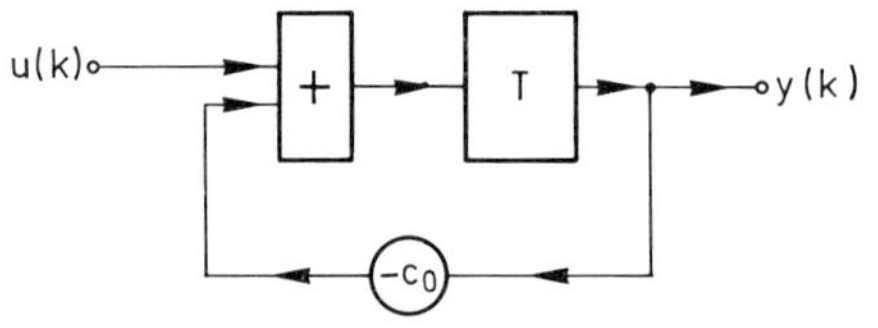

Bild 6.6. Rekursives Filter ersten Grades

Wir betrachten dazu das folgende Beispiel. Bild 6.6 zeigt die Struktur eines einfachen rekursiven Filters ersten Grades. Die Ausgangsgröße des Filters $y(k) = u(k - 1) - c_0 y(k - 1)$ ist die Eingangsgröße des Multiplizierers für die nächste Multiplikation, sie kann aber nach dem oben Ausgeführten erst frühestens $2q - 1$ Taktperioden später auftreten als $y(k - 1)$, da die Multiplikation $c_0 y(k - 1)$ mit dieser Verzögerung behaftet ist. Der Multiplizierer könnte nach $r + 1$ Takten die nächste Eingangsgröße aufnehmen, diese steht aber noch nicht zur Verfügung, wenn $2q - 1 > r + 1$ ist.

Eine Schaltung unter Verwendung des Multiplizierers 2 in der Version nach Bild 6.5 für das Filter zeigt Bild 6.7. Ohne näher auf spezielle Bauelemente einzugehen, wird für das Taktdiagramm angenommen, daß sowohl die Flipflops als auch das Schieberegister an der positiven Taktflanke weiterschalten. Ein positiver Impuls an S bzw. R soll das Flipflop setzen bzw. rücksetzen.

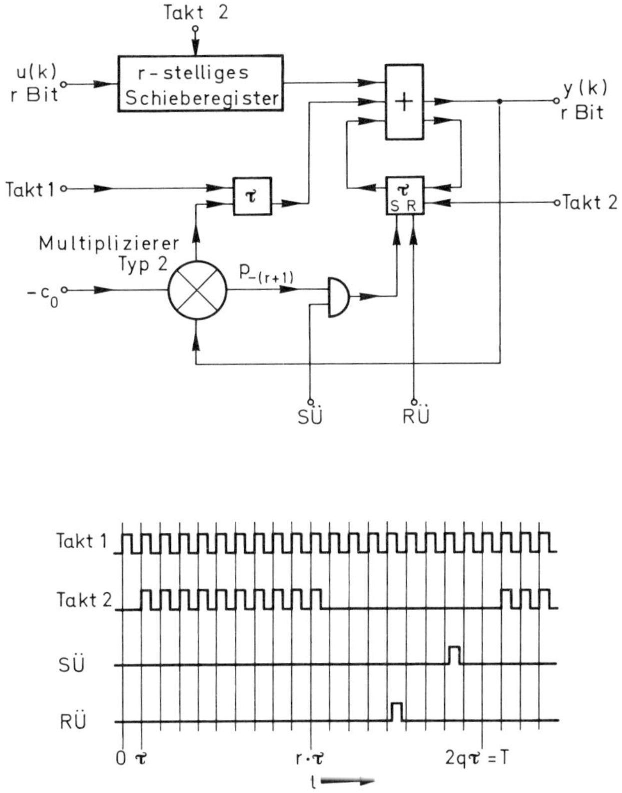

Bild 6.7. Realisierung des Filters nach Bild 6.6

Hinter den Multiplizierer ist in der angegebenen Schaltung noch ein weiteres Flipflop geschaltet worden, um die Akkumulation der Addierer-Laufzeiten (Addierer am Ausgang des Multiplizierers und Addierer des Filters) zu vermeiden. Die Verzögerungszeit erhöht sich damit auf $2q\tau$, jedoch ist das mögliche τ kürzer. Die r-stelligen Eingangs- und Ausgangsgrößen $u(k)$ und $y(k)$ liegen jeweils während der ersten r Takte jedes Intervalls $T = 2q\tau$ seriell vor. Man erkennt, daß der Speicher nur die Eingangsgrößen $u(k-1)$ verzögert, für das Produkt $-c_0 y(k-1)$ ist die Verzögerung bereits im Multiplizierer enthalten.

Weiterhin ist die in diesem Fall sehr einfache Rundungsschaltung angegeben. Hierzu wird der ohnehin vorhandene Addierer ausgenutzt. Das Übertragsflipflop wird nach Abschluß jeder Addition $u(k-1) - c_0 y(k-1)$ gelöscht und anschliessend (vor Beginn der folgenden Addition) auf den Wert der $(r+1)$-ten Stelle des Produktes $-c_0 y(k)$ gesetzt. Damit wird die Rundungsvorschrift für $-c_0 y(k)$ erfüllt.

Der entscheidende Punkt an diesem etwas ausführlicher geschilderten Beispiel ist, daß der Multiplizierer nicht voll ausgenutzt werden kann. Hierzu sind offenbar kompliziertere Schaltungen erforderlich, bei denen zwischenzeitlich andere Rechenoperationen eingeschaltet werden können.

Die Voraussetzung, daß nur die Beträge $|x|$ und $|a|$ zu multiplizieren sind, soll jetzt fallen gelassen werden. Die Frage ist, in welcher Weise die beiden geschilderten Multiplizierer erweitert werden müssen, damit sie vorzeichenbehaftete Zahlen x und a multiplizieren können. Wie bereits im Abschnitt 6.2 gezeigt wurde, ist für die Zahlendarstellung in digitalen Filtern nur der Dualcode mit Betrag und Vorzeichen oder der Zweierkomplement-Code interessant. Im ersteren Fall ist die Erweiterung einfach: Das Vorzeichen von p ergibt sich aus einer Antivalenzschaltung der Vorzeichen von x und a, wie bereits im Abschnitt 6.2 erwähnt wurde.

Die beim Multiplizierer 2 erforderliche Leerstelle zwischen zwei aufeinanderfolgenden Werten der einlaufenden Zustandsvariablen x kann hier günstig ausgenutzt werden: Die Werte der Zustandsvariablen können zunächst pausenlos aufeinanderfolgen. Man trennt vor der Multiplikation das Vorzeichen ab und gewinnt dadurch die erforderliche Leerstelle. Das durch eine Antivalenzschaltung bestimmte Vorzeichen des Produktes p wird am Ausgang wieder in die Leerstelle eingefügt. Die Multiplizierer 2 ist daher vorzüglich geeignet für die Multiplikation zweier Zahlen, die nach Betrag und Vorzeichen dargestellt sind.

Etwas komplizierter sind die Verhältnisse beim Zweierkomplement-Code. Der Mehraufwand für einen entsprechenden Multiplizierer kann aber dennoch lohnend sein, weil die sonst erforderliche Umcodierung vor und nach der Multiplikation entfällt.

Aus (5.3-3) und (5.3-4) kann man für eine $(r+1)$-stellige Zahl x im Bereich $-1 \leqslant x < 1$ die Summendarstellung entnehmen

$$x = -\xi_0 \cdot 2^0 + \sum_{i=-1}^{-r} \xi_i \cdot 2^i \quad \text{mit} \quad \xi_i = \begin{cases} 0 \\ 1 \end{cases} \quad \text{für} \quad i = 0(-1)-r. \qquad (6.3\text{-}2)$$

Man kann nun eine spezielle Arithmetik entwickeln, die berücksichtigt, daß eine logische 1 für die Stellen ξ_{-1} bis ξ_{-r} eine arithmetische 1 bedeutet, für die

Stelle ξ_0 aber eine arithmetische - 1. Eine sehr elegante Lösung für einen Parallelmultiplizierer ist in [6.6] beschrieben. Es wurden hierfür eigene integrierte Schaltkreise entwickelt. Ein anderer sehr schneller Algorithmus findet sich in [6.7], ebenfalls für Parallelmultiplizierer.

Für die beiden hier beschriebenen Serien-Parallelmultiplizierer kann man eine verhältnismäßig einfache Erweiterung angeben, wenn man sich darauf beschränkt, nur die seriellen Zahlen x und p im Zweierkomplement-Code darzustellen (und nur für diese ist wegen seiner guten Additionseigenschaften der Code wichtig), während der parallel anliegende Koeffizient nach Betrag und Vorzeichen dargestellt wird.

Interpretiert man die Zahl x nach (6.3-2) als Betrag $\tilde{x}$ einer Dualzahl, so hat $\tilde{x}$ den Wert

$$\tilde{x} = \sum_{i=0}^{-r} \xi_i 2^i = \begin{cases} x \text{ für } \xi_0 = 0, \\ 2 - |x| \text{ für } \xi_0 = 1. \end{cases} \qquad (6.3\text{-}3)$$

Multipliziert man nun die Zahl $\tilde{x}$ mit dem Betrag $|a|$ des Koeffizienten, so ergeben sich zwei Möglichkeiten:

$$\begin{aligned} \xi_0 &= 0 : \tilde{x} \cdot |a| = x \cdot |a| \\ \xi_0 &= 1 : \tilde{x} \cdot |a| = 2 \cdot |a| - |x| \cdot |a| \, . \end{aligned} \qquad (6.3\text{-}4)$$

Im ersten Fall ergibt sich automatisch das richtige Ergebnis, im zweiten Fall muß anschließend noch der Wert $2 \cdot |a|$ subtrahiert werden. Das leistet eine Korrekturschaltung, die beim Multiplizierer 1 sehr einfach ist. Im allgemeinen wird der parallel erforderliche Koeffizient seriell in ein dem Multiplizierer zugeordnetes Register eingelesen. In diesem Fall erfordert die serielle Subtraktion von $2 \cdot |a|$, die sich beim Multiplizierer 1 unmittelbar an die Addition von $\xi_0 \cdot |a|$ anschließt, nur wenige zusätzliche Elemente. Man könnte auch diese beiden Schritte, die ja nur für $\xi_0 = 1$ erforderlich sind, zusammenfassen und stattdessen $\xi_0 \cdot |a|$ subtrahieren; das wäre unmittelbar die Realisierung der Darstellung von (6.3-2). Hier treten aber Zeitprobleme auf, da beim Erscheinen der seriell einlaufenden Stelle ξ_0 eine Entscheidung gefällt wird, die noch in demselben Taktintervall τ wirksam werden muß.

Für negative Koeffizienten a wird zunächst wie oben gerechnet, anschließend das Ergebnis komplementiert. D.h. das Vorzeichen von a steuert einen im

Multiplizierer enthaltenen Komplementer, der bei positivem Koeffizienten unwirksam gemacht wird. Die beschriebene Multipliziererschaltung ist in dem bereits erwähnten integrierten System [6.4] verwirklicht, ebenso in dem in [6.5] beschriebenen digitalen Filter.

Eine andere Möglichkeit der Korrektur besteht darin, den seriell einlaufenden Faktor x nach vorn um q Stellen zu verlängern, die alle denselben Wert haben wie ξ_0. Für positive Zahlen x ändert sich dadurch nichts, da dann $\xi_0 = 0$ ist. Für negative Zahlen x treten im Multiplikationsschema (Bild 6.1) zusätzliche Terme $2|a|, 4|a|, 8|a|, \ldots, 2^q|a|$ auf. Nach (6.3-4) beträgt der Fehler bei der Multiplikation ohne diese Maßnahme $2|a|$, insgesamt tritt daher jetzt ein Fehler von

$$2|a| + 2|a| + 4|a| + 8|a| + \ldots + 2^q|a| = 2^{q+1}|a|$$

auf. Dieser Fehler hat aber auf die interessierenden Stellen p_ν (mit $\nu \leqslant 0$) keinen Einfluß, d.h. man erhält unmittelbar das richtige Produkt und kann die Multiplikation nach Berechnung der Stelle p_0 abbrechen.

Die Nachteile dieses Verfahrens sind offensichtlich: Da die Multiplikation abgebrochen wird, sind die Speicher im Multiplizierer nicht leer, sondern müssen gelöscht werden. Außerdem muß der Koeffizient nicht nur während der (q + 1) Takte, in denen x einläuft, parallel anliegen, sondern darüber hinaus in den weiteren q Takten, um die die Variable x verlängert wurde. Das Nachziehen von ξ_0 erfordert einen zusätzlichen Speicher. Für den Multiplizierer 2 kann man selbstverständlich ähnliche Korrekturschaltungen angeben. Auf eine eingehende Darstellung wird hier verzichtet.

Welchem der beiden beschriebenen Multiplizierer der Vorzug zu geben ist, muß im Einzelfall entschieden werden. Sofern das ungerundete Produkt gewünscht wird, ist eindeutig Typ 1 vorteilhaft. Typ 2 ist nur in der Modifikation nach Bild 6.5 interessant. Zu beachten ist jedoch, daß der in diesem Fall mögliche Geschwindigkeitsgewinn um etwa den Faktor 2 auch durch entsprechenden Aufwand erkauft wird. Ein Multiplizierer des Typs 2 in der Form nach Bild 6.5 hat nur noch q - 1 Addierer weniger als zwei Multiplizierer vom Typ 1, mit denen derselbe Geschwindigkeitsgewinn möglich ist. Außerdem müssen die Takte s_i zusätzlich erzeugt werden. Auch das Einlesen des Koeffizienten ist beim Multiplizierer 2 schwieriger. Da nur eine Leerstelle mit der Information Null zwischen zwei Beträgen $|x|$ liegt, kann der Koeffizient nur bitweise eingelesen werden, nämlich immer in der Zelle, an deren UND-Gatter (zur Bildung des Partialproduktes) gerade diese Null liegt. Beim Multiplizierer 1 kann der Koeffizient geschlossen seriell in ein Serien-Parallel-Register eingelesen werden, da während q Takten alle UND-Gatter gesperrt sind. Die in [6.4] und [6.5] beschriebenen Filter benutzen den Typ 1, das digitale Filter von Jackson et al. [6.3] den Typ 2.

Abschließend soll noch diskutiert werden, inwieweit sich die Schaltungen vereinfachen lassen, wenn der Koeffizient a nicht beliebig ist, sondern per Verdrahtung im Multiplizierer festliegt, wie es für ein festes digitales Filter erforderlich ist.

Zunächst kann man feststellen, daß die UND-Gatter zur Bildung der Partialprodukte $\xi_\lambda \cdot \alpha_i$ überflüssig werden. Wegen $\xi \cdot 1 = \xi$ und $\xi \cdot 0 = 0$ bedeutet $\alpha_i = 1$, daß an die Stelle des UND-Gatters eine Durchverbindung für die Zustandsgröße tritt, $\alpha_i = 0$, daß die Zustandsgröße nicht durchgeschaltet wird. In diesem Fall werden auch der Addierer und das zugehörige Übertragsflipflop überflüssig.

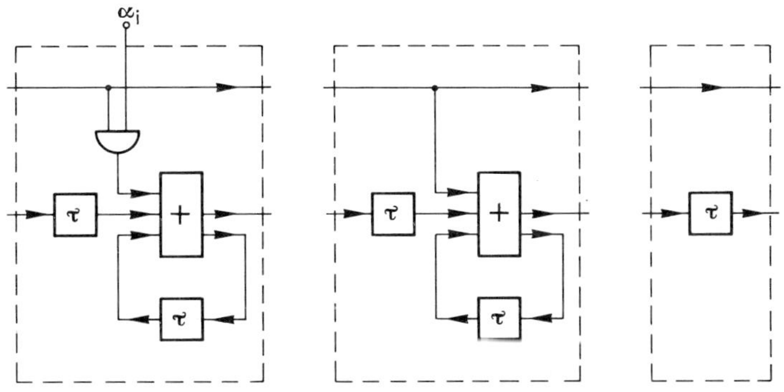

Bild 6.8. Multipliziererzelle für den Multiplizierer 1 für beliebiges α_i (links), für $\alpha_i = 1$ (Mitte), für $\alpha_i = 0$ (rechts)

Die Multiplizierer-Zelle wird auf ein einfaches Flipflop reduziert. (Diese Aussage gilt auch für den Multiplizierer 2, da die beiden zusätzlichen Flipflops nach Bild 6.4 nur wegen der Laufzeit des Addierers erforderlich wurden.) Die Bilder 6.8 und 6.9 zeigen die vereinfachten Multipliziererzellen bei festen Koeffizientenstellen α_i für die beiden Serien-Parallel-Multiplizierer. Zu beachten ist noch, daß bei λ 1-Stellen des Koeffizienten nur $(\lambda - 1)$ Addierer erforderlich sind. (vergl. die Bilder 6.2 und 6.3).

Geht man davon aus, daß im Mittel über alle Koeffizienten eines Filters etwa die Hälfte aller $\alpha_i = 1$ ist, so reduziert sich der Aufwand in den Multiplizierern auf etwa die Hälfte.

Bei Koeffizienten, in deren Betrag $|a|$ (q-stellig) die überwiegende Anzahl der Stellen 1 ist, ist die Einsparung gering. Man kann jedoch auch in diesem Fall über einen kleinen Umweg eine deutliche Aufwandsreduktion erzielen. Der Betrag des Koeffizienten wird zunächst nach der Vorschrift des Zweierkomplement-Codes komplementiert. Aus

$$|a| = \sum_{i=-1}^{-m} \alpha_i \cdot 2^i, \quad \alpha_i = \begin{cases} 0 \\ 1 \end{cases},$$

erhält man nach der Komplementierung entsprechend (6.3-3)

$$\tilde{a} = 1 - |a|.$$

(Man beachte, daß die höchstwertige Stelle von $|a|$ den Stellenwert 2^{-1} hat, im Unterschied zu x nach (6.3-2), das mit $-\xi_0 2^0$ beginnt.)

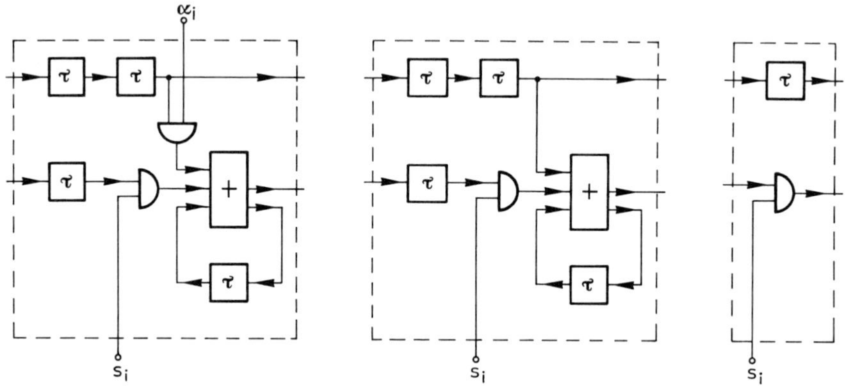

Bild 6.9. Multipliziererzelle für den Multiplizierer 2 für beliebiges α_i (links), für $\alpha_i = 1$ (Mitte), für $\alpha_i = 0$ (rechts)

Die Anzahl der 1-Stellen beträgt in $|a|$ und $\tilde{a}$ zusammen maximal $q + 1$ (nämlich dann, wenn $\alpha_{-q} = 1$ ist). D.h. für beliebige Koeffizienten a hat entweder $|a|$ oder $\tilde{a}$ höchstens $q/2$ (für gerade q) bzw. $(q + 1)/2$ (für ungerade q) 1-Stellen. Wenn es also gelingt, mit Hilfe einer Korrekturschaltung bei Bedarf an Stelle von a die Zahl $\tilde{a}$ für die Multiplikation zu verwenden, dann läßt sich der Aufwand in den Multiplizierern für ein Filter mit festen Koeffizienten auf weniger als die Hälfte reduzieren. Jeder einzelne Multiplizierer hat statt $q - 1$ nur höchstens $(q/2) - 1$ (bei geradem q) bzw. $(q - 1)/2$ (bei ungeradem q) Addierer.

Die erforderliche Korrektur ist einfach: Wir invertieren zusätzlich auch noch das Vorzeichen von a und erhalten die Zahl

$$\bar{a} = -\,\mathrm{sign}(a)\tilde{a} = -\,\mathrm{sign}(a)(1 - |a|) = a - \mathrm{sign}(a). \qquad (6.3\text{-}5)$$

Wir multiplizieren also, falls $|a|$ mehr 1-Stellen als Null-Stellen hat, statt mit a mit $\bar{a}$ nach (6.3-5). Zu dem Produkt $x\bar{a}$ muß dann noch die Zahl sign(a)x addiert werden. Da diese Addition selbstverständlich stellenwertrichtig zu erfolgen hat und die Multiplizierer eine Verzögerung bewirken, bedeutet diese Korrekturaddition beim Multiplizierer 1, daß ein zusätzliches Schieberegister der Länge q erforderlich wird, da die einlaufende Zahl x nicht gespeichert wird. Im Multiplizierer 2 ist dieses Register bereits enthalten.

Auch bei Parallelmultiplizierern, auf die sonst hier nicht näher eingegangen wird, ergeben sich selbstverständlich entsprechende Vereinfachungen, wenn der Koeffizient fest in die Schaltung eingebaut wird. Eine interessante und sehr schnelle Realisierungsmöglichkeit liegt in der Verwendung von Festwertspeichern (Read-Only-Memories). Wenn die Speicher in $2^{(r+1)}$ Worten mit (r + 1) Bit organisiert sind, so kann man mit der Zahl x als Adresse das bereits gerundete Produkt p an den Ausgängen abnehmen. Der Koeffizient a bestimmt den Inhalt der Speicherzellen. Diese Lösung ist bei kurzen Wortlängen und hoher Rechengeschwindigkeit bereits heute interessant.

6.3.3. Addierer, Rundungsschaltung, Komplementer, Zustandsvariablenspeicher

Bei Verwendung des bereits in (5.3-3) und (5.3-4) eingeführten Zweierkomplementcodes, für den im Abschnitt 6.3.2 Multiplizierer vorgestellt wurden, wird die Addition sehr einfach, da auch negative Zahlen nach denselben logischen Gesetzen addiert werden wie positive.

Serielle Addierer können in diesem Fall genauso, wie sie im Abschnitt 6.3.2 bereits vorausgesetzt wurden, aufgebaut werden. Man beschaltet einen Volladdierer mit einem Übertragsflipflop. Dieses muß vor Beginn der Addition gelöscht werden, was sich meist einfach über einen taktunabhängigen Löscheingang durchführen läßt. Wenn die zu addierenden Summanden ohne Pause aneinander anschließen, wählt man zweckmäßiger die Schaltung nach Bild 6.10, bei der die Tatsache ausgenützt wird, daß der Übertrag aus der höchstwertigen Stelle nicht gebraucht wird (vorausgesetzt, daß auch die Summe innerhalb des zulässigen Zahlenbereiches liegt).

Parallele Addierer sind komplizierter, da ein einfaches Hintereinanderschalten von Einzeladdierern wegen des durchlaufenden Übertrages zu großen Rechenzeiten führt. Über die vielfältigen Lösungen zur Umgehung dieses Problems soll hier nicht berichtet werden, da wir uns auf serielle Arithmetik beschränken.

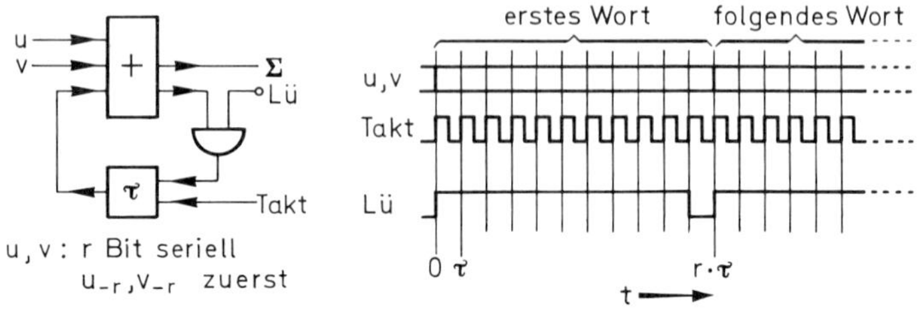

Bild 6.10. Serieller Addierer, keine Pause zwischen zwei Additionen

Für die Rundung sollen (5.3-24) und (5.3-25) gelten, d.h. der Rundungsfehler Δ_R liegt im Bereich $-0{,}5Q \leq \Delta_R < 0{,}5Q$. In (5.3-24a) ist die Rundungsvorschrift für den Betrag $|x|$ eingeführt worden. Liegt x im Zweierkomplementcode vor, wird die Durchführung etwas komplizierter. Jedoch bringt die unmittelbare Anwendung von (5.3-24a) auf Zweierkomplementcode-Zahlen nur einen ganz geringfügigen Unterschied: Negative Zahlen, die um genau $Q/2$ von einer darstellbaren Zahl abweichen, werden dem Betrage nach ab-, nicht aufgerundet. (Z.B. wird die Zahl $-7Q/2$ auf $-3Q$ gerundet, $+7Q/2$ aber auf $+4Q$). Im Unterschied zu (5.3-25) gilt dann für den Fehler $-0{,}5Q \leq \Delta_R \operatorname{sgn} x < 0{,}5Q$.

Eine realisierende Schaltung ist bereits in dem Beispiel von Bild 6.7 angegeben worden. Diese einfache Lösung - Ausnutzung des ohnehin vorhandenen Addierers - ist immer dann möglich, wenn zwei Zahlen zu addieren sind, von denen eine noch gerundet werden muß. Eine eigenständige Rundungsschaltung erfordert einen Halbaddierer in Verbindung mit einem Übertragsflipflop, das zu Beginn auf den Wert $\xi_{-(r+1)}$ gesetzt wird.

Die Komplementierung einer Zahl im Zweierkomplement-Code entspricht der Vorzeichenumkehr einer nach Betrag und Vorzeichen dargestellten Zahl. Es gibt zwei Möglichkeiten zur Durchführung:

a) Alle Stellen der zu komplementierenden Zahl werden invertiert, zusätzlich wird eine 1 in der Stelle kleinster Wertigkeit aufaddiert. Für die Realisierung benötigt man einen Inverter (zur bitweisen Inversion) sowie einen Halbaddierer in Verbindung mit einem Übertragsflipflop, das zu Beginn auf 1 gesetzt wird. Ebenso wie die ganz ähnliche Rundungsschaltung kann diese Schaltung oft in einem ohnehin vorhandenen Addierer mit einbezogen werden [6.3].

b) Man läßt, von der Stelle kleinster Wertigkeit beginnend, alle Stellen bis zur ersten 1 einschließlich durchlaufen, die höherwertigen werden invertiert. Man kann leicht nachvollziehen, daß das Ergebnis mit dem nach a identisch ist. Die realisierende Schaltung besteht aus einem Inverter und einem Flipflop, das zu

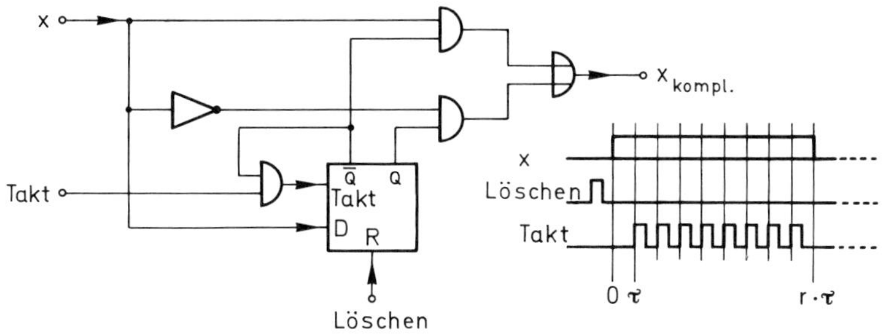

Bild 6.11. Serieller Komplementer

Beginn gelöscht und von der ersten 1 gesetzt wird, und einer Auswahlschaltung, mit der je nach Stellung des Flipflops das unveränderte oder das invertierte Signal durchgeschaltet wird, Bild 6.11. In der Schaltung ist, wiederum ohne ein spezielles Bauelement auszuwählen, ein D-Flipflop angenommen, das an der positiven Taktflanke weiterschaltet und mit einem positiven Impuls taktunabhängig gelöscht werden kann.

Die Zustandsvariablenspeicher kann man durch Schieberegister realisieren, die bei r Bit Wortlänge r Plätze haben müssen. Sind größere Verzögerungszeiten als $r\tau$ erforderlich, so kann dies dadurch verwirklicht werden, daß die Register zeitweilig keinen Takt bekommen. Das Beispiel von Bild 6.7 war in dieser Weise aufgebaut worden.

Eine Alternative liegt in der Verwendung von Schreib-Lese-Speichern (Random Access Memories). Bei größeren und komplizierteren Anordnungen, insbesondere bei flexiblen Filtern, deren Struktur noch in gewissen Grenzen veränderbar ist, können diese Elemente vorteilhaft sein, da über die Adresseneingänge jede beliebige Zelle angewählt werden kann, während beim Schieberegister die Information nur in der Reihenfolge ausgelesen werden kann, in der sie eingelesen wurde. Außerdem ist häufig die spezifische Verlustleistung geringer als bei Schieberegistern.

6.3.4. Realisierung einer stabilen Überlaufkennlinie

Der Bereich, innerhalb dessen die Überlaufkennlinie verlaufen muß, wenn das System zweiten Grades unter Vernachlässigung der Rundungseffekte global asymptotisch stabil sein soll, ist im Bild 5.16 dargestellt. Da die in Frage kommenden Codes andere Überlaufkennlinien haben (Bild 5.13), sind zusätzliche Maßnahmen erforderlich.

Bei der häufig verwendeten zweiten kanonischen Form (Bild 5.20) liegt innerhalb der Rückkopplungsschleife nur ein Element, an dem ein Überlauf eintreten kann: der Addierer, in dem die Größen u, $-c_0x_1$, $-c_1x_2$ aufaddiert werden. Zusätzlich muß allerdings kontrolliert werden, ob das Produkt $-c_1x_2$ innerhalb des Zahlenbereiches bleibt. Die stabile Überlaufkennlinie läßt sich nun auf folgende Weise recht einfach realisieren:

Aus den Vorzeichen der drei Summanden, dem Vorzeichen der Summe und den bei der Bildung des Produktes $-c_1x_2$ bzw. bei der Addition entstehenden Überträgen läßt sich ein Überlauf erkennen. Im Falle eines positiven Überlaufs ersetzt man die Summe durch die größte darstellbare positive Zahl, bei negativem Überlauf entsprechend durch die betragsmäßig gleich große negative Zahl. Dadurch wird die Begrenzungskennlinie (Bild 5.12) verwirklicht.

Etwas schwieriger sind die Verhältnisse bei der ersten kanonischen Form (Bild 2.17), bei der drei Summationsstellen innerhalb der Rückkopplungsschleife liegen. An jedem der drei Addierer kann ein Überlauf auftreten, zumindest dann, wenn das System erregt ist. Bei der Ableitung der Stabilitätsbedingung (5.3-23) wurde aber von einem Modell ausgegangen, das nur ein nichtlineares Element enthält (Bild 5.14). Um nun auch für die erste kanonische Form diese wesentliche Voraussetzung zu erfüllen, ist es offenbar erforderlich, die Anordnung derart zu modifizieren, daß nur noch an einem Addierer ein Überlauf möglich ist. Man verlängert hierzu die Zustandsgrößen intern um einige Stellen nach vorn, d.h. in Richtung höherer Wertigkeiten. An geeigneter Stelle, die innerhalb beider Rückkopplungsschleifen für die beiden Nennerkoeffizienten liegt, wird geprüft, ob innerhalb des normalen Zahlenbereichs für die Zustandsvariablen eine Übersteuerung aufgetreten ist (das läßt sich an den zusätzlichen Stellen ablesen). Wenn diese Prüfung positiv ausfällt, muß die Zustandsvariable derart geändert werden, daß eine Bild 5.16 genügende Kennlinie erzielt wird. Hinter diesem Kennlinienglied, das die gewünschte Nichtlinearität erzeugt, tritt also immer nur die einfache, nicht vergrößerte Wortlänge auf.

Bei der praktischen Durchführung dieses Grundgedankens möchte man natürlich so wenig zusätzliche Stellen wie möglich anfügen, da sie die Rechenzeiten vergrößern und Speicherplatz beanspruchen, ohne die Dynamik des Filters zu verbessern. Andererseits müssen aber soviele zusätzliche Stellen investiert werden, daß nicht ein unerkannter Überlauf innerhalb der vergrößerten Wortlänge wiederum zu einer falschen Kennlinie führt. Da für das Gebiet der zulässigen Kennlinien im Bereich $|x| \leq 3$ Vorschriften gemacht werden (Bild 5.16), erscheint zunächst eine Erhöhung der Wortlänge um zwei Stellen erforderlich, um diesen Bereich eindeutig zu erkennen.

Im folgenden wird die verlängerte Zustandsgröße mit v bezeichnet, die normale mit x. Beide seien im Zweierkomplementcode dargestellt:

$$x = -\xi_0 \cdot 2^0 + \sum_{i=-1}^{-r} \xi_i \cdot 2^i, \qquad -1 \leq x < 1,$$

$$v = -v_2 \cdot 2^2 + \sum_{i=1}^{-r} v_i \cdot 2^i, \qquad -4 \leq v < 4,$$

Es gilt: $\quad -1 \leq v < 1 \quad$ für $\quad v_2 = v_1 = v_0$.

Das nichtlineare Kennlinienglied (Eingangsgröße v, Ausgangsgröße x) soll z.B. die Begrenzungskennlinie verwirklichen. Dann muß es folgende Zuordnung treffen:

$$\begin{aligned} &\text{Für } v_2 = v_1 = v_0: \quad && \xi_i = v_i, \quad i = 0(-1)-r \\ &\text{sonst:} && x = 0{,}111\ldots11 \quad \text{für} \quad v_2 = 0 \\ & && x = 1{,}000\ldots01 \quad \text{für} \quad v_2 = 1 \end{aligned} \qquad (6.3\text{-}6)$$

Hieraus können die erforderlichen logischen Verknüpfungen abgeleitet werden. Die resultierende Kennlinie ist zusammen mit der Überlaufkennlinie von v (gestrichelt) im Bild 6.12 dargestellt. Man sieht leicht ein, daß die Verlänge-

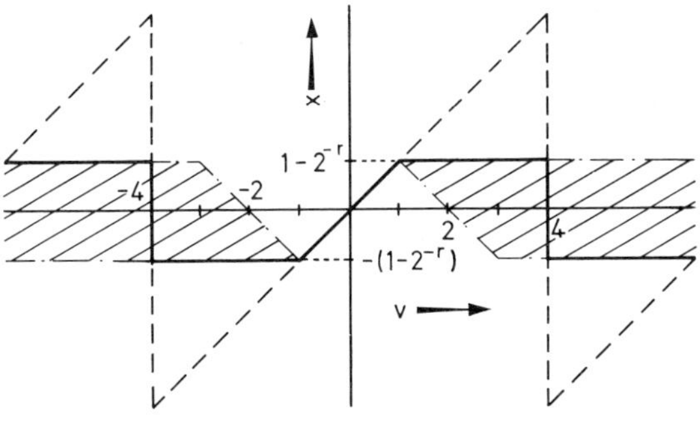

Bild 6.12. Stabile Überlaufkennlinie bei Verwendung von zwei zusätzlichen Stellen und Begrenzungscharakteristik

rung von v gegenüber x nur um eine Stelle nicht ausreichend wäre, die resultierende Kennlinie würde bei $v = 2$ von der positiven auf die negative Begrenzung springen.

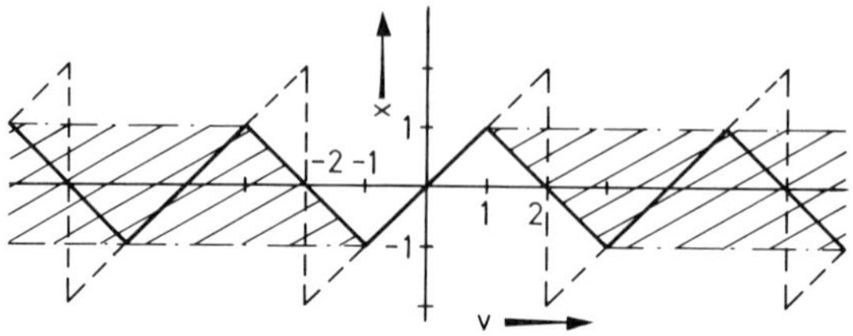

Bild 6.13. Stabile Überlaufkennlinie, die nur eine zusätzliche Stelle erfordert

Günstiger als die Begrenzungskennlinie ist eine Dreieckskennlinie (Vorschlag von Avenhaus [6.8], Bild 6.13). Da diese Kennlinie für v die Periode 4 hat, also $x(v + 4) = x(v)$ ist, genügt es, v gegenüber x um nur ein Kontrollbit zu verlängern:

$$v = - v_1 \cdot 2^1 + \sum_{i=0}^{-r} v_i \cdot 2^i, \qquad - 2 \leqslant v < 2$$

Es gilt: $\quad - 1 \leqslant v < 1 \quad$ für $\quad v_1 = v_0$.

Das Kennlinienglied hat folgende Zuordnung vorzunehmen:

Für $v_1 = v_0$: $\qquad \xi_i = v_i, \quad i = 0(- 1) - r$

sonst:
$$\begin{aligned} x &= -(v - 2) \quad \text{für} \quad v_1 = 0 \\ x &= -(v + 2) \quad \text{für} \quad v_1 = 1 \end{aligned} \tag{6.3-7}$$

Da bei der vorgegebenen Wortlänge für v die höchste Stelle gerade die Wertigkeit 2 hat, bedeutet die Addition oder Subtraktion von 2 dasselbe, nämlich die Inversion von v_1. Andererseits gibt es keine Stelle ξ_1, für die Umwandlung $v \to x$ ist daher v_1 uninteressant. Man kann daher (6.3-7) vereinfachen:

$$\begin{aligned} \xi_i &= v_i \quad \text{für} \quad v_1 = v_0, \quad i = 0(- 1) - r, \\ x &= v_{kompl} \quad \text{für} \quad v_1 \neq v_0. \end{aligned} \tag{6.3-8}$$

Hierbei treten zwei Schwierigkeiten auf:

a) Für $v = + 1$ wird die Zahl v gemäß (6.3-8) komplementiert. Der Punkt $v = 1$, $x = 1$ im Bild 6.13 wird nach $v = 1$, $x = - 1$ transformiert.

b) Bei serieller Arithmetik in der beschriebenen Form treten die Stellen v_0, v_1 zuletzt auf. Die Entscheidung, ob zu komplementieren ist oder nicht, kann erst zu einem Zeitpunkt gefällt werden, wenn v schon ganz durchgelaufen ist. Die Zahl x hätte aber schon viel früher, nämlich zeitgleich mit v, ins nächste Rechenwerk einlaufen müssen.

Man vermeidet beide Schwierigkeiten dadurch, daß man statt der Eingangsgröße des Multiplizierers das Produkt komplementiert. Der Vorteil ist, daß das Produkt wegen der Laufzeit des Multiplizierers erst später auftritt und daß die Zahl + 1 nicht in der (kürzeren) Normalwortlänge am Multiplizierereingang dargestellt zu werden braucht. Die Verlängerung um eine Stelle erfolgt in den Rechenwerken, in denen ein Überlauf auftreten kann: in den Multiplizierern, wenn der Koeffizient dem Betrage nach größer als (1 - Q) ist, andernfalls erst im Addierer.

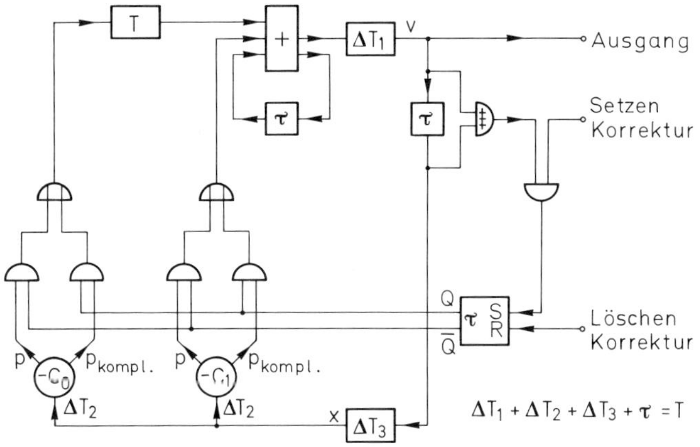

Bild 6.14. Realisierung der Dreiecks-Überlaufkennlinie für die Nennerfunktion eines Systems zweiten Grades in der ersten kanonischen Form

Bild 6.14 zeigt die Realisierung der Nennerfunktion eines Systems zweiten Grades. Man läßt die Größe v zunächst unverändert von v_{-r} bis v_0 einschließlich in die Multiplizierer einlaufen. Diese sind im Unterschied zu Abschnitt 6.3.2 so geschaltet, daß nicht das Vorzeichen des Koeffizienten den Ausgangskomplementer steuert, sondern daß an zwei Ausgängen sowohl p als auch p_{kompl} anliegen. Eine im richtigen Takt mit "Setzen Korrektur" durchgeführte und gespeicherte Abfrage $v_0 \neq v_1$ steuert in Verbindung mit dem Vorzeichen der Koeffizienten die Auswahl, welcher der beiden Multipliziererausgänge zu wählen ist. Die zusätzliche Verzögerung ΔT_3 und die Laufzeit ΔT_2 der Multiplizierer müssen zusammen gerade so groß sein, daß die Auswahlschaltung gesetzt werden kann, ehe das Multiplikationsergebnis an den Ausgängen der Multiplizierer auftritt. Am Rande sei darauf hingewiesen, daß - ähnlich wie in dem Beispiel nach Bild 6.7 - einer der beiden Verzögerungsspeicher T nicht explizit vorhanden ist, sondern teilweise mit in den Rechenschaltungen steckt.

6.4. Multiplextechnik

6.4.1. Grundgedanke

Für den Entwurf der Schaltung eines digitalen Filters ist nicht nur die Übertragungsfunktion H(z) und die Struktur vorgegeben, sondern auch das Abtastintervall T oder zumindest, wenn die Abtastfrequenz einstellbar sein soll, ein Bereich $T_{min} \leq T \leq T_{max}$, für den die Schaltung ausgelegt sein soll. Auf dem Bauelementemarkt werden integrierte digitale Schaltkreise in den verschiedensten Technologien angeboten, die sich nicht nur in der Schaltgeschwindigkeit, sondern auch bezüglich Verlustleistung bzw. Verlustleistungs-Geschwindigkeits-Produkt, Komplexität der verfügbaren Schaltungen, Zuverlässigkeit, Störabstand und Preis unterscheiden. Es kann daher häufig vorkommen, daß die aus anderen Rücksichten bevorzugte digitale Schaltkreisfamilie in der Geschwindigkeit nicht zu der Aufgabenstellung paßt, sondern wesentlich höhere Taktfrequenzen zuläßt als erforderlich. Bei einer Geradeausrealisierung wäre sie daher nicht voll ausgenutzt und unwirtschaftlich eingesetzt.

Abhilfe bringt hier das auch bei anderen digitalen Systemen übliche Zeitmultiplexverfahren. In digitalen Filtern bedeutet das, schnelle Recheneinheiten so einzusetzen, daß sie während eines Intervalls T mehr als nur eine Rechenoperation durchführen und daher entsprechend viele langsamere Recheneinheiten ersetzen. Es ist selbstverständlich, daß die Anzahl der Zustandsvariablenspeicher nicht durch Multiplextechnik reduziert werden kann, denn die Elemente des Zustandsvektors, die entsprechend der Differenzengleichung zu verknüpfen sind, müssen in der Schaltung abgespeichert sein.

Man unterscheidet zwei Multiplexverfahren, die natürlich auch kombiniert angewendet werden können:

a) Kanalmultiplex: Mehrere Signale aus verschiedenen Kanälen werden im Zeitmultiplex durch ein festes Filter verarbeitet, ohne sich gegenseitig zu beeinflussen.

b) Filtermultiplex: Ein Filter in der dritten oder vierten kanonischen Form besteht aus mehreren in der Struktur identischen Blöcken höchstens zweiten Grades. Es genügt daher, nur einen (hinreichend schnellen) Block zweiten

Grades mit einer entsprechend vergrößerten Anzahl von Zustandsspeichern aufzubauen, der dann innerhalb des Intervalls T mehrfach mit jeweils neuen Koeffizientensätzen durchlaufen wird. Hierzu ist eine Rückführung des Ausgangssignales auf den Eingang erforderlich sowie ein Koeffizientenspeicher, der den Multiplizierern in jedem Multiplexzyklus die richtigen Koeffizienten zuführt.

Beide Multiplexverfahren sind bereits in dem digitalen Filter von Jackson et al. [6.3] angewendet worden. Daneben besteht selbstverständlich auch die Möglichkeit, in beliebigen Strukturen einzelne Recheneinheiten im Zeitvielfach mehrfach auszunutzen.

Ob die Anwendung eines Multiplexverfahrens günstig ist, muß im Einzelfall entschieden werden. Dabei ist zu berücksichtigen, daß neben der komplizierten Steuerung beim Filtermultiplex zusätzliche Baugruppen erforderlich und außerdem die Multiplizierer aufwendiger werden; auf die Vereinfachung der Multiplizierer bei festen Koeffizienten war im Abschnitt 6.3.2 eingegangen worden.

6.4.2. Einige Entwurfsüberlegungen und Beispiele

Ein im Kanalmultiplex ausnutzbares Filter entsteht aus einem einfachen Filter durch eine entsprechende Verlängerung der Zustandsspeicher. Bei Verwendung von Schieberegistern stehen die l Worte aus l Zeitkanälen hintereinander, so wie sie nacheinander ankommen.

Wir betrachten als Beispiel wiederum das Filter nach Bild 6.7. Es sollen vier Kanäle im Zeitmultiplex übertragen werden, die Wortlänge betrage sowohl für die Zustandsvariable als auch für den Koeffizienten c_0 fünf Stellen. Bild 6.15 zeigt die Schaltung. Es wird der Multiplizierer Typ 2 nach Bild 6.6 verwendet. In dieser Anordnung kann er voll ausgenutzt werden. Der Multiplizierer enthalte alle für die Multiplikation vorzeichenbehafteter Zahlen erforderlichen Elemente.

Zur Erläuterung der Funktion: Das Signal $u^1(k)$ tritt am Eingang seriell im Intervall $0 < t \leqslant 5\tau$ auf. Das (zeitgleiche) Ausgangssignal $y^1(k) = u^1(k-1) - c_0 y^1(k-1)$ läuft in den Multiplizierer, der das Produkt mit einer Verzögerung von 9τ (Abschn. 6.3.2) bildet. Ein zusätzliches Flipflop zur Vermeidung der Laufzeitenakkumulation erhöht die Verzögerung auf 10τ. Wird $u^1(k)$ ebenfalls um 10τ verzögert, so werden $u^1(k)$ und $-c_0 y^1(k)$ in der richtigen zeitlichen Lage zueinander addiert. Das weitere Register mit 10 Stellen bewirkt, daß die Summe zum richtigen Zeitpunkt $t = 20\tau = T$ am Ausgang erscheint.

Über den Takt R wird zusammen mit der sechsten Stelle p_{-6} die erforderliche Rundung des Produktes am Addierer durchgeführt (Kombination des Rundungsverfahrens nach Bild 6.7 und des Rücksetzvorganges für das Übertragsflipflop nach Bild 6.10). Die weiteren Kanäle $u^2(k)$, $u^3(k)$, $u^4(k)$ werden zeitlich versetzt entsprechend verarbeitet.

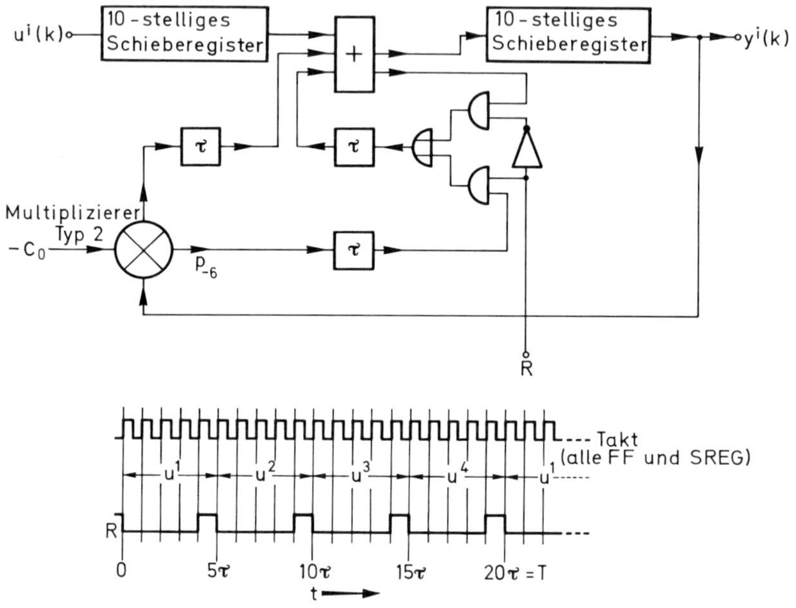

Bild 6.15. Vierkanal-Multiplexschaltung für das Filter nach Bild 6.7

Für Filtermultiplexbetrieb ist eine zusätzliche Baugruppe erforderlich, die bisher nicht besprochen wurde: der Koeffizientenspeicher. Zweckmäßig organisiert man den Speicher so, daß er ebensoviele Ausgänge hat, wie das Filter Multiplizierer. Jedem Multiplizierer ist dann ein Teil des Koeffizientenspeichers fest zugeordnet.

Ähnlich wie für den Zustandsvariablenspeicher kann man auch für den Koeffizientenspeicher zwei verschiedene Bauelemente verwenden: entweder Schieberegister, die auf sich selbst rückgeführt sind, so daß ein einmal eingelesener Koeffizientensatz während jedes Intervalls T einmal umläuft und am Ausgang des Speichers abgegriffen werden kann, oder Schreib-Lese-Speicher, in deren Zellen die Koeffizienten abgespeichert sind. Während eines Intervalles T werden alle Adressen nacheinander angelegt, so daß die Koeffizienten nacheinander auf den Ausgang durchgeschaltet werden.

Die zweite Lösung erscheint wesentlich günstiger, sie ist störsicherer. Da in den Schieberegistern die Koeffizienten ständig umlaufen, kann leicht eine Verfälschung vorkommen, durch die die Eigenschaften des Filters vollkommen verändert werden. Wenn z.B. durch eine Störung ein Schiebetaktimpuls unterdrückt wird, wird der ganze Koeffizientensatz gegenüber dem Filterzyklus verschoben.

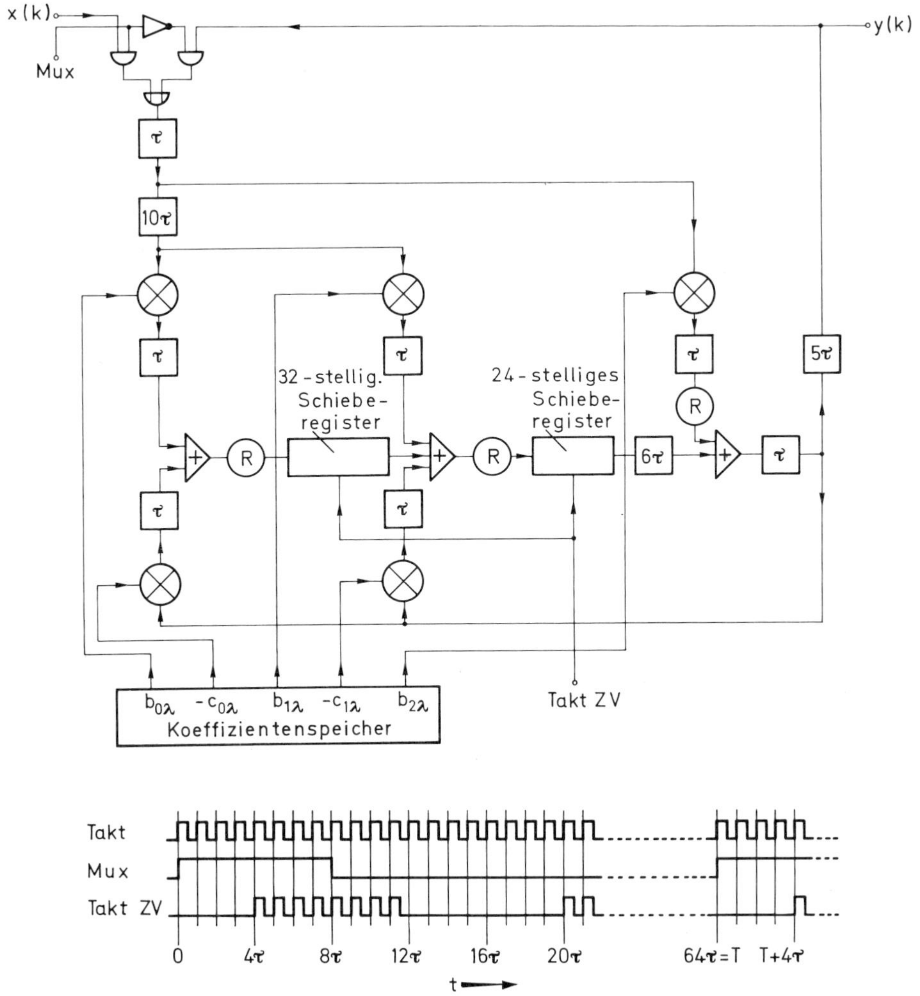

Bild 6.16. Blockschaltbild für ein Filter achten Grades durch Vierfach-Ausnutzung eines Blockes zweiten Grades

Derartige Fehler sind bei Schreib-Lese-Speichern ausgeschlossen, da die Adresse aus dem zentralen Taktgenerator gewonnen wird. Ein einmaliger Fehler hat keine Folgen auf den im nächsten Filterzyklus ausgelesenen Koeffizientensatz.

Außerdem besteht bei festen Filtern die Möglichkeit, die Schreib-Lese-Speicher durch Festwertspeicher zu ersetzen, die dann auch nach Abschalten der Betriebsspannung ihre Information halten.

Bild 6.16 zeigt ein Beispiel für Filtermultiplexbetrieb. Ausgangsfilter ist ein Block zweiten Grades in der ersten kanonischen Form, der vierfach ausgenutzt wird. Die Wortlänge beträgt 8 Bit sowohl für das Signal als auch für die Koeffizienten. Für die Multiplizierer wurde der Typ 1 vorgesehen. Einschließlich der erforderlichen Korrekturaddition für die Zweierkomplement-Multiplikation dauert eine Multiplikation 16 Takte τ, die Signalverzögerung beträgt dabei 8τ.

Einzelheiten, die bereits im Abschnitt 6.3 besprochen wurden, sind der Übersichtlichkeit halber weggelassen worden. So bedeuten die dreieckigen Blöcke + jeweils vollständige serielle Addierer einschließlich der Übertragseinrichtung, die Kreise R sind die Rundungsschaltungen, die beim praktischen Aufbau zum Teil in die Addierer einbezogen werden können. Die Rundung erfolgt hier jeweils nach der Addition, man erhält dadurch nur drei Rundungsstellen bei fünf Multiplizierern, was für das Rauschverhalten günstig ist (Abschn.5.4.1.). Ebenfalls nicht berücksichtigt wurde die Schaltung für die Überlaufkennlinie (Abschn.6.3.4). Sie wird erforderlich, wenn in mindestens einem der vier Blöcke zweiten Grades die Betragssumme der Nennerkoeffizienten größer als Eins wird (Abschn.5.3.2).

Die Schaltung ist so ausgelegt, daß die vier Multiplizierer für die Koeffizienten $b_{0\lambda}$, $b_{1\lambda}$, $c_{0\lambda}$, $c_{1\lambda}$ synchron arbeiten, der Rechenzyklus des fünften für $b_{2\lambda}$ beginnt 10 Takte τ früher. Diese Verschiebung ist erforderlich, da das Ergebnis der Multiplikation $xb_{2\lambda}$ mit in die Eingangsgröße für die beiden Nennermultiplikationen eingeht.

Durch die einzelnen Verzögerungsflipflops τ wird die Akkumulation von Laufzeiten in den logischen Verknüpfungselementen vermieden. Die übrigen Verzögerungen 5τ, 6τ und 10τ dienen dazu, zwei Signale in die richtige Zeitrelation zueinander zu bringen. Ein vollständiger Rechenzyklus mit einem Koeffizientensatz dauert jeweils 16 Takte τ, da die Multiplizierer erst danach ein neues Eingangssignal verarbeiten können.* Die Rechenzeit für das gesamte Filter 8. Grades beträgt daher $64\tau = T$, die Übertragungsfunktion lautet

---

* Eine Verkürzung dieser Zykluszeit erscheint zunächst auch mit dem Multiplizierer 2 deswegen nicht möglich, weil er die doppelte Verzögerungszeit hat; vergl. das Beispiel von Bild 6.7. Jedoch kann man das Problem dadurch lösen, daß man die Rechenoperationen für mehrere aufeinanderfolgende Filterzyklen ineinanderschachtelt. Der zeitliche Ablauf wird komplizierter, die Übertragungsfunktion $H(z)$ wird um weitere Faktoren $\frac{1}{z}$ erweitert, jedoch ist die Realisierung mit $T = 32\tau$ möglich.

$$H(z) = \frac{1}{z} \prod_{\lambda=1}^{4} \frac{b_{2\lambda} z^2 + b_{1\lambda} z + b_{0\lambda}}{z^2 + c_{1\lambda} z + c_{0\lambda}} .$$

Die Eingangs- und Ausgangswerte $x(k)$ bzw. $y(k)$ liegen jeweils seriell im Intervall $kT < t \leqslant kT + 8\tau$ vor.

6.5. Nichtrekursive Filter

6.5.1. Allgemeines

Wir bereits im Abschnitt 2.6.5.3 bei der Einführung nichtrekursiver Filter dargelegt wurde, sind diese lediglich ein Spezialfall der rekursiven, der sich dadurch auszeichnet, daß in der Übertragungsfunktion nach (2.3-6) alle Nennerkoeffizienten mit Ausnahme von c_n identisch Null sind. Man kann also alle bisher besprochenen Schaltungen übernehmen. Bei von vornherein nichtrekursiv konzipierten Filtern entfallen alle Bauteile, die die Nennerfunktion bilden. Das sind zum einen die Multiplizierer c_ν und die entsprechenden Addierer, darüber hinaus aber auch alle Elemente, die zur Sicherung der Stabilität bei Übersteuerung dienen, da nichtrekursive Filter prinzipiell nicht instabil sein können.

Die Schaltung vereinfacht sich also wesentlich. Insbesondere kommt es nicht vor, daß zur Berechnung eines neuen Wertes für ein Element des Zustandsvektors zwei Multiplikationen nacheinander durchgeführt werden müssen (wie z.B. nach Bild 6.16 die Multiplikation mit $b_{2\lambda}$ und anschließend mit $-c_{1\lambda}$ bzw. $-c_{0\lambda}$). Alle in der Schaltung vorhandenen Multiplizierer können synchron arbeiten, der zeitliche Ablauf wird übersichtlicher und die Steuerung einfacher.

Jedoch sind nichtrekursive Filter im allgemeinen von viel höherem Grad als rekursive. Die größere Anzahl von Multiplikationen, die für die Berechnung eines neuen Ausgangswertes erforderlich ist, hat ein stärkeres Rundungsrauschen zur Folge, sofern man nicht besondere Maßnahmen trifft. Eine sehr günstige Schaltung wird im folgenden Abschnitt vorgestellt.

6.5.2. Die zweite kanonische oder direkte Form

Bild 2.18 zeigt die Struktur; für ein nichtrekursives Filter entfallen die Rückführungen. Die Schaltung ist auch unter der Bezeichnung Echoentzerrer bekannt.

Wenn man in dieser Schaltung nach der Multiplikation mit den Koeffizienten b_μ zunächst mit den ungerundeten Produkten weiterrechnet und erst im Anschluß an die Addition rundet, so hat das gesamte Filter nur eine Rundungsstelle, ohne daß für diesen wünschenswerten Effekt der Speicherplatz für den Zustandsvektor vergrößert zu werden braucht (siehe auch Abschn.5.4.1).

Der Preis dafür liegt in der möglichen Abtastperiode T: Bei der Wortlänge $r + 1$ für die Elemente des Zustandsvariablenvektors und $q + 1$ für die Koeffizienten (jeweils einschließlich Vorzeichen) ist die Wortlänge des ungerundeten Produktes $q + r + 1$. Sie bestimmt die Mindestdauer von T: $(q + r + 1)\tau = T_{min}$ *. Bei unmittelbarer Rundung nach jeder Multiplikation und Einsatz des Multiplizierers 2 ist $T_{min} = (r + 1)\tau$. Außerdem nimmt wegen der höheren Koeffizientenempfindlichkeit der direkten Form, verglichen mit der Kaskadenform (Abschn.5.2.2), die erforderliche Koeffizientenwortlänge zu. Sie kann unter Umständen größer sein als die Wortlänge der Zustandsvariablen.

Da in beiden beschriebenen Serien-Parallel-Multiplizierern die Anzahl der Zellen und damit der Gesamtaufwand nur durch die Länge des parallel anliegenden Faktors bestimmt wird, nicht durch die des seriell einlaufenden, benutzt man hier zweckmäßig den Paralleleingang für die Zustandsgröße und den seriellen für den Koeffizienten. Man gewinnt damit gleichzeitig den Vorteil, daß die Zustandsspeicher nur mit der Worttaktfrequenz, nicht mit der Bittaktfrequenz serieller Signale getaktet zu werden brauchen. In vielen Fällen kann man hier leistungssparende langsamere Schaltkreise einsetzen.

Bild 6.17 zeigt ein Filter der beschriebenen Art. Es wurden folgende Zahlenwerte zugrundgegelegt: Filtergrad 32, Wortlänge Zustandsvariable 12 Bit, Wortlänge Koeffizient 16 Bit, Multiplizierer Typ 1, Multiplikationszeit $(16+12)\tau$. Die Schaltung enthält nur einen Multiplizierer, der im Zeitmultiplex so ausgenützt wird, daß er nacheinander alle 33 Multiplikationen durchführt.

Die Übertragungsfunktion des Filters ist

$$H(z) = \frac{1}{z^{33}} \sum_{\mu=0}^{32} b_\mu z^\mu .$$

---

* Im allgemeinen wird man die Multiplikationszeit festlegen auf $(q + r + 2)\tau$. Man kann dann abwechselnd die Zustandsvariable x und den Koeffizienten b_μ seriell in den Multiplizierer einlaufen lassen (den Koeffizienten in ein Serien-Parallel-Register mit $q + 1$ Stellen, wovon q Stellen für die Betragsmultiplikation und eine Stelle für das Vorzeichen erforderlich sind). Die Abtrennung des Vorzeichens von b_μ und Verkürzung der Multiplikationszeit auf $(q + r + 1)\tau$ ist möglich, kompliziert aber die Steuerung und bringt andererseits bei üblichen Wortlängen nur einen geringen Zeitgewinn. Die Multiplikationszeit $(q + r + 2)\tau$ war bereits dem Beispiel von Bild 6.16 zugrundegelegt worden.

Beim Multiplizierer ist zu beachten, daß jetzt die parallele Eingangsgröße im Zweierkomplement-Code anliegt, die serielle nach Betrag und Vorzeichen dargestellt wird. Ganz entsprechend zu den Ausführungen von Abschnitt 6.3.2 kann man auch hierfür eine Korrekturaddition angeben, mit der erreicht wird, daß das Ausgangssignal unmittelbar im Zweierkomplement-Code am Multipliziererausgang erscheint. Diese Eigenschaft ist wichtig, da die akkumulative Addition von 33 Zahlenwerten mit großer Wahrscheinlichkeit zu Zwischenüberläufen führt. Auf die Einzelheiten dieser Modifikation des Multiplizierers soll hier verzichtet werden.

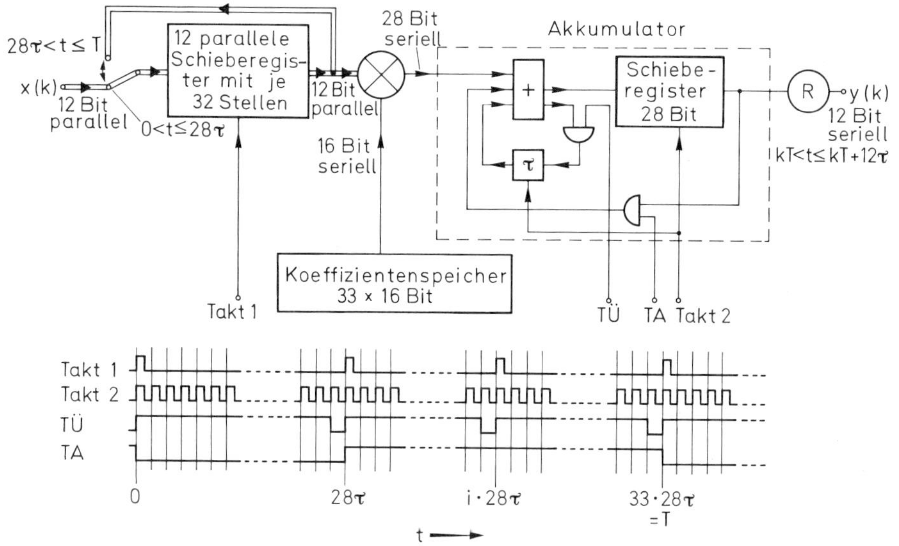

Reihenfolge der Koeffizienten: Im Intervall $i \cdot 28\tau < t \leq (i+1) \cdot 28\tau$ wird mit dem Koeffizienten b_{32-i} multipliziert, $i = 0(1)32$.

Bild 6.17. Nichtrekursives Filter 32. Grades in direkter Form; Multiplexausnützung eines Multiplizierers

Von besonderem Interesse sind unter den nichtrekursiven Filtern diejenigen mit linearem Phasenverlauf. Die entsprechende Struktur, die die Symmetrie der Koeffizienten ausnützt, ist im Bild 2.21 dargestellt. Für die direkte Realisierung in der hier geschilderten Form benötigt man einen Paralleladdierer. An dessen Ausgang muß die Wortlänge um eine Stelle erhöht werden, da ein Überlauf vor der Multiplikation unzulässig ist.

Eine Multiplexstruktur mit nur einem Multiplizierer wie in der Schaltung nach Bild 6.17, die dann etwa doppelt so schnell ist, da für ein Filter 2N-ten oder (2N + 1)-ten Grades nur (N + 1) Multiplikationen erforderlich sind, läßt sich ebenfalls entwickeln. Sie wird allerdings etwas komplizierter, da die Symmetrie der Koeffizienten zur Mitte der Verzögerungskette eine andere Schiebebewegung erfordert als die Übernahme eines neuen Wertes x(k). Auf die Ausführung dieser Schaltung soll hier ebenfalls verzichtet werden.

6.6. Eigenschaften der Wandler

Abschließend soll noch ein Problemkreis gestreift werden, der bisher vollkommen ausgeklammert wurde: die Analog-Digital- und Digital-Analog-Wandlung. Es ist hier nicht beabsichtigt, auf die sehr weit entwickelte, hochdiffizile Schaltungstechnik der Wandler einzugehen, sondern es werden einige Eigenschaften üblicher Wandler aufgeführt, die der Anwender zu beachten hat. In [6.9] und [6.10] sind sehr übersichtliche Zusammenfassungen zu diesem Problemkreis gegeben.

Die beiden Kriterien bei der Auswahl eines geeigneten Wandlers sind die mögliche Wortfrequenz und die Genauigkeit. Während Angaben über die Geschwindigkeit unmittelbar dem Datenblatt entnommen werden können, erfordert die Beurteilung der angegebenen Genauigkeitsdaten mehr Aufmerksamkeit. Einige Gesichtspunkte sollen im folgenden diskutiert werden.

Eine vernünftige Forderung ist die, daß der maximale relative Fehler, bezogen auf die Aussteuerungsgrenze, im Analog- und Digitalsignal gleich sein soll. Das digitale Signal habe die Wortlänge w und werde mit SD bezeichnet. Da von den w Stellen eine das Vorzeichen bildet, gilt für den maximalen relativen Fehler

$$\Delta F_r = \frac{1/2\, Q}{|SD|_{max}} = 2^{-w}. \qquad (6.6\text{-}1)$$

Das bedeutet z.B. für $w = 12$, daß auch die analogen Komponenten des Wandlers insgesamt nur mit einem Fehler $\leq 0{,}25 \cdot 10^{-3}$ behaftet sein dürfen. Preiswerte Wandler für Niederfrequenzsignale haben eine Auflösung von 8 bis 10 Bit, die heute erreichbare Grenze liegt bei etwa 15 bis 16 Bit. Dabei wird die durch (6.6-1) vorgegebene Fehlerschranke im allgemeinen nur statisch eingehalten, und auch das nur nach sorgfältigem Abgleich des Nullpunktes. Da die Wandler Gleichspannung verarbeiten können, wirft die durch Temperaturschwankungen und Alterung bedingte Drift erhebliche Probleme auf.

Die dynamischen Fehler sind wesentlich größer. Wenn ein D/A-Wandler mit der maximalen Wortfolgefrequenz arbeitet, dann ist nur garantiert, daß die Ausgangsspannung am Ende des Worttaktintervalls T den richtigen Wert mit der Genauigkeit ± 0,5 Q erreicht. Das Ausgangssignal ist also keineswegs eine Treppenfunktion. Der Einschwingvorgang beim Übergang auf einen neuen Wert wird von der Sprunghöhe zwischen zwei aufeinanderfolgenden Werten und auch von deren Absolutgröße beeinflußt. Insbesondere können sehr große Schaltspitzen (Spikes, Glitches) auftreten.

Ihre Entstehung ist kaum vermeidbar. Die Wandlung wird üblicherweise so vorgenommen, daß die w Stellen des ankommenden Digitalwortes w Stromquellen mit dual gewichteten Werten steuern, die auf den Summenpunkt eines gegengekoppelten Operationsverstärkers geschaltet sind. Beim Übergang zu einem neuen Wort werden einige Stromquellen ab-, andere zugeschaltet. Da sich hier gegenläufige Effekte überschneiden, können während des Überganges völlig falsche Stromwerte in den Verstärkereingang eingeprägt werden, die am Ausgang entsprechende Schaltspitzen hervorrufen. Vor allem ist bei einer Wandlung aus dem Zweierkomplementcode der Übergang zwischen -Q (= 111...11) und 0 (= 000 ... 00) besonders kritisch, da alle Quellen umgeschaltet werden und andererseits das Signal sehr klein ist, so daß die Störspitze besonders gravierend wirkt.

Man kann durch nachgeschaltete Abtasthalteschaltungen und Filter (Deglitcher) die Störspitzen wieder unterdrücken, aber immer auf Kosten der Bandbreite.

Die Fehlerschranke nach (6.6-1) stellt eine Forderung an die Linearität, nicht aber an die differentielle Linearität dar. Zwei Digitalworte, die sich um die Quantisitierungsstufe Q unterscheiden, können in denselben Analogwert gewandelt werden, wenn gerade ein Fehler um +Q/2 bzw. -Q/2 auftritt. Aus den geschilderten Gründen liegt beim Zweierkomplement-Code der kritische Punkt wiederum bei Null, bei kleiner Aussteuerung können starke Verzerrungen auftreten. Wandler mit garantierter Monotonie sind deshalb zu Recht erheblich teurer.

A/D-Wandler bestehen im Kern, sieht man von dem sehr genauen, aber langsamen Sägezahnprinzip ab, aus einem beschalteten D/A-Wandler. Nach einer bestimmten Strategie werden Digitalworte gebildet und der Ausgang des D/A-Wandlers mit dem Eingangssignal verglichen, bis eine Übereinstimmung innerhalb der zulässigen Fehlergrenze vorliegt. Bezüglich der differentiellen Nichtlinearität gilt also dasselbe wie für D/A-Wandler.

Dem eigentlichen A/D-Wandler vorangesetzt wird eine Abtasthalteschaltung, die dafür sorgt, daß während der Wandlungszeit das Eingangssignal konstant bleibt. Ihr Zeitverhalten wird durch zwei kritische Daten charakterisiert:

a) Die mindestens erforderliche Zeit, innerhalb derer die Abtasthalteschaltung wieder auf das Eingangssignal einschwingen kann, nachdem der Zustand "Halten" beendet ist (Acquisition Time). Sie wird umso länger, je höher die geforderte Auflösung ist, und addiert sich zu der eigentlichen Wandlungszeit. Zur Erhöhung der Abtastfrequenz kann man zwei Halteglieder verwenden, von denen jeweils eines folgt, während das andere hält.

b) Die Zeitunsicherheit bei der Festlegung des Abtastzeitpunktes (Schließfehler, Aperture Time). Das Abtasthalteglied, zunächst im Zustand "Folgen", wird durch einen Triggerimpuls in den Zustand "Halten" gesteuert. Die damit verbundene Zeitunsicherheit äußert sich darin, daß die Abtastwerte nicht zu exakt äquidistanten Zeitpunkten gewonnen werden, auch wenn die Triggerimpulse mit konstanter Periodendauer aufeinander folgen. Da sich das Eingangssignal während dieser Zeit noch ändert, andererseits aber die Folge von Digitalworten am Ausgang des Wandlers als eine zu äquidistanten Zeitpunkten gewonnene Wertefolge interpretiert wird, verursacht der Schließfehler einen Amplitudenfehler, der umso größer wird, je höher die Frequenz des Eingangssignales ist.

Zur Abschätzung des Fehlers betrachtet man eine sinusförmige Eingangsfunktion

$$\hat{u}(t) = u \sin(2\pi f t).$$

Diese soll im Nulldurchgang abgetastet werden. Sie kann hier mit guter Näherung durch ihre Tangente $g(t)$ beschrieben werden:

$$g(t) = \hat{u} \cdot 2\pi f t.$$

Der durch den Schließfehler Δt hervorgerufene Fehler beträgt dann

$$\Delta F_A = \hat{u} \cdot 2\pi f \Delta t$$

und der relative Fehler, bezogen auf die Amplitude $\hat{u}$

$$\Delta F_{Ar} = 2\pi f \Delta t. \tag{6.6-2}$$

Setzt man in (6.6-2) Zahlenwerte ein, so ergibt sich, daß bei einer Eingangssignalfrequenz von 10 kHz und einer geforderten Auflösung von 12 Bit für den Schließfehler gelten muß $\Delta t \leqslant 4$ ns.

Gängige handelsübliche Geräte haben Schließfehler zwischen 20 und 50 ns, Spitzengeräte um 1 ns und darunter.

6.7. Literatur

6.1 Rao, T.R.N.; Trehan, A.K.: Binary Logic for Residue Arithmetic Using Magnitude Index. IEEE Transact. C-19 (1970), S. 752-757.

6.2 Speiser, A.P.: Digitale Rechenanlagen, 2. Aufl. Berlin: Springer-Verlag 1965.

6.3 Jackson, L.B.; Kaiser, J.F.; McDonald, H.S.: An Approach to the Implementation of Digital Filters. IEEE Transact. AU-16 (1968), S. 413-421.

6.4 North American Rockwell Microelectronics Company (NRMEC): Typical MOS-LSI-Standard Building Block Circuits for Digital Filters. Application Note PUB 2518-D-3, März 1971.

6.5 Winkelnkemper, W.: Einstellbare Filter. Ausgewählte Arbeiten über Nachrichtensysteme, Nr. 16. Universität Erlangen-Nürnberg.

6.6 Pezaris, S.D.: A 40-nsec 17-Bit by 17-bit Array Multiplier. IEEE Transact. C-20 (1971), S. 442-447.

6.7 Ghest, R.C.: A 2's Complement Digital Multiplier: the AM 2505. Application Note, Advanced Micro Devices, November 1971.

6.8 Avenhaus, E.: Zum Entwurf digitaler Filter mit minimaler Speicherwortlänge für Koeffizienten und Zustandsgrößen. Ausgewählte Arbeiten über Nachrichtensysteme, Nr. 13. Universität Erlangen-Nürnberg 1971.

6.9 Stockham, T.G.: A-D and D-A Converters: Their Effect on Digital Audio Fidelity. IEEE Workshop on Digital Signal Processing, Arden-House, Harriman, N.Y. USA, Januar 1972.

6.10 Smith, B.F.: High Speed A-D and D-A Converters: Their Effect on Video Signal Fidelity. IEEE Workshop on Digital Signal Processing, Arden-House, Harriman, N.Y. USA, Januar 1972.

Sachverzeichnis